KEACH HAGEY

Sam Altman

Keach Hagey

Sam Altman

OpenAI, Künstliche Intelligenz und
der Wettlauf um unsere Zukunft

Übersetzung aus dem amerikanischen Englisch von
Christa Prummer-Lehmair und Thomas Wollermann

QUADRIGA

NACHHALTIG PRODUZIERT

Die Bastei Lübbe AG verfolgt eine nachhaltige Buchproduktion. Wir verwenden Papiere aus nachhaltiger Forstwirtschaft und verzichten darauf, Bücher einzeln in Folie zu verpacken. Wir stellen unsere Bücher in Deutschland und Europa (EU) her und arbeiten mit den Druckereien kontinuierlich an einer positiven Ökobilanz.

FSC www.fsc.org MIX Papier | Fördert gute Waldnutzung FSC® C014496

Titel der amerikanischen Originalausgabe:
»The Optimist. Sam Altman, OpenAI, and the Race to Invent the Future«

Bei Fragen zur Produktsicherheit wenden Sie sich bitte an:
produktsicherheit@bastei-luebbe.de

Textredaktion: Robert Schlepütz
Umschlaggestaltung: zero-media.net, München
Einband-/Umschlagmotiv: © Joe Pugliese/AUGUST
Satz: hanseatenSatz-bremen, Bremen
Gesetzt aus der Minion Pro
Druck und Verarbeitung: GGP Media GmbH, Pößneck

Printed in Germany
ISBN 978-3-86995-163-8

5 4 3 2 1

Sie finden uns im Internet unter quadriga-verlag.de
Bitte beachten Sie auch: luebbe.de

Für Wesley

Inhaltsverzeichnis

TEIL IV 2019–2024

Prolog

An einem milden Novemberabend im Jahr 2023 gab Peter Thiel, der bekannte Risikokapitalgeber, eine Geburtstagsparty für seinen Ehemann Matt Danzeisen im YESS. Das avantgardistische japanische Restaurant befindet sich in einem ehemaligen Bankgebäude aus den 1920er Jahren im Arts District von Los Angeles. Auch sein Freund Sam Altman saß in dem riesigen, tempelartigen Raum an seiner Seite.[1] Thiel hatte sich vor mehr als einem Jahrzehnt an Altmans erstem Risikokapitalfonds Hydrazine beteiligt und dem jüngeren Kollegen, der als CEO von OpenAI das Gesicht der KI-Revolution geworden war, auch als Mentor zur Seite gestanden. Die Markteinführung von ChatGPT durch OpenAI im Jahr zuvor hatte die Tech-Aktien aus der Flaute zu einem der größten Höhenflüge seit Jahrzehnten geführt. Dennoch machte sich Thiel Sorgen.

Jahre bevor er Altman kennenlernte, hatte Thiel schon einmal ein KI-begeistertes Wunderkind unter seine Fittiche genommen, Eliezer Yudkowsky. Thiel finanzierte sein Institut, das sich zum Ziel gesetzt hatte, erst einmal zu erforschen, wie die Menschen eine ihnen wohlgesonnene KI gestalten könnten, bevor sie sich daranmachten, tatsächlich eine zu erschaffen, die ihnen an Intelligenz überlegen ist. Doch inzwischen war Thiel zu dem Schluss gekommen, Yudkowsky habe sich zu einem »extremen Pessimisten und Ludditen« mit finsteren Ansichten entwickelt, die er wie folgt zusammenfasste: »Man kann bloß noch zum Burning Man gehen, sich jede Menge Drogen reinschmeißen und darauf warten, dass die KI kommt und uns alle umbringt.« Im März hatte Yudkowsky einen Kommentar im *Time Magazine* geschrieben, der in der Prophezeiung gipfelte, dass »buchstäblich alle auf der Erde sterben werden«, wenn die Forschung an der generativen KI nicht gestoppt wird.[2]

»Dir ist nicht klar, dass Eliezer die Hälfte der Leute in deinem Unternehmen dazu gebracht hat, solches Zeug zu glauben«, warnte Thiel Altman. »Du musst das ernster nehmen.«

Altman, der in seinem vegetarischen Gericht herumstocherte, bemühte sich, nicht mit den Augen zu rollen. Dies war nicht das erste gemeinsame Essen, bei dem Thiel ihn vor einer Übernahme seines Unternehmens durch »die EAs« warnte, womit er die Anhänger der Philosophie des »effektiven Altruismus« meinte, dem auf statistischen Daten gestützten modernen Verwandten des klassischen Utilitarismus. Die EAs hatten sich in letzter Zeit von dem Versuch, weltweit das Armutsproblem zu lösen, auf Bemühungen verlegt, zu verhindern, dass eine aus dem Ruder laufende KI die Menschheit auslöscht. Thiel hatte schon wiederholt prophezeit, »die KI-Sicherheitsleute« würden OpenAI »zerstören«. Der Investor hatte das Unternehmen von Beginn an unterstützt, schon 2015 mit einer persönlichen Spende, als es noch ein kleines gemeinnütziges Forschungslabor war, und dann erneut Anfang 2023 über seinen Founders Fund. Da hatte OpenAI bereits eine gewinnorientierte Tochtergesellschaft gegründet, die Milliarden von Microsoft und anderen Investoren verschlang. Doch Thiel war auch ein bekannter Weltuntergangsprophet, der, wie man im Silicon Valley gerne witzelte, bereits siebzehn der letzten beiden Finanzkrisen korrekt vorhergesagt hatte.

»Tja, Elon war ganz ähnlich drauf, aber Elon sind wir losgeworden«, sagte Altman in Bezug auf die chaotische Trennung von seinem Mitgründer Elon Musk im Jahr 2018, der den Versuch, eine Künstliche Intelligenz zu schaffen, einmal als »Teufelsbeschwörung« bezeichnet hatte.[3] »Und dann waren da noch die Anthropic-Leute«, fuhr Altman fort. Er meinte damit die mehr als ein Dutzend OpenAI-Mitarbeitenden, die Ende 2020 das Unternehmen verlassen hatten, um ihr eigenes konkurrierendes Forschungslabor zu gründen, weil sie das Vertrauen in Altman verloren hatten. »Aber die gehören nicht mehr zu uns.« Die mehr als siebenhundert verbliebenen Mitarbeiterinnen und Mitarbeiter hatten dem Unternehmen zu einem raketengleichen Aufstieg verholfen. Und nun durften sie angesichts des bevorstehenden Abschlusses eines Übernahmeangebots, bei dem OpenAI mit mehr als achtzig Milliarden Dollar bewertet wurde, bereits von Zweitwohnungen mit Blick aufs Meer träumen. Es gab keinen Grund zur Panik.

Optimismus war schon lange das Markenzeichen von Altman. Es gab aber auch Gründe genug für ihn, positiv in die Zukunft zu blicken. Der zart wirkende Achtunddreißigjährige beendete gerade das bislang beste Jahr seiner faszinierenden Karriere, ein Jahr, in dem sein Name in aller Munde gewesen war, Senatoren ihm aus der Hand gefressen hatten, er sich mit Präsidenten und Premierministern aus der ganzen Welt getroffen hatte und – was im Silicon Valley am meisten zählte – er eine neue Technologie mit weltveränderndem Potenzial hatte präsentieren können. OpenAI hatte im November 2022 mit der Vorstellung seines frappierend menschenähnlichen Chatbots ChatGPT (kurz für *Generative Pre-trained Transformer*, »generativer vortrainierter Transformer«) auf Anhieb einen Riesenerfolg gelandet. In nicht einmal drei Monaten meldeten sich hundert Millionen Nutzende an, was ChatGPT den Weltrekord der am schnellsten wachsenden App eintrug.[4] Nur wenige Monate später stellte OpenAI einen noch beeindruckenderen

Nachfolger vor, GPT-4. Diese Version konnte die US-Anwaltsprüfung bestehen und meisterte mit Bravour einen Standardtest in Biologie auf College-Niveau. Dieser unerwartet rasante Fortschritt ließ viele vermuten, dass das kühne Ziel des Unternehmens, tatsächlich die erste Künstliche allgemeine Intelligenz (Artificial General Intelligence, AGI) der Welt zu erschaffen, in greifbare Nähe gerückt sei. Selbst die härtesten KI-Skeptiker – darunter ein Informatikprofessor aus Stanford, der das ursprüngliche ChatGPT mir gegenüber als »Tanzbär« abgetan hatte – kamen nun ins Grübeln. Einige schwindelerregende Monate lang, in denen Unternehmen in ganz Amerika hektisch KI-Taskforces ins Leben riefen, um mögliche Produktivitätsgewinne durch KI abzuschätzen, schien es, als wären wir alle plötzlich zu Protagonistinnen und Protagonisten einer Science-Fiction-Geschichte geworden, deren Autor Sam Altman war.

Altman hatte das Programm nicht selbst geschrieben. Er war eher ein Visionär, Prediger und Dealmaker, kurzum das, was man einen »Promoter« nennt. Seine besondere Fähigkeit, die er im Laufe der Jahre als Berater und später als Leiter des renommierten Start-up Accelerators Y Combinator weiterentwickelt hatte, bestand darin, das nahezu Unmögliche ins Auge zu fassen, andere davon zu überzeugen, dass es tatsächlich möglich war, und dann das nötige Geld aufzutreiben, um es zu realisieren. »Er ist der einzige Mensch, dem ich in meinem Leben begegnet bin, der nur an Dingen arbeiten möchte, die das Potenzial haben, die Welt zu verändern, auch wenn es vielleicht lediglich eine einprozentige Chance für ihren Erfolg gibt«, sagte Ali Rowghani, der während Altmans Amtszeit als Präsident des Accelerators einen Fonds bei Y Combinator betreute.

Niemand verkörpert so sehr wie Altman die grundsätzliche Haltung des Silicon Valley, dass es nicht schaden kann, »immer noch eine Null dranzuhängen«. Diese Denkweise hatte er von seinem ursprünglichen Mentor, dem Hacker, Unternehmer und Essayist Paul Graham, übernommen, einem Mitgründer von Y Combinator. Grahams genereller Rat an seine Start-ups war, nicht zu klein zu denken, sondern die »Millionen« auf den Präsentationsfolien ihrer Umsatzprognosen gleich durch »Milliarden« zu ersetzen. Als Altman 2019 die Zügel bei OpenAI übernahm, bloggte er über seine persönliche Erfolgsphilosophie: »Es hilft, an das, was man als seine Erfolgsmarke definiert hat, noch eine Null dranzuhängen – ob das nun Geld, Status, Einfluss auf die Welt oder was sonst immer ist.«[5] Thiel erklärte, an Altman habe ihn vor allem beeindruckt, dass er absolut »den Zeitgeist des Silicon Valley repräsentierte« – ein 1985 geborener Millennial, der im idealen Moment zwischen dem Platzen der Dotcom-Blase und der Finanzkrise die Bühne der Tech-Welt betrat, als der Start-up-Optimismus wieder an Fahrt aufnahm, die Tech-Branche aber noch nicht »verknöchert« war, wie Thiel später gerne spottete. Thiel, der sich an Altmans Investitionen Mitte der 2010er-Jahre beteiligte, als die Warnungen vor einem Platzen der Technologieblase immer lauter wurden, musste schließlich seine für ihn als Contrarian typische Einstellung, gegen den Strom zu schwimmen, überwinden, und das nicht zu seinem Nachteil. »Sam war extrem optimistisch, eine wichtige Einstellung, wenn man in diesem Bereich investieren wollte, denn dort war eigentlich alles sehr gut bewertet«, sagte er. Wie sich herausstellte, hatten die von Y Combinator geschaffenen sogenannten Einhörner, Start-ups wie Stripe und Airbnb mit einer Bewertung von über einer Milliarde US-Dollar, deren Anteile nicht an der Börse gehandelt werden, noch viel Wachstumspotenzial. Mit Ausnahme der Nachbeben der Finanzkrise von 2008 und der globalen Pandemie, die im Jahr 2020 ausbrach, hat Altman praktisch nur steigende Tech-Märkte erlebt.

Aber dieses Mal lag Thiel mit seinem Pessimismus richtig. Während die beiden Investitionspartner unter dem offenen Dachgebälk des YESS feierten, einem der angesagtesten Restaurants in Los Angeles, konferierten vier Mitglieder des sechsköpfigen Vorstands von OpenAI – darunter zwei mit direkten Verbindungen zur Gemeinschaft der effektiven Altruisten – insgeheim per Video über die Entlassung von Altman. Yudkowsky persönlich hatte nichts damit zu tun, außer dass er mit seinem einflussreichen Blog *LessWrong* dazu beigetragen hatte, die Angst vor den existenziellen Risiken der KI in den Mittelpunkt der EA-Bewegung zu rücken.

Diese Furcht hatte schon bei der Gründung von OpenAI eine Rolle gespielt, war das erklärte Ziel doch, »die digitale Intelligenz auf eine Weise voranzubringen, die aller Voraussicht nach der gesamten Menschheit Nutzen bringt, ohne dabei durch die Notwendigkeit eingeschränkt zu sein, finanzielle Gewinne zu machen«. Sie zeigte sich noch deutlicher in der bemerkenswerten Charta von OpenAI aus dem Jahr 2018, in der es heißt: »Wir sind besorgt, dass die Entwicklung der AGI in ihrer Schlussphase zu einem Wettlauf geraten könnte, der keine Zeit für angemessene Sicherheitsvorkehrungen lässt.« Daher verpflichtete sich das Unternehmen, mit Projekten, denen der KI-Durchbruch früher gelingen sollte, »nicht mehr zu konkurrieren, sondern sie zu unterstützen«. Auch in der ungewöhnlichen Führungsstruktur des Unternehmens kam diese Befürchtung zum Ausdruck. Sie sah vor, eine gewinnorientierte Tochtergesellschaft unter die Aufsicht eines gemeinnützigen Vorstands zu stellen, der treuhänderisch keinem Investor, sondern vielmehr »der Menschheit« verpflichtet sein sollte.[6] Die Anlegerinnen und Anleger wurden gewarnt, dass sie ihr Geld verlieren könnten, falls der Vorstand dies zur Erfüllung seiner Hauptaufgabe für unumgänglich halte.

Die Charta geht zum Teil auf die »KI-Prinzipien« zurück,

die 2017 auf der Asilomar-Konferenz aufgestellt wurden. Veranstalter war das Future of Life Institute, das sich mit den existenziellen Risiken der KI beschäftigte und von Milliardären wie Musk und dem Skype-Gründer Jaan Tallinn finanziert wurde. Altman hatte an dieser Konferenz teilgenommen und die »Prinzipien« unterzeichnet. Bereits 2015, dem Gründungsjahr von OpenAI, bezeichnete Altman AGI als »die wahrscheinlich größte Bedrohung für den Fortbestand der Menschheit«. Er empfahl dazu die Lektüre des Buchs *Superintelligenz – Szenarien einer kommenden Revolution* von Nick Bostrom, einem Philosophen der Universität Oxford, damals schon seit einigen Jahren häufiger Gast bei den von Yudkowskys Machine Intelligence Institute organisierten Konferenzen.[7] Bostrom machte die Befürchtungen vor den Folgen der KI in weiten Kreisen durch ein Gedankenexperiment bekannt, das auf Überlegungen von Eliezer Yudkowsky aufbaut. Es warnt davor, KI könne im Bemühen, Büroklammern herzustellen, die Menschheit auslöschen – und dies nicht aus Bosheit, sondern einfach deshalb, weil Menschen dem der KI einprogrammierten Ziel, sämtliche Materie im Universum in Büroklammern zu verwandeln, im Wege stehen könnten. Seine Warnungen trugen entscheidend dazu bei, dass es OpenAI gelang, die weltbesten KI-Forscher zu gewinnen, nicht zuletzt, weil Musk diese Sorgen teilte und Geld für diese Bemühungen zur Verfügung stellte. Und auch als Altman die Erfolge von ChatGPT noch feierte, versäumte er es nie, in seinen begeisterten Visionen der Zukunft eindringlich vor drohenden Katastrophen zu warnen. So forderte er bei einer Anhörung in Washington die Senatoren dazu auf, die KI zu regulieren. »Wenn mit dieser Technologie was schiefläuft, dann läuft es richtig schief«, so seine Begründung.[8]

Viele in der Branche sahen darin nicht mehr als geschicktes Marketing. Tatsächlich konzentrierte sich Altman im Jahr 2023 vor allem auf das, was er am besten konnte: Deals für mehr Investitionen abschließen, die Begeisterung der Presse anfachen und sich weltweit als Prophet einer blühenden Zukunft mit ungeahnten Möglichkeiten zu etablieren. Er mochte sich Sorgen darüber gemacht haben, wohin die Reise führen könnte, nahm aber deshalb nicht den Fuß vom Gaspedal.

Im Gegensatz zu Thiels düsteren Vorahnungen trafen sich die Vorstandsmitglieder von OpenAI an jenem Abend jedoch nicht, weil sie befürchteten, OpenAI mache zu schnelle Fortschritte in Richtung AGI. In Wahrheit hatten ihre Beweggründe für die Entlassung von Altman wenig mit effektivem Altruismus oder existenziellen Risiken zu tun, sondern mehr mit Thiels Lobpreisung von Altman als Verkörperung des »Zeitgeistes des Silicon Valley« schlechthin.

Gründer wie Altman hatten im ganzen Silicon Valley, so auch bei Y Combinator, nach der Jahrtausendwende den Status von Königen, Kaisern und Göttern. Die Risikokapitalgeber, die sie finanzieren, überschlugen sich darin, ihre »Gründerfreundlichkeit« unter Beweis zu stellen, was in der Praxis hieß, dass sie kaum jemals einen Gründer-CEO absetzten oder ihm anderweitig das Leben schwer machten. Dieser Logik entspricht es, dass Thiel sein Risikokapitalunternehmen Founders Fund nannte und erklärte, niemals einen Gründer entlassen zu wollen.[9] Letztendlich heißt dies, dass der Erfolg eines Start-ups nicht so wichtig ist wie die Beziehung zwischen dem Risikokapitalgeber und dem Gründer. Erweist sich das Start-up als Fehlschlag, kann er es mit neuem Gründungskapital noch einmal versuchen und wird diesmal vielleicht sogar mit einer Milliarde bewertet.

Als Altman 2014 die Leitung von Y Combinator übernahm, hatten die Gründer bereits so viel Einfluss gewonnen, dass er sich in einem Blogbeitrag vorsichtig gegen den Trend wandte, ihnen Schecks auszustellen, ohne dass die Finanziers einen Sitz im Vorstand erhielten. Erfahrene Risikokapitalgeber, so sein Argument, könnten wertvolle Erfahrungen in die Unternehmen einbringen. Um aber die Y Combinator-Start-ups nicht zu verprellen, schloss er seinen Beitrag mit den Worten: »Es empfiehlt sich, genügend Kontrolle zu behalten, damit die Investorinnen und Investoren einen nicht feuern können.«[10]

OpenAI wollte es bewusst anders machen. Altman hielt nicht die Art von Mehrstimmrechtsaktien, die Leuten wie Mark Zuckerberg auf Lebenszeit entscheidenden Einfluss auf ihr Unternehmen sichern, er besaß fast überhaupt keine Anteile am Unternehmen. Das war ungewöhnlich, doch er hatte dies schon in der Gründungsphase von OpenAI entschieden – zunächst deshalb, weil es sich bei dem Unternehmen um eine gemeinnützige Gesellschaft handelte, später auch, weil er so im Vorstand bleiben konnte, ohne gegen die Charta zu verstoßen, die verlangte, dass die Mehrheit der Leitung unabhängig, also ohne Beteiligung am Unternehmen sein musste. Dass er keine Macht über das Unternehmen ausüben könne, so sein Argument, garantiere, dass er verantwortungsvoll handle.

Doch der Vorstand war der Meinung, Altmann übe de facto allein schon durch das Tempo, mit der er Entscheidungen in der undurchsichtigen Welt des Risikokapitals treffe, so große Macht aus, dass das Aufsichtsgremium seinem Job kaum nachkommen könne. Fünf Tage nach dem Essen mit Thiel in dem japanischen Restaurant wurde Altman von dem Unternehmen, das er mitgegründet hatte, gefeuert. Als Grund wurde genannt, er sei »in seiner Kommunikation mit dem Vorstand nicht immer offen« gewesen.

Ich traf Sam Altman acht Monate zuvor während der ersten Welle des KI-Fiebers. Das *Wall Street Journal* hatte mich nach San Francisco geschickt, um ihn in der OpenAI-Zentrale zu interviewen. Sie befindet sich im Mission District, dem coolen

Viertel, in dem ich während meines Studiums einen Sommer lang als Barista gejobbt hatte. Damals, während der ersten Dotcom-Blase, kursierten dort noch Flugblätter mit der Parole »Tod dem Yuppie-Abschaum« – die Punks und Freaks fühlten sich gestört. In der Zwischenzeit hatte der Tech-Boom den Mission District überrannt und aus ihm so etwas wie Brooklyn gemacht, nur mit besseren Burritos.

Über allem lag die Euphorie des Neuen. Es war Mitte März, in New York die graue Jahreszeit, in der man jeden Glauben an die Sonne verlieren kann. In San Francisco hingegen schien sie strahlend vom Himmel. Nach fünf Tagen Regen war die Luft frisch und rein. Sämtliche Werbetafeln entlang des Highway 101 priesen irgendein KI-Produkt an. Die Abendnachrichten brachten als erste Meldung, dass GPT-4 den Eignungstest für das Jurastudium bestehen konnte. Im Mission District stand alles in Blüte, überall gab es Kaffee mit Blaubeergeschmack und viele Obdachlose.

Das Büro von OpenAI ist in einer unscheinbaren ehemaligen Mayonnaise-Fabrik im ehemaligen Industriegürtel von Mission in der Nähe von Potrero Hill untergebracht. Kein Schild weist darauf hin, was sich im Inneren des Gebäudes befindet – damals mochte das seltsam erscheinen, erwies sich aber dann fast als weitsichtig, nachdem Yudkowsky kurz darauf gefordert hatte, notfalls auch Luftangriffe gegen Rechenzentren zu fliegen, um unkontrollierbar gewordene KI zu stoppen. Bei der Adresse angekommen, stieß ich dort auf einen verwirrten Investor mit einem Lanyard um den Hals, der wie ich zwischen der unbeschilderten Tür und dem unbeschilderten Lagertor um die Ecke hin und her lief und einfach nicht glauben konnte, dass hier der Eingang zu Silicon Valleys spannendstem und zugleich gefürchtetstem Unternehmen sein sollte. Auf unsere Frage, ob wir hier richtig seien, wollte uns der Wachmann vor dem Lagertor keine Auskunft geben.

Schließlich schafften wir es in die Empfangshalle, die wie eine Mischung aus einem Gewächshaus und einem Day Spa wirkte. Alles war bis zur Decke mit Sukkulenten und Farnen zugewuchert. Das Plätschern steinerner Brunnen mischte sich mit dem Gemurmel von Risikokapitalgebern, die zu einer Networking-Veranstaltung gekommen waren, um mehr über die Welt der KI-Investitionen zu erfahren.

Nach einer Weile betrat Altman, in weißen Sneakern und mit federnden Schritten, lächelnd den Raum. Mit seinen Grübchen wirkte er viel jünger als siebenunddreißig. Als Erstes fällt einem an Altman auf, wie zierlich er mit seiner Größe von knapp über einem Meter siebzig wirkt, eine Tatsache, die schon in vielen frühen Berichten über ihn hervorgehoben wurde. Die zweite Sache ist der intensive Blick seiner grünen Augen, den er stets so auf sein Gegenüber richtet, als würde er gerade mit der wichtigsten Person der Welt sprechen. Er entschuldigte sich dafür, dass sein Meeting, auf der Infotafel des Konferenzraums immer noch als »AI Manhattan Project« angeführt, etwas länger gedauert hatte.

Auf die Frage, was es mit diesem bedeutungsvollen Titel auf sich habe, erklärte Altman: »Es ging darum, was wir tun können, um das Alignment zu verbessern. Wie schaffen wir es angesichts der Fortschritte, uns stärker mit anderen Gruppen abzustimmen, insbesondere darüber, wie wir die Sicherheitsprobleme der AGI bewältigen können. Ich denke, wir haben dazu spannende Ideen.«

Das Gespräch fand zwei Tage nach der Veröffentlichung von GPT-4 statt. Altman leitete eine Organisation von anscheinend solch epochaler Bedeutung, dass er sich über so etwas Profanes wie Produkte oder Profite nicht einmal Gedanken machte. Er schien den Wirbel zu genießen.

»Ich hatte das große Glück, gleich zu Beginn meiner Karriere mehr Geld zu verdienen, als ich jemals benötigen werde«, sagte er. »Ich möchte an Dingen arbeiten, von denen ich überzeugt bin, die ich interessant, wichtig, nützlich und weltverändernd finde und die unbedingt richtig gemacht werden müssen, aber ich brauche nicht noch mehr Geld. Außerdem denke ich, dass wir hier einige Entscheidungen treffen werden, die« – er hielt kurz inne, um nach dem richtigen Ausdruck zu suchen – »irgendwann ein wenig *seltsam* erscheinen werden.«

Er entwarf eine Zukunft, in der die Weltbevölkerung über die weitere Entwicklung der KI abstimmen wird. »Es ist unser dringender Wunsch, dass diese Technologie unter der Aufsicht von allen steht und ihre Vorteile allen zugutekommen«, sagte er. »Wenn sich das nicht im staatlichen Rahmen realisieren lässt, und ich denke, es gibt viele Gründe, warum das weder eine gute noch eine praktikable Idee ist, bietet sich ein Non-Profit an.« Seine Definition von sicherer AGI war ziemlich weit gefasst. Auf die Frage, was Sicherheit für ihn bedeute, sprach er von einer Zukunft, in der »die überwiegende Mehrheit der Menschen auf der Welt viel besser dran wäre als in einer Welt, in der es keine AGI gibt«. Viele würden dann sicher auch den Beruf wechseln, denn, so sagte er, »ich denke, die meisten Menschen lieben ihre Arbeit nicht besonders«.

Nur ein Mal während unseres zweistündigen Gesprächs bekam die altruistische Maske einen Riss und ließ den knallharten Wettbewerber durchscheinen. Einen Monat zuvor hatten sowohl Google als auch Anthropic die Veröffentlichung eigener Chatbots mit generativer KI angekündigt. Alles deutete darauf hin, dass der Branche nun genau jenes KI-Wettrüsten bevorstand, vor dem die OpenAI-Charta so eindrücklich gewarnt hatte. Doch auf die Frage nach der Konkurrenz antwortete Altman nur: »Tja, sie waren wohl etwas voreilig mit ihren Pressemitteilungen«, und fügte hinzu: »Anscheinend sind sie nicht ganz hinterhergekommen.«

Dies war ein kurzer Moment, in dem Altman einmal Stärke

demonstrierte, während er uns durch die OpenAI-Büros führte, in denen eine fast schon betont gutherzige Atmosphäre vorherrschte, wie an einer prestigeträchtigen Privatschule, die ihren Wertekodex zur Schau stellt. Es gab eine Cafeteria, einen Aufenthaltsraum im Stil der 1980er Jahre voller Brettspiele und die Nachbildung einer Unibibliothek, komplett mit Bücherleitern und sanft leuchtenden Schreibtischlampen, offensichtlich nach dem Vorbild des Bender Room der Green Library an der Stanford University. Am Ende der Regale türmte sich ein Stapel Schallplatten, obenauf lag an diesem Tag der Soundtrack zu *Blade Runner*.

Doch Altmans ganzer Stolz und Freude war ein bautechnisches Detail, das besonders schwierig zu realisieren gewesen war: die zentrale Podesttreppe, die er so entworfen hatte, dass alle der damals vierhundert Angestellten jeden Tag einander begegnen mussten. Als wir hinaufstiegen, geriet er richtig ins Schwärmen über diese Großtat der Ingenieurskunst. In diesem Moment wirkte er fast wie ein Priester in einem Tempel. Mir kam dabei etwas in den Sinn, das er mir während unseres Interviews gesagt hatte.

»Vor noch gar nicht so langer Zeit hat fast niemand an AGI geglaubt«, sagte er. »Und die meisten glauben vielleicht immer noch nicht daran. Aber ich denke, dass mittlerweile mehr Menschen bereit sind, wenigstens darüber nachzudenken. Und ich glaube, dass ein Großteil der Welt gerade einen Prozess durchläuft, den die meisten der hier Anwesenden in den vergangenen Jahren bereits durchgemacht haben, nämlich sich wirklich einmal intensiv damit auseinanderzusetzen. Und das ist schwierig. Aufregend. Führt zu Verunsicherung. Es ist ein Riesending. Ich gehe davon aus, dass sich dieser Prozess in den nächsten Jahren weiter entfalten wird, und wir wollen versuchen, auf diesem Weg eine Stimme der Orientierung zu bieten.«

Altman war weniger darauf aus, eine Technologie zu verkaufen, sondern vielmehr einen *Glauben*. Und damit war er sehr erfolgreich. Als ich Thiel für meinen Artikel im *Wall Street Journal*, der ursprüngliche Grund meines Besuchs in den Büros von OpenAI, die Frage stellte, ob Altman ein Idealist sei, gab er zur Antwort: »Wir sollten ihn eher als eine Art Messias sehen.«

Gut ein Jahr später, im April 2024, betrat ich das Baccarat Hotel in Midtown Manhattan. Altman saß halb versunken in einem der Ledersessel der opulenten Lobby. Ich war früh dran, doch er hatte es noch früher geschafft, bereits diskret seine Personenschützer in einer Ecke postiert und die Rechnung schon im Voraus übernommen, wie ich später herausfand, als nichts mehr daran zu ändern war. Als er mich erblickte, sprang er auf und begrüßte mich mit einer Umarmung. So ist Sam Altman: warmherzig, charmant, fürsorglich, freundlich.

Er war in seiner typischen Aufmachung erschienen: Er trug ein kornblumenblaues langärmeliges T-Shirt, eine indigoblaue Hipster-Jeans und nagelneue graue Sneakers von New Balance. Ein paar graue Strähnchen hatten sich in seinen dunkelblonden Haarschopf geschlichen – es fehlten nur noch wenige Tage bis zu seinem neununddreißigsten Geburtstag. Er hatte sich einen Espresso bestellt – einen von den zweien, die er sich pro Tag gönnt, den ersten zum Frühstück – und schien bester Laune, beflügelt von seinem ausgedehnten Aufenthalt in New York.

Das kam überraschend. Während der monatelangen Verhandlungen hatte er seine ablehnende Haltung zu einem Buch über ihn deutlich gemacht. Der Artikel über Altman im *Wall Street Journal*, verfasst von meinem Kollegen Berber Jin und mir ein Jahr zuvor nach dem Interview in den Büros von OpenAI, hatte zu einem Buchvertrag geführt. Als wir Altman darüber informierten, meinte er nur, dafür sei es zu früh, außerdem sei das Projekt viel zu sehr auf ihn fixiert. Nach einigen Monaten Bedenkzeit teilte er mir mit, dass mit seiner Mitarbeit nicht zu rechnen sei. Schon bei meiner letzten Biografie war die Person, über die ich schrieb, komplett abgetaucht, deshalb ließ ich mich auch jetzt nicht davon entmutigen und rief ihn immer wieder an. Dann, ein paar Monate vor unserer Begegnung in New York, hatte Altman einen Sinneswandel. Er erklärte sich zu einer Zusammenarbeit in begrenztem Umfang bereit, unter der Bedingung, dass seine kritische Haltung zu diesem Projekt zum Ausdruck kam.

»Ich halte nichts von der Geschichtsverzerrung, die sich unweigerlich ergibt, wenn eine einzelne Person mit einem Unternehmen, einer Bewegung oder einer technischen Revolution identifiziert wird. Unsere Welt funktioniert einfach nicht so, das ist unfair gegenüber der außergewöhnlichen Leistung vieler anderer Menschen«, erklärte er fast ungehalten. »So etwas sollte man grundsätzlich nicht unterstützen.«

Das klang nobel, aber nicht mehr ganz so überzeugend, nachdem Altman nur fünf Tage nach seiner Entlassung bei OpenAI wieder auf den Chefsessel zurückgekehrt war. Nahezu alle siebenhundertsiebzig Mitarbeiterinnen und Mitarbeiter des Unternehmens hatten eine Petition unterzeichnet, in der sie damit drohten, zu Microsoft zu wechseln, sollte Altman nicht zurückkommen. Mitarbeitende und Investierende von OpenAI hielten ihn ganz offensichtlich gleichermaßen für unentbehrlich. Und in den vergangenen anderthalb Jahren war kaum ein Tag vergangen, an dem die Wirtschaftspresse nicht eine Geschichte über die KI-Revolution mit einem Foto von ihm gebracht hatte. Er mochte sich noch so sehr dagegen sträuben, sein Gesicht, nicht das OpenAI-Logo, war zum Symbol dessen geworden, was viele als den größten technologischen Durchbruch zu ihren Lebzeiten, wenn nicht gar der Menschheitsgeschichte betrachteten.

Sein anderer Einwand klang weniger bescheiden, aber plausibler und entsprach viel mehr seiner Persönlichkeit.

»Es ist nicht reiner Aberglaube, wenn man sagt, dass man nicht zu früh feiern soll, und ich glaube, es ist ein oder zwei Jahrzehnte zu früh«, wandte er ein. »OpenAI hat noch einen weiten Weg vor sich.«

Altman versteht es, andere davon zu überzeugen, dass er in die Zukunft blicken kann. Wenn er öffentlich über die Technologie von OpenAI spricht, schimpft er oft über die aktuellen Produkte – erst kürzlich erklärte er gegenüber einem prominenten Podcaster, GPT-4, das höchstentwickelte Produkt des Unternehmens, sei »irgendwie Murks«. Die Zuhörer sollten sich lieber darauf konzentrieren, was angesichts der Verbesserungsrate des Unternehmens zu erwarten sei.[11] Das ist reinstes Investorendenken. In meinen ersten Jahren beim *Wall Street Journal*, als ich oft früh in die Redaktion kam, um die Geschäftsberichte der Unternehmen auszuwerten, wunderte ich mich immer, dass deren Pressemitteilungen keinerlei Einfluss auf die Aktienkurse hatten; die Anlegerinnen und Anleger konzentrierten sich stattdessen ganz auf die »Prognosen«, die die Finanzchefs der Unternehmen in ihrem Kauderwelsch gegenüber den Analysten abgaben. In der von Risikokapital bestimmten Welt der privaten Start-ups, in der Altman Karriere machte, musste man schon fast ein Schamane sein, um eine Versammlung von Risikokapitalgebenden davon zu überzeugen, dass die Gewinnkurve eines Start-ups steil nach oben ging. Und niemand konnte das besser als Sam Altman.

In der Zukunftsvision Altmans wird die Künstliche allgemeine Intelligenz unweigerlich zu einer »Erweiterung unseres Willens« werden, ohne die »wir uns einfach nicht mehr wie wir selbst fühlen«. Studierende werden von kostenlosen oder sehr billigen KI-Tutoren unterrichtet werden, die sie »smarter und besser auf die Welt vorbereiten werden, als es heutzutage irgendjemandem möglich ist«. Die Preise für Waren und Dienstleistungen werden drastisch sinken, da die KI einen Großteil der Arbeit von Anwälten, Grafikdesignern und Programmierern übernehmen wird, sodass die Menschen mehr Zeit im »Flow-Zustand« einer kreativen Arbeit verbringen können, an der ihnen wirklich liegt. Löhne werden durch ein bedingungsloses Grundeinkommen (Universal Basic Income, UBI) ersetzt, abgezweigt aus einem Teil des Wohlstands, den all die neuen Roboter produzieren. Staaten werden gemeinsam mit der Privatwirtschaft in riesige Datenzentren investieren, betrieben mit billiger Kernenergie, die uns zur Verfügung steht, wenn wir die Geheimnisse der Kernfusion, die unsere Sonne antreibt, gelüftet haben. Die Künstliche Intelligenz (KI) wird wie Elektrizität fließen und es uns ermöglichen, den Krebs zu besiegen und die Rätsel der Physik zu lösen, die uns bislang an diesen Planeten gefesselt haben. Wir werden immer länger leben, da eine Krankheit nach der anderen besiegt wird. Die Menschheit wird in ein neues Zeitalter der Gesundheit und des Überflusses eintreten.

Altman hat viel mehr getan, als nur über diese Vision zu reden. Mit seinem Portfolio von mehr als vierhundert Start-up-Investitionen, die ihn zum vielfachen Milliardär gemacht haben, hat er bedeutende persönliche Wetten auf Unternehmen abgeschlossen, die etwas zu ihrer Verwirklichung beitragen können.[12] So hat er mindestens 375 Millionen Dollar in Helion investiert, ein von Y Combinator gefördertes Start-up, das versucht, die Kernfusion zu einer Quelle sauberer, erneuerbarer Energie zu machen, und er hat das Start-up Oklo unterstützt und an die Börse gebracht, das Kleinreaktoren bauen will. Er ist Mitgründer des Unternehmens Worldcoin (heute World), eines gewinnorientierten Kryptowährungsprojekts, das mit dem sogenannten Orb, einem biometrischen Gerät von der Größe eines Fußballs, durch die Welt reist und die Iris der Menschen im Austausch gegen ein Wallet mit der Kryptowährung Worldcoin scannt. So soll ein weltweites Zahlungs- und Identitätsnetzwerk entstehen, das eines Tages auch zur Verteilung eines globalen Grundeinkommens verwendet werden könnte. Zusätzlich finanzierte er persönlich Langzeitstudien darüber, was ein bedingungsloses Grundeinkommen leisten kann.

Zu seinen weiteren Investitionen gehören besonders ambitionierte Projekte, sogenannte »Moonshots«, beispielsweise, die durchschnittliche Lebensspanne des Menschen um zehn Jahre zu verlängern, eine Behandlung der Parkinson-Krankheit mit Stammzellen zu entwickeln, den kommerziellen Überschallflug wiederzubeleben oder das menschliche Gehirn durch ein Implantat mit dem Computer zu verbinden. Man kann sich kaum vorstellen, dass er privat jemals in etwas so Banales wie Unternehmenssoftware investieren würde – auch wenn OpenAI in Partnerschaft mit Microsoft bisher hauptsächlich das gemacht hat. Paul Graham meinte einmal über Altmans prallvoll mit ehrgeizigen Projekten gefülltes Portfolio: »Mir scheint, sein Ziel ist es, die Zukunft zu gestalten, und zwar umfassend.«[13]

Altman selbst sagt, er habe es sich nie zum Ziel gesetzt, durch Investitionen in eine Reihe miteinander verzahnter Projekte sämtliche Facetten der menschlichen Existenz neu zu gestalten. Das habe sich einfach so ergeben. »Ich glaube schon lange, dass Energie und Intelligenz die wichtigsten Dinge auf der Welt sind«, sagte er. »Mir war aber nicht klar, wie eng sie zusammenhängen. Damit hatte ich wirklich Glück.«

In dieser Hinsicht unterscheidet sich Altman kaum von vielen anderen Tech-Unternehmern, wenn er auch ein besserer und ehrgeizigerer Investor ist als die meisten von ihnen. Was ihn jedoch von anderen unterscheidet, ist sein Interesse an Politik. Er will nicht bloß eine neue Technologie entwickeln und sie der Welt schenken. Sein Bestreben war es seit jeher, »in die

Weltgeschichte einzugehen«, meinte Patrick Chung, der Investor, der ihn entdeckt hat. In den Jahren 2016 und 2017 sprach er mit Freundinnen und Freunden sowie Bekannten über eine mögliche Kandidatur für das Präsidentenamt und liebäugelte 2017 auch mit einer Kandidatur als Gouverneur von Kalifornien. Er entwarf sogar ein politisches Programm, unterstützte dann aber andere Kandidatinnen und Kandidaten, anstatt selbst für ein Amt zu kandidieren. Nachdem ChatGPT weltweit Furore zu machen begann, sprach Altman des Öfteren im Weißen Haus vor und tourte anschließend rund um den Globus, um mit führenden Politikern wie dem französischen Präsidenten Emmanuel Macron und dem indischen Premierminister Narendra Modi zu sprechen.

Altman beantwortete tapfer zweieinhalb Stunden lang meine Fragen. Ab und zu zog er ein spiralgebundenes Heftchen hervor und notierte sich den Namen einer Person, mit der ich bereits über ihn gesprochen hatte, um sie später zu kontaktieren. Das wirkte einerseits fürsorglich, denn offenbar wollte er mich unterstützen, andererseits aber auch bedenklich. In der Gefälligkeits-Ökonomie des Silicon Valley hält Altman eine einflussreiche Position, und ich konnte nur Vermutungen darüber anstellen, welche Auswirkungen das Buchprojekt auf seinen Ruf haben würde. Graham hatte einmal sehr treffend bemerkt: »Sam ist ein Meister der Macht.«

Doch seit er als CEO von OpenAI gefeuert und kurz darauf wieder eingesetzt wurde, ist seine Macht dort nicht nur gestiegen, sondern hat sich zugleich auch formell verfestigt. Altman wurde nun vorsichtiger, zurückhaltender. Er prahlte nicht länger mit der ungewöhnlichen Führungsstruktur des Unternehmens. Statt einem bedingungslosen Grundeinkommen will er der Menschheit nun eher kostenlosen (oder zumindest billigen) Zugang zu ChatGPT verschaffen. Sein Ruhm brachte es mit sich, dass er keine Zeit mehr für Hobbys hatte. Man hatte versucht, ihn abzuservieren, und er musste damit rechnen, dass sich das wiederholte. Eine Untersuchung nach seiner Entlassung hatte ergeben, dass der Vorstand ihm keinerlei Verfehlung nachweisen konnte, sondern lediglich das Vertrauen in ihn verloren und daraus die Konsequenzen gezogen hatte. So erfolgreich er bisher jede Bedrohung abwehren konnte, so etwas konnte jederzeit wieder geschehen. Hinter alldem stand die Frage, die erst nur hinter vorgehaltener Hand, dann schon im Flüsterton und schließlich ganz offen in Online-Debatten von Abtrünnigen des Unternehmens diskutiert wurde: Trauen wir dieser Person zu, dass sie uns der AGI näherbringt?

Seit seiner Rückkehr als CEO hat Altman versucht, OpenAI zu einem eher traditionellen, gewinnorientierten Unternehmen umzustrukturieren, an dem er inzwischen selbst einen Anteil von circa zehn Milliarden Dollar besitzt. Er ist weit mehr als das Gesicht der KI-Revolution – er ist ihr unumstrittener Anführer und Vordenker. Er hat sich mächtige Feinde gemacht, allen voran Musk, der Altman und OpenAI verklagt hat und ihm vorwirft, die ursprüngliche gemeinnützige Mission verraten zu haben. (OpenAI hält Musks Klage für unbegründet, und dessen Kritiker weisen darauf hin, dass er nach der Gründung seines eigenen KI-Unternehmens xAI ein Konkurrent ist.) Altmans alles überragende Stellung hat die Beantwortung der Frage, wer er wirklich ist, dringlicher denn je gemacht.

Für dieses Buch habe ich mehr als zweihundertfünfzig Interviews mit Sam Altmans Familienangehörigen, Freundinnen und Freunden, Lehrerinnen und Lehrern, Mentorinnen und Mentoren, Mitgründerinnen und Mitgründern, Kolleginnen und Kollegen, Investorinnen und Investoren sowie Portfoliounternehmerinnen und Portfoliounternehmern geführt, und natürlich auch viele Stunden mit Altman selbst gesprochen. Die Person, die dabei zum Vorschein kam, ist ein brillanter

Dealmaker, der Tempo und Risiko liebt und mit fast religiöser Inbrunst an den technologischen Fortschritt glaubt – der aber doch manchmal für die Menschen in seinem Umfeld einfach zu schnell ist und dessen Scheu vor Konfrontationen gelegentlich dazu führt, dass sich größere Konflikte zusammenbrauen. Doch sooft Sam Altman zu Boden gegangen ist, so oft ist er stärker als zuvor aufgestanden. Wie Graham 2008 über ihn schrieb: »Würde man ihn mit dem Fallschirm über einer Kannibaleninsel absetzen und nach fünf Jahren vorbeischauen, wäre er dort sicher König geworden.«[14]

Will man Altman verstehen, so muss man zunächst einmal die Familie verstehen, aus der er kommt. Deshalb beginnt seine Geschichte mit der seines Vaters, Jerry Altman, der weit mehr war als ein »Immobilienmakler«, wie es oft von ihm heißt – sofern er überhaupt erwähnt wird. Jerry Altmans politisches Engagement und sein kreatives Dealmaking – zwei Dinge, die er an seinen Sohn weitergegeben hat – haben den politischen Kampf für bezahlbaren Wohnraum in den USA nachhaltig geprägt. Sams Mutter, Connie Gibstine, hat ihrem Sohn nicht nur den Forschergeist ihrer Familie vererbt, sondern auch ihren beispiellosen Arbeitseifer. Jerry und Connie sagten Sam und seinen Geschwistern jeden Tag, dass sie alles erreichen könnten, wenn sie es nur wollten. Das ist die Grundlage von Sam Altmans Selbstvertrauen und Optimismus. Gleichzeitig liegen in ihrer letztlich unglücklichen Ehe viele der Keime für die Ängste, unter denen Altman nach eigenem Eingeständnis leidet, sowie dem Bruch, der seine Schwester Annie dazu brachte, nach Jerrys Tod 2018 den Kontakt zum Rest ihrer Familie abzubrechen.

Als erstgeborener Sohn einer jüdischen Familie der oberen Mittelschicht in einem Vorort von St. Louis zeigte sich bei Altman schon früh, dass er etwas Besonderes war, und so wurde er auch behandelt. Seine Kindheit war entscheidend durch fortschrittliche Institutionen geprägt. Seine Familie gehörte der Central Reform Congregation an, für die soziale Gerechtigkeit eine wichtige Rolle spielt. Und auch die strenge John Burroughs School vermittelte ihm, es sei seine moralische Pflicht, die Welt zu verbessern. Computer wurden seine intellektuelle Berufung, und AIM-Chats halfen ihm, besser mit dem zurechtzukommen, womit ein homosexueller Teenager in den späten 1990er Jahren im Mittleren Westen der USA zu kämpfen hatte. Schon an seiner Schule hatte er sich gegen die Intoleranz gewandt, die er wegen seiner sexuellen Orientierung erleben musste, und dabei gelernt, dass es das ganze Leben verändern kann, wenn man große Risiken eingeht.

Als Student in Stanford lernte Altman die Mitgründer seines ersten Start-ups Loopt kennen. Es handelte sich um ein auf Standortdaten basierendes soziales Netzwerk in der Ära der Klapphandys. Loopt war das einzige Unternehmen, das Altman vor der Gründung von OpenAI leitete. Seine Geschichte enthält im Kleinen schon vieles von dem, was dann kommen sollte, angefangen von der relativ einfachen Geldbeschaffung bei renommierten Risikokapitalfirmen wie Sequoia Capital bis hin zu Meutereien von Mitarbeiterinnen und Mitarbeitern, mit denen Altman bereits als junger CEO dieses um seine Existenz kämpfenden Start-ups konfrontiert war.

Das wichtigste Ergebnis von Loopt war am Ende, dass die App Altman mit Paul Graham und seinem Start-up-Accelerator Y Combinator bekannt machte. Graham sah in Altman die Verkörperung all dessen, was für den Erfolg eines Start-ups erforderlich ist. Loopt wurde 2012 verkauft, aber Altman blieb Y Combinator treu und beriet dessen Start-ups, während er seinen eigenen Investmentfonds führte, an dem auch Thiel beteiligt war. Als Graham sich dann zurückzog, wählte er Altman zu seinem Nachfolger. Damit rückte Altman in eine Schlüsselposition im Silicon Valley auf. Unter seiner Führung schob Y Combinator nun nicht bloß Dutzende, sondern gleich Hunderte von Start-ups pro Jahr an, drang in den Bereich der bahnbrechenden Spitzentechnologie vor und schuf eine eigene Abteilung für Moonshots, aus der schließlich ein gemeinnütziges Forschungslabor namens OpenAI hervorging. Da Altman immer noch mit der Leitung von Y Combinator beschäftigt war, wurde die Aufgabe, Talente für das Labor zu finden, seinem Freund Greg Brockman übertragen, dem ehemaligen CTO des von Y Combinator finanzierten Zahlungsunternehmens Stripe.

Dieses Buch bietet nicht nur neue Einblicke in Altmans Herkunft, seine Jugend und seine frühe Karriere, sondern auch in seine bisherige Zeit bei OpenAI. Es erzählt die Geschichte, wie sich Altman und Musk wöchentlich zum Essen trafen und dabei die Gefahren und Verheißungen der KI-Technologie diskutierten, und wie Altman dann den Machtkampf gegen den älteren, reicheren Unternehmer dank seiner Allianz mit Brockman gewann. Es enthüllt, wie Altman, den der langjährige Chef von Sequoia Capital, Mike Moritz, einen »kaufmännischen Charakter« nennt, die Entwicklung des ersten kommerziellen Produkts leitete, das ein großes Sprachmodell verwendete. An so etwas war bislang nur an Universitäten geforscht worden. Und es zeigt, wie Altman mit der Einführung von ChatGPT und GPT-4 seine im Einsatz für Y Combinator geschulten Talente nutzte, um eine der größten Start-up-Geschichten aller Zeiten zu erzählen.

Freundinnen und Freunde von Altman, auch Thiel, sagen, er sympathisiere mit einer im Silicon Valley verbreiteten Vorstellung, dass die AGI bereits Realität sei und wir alle in einer von ihr geschaffenen Computersimulation lebten. Gegenüber Journalistinnen und Journalisten hält sich Altman in dieser Frage bedeckt. »Sam steht hier auf der Simulationsseite, ich auf der Nichtsimulationsseite«, erklärte Thiel gegenüber dem *Wall Street Journal* für unser Profil. »In gewisser Weise lässt sich die Frage stellen: Wie unterscheidet sich die KI von Gott?« Darauf angesprochen, erklärt Altman, dies seien »Diskussionen für Studentenbuden«. Ähnlich Descartes räumt er jedoch ein: »Man kann sich keiner anderen Sache als seines eigenen Bewusstseins sicher sein«, nicht einmal der eigenen Existenz. »Ganz ähnlich sehen es auch viele östliche Religionen: ›Wir existieren nur in unserem Bewusstsein‹«, erklärte er während unseres ersten Interviews.

Altman ist ein Suchender. Er glaubt nicht an Gott, meditiert aber regelmäßig und hat sich Elemente der hinduistischen Advaita-Vedanta-Philosophie zu eigen gemacht. Kurz nach der Veröffentlichung von ChatGPT twitterte er, dass er zu den wenigen Menschen gehöre, die an die »absolute Gleichwertigkeit von Brahman und Atman« glauben.[15] Advaita, was in etwa Nondualität bedeutet, geht davon aus, dass es keinen Unterschied zwischen Brahman (dem ewigen Bewusstsein, das die Grundlage aller Realität ist) und Atman (der individuellen Seele oder dem Selbst) gibt und dass die Welt, die wir erleben, eine bloße Illusion und Manifestation von Brahman ist. »Ich bin durchaus bereit zu glauben, dass das Bewusstsein irgendwie das grundlegende Substrat ist und wir alle nur in einem Traum oder in einer Simulation oder wo auch immer existieren«, erklärte Altman in einem Podcast von Lex Fridman. »Ich finde es interessant, wie sehr sich die Silicon-Valley-Religion der Simulation dem Brahman angenähert hat und wie ähnlich sie sich sind.«[16]

Mit anderen Worten: Die ganze Welt ist ein Traum. Und im Traum ist alles möglich.

Teil I

1985–2005

Kapitel 1
Chicago

Eine frische Brise wehte vom Lake Michigan herüber, als sich am 29. April 1983 am Navy Pier alles einfand, was in Chicago Rang und Namen hatte, um der Amtseinführung des ersten Schwarzen Bürgermeisters der Stadt beizuwohnen. Eine Kapelle spielte, während Harold Washington in dunklem Anzug und silberner Krawatte, die mit seinem grauen Schnurrbart und seinem von hellen Fäden durchwirkten Haar harmonierte, an der Seite seiner Verlobten, die am Revers ihres Blazers ein Ansteckbouquet aus Fuchsien trug, durch die Menschenmenge schritt. »Wir wollen Harold! Wir wollen Harold!«, skandierte die Menge, als er das Podium erreichte. Es war ein Neuanfang für die Stadt, die etwas mehr als zwei Jahrzehnte lang fest im Griff von Bürgermeister Richard J. Daley und der Parteimaschine der Demokraten gewesen war.[17]

Zur Überraschung aller hatte Harold Washington in den Vorwahlen der Demokratischen Partei nicht nur die amtierende Bürgermeisterin, sondern auch den Sohn des verstorbenen Daley geschlagen und sich anschließend gegen den republikanischen Kandidaten durchgesetzt, der mit dem unterschwellig rassistischen Slogan »Wählt Epton zum Bürgermeister, bevor es zu spät ist« ins Rennen gegangen war. Bei einer seiner Wahlkampfveranstaltungen war sogar das N-Wort an eine katholische Kirche geschmiert worden.[18] (»Die Politik ist kein Ponyhof«, erklärte Washington häufig.[19] Und so sah es auch der junge Barack Obama, der sich als Community Organizer in der Sozialarbeit für die Stadt engagierte und für Washington arbeitete. Schließlich nutzte Obama die von Harold Washington aufgebaute Koalition als Sprungbrett für seine eigene Karriere.) Washington verdankte seinen Wahlsieg am Ende einem sprunghaften Anstieg der Zahl registrierter Schwarzer Wählerinnen und Wähler sowie einer Koalition der lateinamerikanischen Bevölkerung mit der weißen Elite, den sogenannten »Lakefront Liberals«.[20] »Meine Wahl ist das Resultat einer Graswurzelbewegung, wie es sie in der Geschichte der Stadt Chicago noch nicht gegeben hat«, erklärte der neue Bürgermeister vom Podium.[21]

In der Menschenmenge stand auch Jerry Altman und verfolgte stolz das Geschehen. Der ruhige, konservativ gekleidete Mann Anfang dreißig hatte sich in dieser Graswurzelbewegung engagiert. Jerry hatte tiefschwarzes, seitlich gescheiteltes Haar, fröhlich zwinkernde Augen, und er lachte gerne. Ein ganzes Jahr war er tagsüber mit dem Wahlkampftross von Washington unterwegs gewesen und war abends als Berater für bezahlbaren Wohnraum tätig. Nun sollte er im Übergangsteam des Bürgermeisters für den Wohnungssektor zuständig sein. Washington holte ausdrücklich Altmans Expertise ein, um eine Taskforce ins Leben zu rufen, die sich mit der Abwanderung von Vermietern beschäftigen sollte, die ihren Wohnungsbestand in den ärmeren Vierteln der Stadt immer häufiger aufgaben.[22]

Eine Romanze, die in einer Enttäuschung endete, hatte Jerry nach Chicago geführt, und so war er schließlich in der Hochburg des Community Organizing, einer spezifischen Form von Gemeinwesenarbeit, hängengeblieben, die Aktivistinnen wie beispielsweise Gail Cincotta hervorgebracht hatte. Die Mutter von sechs Kindern wohnte in einem Viertel, aus dem sich die weiße Bevölkerung zurückzog. Aus Empörung über die schlecht finanzierten Schulen, auf die sie ihre Kinder schicken musste, organisierte sie eine landesweite Kampagne gegen die weitverbreitete Praxis des sogenannten »Redlining«, die Benachteiligung bei der Kreditvergabe aufgrund von ethnischen Merkmalen innerhalb eines Viertels. So kam es schließlich zum Community Reinvestment Act von 1977.[23] Jerry tat sich mit Cincotta und ihrem Mitstreiter Shel Trapp zusammen, die gemeinsam auch schon mal eine Ratte an die Tür eines Stadtrats nagelten, um gegen die Tatenlosigkeit der Kommune in Sachen Schädlingsbekämpfung zu protestieren. Zudem arbeitete Jerry mit Leuten aus dem Umkreis von Saul Alinsky zusammen, dessen kämpferisches Engagement Chicago zum Vorbild für viele Aktivistinnen und Aktivisten machte – und ihn selbst auf alle Zeit zum Feindbild der Rechten.

Jerry war jedoch kein Community Organizer im eigentlichen Sinne, und ganz gewiss nagelte er niemandem Ratten an die Tür. Er war Finanzexperte mit einem besonderen Interesse für das Thema bezahlbarer Wohnraum und der festen Überzeugung, Geschäftsleute durch kreative Deals dazu bringen zu können, in ihrem eigenen Interesse auch Unterkünfte für die weniger Betuchten zu schaffen. Bereits nach wenigen Jahren hatte er mit seinen Ideen auch Erfolg. Unter geschickter Ausnutzung der Steuergesetzgebung leistete er Pionierarbeit bei der Finanzierung von erschwinglichem Wohnraum. Sein innovatives System wurde zum Vorbild für ein Bundesprogramm, das dies mit Steuergutschriften förderte. Dieser sogenannte Low-Income Housing Tax Credit ist bis heute das wichtigste Instrument für den Bau von bezahlbarem Wohnraum.

»Es war eine Bewegung«, sagte Leroy Kennedy, ein Mitarbeiter von Jerry in der hierfür von Bürgermeister Washington aufgestellten Taskforce. »Da war Enthusiasmus und Schwung dahinter, man spürte die Begeisterung, dass sich endlich mal jemand darum kümmerte, was in der Stadt los war.«

Jerry Altman war als jüngster Sohn eines Schuhfabrikanten in Clayton aufgewachsen, einem wohlhabenden Vorort von St. Louis. Die Geschichte der Altmans ist typisch für viele jüdische Einwanderer und Unternehmer. Jerrys Großvater, Sam Altmans Urgroßvater Harry Altman, kam in Płońsk zur Welt, einer vorwiegend von Juden bewohnten Stadt nordwestlich von Warschau. Das Königreich Polen unterstand zu jener Zeit als »Kongresspolen« dem Russischen Kaiserreich. Er hatte sich mit seiner Frau Birdie nach Westeuropa abgesetzt, um nicht im 1904 ausbrechenden Russisch-Japanischen Krieg kämpfen zu müssen. Harry ging zunächst allein in die Vereinigten Staaten. Nach einem Zwischenaufenthalt in New York begann er in der Kleinstadt Nicholls im Bundesstaat Georgia für die Familie Pizitz, die im Süden der USA eine Kaufhauskette besaß, als Straßenhändler zu arbeiten. Nach zwei Jahren hatte er genug Geld zusammengespart, um Birdie nachkommen zu lassen, die in dem Laden von Pizitz zu arbeiten begann, den die Altmans später kauften.[24]

Das Paar hatte fünf Kinder. Eine Tochter, Minnie, starb bereits im Kindesalter an der Spanischen Grippe. Die Überlebenden waren Sam, Jack, Sol und Reba. Die Altmans waren nicht besonders religiös, trotzdem gefiel es Birdie nicht, dass ihre Kinder in der kleinen Südstaatenstadt völlig von ihrem orthodoxen jüdischen Erbe abgeschnitten aufwachsen sollten. Deshalb arrangierte sie den Verkauf des Familienunternehmens in Nicholls und den Kauf eines Ladens in Atlanta. Der Deal ging schief, doch Birdie zog vor Gericht und gewann schließlich vor dem Obersten Gerichtshof von Georgia.[25] »Meine Urgroßmutter hatte viel mehr Geschäftssinn als mein Urgroßvater«, erklärte später Sunny Altman, Enkelin von Sol.

Nachdem sich Birdies Plan, die Familie in Atlanta anzusiedeln, zerschlagen hatte, zogen die Altmans in die Hafenstadt Brunswick im Bundesstaat Georgia. Sie wagten einen Neuanfang, kauften in Konkurs gegangene Geschäfte auf, veräußerten den Warenbestand und anschließend die Immobilien. Darunter war auch ein Schuhgeschäft in North Carolina, das einem Brand zum Opfer gefallen war, dessen Inventar aber gerettet werden konnte. Ihr Sohn Jack, noch nicht ganz achtzehn Jahre alt, eröffnete mit der Ware Altman's Shoes in der Newcastle Street, der Hauptstraße der Stadt.[26]

Das Geschäft florierte, und Birdie holte schon bald weitere Mitglieder der Familie aus Europa nach, die ebenfalls Geschäfte in Brunswick eröffneten. Der älteste Sohn der Altmans, Sam, machte gleich nach dem Schulabschluss in derselben Straße ein Geschäft für Damenbekleidung auf, Altman's Feminine Apparel. Abgesehen vom jüngsten Sprössling Sol, der eine Karriere als Anwalt einschlug, suchte der Altman-Clan sein Glück im Bekleidungs- und Schuhgeschäft. Reba eröffnete mit ihrem Ehemann Phil Salkin in Brunswick einen weiteren Schuhladen namens Salkin's. Jack besuchte zunächst die University of Georgia, kehrte aber nach Brunswick zurück und fertigte fortan Maßschuhe für wohlhabende Kunden an, die während der Weltwirtschaftskrise im Hotel The Cloister auf der nahe gelegenen Sea Island logierten.

Während des Zweiten Weltkriegs flog Jack mit dem Geschwader der »Aleutian Tigers« Einsätze im Pazifik. Als Verwundeter wurde er 1942 in einem Krankenhaus in St. Louis versorgt. Dort lernte er Sylvia Harris kennen, eine schöne, dunkelhaarige junge Frau, die dort als Freiwillige Dienst leistete. Sie entstammte einer angesehenen jüdischen Familie im nahe gelegenen University City, und ihr Vater war in führender Position beim Versicherungskonzern Metropolitan Life tätig. Die Trauungszeremonie fand im Temple Israel statt, einer der ältesten Synagogen des Reformjudentums.

St. Louis, zu jener Zeit das Zentrum der amerikanischen Schuhindustrie, war der ideale Ort für einen Schuhdesigner. Großbetriebe wie die International Shoe Company, Brown

Shoe und Hamilton-Brown hatten dort während des Ersten Weltkriegs mehr als die Hälfte des Schuhwerks für das US-Militär produziert.[27] »Führend in Spirituosen und Schuhen, Schlusslicht in der American League«, so scherzten die Einwohnerinnen und Einwohner von St. Louis gerne über ihre Stadt und ihr nicht sonderlich erfolgreiches Baseballteam, die St. Louis Browns. Jack begann mit einem Partner unter dem Namen Joy's Shoemakers zusammenzuarbeiten. Seine Entwürfe erregten die Aufmerksamkeit eines Engländers namens Sam Wolfe, der eine Handvoll Schuhfirmen besaß. Zusammen gründeten sie die Deb Shoe Company, die modische Damenschuhe nach Entwürfen herstellte, die Jack auf Erkundungsreisen nach Vorbildern europäischer Modelle angefertigt hatte. Aus Italien brachte er für seine weiblichen Familienangehörigen Schuhe von berühmten Designern wie beispielsweise Ferragamo mit. Die Geschäfte liefen so erfolgreich, dass Deb expandierte und drei Schuhfabriken in Washington (im benachbarten Bundesstaat Missouri) eröffnete. Dort waren die Gewerkschaften nicht so einflussreich und die Produktionskosten niedriger.

Die Altmans ließen sich in Clayton nieder, einem wohlhabenden Vorort von St. Louis, und bekamen drei Kinder: Gail, Jack junior und Jerold, den alle nur Jerry nannten. Die Kinder besuchten die angesehenen öffentlichen Schulen von Clayton und verbrachten die Sommerferien bei ihren Cousins und Cousinen in Georgia. Im Januar 1958, als Jerry sieben Jahre alt war, erlitt seine Großmutter Birdie einen Schlaganfall. Seine Mutter reiste nach Brunswick, um sich um ihre Schwiegermutter zu kümmern. Beladen mit Einkäufen, rutschte Sylvia dort eines Tages vor einem Schuhgeschäft in der Newcastle Street auf dem nassen Pflaster aus und brach sich die Hüfte. Im Streckverband wurde sie nach St. Louis geflogen und sollte nie wieder das Bett verlassen. Nach einer sechsmonatigen Tortur starb sie im Alter von sechsunddreißig Jahren an einer Infektion.[28]

Sylvias Tod führte zu einer tiefen Kluft in der Familie. Zwei Jahre später heiratete Jack Altman, ein kräftiger, breitschultriger Mann mit beginnender Glatze und einem runden, etwas strengen Gesicht, seine Sekretärin Thelma Noerper, eine zierliche blonde Frau, die nicht viel größer als ein Meter fünfzig war. Noerper, bereits geschieden, brachte eine erwachsene Tochter namens Sally mit in die Familie. Im Unterschied zu seinen älteren Geschwistern, dem dreizehnjährigen Gail und dem zehnjährigen Jack junior, akzeptierte Jerry Thelma schnell als neue Mutter. »Jerry war noch ziemlich klein«, sagte sein Cousin Richard Altman. »Mit sieben oder acht Jahren ist das für ein Kind einfacher. Er entwickelte eine enge Beziehung zu Thelma, die anderen nie.«

Jerrys Vater, ein Arbeitstier, war ständig mit dem Vertriebsteam der Firma auf Achse. Und wenn er nach Hause kam, sollte alles so sein, wie er es sich vorstellte. »Jack war ein sehr fordernder, aber im Grunde unsicherer Mensch«, sagte Bob Nawrocki, Sallys Sohn. »Er hat seine Kinder stark kontrolliert. Ich denke, Jerry hat sich daher eher Thelma zugewandt.«

Jack junior schaute zu seinem Vater auf und arbeitete in den Ferien in der Schuhfabrik. Am Schabbat gingen sie in die Synagoge, nur sie beide. Als Jack die Familie 1965 für drei Wochen auf eine Geschäftsreise nach Europa mitnahm, verbrachte er mit seinem Sohn ganze Tage damit, heimlich mit einer Minikamera von Minolta Designerschuhe zu fotografieren. Es dauerte nicht lange, und ähnliche Modelle tauchten in den Schaufenstern des Mittleren Westens auf.

Jerry war ganz anders als sein Vater, es missfiel ihm, dass dessen Gedanken immer nur ums Geschäft kreisten. »Jerry ist einer der einfühlsamsten Menschen, denen ich je begegnet bin«, sagte Nawrocki. Er hörte nie ein schlechtes Wort von ihm über seinen Vater. Doch als Nawrocki einmal erwähnte, was für ein guter Großvater Jack für ihn gewesen sei, erwiderte Jerry nur: »Na, da habe ich ganz andere Erfahrungen gemacht.«

Jack und Thelma schickten ihre Kinder in den ersten Jahren auf öffentliche Schulen, zweifelten aber bald daran, dass ihre Jungs dort richtig gefördert wurden. So kamen sie schließlich auf die St. Louis Country Day School für Jungen, die auch Jerry ab der fünften Klasse besuchte. Diese Schule im noblen Vorort Ladue stand bei den alteingesessenen Familien von St. Louis in hohem Ansehen. Jerry war bei seinen Mitschülern beliebt, obwohl er ein wenig eigenbrötlerisch war. »Jerry war ein eher stiller Typ, hatte aber viel Humor und spielte gerne Baseball«, erinnerte sich sein Klassenkamerad Ed Hall. »Er war ein herzensguter Mensch.« Das Lernen fiel ihm leicht, an Sport zeigte er weniger Interesse. Er lernte gerne Russisch und spielte bei einer Schultheateraufführung des russischen Märchens *Iwan Zarewitsch, der Feuervogel und der Graue Wolf* mit.[29] Mit sechzehn fuhr Jerry einen sandfarbenen 1966 Pontiac Tempest. Er legte höchsten Wert darauf, dass das Fahrzeug innen wie außen stets tadellos gepflegt war. Etliche Jahre später sollte auch Sam Altman ein Faible für Autos entwickeln – allerdings viel, viel schnellere Exemplare.

1969, als Jerry die Schule abschloss, gab es in St. Louis große Spannungen zwischen der weißen Bevölkerung und People of Color, die sich insbesondere an der Wohnsituation aufluden. Wie in vielen amerikanischen Städten nach dem Zweiten Weltkrieg waren die Familien aus der weißen Mittelschicht mit ihren Steuerzahlungen in die umliegenden Vorstädte abgewandert. In St. Louis, in einem früheren Sklavenhalterstaat gelegen, hielt sich die Rassentrennung besonders lange. Das wirkt immer noch nach – fährt man über den Delmar Boulevard, auch als »Delmar Divide« (Del-Mar-Trennlinie) bekannt, dann sieht man bis heute im Süden lauter schöne Häuser, in denen vorwiegend Weiße wohnen, während der von der Schwarzen Bevölkerung bewohnte Norden von Armut und Verfall geprägt ist. Die Kluft verstärkt sich noch, wenn man die Innenstadt von St. Louis mit den umliegenden Vororten im St. Louis County vergleicht.

Bis 1950 war für achtzig Prozent der Häuser im St. Louis County urkundlich festgelegt, dass dort nur Weiße wohnen durften.[30] Das war in vielen Städten üblich, bis schließlich ein Prozess um einen Fall in St. Louis, *Shelley v. Kraemer*, der bis zum Obersten Gerichtshof durchgefochten wurde, für ein Verbot dieser Praxis sorgte. Unterdessen ließ die Stadtplanung im Zuge der Beseitigung von Slums systematisch die ärmeren, von der afroamerikanischen Bevölkerung bewohnten Viertel wie beispielsweise Mill Creek Valley abreißen. Die Menschen wurden in die dreiunddreißig elfstöckigen Gebäude der Siedlung Pruitt-Igoe gepfercht, deren Name Ende der 1960er Jahre zum Synonym für gescheiterte Wohnungspolitik wurde.[31]

Das 1954 fertiggestellte Wohnungsbauprojekt sollte ursprünglich zwei Komplexe auf dem dreiundzwanzig Hektar großen Gelände haben: einen für Schwarze, benannt nach Wendell O. Pruitt, einem afroamerikanischen Kampfpiloten im Zweiten Weltkrieg, und einen für Weiße, benannt nach dem US-Kongressabgeordneten William Igoe. Doch ein Gerichtsurteil von 1955 setzte der Praxis der Segregation im öffentlichen Wohnungsbau ein Ende, und schließlich zogen dort fast ausschließlich Afroamerikanerinnen und Afroamerikaner ein. Pruitt-Igoe war ein Projekt der Bundesregierung gewesen, doch der Betrieb und Erhalt wurde der Stadt St. Louis überlassen, die sich dieser Aufgabe nicht gewachsen zeigte. Die Polizei nannte die Wohnsiedlung »Korea« oder »Fort Apache« und wagte sich meist nur in Begleitung von Hunden hinein.* Im

* Und als ob das noch nicht genügt hätte, führte das US-Militär im Kalten Krieg dort heimliche Versuche durch, in denen das Viertel von den Dächern aus mit radioaktiven Substanzen eingenebelt wurde. Pruitt-Igoe wurde dazu wegen der Vergleichbarkeit der Siedlung mit den Wohnblocks von Kolpino, einem Stadtteil von Leningrad, ausgewählt.

Jahr 1969 entschied sich die klamme Wohnungsbehörde der Stadt, die Mieten in dem Wohnkomplex um das Sechsfache zu erhöhen. Mehr als tausend Bewohnerinnen und Bewohner von Pruitt-Igoe traten daraufhin in den Mietstreik. Um ihrem Anliegen Nachdruck zu verleihen, protestierten sie in Clayton auch vor dem Haus des Behördenleiters und drohten damit, dort eine Zeltstadt zu errichten. In einer Pressemitteilung kündigte eine Aktivistengruppe an, »sämtliche von Zwangsräumung betroffenen Mieterinnen und Mieter von Sozialwohnungen, die sich dazu bereit erklären, nach Clayton zu bringen, um dort das menschliche Leid und die Armut sichtbar zu machen, die in den städtischen Konzentrationslagern des sozialen Wohnungsbaus herrscht«.[32] Die Wohnungsbehörde gab den Forderungen der Demonstrierenden schließlich nach. Drei Jahre später wurde der Abriss von Pruitt-Igoe landesweit im Fernsehen übertragen.

Jerry kannte Pruitt-Igoe gut, er war dort einen Sommer lang mit einem Good-Humor-Eiscremewagen unterwegs gewesen. Verdient hatte er dort gut, wollte sich nach Einbruch der Dämmerung aber nicht in dem Viertel aufhalten. Von dem Mietstreik, der sich im Frühjahr seines letzten Schuljahres zuspitzte, bekam man an der Country Day nicht viel mit. »In dieser Schule waren wir weitgehend abgeschottet von der realen Welt«, berichtete Jerrys Klassenkamerad und Freund Walker Igleheart. Doch Jerry hatte eine empfänglichere soziale Antenne als andere. »Er war jemand, der etwas Positives in der Welt bewirken wollte«, erinnerte sich Joe Rechter, ebenfalls ein Mitschüler. Jerry wusste bloß noch nicht, wie.

Erste Ideen dazu entwickelte er während seines Studiums der Wirtschaftswissenschaften an der Wharton School der University of Pennsylvania. »Er interessierte sich sehr für Wohnungspolitik und machte sich Gedanken, wie man den Wohnungsmarkt gerechter gestalten könnte«, sagte Leah Bird, die sich dort mit ihm anfreundete. Sie diskutierten viel über Politik, insbesondere über Frank Rizzo, den umstrittenen Bürgermeister von Philadelphia. »Ihm war klar, dass man die Gesetze ändern musste«, sagte Bird. Altman mischte ein wenig in der Kommunalpolitik von Philadelphia mit. Er arbeitete dort auch in einem Schuhgeschäft, zeigte aber kein Interesse, in das Familienunternehmen einzusteigen.

Stattdessen entschied Jerry sich für eine Karriere in der Kommunalverwaltung und wurde Stadtplaner in Hartford im Bundesstaat Connecticut. Dort legte er dem Stadtrat abenteuerliche Pläne vor, wie beispielsweise 25.000 Dollar für eine Studie bereitzustellen, um »die Möglichkeit der Gründung eines kommunalen Unternehmens zur Herstellung von Solarenergieprodukten« zu untersuchen. Seine Strategie ähnelte schon sehr stark dem späteren »Altmanismus« seines Sohns Sam: Er setzte darauf, Bundeszuschüsse zu erhalten, umgab sich mit einer Aura von Autorität und versicherte, dass er keinerlei persönliche Gewinnabsichten verfolge. Jerry sprühte geradezu vor Begeisterung über seine neuen Ideen, gemeinnützige Unternehmen zu schaffen. »Ein kommunales Unternehmen, bei dem nicht die Gewinnerzielung im Mittelpunkt steht, könnte Beschäftigungs- und Ausbildungsprogramme auflegen, wie sie Privatunternehmen kaum je in den Sinn kommen«, argumentierte er gegenüber der Zeitung *Hartford Courant*.[33]

Schon bald hatte Jerry die Stelle eines stellvertretenden Stadtdirektors inne und ging mit Megan O'Neill aus, der Tochter eines Richters und Abgeordneten im Repräsentantenhaus von Connecticut. Megan studierte zu dieser Zeit Jura und arbeitete als wissenschaftliche Mitarbeiterin am Hartford Institute of Criminal and Social Justice. »Die Menschen hatten damals Hartford in Scharen verlassen«, sagte Frank Hartmann, der das Institut leitete und sowohl Jerry als auch Megan kannte. »Die Frage war also: Wie kann man dafür sorgen, dass

Hartford wieder eine lebenswerte Stadt wird?« Megan führte eine fünfjährige Studie über die Sicherheit in Wohngebieten durch. Im Ergebnis plädierte sie für die Art von Zusammenarbeit zwischen Polizei und Einwohnerschaft, die später als »Community Policing« bekannt werden sollte.[34]

»Sie war ziemlich tough«, meinte Hartmann, der sie sehr positiv in Erinnerung hatte. »Sehr klug. Nahm nie ein Blatt vor den Mund. Jemand, mit dem man rechnen musste.« Megan brachte es später zur stellvertretenden Justizministerin auf bundesstaatlicher Ebene. Auch Jerry ist Hartmann als »ausgesprochen intelligent« im Gedächtnis geblieben. »Hartford war eindeutig zu klein für ihn. Niemand erwartete, dass er dort hängenblieb.«

Jerry und Megan heirateten 1977 im Garten hinter dem malerischen Haus der O'Neills in West Hartford. In der Heiratsanzeige, die in der *New York Times* erschien, hieß es, die Braut werde ihren Mädchennamen behalten. Leah Bird erinnert sich an eine Party in dem Haus, die ihr deutlich zu »WASPy« vorkam – es waren praktisch nur »weiße, angelsächsische Protestanten« anwesend. »Es war keine einzige Person of Color dabei«, sagte sie.

1979, nach dem Abschluss ihres Jurastudiums, nahm Megan eine Stelle in einer Kanzlei in Chicago an. Jerry ging mit. Aber ihr Job entwickelte sich nicht zu ihrer Zufriedenheit, und so wollte Megan schließlich nach Hartford zurück. Jerry konnte sich nicht dazu entschließen. Und so endete ihre Ehe nach noch nicht einmal zwei Jahren.

Wie zuvor bereits seinen Großvater, hatte nun auch Jerry die Ehe mehr oder weniger zufällig an jenen Ort geführt, in dem er sein Talent am besten zur Geltung bringen konnte. Er nutzte seine Kontakte in Hartford, um Aetna Life & Casualty, Hartfords größten Arbeitgeber, als Kunden zu gewinnen und von

Chicago aus arbeiten zu können. Dank Alinsky und seinem Kreis war die Stadt ein Zentrum der progressiven politischen Szene der USA. Der Versicherungsbranche war keineswegs entgangen, welche Strafen Aktivistinnen und Aktivisten wie Gail Cincotta den Banken für ihre Praxis des Redlining eingebracht hatten. Daher beschlossen sie, sich mit den Gemeinden zu arrangieren, bevor ihnen Ähnliches blühte, weil sie selbst jahrzehntelang diskriminierende Geschäftspraktiken angewandt hatten. Jerry spezialisierte sich darauf, Finanzpakete aus staatlichen Förderungen und Unternehmensinvestitionen für den Bau erschwinglicher Wohnungen zu schnüren. »Er versuchte, die Kluft zwischen den Vorstandsetagen und den Menschen in den einfachen Stadtvierteln zu überbrücken«, erzählte Richard Manson, der Jerry 1981 als Berater für Aetna kennenlernte.

Bei seiner Arbeit kam Jerry im ganzen Land herum. In Park Slope, einem Viertel in Brooklyn, das die *Daily News* als »verarmt«, »kriminalitätsbelastet« und »von Verfall und Leerstand gekennzeichnet« beschrieb, half Jerry Aetna in Zusammenarbeit mit kommunalen und staatlichen Stellen bei der Sanierung von Reihenhäusern, »die Brandstiftung zum Opfer gefallen waren«.[35] Heute sind diese Häuser, gegenüber einer hippen Boutique für Vintage-Mode und einem gehobenen Restaurant gelegen, jeweils zwischen zwei und drei Millionen Dollar wert.

In Pennsylvania arbeitete Jerry mit dem Community Organizer Mike Eichler zusammen, der Alinsky persönlich kannte und in der Konfrontationstaktik seiner Organisation geschult war. Ihr Einsatzgebiet war das Mon Valley, ein Gebiet um Pittsburgh, das unter den Folgen der Stahlkrise litt. Eichler arbeitete im Auftrag einer Gruppe von Unternehmen mit Hauptsitz in Pittsburgh und hatte Jerry angeheuert, weil er von seinem »Talent bei der Einfädelung von Immobiliengeschäften« gehört hatte. Die beiden verstanden sich auf Anhieb. Jerry gefiel

Eichlers ungewöhnlicher Plan, arbeitslosen Stahlarbeitern beizubringen, wie man gemeinnützige Organisationen gründet und Geld für Investitionen in die wirtschaftliche Entwicklung der eigenen Stadt auftreibt.

»Es war eine höchst umstrittene Strategie, denn im ganzen Land, vor allem aber in Pittsburgh, herrscht das Klischee vor, dass es Menschen aus solchen Orten an Bildung fehlt, dass sie ausschließlich hart zupacken, aber nicht nachdenken können, die Veränderungen der Wirtschaftswelt sie überfordern, Umschulungsmaßnahmen bei ihnen zwecklos sind und so weiter«, sagte Eichler. Er und Jerry sahen das ganz anders. »Das war höchst ungewöhnlich, hingen die meisten Fachleute doch denselben Vorurteilen über die Bevölkerung der Region an.«

Eichler machte Einheimische aus, die Interesse hatten, und Jerry schulte sie. Manchmal hieß das, dass er dem Besitzer eines Ladens für Autoersatzteile die Finessen der Kreditvergabe für eine Gewerbeimmobilie zu vermitteln versuchte, dabei aber immer wieder unterbrochen wurde, weil ein Kunde hereinkam, der einen Schalldämpfer oder ein Rücklicht brauchte. Gemeinsam entwickelten sie ein vierstöckiges Gebäude, dessen Mieteinnahmen sie nutzten, um bezahlbaren Wohnraum für arbeitslose Stahlarbeiter zu bauen. Jerrys unermüdlicher Optimismus beeindruckte Eichler. »Nie hörte man von ihm: ›Keine Ahnung, ob das was bringt. Kann ich dazu wirklich raten?‹ Bei ihm hieß es immer: ›Klar funktioniert das!‹«

Als Jerry wieder in Chicago war, machte ihn ein Freund mit einer einige Jahre jüngeren Frau bekannt, die perfekt zu ihm zu passen schien – sie kamen beide aus Clayton, hatten liberale Ansichten und stammten aus einer reformjüdischen Familie der oberen Mittelschicht, die im Immobiliengeschäft tätig war.

Connie Gibstine war eine ebenso kluge wie ehrgeizige angehende Medizinerin, die mit ihrer lebhaften Persönlichkeit die

Dinge direkt anpackte und keinerlei Konkurrenz scheute. Nach dem Abschluss ihres Studiums an der University of Missouri zog sie nach Chicago, wo sie ihr Praktikum und anschließend ihre Facharztausbildung in Dermatologie an der Northwestern University absolvierte.

Connies Großvater, Herman Gibstine, war 1893 als Kind mit seinen Eltern und vier Geschwistern aus dem heute in der Ukraine liegenden Oleksandrija nach St. Louis eingewandert. Sein Vater, Morris Gibstein – er änderte die Schreibweise seines Namens bei der Ankunft in den Vereinigten Staaten –, war in seiner Heimat ein wohlhabender Holzhändler gewesen, betätigte sich in St. Louis aber als Schneider. Hermans Kinder stiegen ins Hutmachergewerbe ein. Um die Wende zum 20. Jahrhundert gründete der noch blutjunge Samuel Gibstine, das mittlere Kind, die Hutmacherei Samuel Gibstine & Company. Ihr Erfolg inspirierte seine ältere Schwester, ein Geschäft zu eröffnen, das sich auf blumengeschmückte Hüte spezialisierte, in das bald auch der jüngere Bruder Herman einstieg.[36] Im Jahr 1905, mit gerade einmal zwanzig Jahren, verkaufte Samuel Gibstine seine Hutmacherei und wandte sich dem Immobiliengeschäft zu. Die Samuel Gibstine Real Estate Company wurde zu einem der größten Immobilienunternehmen der Stadt.[37]

Herman blieb dem Hutgeschäft etwas länger treu und wechselte erst in der Folge dramatischer Ereignisse ebenfalls ins Immobiliengeschäft. Anfang der 1920er Jahre war er verheiratet, führte die Finanzen bei der American Millinery Company (einer großen Hutfabrik) und betätigte sich aktiv als Freimaurer.[38] Er und seine Frau hatten zwei Kinder, Eleanor und Marvin, und ein stattliches Backsteinhaus in University City. Im August 1925 vergaß jemand, über Nacht ein Bügeleisen in der Hutfabrik auszuschalten, was die Sprinkleranlage auslöste. Das gesamte Inventar wurde zerstört, woraufhin der Schaden knapp 50.000 Dollar betrug.[39] Das Unternehmen ging in

Konkurs. Gläubiger, die zu retten versuchten, was noch zu retten war, wollten schließlich auch von Gibstine Geld sehen, doch der behauptete, bei ihm sei eingebrochen worden und der Erlös aus dem Verkauf von »166 und einem halben Dutzend« Hüten, 1500 Dollar, seien gestohlen worden.[40] Er setzte sich nach Seattle ab, wo inzwischen seine Schwester wohnte, wurde dort aber verhaftet und wegen Betrugs angeklagt. Alles endete schließlich damit, dass Hermans Verwandte die Gläubiger auszahlten.[41]

Herman kehrte nach St. Louis zurück, wo er mit einem Partner die Immobilienfirma Haffner & Gibstine Real Estate gründete. Sie hatte ihren Sitz in der geschäftigen Easton Avenue, die heute Martin Luther King Drive heißt, und vermittelte den Verkauf von Bungalows in Vierteln wie Richmond Heights, Hamilton Heights und The Ville. Mit unterschiedlichen Geschäftspartnern blieb er in Bezirken tätig, die einige Jahre später durch den Wegzug der Weißen verfielen und die dann Jerry Altman, der Mann seiner Enkelin Connie, wiederzubeleben versuchte.

Marvin, Hermans Sohn, hatte eine Begabung für Mathematik und Wissenschaft. Er besuchte die Soldan High School – eine öffentliche Schule in St. Louis mit überwiegend jüdischer Schülerschaft aus wohlhabendem Haus – und schrieb sich 1940 an der Washington University für ein Medizinstudium ein, das er 1946 abschloss.[42] Im selben Jahr heiratete er Peggy Francis, die Tochter eines Immobilienhändlers aus Clayton, die die University of Illinois besuchte. Eine Annonce verkündete mit Stolz: »Miss Peggy Francis gibt ihre Verlobung mit einem Arzt bekannt«.[43] Die Hochzeitsfeier fand in einem Hotel mit Blick auf den Forest Park von St. Louis statt, und nach Marvins kurzem Militärdienst in Deutschland ließ sich das Paar in einem gelben Backsteinhaus in einer netten, aber nicht zu noblen Straße in Clayton nieder. Sie bekamen vier Kinder.[44]

Marvin war ein Tüftler, und er machte sich ständig Sorgen um die Weltlage. Anfang der 1960er Jahre baute er im Keller ihres Hauses einen Bunker mit zwei dreistöckigen Etagenbetten ein. »Wir hatten dort Wasserkanister und Mülltonnen oder so was, die wohl als Toiletten dienen sollten«, erinnerte sich Connie, das dritte Kind. In der Schule übte man das Verhalten bei einem möglichen Atomangriff – die Kinder kauerten sich entlang der Wand oder unter ihren Schultischen, um für den möglichen Einsatz einer Waffe gewappnet zu sein, die der geopolitischen Logik zufolge dazu bestimmt war, alles Leben auf der Erde auszulöschen. »Ich weiß noch, wie ich mich nachts angstvoll ins Schlafzimmer meiner Eltern schlich, weil ich daran denken musste: ›Was ist, wenn sie mich nicht nach Hause in unseren Bunker lassen, wenn die Bombe fällt?‹« Als diese Bedrohung schließlich nachließ, baute Marvin den Keller zu einem Amateurfunkstudio um, aus dem er unter den Rufzeichen WNOBVQ sendete. »Einmal kam er ganz aufgeregt nach oben. Er hatte es geschafft, mit seinem selbst gebastelten Funkgerät eine Morseverbindung mit einer Person in Australien herzustellen«, erzählte Connie. »Wäre er eine oder zwei Generationen später geboren worden, wäre er ein Computerfreak gewesen.«

Connie war die Einzige unter ihren Geschwistern, die dem Vorbild ihres Vaters folgte und Medizinerin wurde. Sie besuchte die Clayton High School, wo sie das Jahrbuch mitgestaltete, sich in der Schülervertretung engagierte und Co-Kapitänin eines Cheerleader-Teams war. Sie absolvierte an der University of Missouri ein Studium der Biologie im Hauptfach und Physik im Nebenfach – aber, wie sie erklärte, »nur weil ich genug Kurse zusammenbekam – eigentlich war das gar nicht mein Ding« – und blieb dann in Columbia, um Medizin zu studieren. In ihrem dritten Studienjahr starb ihr Vater im Alter von sechsundfünfzig Jahren an Krebs und ließ ihre zweiundfünfzigjährige Mutter als Witwe zurück.

Connie zog 1980 mit dem Plan nach Chicago, Dermatologin zu werden – ein Fachgebiet, das sie auch unter dem Hinblick auf eine Familiengründung wählte, da es eine freiere Arbeitszeitgestaltung ermöglichte. Als Ärztin im Praktikum war sie mit Ernst bei der Sache und zeichnete sich durch ihre zupackende Art aus. »Connie war stets die Stimme der Vernunft«, sagte Dr. Amy Paller, die mit ihr dort arbeitete. »Sie kam immer ohne Umschweife zur Sache.« Es fehlte ihr auch nicht an Ehrgeiz, sie wirkte an wissenschaftlichen Publikationen über Psoriasis und andere Krankheiten mit. Beide waren in den ersten Jahren der Aids-Epidemie in der Klinik tätig. »Die Leute kamen zu uns, und wenn wir etwas sahen, das wie ein Kaposi-Sarkom aussah, war das zu diesem Zeitpunkt ein Todesurteil«, so Paller. Diese Erfahrung führte Connie vor Augen, welchen Risiken insbesondere homosexuelle Männer ausgesetzt waren – das beeinflusste später auch ihre Reaktion auf das Coming-out ihres Sohnes. »Diese netten, dreißigjährigen Jungs, die vor sich hin siechten, füllten ganze Kliniken«, sagte sie. »Es war schrecklich. Einfach nur schrecklich.«

Connie und Jerry heirateten nach ihrer Rückkehr nach St. Louis auf dem Campus der Washington University. Jerry Altmans zweite Hochzeit fiel deutlich bescheidener aus als seine erste. Er und Connie wollten so schnell wie möglich nach Chicago zurück, wo das Paar schließlich eine Wohnung in einem Hochhaus südlich der Gold Coast fand. Connie setzte ihr Praktikum fort, während Jerry ein Jahr lang abends als Berater arbeitete und tagsüber ehrenamtlich für Harold Washington unterwegs war. »Ohne Bezahlung«, erklärte Connie, »einfach, weil er einen Afroamerikaner dabei unterstützen wollte«, Bürgermeister zu werden.

Washington ging es in seinem Wahlkampf nicht bloß darum, die Afroamerikanerinnen und Afroamerikaner von Chicago zu vertreten, die immerhin vierzig Prozent der Bevölkerung ausmachten, auch wenn sie sicherlich seine Basis bildeten. Er wollte »die Maschine« zerschlagen – das System, das Bürgermeister Daley in den 1950er Jahren aufgebaut hatte und das darüber entschied, wer einen Arbeitsplatz oder politische Vergünstigungen erhielt. Daleys Regierungszeit, in der die Beseitigung der Slums den Schwerpunkt bildete, war für die arme Bevölkerung der Stadt eine Katastrophe gewesen.[45] Nun, da Washington im Amt war, versuchte Jerry mit seiner Beratungsfirma Housing Agenda den bestehenden Wohnungsbestand in notleidenden Vierteln zu sichern, indem er die Vermieterinnen und Vermieter unter Androhung von Strafe dazu zwang, die Häuser instand zu halten. Bürgermeister Washington trug sein Programm 1984 bei einer Kongressanhörung über die Lage in den amerikanischen Städten vor, und es wurde zum Vorbild für das ganze Land.[46]

Im selben Jahr fand Jerry einen Weg, um Unternehmen dazu zu bringen, erschwinglichen Wohnraum zu finanzieren, der Blaupause für ein Bundesgesetz werden sollte. Er war bei einer Tochtergesellschaft der Local Initiatives Support Coalition (LISC) eingestellt worden, einer nationalen gemeinnützigen Organisation, die Gelder von Unternehmen bündelt, um in Stadtentwicklung und erschwinglichen Wohnraum zu investieren. In dieser Funktion entwickelte er eine neue Vorgehensweise: Er nutzte Nischen in der Steuergesetzgebung, die den Bauherren von erschwinglichem Wohnraum schnellere Abschreibungen ermöglichten. Diese Steuererleichterungen kamen letztlich auch den Investorinnen und Investoren des Projekts zugute. Es handelte sich zwar nicht um Steuergutschriften im eigentlichen Sinne, aber der Effekt war ziemlich ähnlich. »Jerry sprudelte nur so vor Ideen«, sagte Andy Ditton, der ihn bei LISC eingestellt hatte. »Er hatte ein Händchen für unkonventionelle Lösungen.«

Mit Jerrys Tricks gelang es, die Continental Bank, Chicagos zweitgrößte Bank, zur Finanzierung der Sanierung eines Mehrfamilienhauses mit sechs Wohneinheiten im Stadtteil Bucktown zu bewegen. Die gesamte politische Riege Chicagos war eingeladen, als schließlich das Eröffnungsband durchschnitten wurde. Unter ihnen war auch der Kongressabgeordnete Dan Rostenkowski, der mächtige Vorsitzende des Washingtoner House Ways and Means Committee, ein Ausschuss des Repräsentantenhauses der Vereinigten Staaten, der über weitreichende Befugnisse in der Steuer- und Finanzpolitik verfügt. »Rosty« zeigte sich tief beeindruckt und ließ sich von Jerry alles erklären. Dittons Team arbeitete mit Rostenkowskis Leuten einen Gesetzentwurf aus, der schließlich 1986 verabschiedet wurde und zehn Milliarden Dollar Steuererleichterungen für die Schaffung von preiswertem Wohnraum vorsah.

Jerry war nach wie vor viel unterwegs, wobei er nun verstärkt seine Kontakte in Chicago für seine Arbeit nutzte, so auch seine Beziehung zu Gale Cincotta und Shel Trapp, die für die Aktion mit den Ratten verantwortlich waren. In Lowell im Bundesstaat Massachusetts engagierte sich Jerry zusammen mit dem LISC-Berater Bill Traynor für den Erhalt eines überwiegend von Menschen lateinamerikanischer Herkunft bewohnten Arbeiterviertels namens The Acre, das schon für die Abrissbirne vorgesehen war. Cincotta führte Jerry bei einer Initiative namens Coalition for a Better Acre (CBA) ein. Er schlug CBA vor, sich die Form einer gemeinnützigen Organisation zu geben und ein Entwicklungsprojekt auszuarbeiten, das dann Aetna finanzieren könnte. »Aetna war bereit, sich für CBA zu engagieren«, erklärte Jerry dem Politologen Ross Gittell für sein Buch *Renewing Cities*. »Wir wussten natürlich, dass es eine umstrittene Organisation war, gerade deshalb haben wir sie ja ausgewählt, wir waren überzeugt, dass sie die Interessen des Viertels wirklich vertrat und etwas erreichen konnte.«[47]

Traynor war tief beeindruckt davon, wie Jerry es verstand, Geschäfte einzufädeln – eine Begabung, die er eines Tages an seinen Sohn Sam weitergeben sollte. »Er kam zu uns als unaufdringlicher Mensch und guter Zuhörer, aber er wusste auch auf kluge Art die Dinge anzupacken«, sagte Traynor. Den Anfang machte ein kleines Projekt für 2,8 Millionen Dollar zum Bau von vierundzwanzig Häusern auf sechzehn unbebauten Grundstücken. Schon vor dessen Fertigstellung nahmen sie ein komplettes heruntergekommenes Wohnviertel mit zweihundert Wohnungen namens Cement City ins Visier. Traynor erinnerte sich gut, wie dreist Jerry bei einem Frühstück mit Geschäftsleuten davon sprach, es handle sich um ein Sanierungsvorhaben in der Größenordnung von zwanzig Millionen Dollar, hinter dem das Ministerium für Wohnungsbau und Stadtentwicklung (Department of Housing and Urban Development, HUD) stehe, obwohl er keinerlei Erfahrung mit Projekten in dieser Größenordnung hatte. »Wir hatten noch nicht mal den Kaufvertrag unterschrieben!«, sagte Traynor und lachte.

Connie war von alldem nicht besonders beeindruckt. »Ich hatte das Gefühl, dass er ziellos in seinem Leben herumlief«, sagte sie. »Und so war es auch.« Sie drängte Jerry, Jura zu studieren, und beschloss aus Spaß, sich mit ihm zusammen einzuschreiben, obwohl sie schon ihren Abschluss in Medizin hatte. So belegten beide 1984 Abendkurse an der Loyola University. Kommilitoninnen und Kommilitonen erinnern sich, wie sie nebeneinandersaßen und sich ein gesundes Abendessen teilten, das sie von zu Hause mitbrachten. »Ich glaube, ich wollte dafür sorgen, dass er ein klares Ziel bekommt«, sagte sie. »Und Lernen hat mir immer Spaß gemacht, also habe ich mitgemacht.« Als Anwältin hat Connie zwar nie gearbeitet, aber sie stellte auch während des Jurastudiums unter Beweis, dass sie eine sehr wettbewerbsorientierte Person war. Noch vor Beginn der Kurse wurde sie zum ersten Mal schwanger, und vor ihrem

Abschluss schließlich ein drittes Mal. »Wir haben zusammen angefangen«, sagte Connie. »Mit den Kindern habe ich ein Jahr länger gebraucht als er. Die Prüfung in Illinois habe ich abgelegt, als ich im siebten Monat mit meinem dritten Kind schwanger war. Ein bisschen aufgehalten hat mich das schon.«

Samuel Harris Altman wurde am 22. April 1985 geboren. Er war ein unkompliziertes Baby: »Man konnte direkt neben seinem Bettchen staubsaugen, ohne dass er aufgewacht ist«, wie Connie es ausdrückte. Erst als die Altmans im Verlauf der folgenden drei Jahren zwei weitere Söhne, Max und Jack, und einige Jahre später noch ein Mädchen, Annie, bekamen, dämmerte ihnen, dass Sam ein ungewöhnliches Kind war. Bereits mit zwei Jahren legte er ganz allein Videokassetten der Sesamstraße ein und drückte die richtigen Knöpfe am Abspielgerät. »Das hat er einfach so gekonnt«, sagte Connie. »Max hingegen, auf seine Art auch ein großartiges Kind, konnte so etwas in diesem Alter einfach nicht.« Sie erinnerte sich gut daran, wie die Familie einmal Peggy in St. Louis anrufen wollte. »Da fragte er: ›Welche Nummern muss ich vorher wählen, damit ich Oma anrufen kann?‹« Der kleine Sam, gerade einmal drei Jahre alt, hatte verstanden, was eine Telefonvorwahl ist. »Meine anderen Kinder haben das wahrscheinlich mit etwa zehn kapiert«, sagte sie. »Er ist als kleiner Erwachsener auf die Welt gekommen.«

Schon im frühen Kindesalter zog sich Sam oft in seine eigene Gedankenwelt zurück, der für viele Kleinkinder typische ständige Bewegungsdrang war bei ihm nicht so ausgeprägt. Die Altmans wohnten inzwischen in Lincoln Park, einem grünen, wohlhabenden Viertel Chicagos. Einmal, Connie war hochschwanger mit Max, ging sie dort mit Sam auf einen Spielplatz, um sich und dem Kleinen ein wenig Bewegung zu verschaffen. Aber Sam, damals zwei, zeigte kein Interesse an der Rutsche und den Schaukeln. »Nein, Mami, ich bleibe hier bei dir sitzen, und wir schauen den Babys beim Spielen zu«, erklärte er ihr. »Diese ›Babys‹ waren älter als er«, sagte sie. Die Episode blieb ihr als Beweis für seine fast schon unheimliche Reife und sein intellektuelles Wesen im Gedächtnis haften. Er ist »kein körperlicher Typ«, sagte sie. Und zugleich veranschaulicht diese Anekdote auch tiefe Verbundenheit zu seiner Mutter.

Als Sam sich dem Vorschulalter näherte, merkte Connie, dass es für ihn keine passenden Bildungsangebote gab. Das öffentliche Schulsystem erschien ihr nicht attraktiv genug, und nur als politisches Statement wollte sie ihr Kind nicht dorthin schicken. Privatschulen schienen allerdings außer Reichweite für eine Familie mit drei Kindern. »Es waren nicht bloß die Schulgebühren«, sagte Connie, »die Familien dort flogen über Thanksgiving auch schon mal eben zum Skifahren in die Schweiz, so was kam für uns nicht infrage.«

Connie arbeitete auch während ihrer Schwangerschaften praktisch bis zur Geburt weiter als Dermatologin. Sie liebte ihren Beruf. »Freunde aus anderen Fachgebieten, beispielsweise der Thoraxchirurgie, sagten manchmal: ›Wie hältst du es aus, Leute mit Akne zu behandeln? Das ist doch stinklangweilig.‹ Aber für meine jungen Patientinnen und Patienten ist es wichtig, und für mich ist das eine sehr befriedigende Arbeit.« Nachdem ihre Klinik vom größten Krankenhaus der Stadt aufgekauft worden war, die Abrechnungsmodelle immer komplizierter wurden und die Bürokratie und die Vorschriften überhandnahmen, sah sie sich zunehmend im Konflikt mit den Strukturen der Versicherungswirtschaft. In der Praxis ihres Vaters hatten noch viele Menschen selbst und in bar bezahlt. »Ich überlegte, von da wegzugehen, weil ich all die Regeln leid war, wem man nun unter welchen Umständen welche Behandlung zukommen lassen konnte«, sagte sie.

Jerrys Jurastudium hatte nicht den gewünschten Effekt gehabt, seinem Leben »ein klares Ziel zu geben«. Als Berater für Projekte im ganzen Land war er nun noch öfter unterwegs als früher. 1987, wenige Monate nach Beginn von Harold Washingtons zweiter Amtszeit und nur wenige Stunden nach der Einweihung eines neuen Wohnungsbauprojekts, erlag der Bürgermeister überraschend einem Herzinfarkt an seinem Schreibtisch. Washington hatte die »Weltverbesserer«, die an die Rathaustür geklopft hatten, mit offenen Armen empfangen.[48] Welchen Platz sie in einer neuen Stadtverwaltung einnehmen würden, war mehr als ungewiss.

»Für ihn war es eigentlich egal, von wo aus er arbeitete«, sagte Connie über Jerry. Sie überlegten, nach St. Louis zurückzukehren. Connie konnte dort ihre verwitwete Mutter unterstützen, und die noch junge, tatkräftige Großmutter würde sich sicher mit Kinderbetreuung revanchieren. Jerrys Eltern waren bereits verstorben, aber sein Bruder lebte in der Gegend, wenn sie auch nicht viel Kontakt hatten. Zudem drohte den Altmans in Chicago eine höhere Grundsteuer, und Connie ging die Großstadt auf die Nerven. Inzwischen konnte man nicht einmal mehr mit dem Einkaufswagen zu seinem Auto gehen, weil die Geschäfte wegen der vielen Diebstähle von Pfosten umgeben waren. »Das Leben dort war unnötig kompliziert«, sagte sie.

Sam war vier, Max zwei und Jack gerade zehn Wochen alt, als die Altmans nach Clayton zurückkehrten.

Kapitel 2
St. Louis

Die Altmans bezogen ein braunes Backsteinhaus im Tudorstil in Hillcrest, einer Vorkriegssiedlung am Rand von Clayton mit hübschen Häusern in unterschiedlichen Architekturstilen, ganz ähnlich der Umgebung, in der Connie aufgewachsen war. Jedes Haus schien einem anderen Märchen der Brüder Grimm entsprungen zu sein. In den Gärten blühten Hartriegel und Azaleen. Die Altman-Kinder fuhren oft mit ihren Fahrrädern zum Forest Park, einem weitläufigen Gelände mit Wald und Golfplätzen, das größer war als der Central Park in New York, oder schlüpften durch ein Loch im Zaun hinter ihrem Haus auf das Gelände der renommierten örtlichen Grundschule. Diese wohlgeordnete Gemeinde, in der alles fußläufig erreichbar war, mit der öffentlichen Schule im Zentrum und dem Park am Rand, vermittelte Sam das Gefühl, dass die Menschen nicht nur in der Lage waren, sich als Gemeinwesen zu organisieren, sondern dass dies der Normalzustand sei. Jahre später, als er in der San Francisco Bay Area eine Reihe von Start-ups beriet, weit weg vom lauten Zirpen der Zikaden in den Vorstädten Missouris, verriet er nach einem Regenschauer, wie tief sich diese Landschaft in sein Herz geprägt hatte. »Dieser Geruch, wenn es das erste Mal geregnet hat. Wisst ihr, wie man das nennt?«, fragte er in die Runde. »Petrichor. Das ist mein Lieblingsduft. Man riecht ihn nur ein- oder zweimal im Jahr, weil es eine Weile lang trocken gewesen sein muss, bevor es regnet. So riecht der Sommer in St. Louis.«[49]

Die Altmans sagten ihren Kindern täglich, dass ihnen alles offenstehe. Doch bald nach ihrem Umzug nach St. Louis zeigten sich Spannungen in der Familie. Connie hatte seit Chicago davon geträumt, ihre eigene Praxis zu eröffnen, aber mit so vielen kleinen Kindern traute sie sich das nicht zu. Sie fing stattdessen in der Praxis von Dr. Lawrence Samuels an, einem alteingesessenen Dermatologen, der sich auf Haartransplantationen spezialisiert hatte. »So konnte ich einfach zur Arbeit gehen, Patientinnen und Patienten behandeln und dann nach Hause zu meinen Kindern gehen, ohne mich um die Praxis kümmern zu müssen.« Davon, dass seine Angestellte Mutter war, merkte Samuels jedenfalls nichts. »Sie arbeitete nicht weniger hart als die Männer, mit denen ich zusammengearbeitet habe«, sagte er. Nach der Geburt ihres vierten Kindes, Annie, »erschien sie innerhalb von zwei Wochen wieder zur Arbeit«.

Jerry tat sich schwer damit, in St. Louis Fuß zu fassen. Als Berater unternahm er ausgedehnte Reisen bis nach New Orleans oder ins Palm Beach County in Florida. Dort half er beim Bau von Wohnungen für eine arme afroamerikanische Gemeinde, die nur eine halbe Stunde von Trumps Luxusanwesen Mar-a-Lago entfernt lag, aber weder über eine öffentliche Wasserversorgung noch über eine Kanalisation verfügte. »An einem Tag war er in Las Vegas, am nächsten im Mon Valley und dann in Little Rock, Arkansas«, sagte Mike Eichler, der mit Jerry für LISC an diesen Projekten arbeitete. Mit Mon Valley meinte er das Monongahela Valley in Pennsylvania. Während sie mit Mietwagen kreuz und quer durch das Land fuhren, dachten sie über eine neue, weniger kämpferische Form des Community Organizing nach, die von ihrem kapitalistischen Umfeld besser akzeptiert werden könnte. *Wie wäre es, wenn wir den Direktor der örtlichen Bank nicht wegen seiner jahrzehntelangen Redlining-Praxis anprangern, sondern ihn als Partner betrachten, der sein Geschäft ausbauen und durch seine Investition in bezahlbaren Wohnraum als Führungspersönlichkeit in der Gemeinde gelten könnte?* Jerry trat schließlich in den Vorstand des Consensus Organizing Institute ein, das Eichler als Reaktion auf die Konfrontationstaktik seines Mentors Saul Alinksy gegründet hatte. »Jerry hat mir geholfen, eine ganz neue Methode des Community Organizing zu entwickeln«, sagte Eichler.

Leider fiel dieser Ansatz in St. Louis nicht auf fruchtbaren Boden. Viele Städte versuchten Unternehmen mit Krediten aus einem Bundesprogramm zur Unterstützung armer Menschen und zur Verhinderung von »Verwahrlosung« dazu zu animieren, in erschwinglichen Wohnraum zu investieren. Der Bürgermeister von St. Louis sträubte sich jedoch dagegen, zwanzig Millionen Dollar an Bundesmitteln für erschwinglichen Wohnraum auszugeben; das entsprach nicht seinem Weltbild.[50] »Ich glaube einfach nicht, dass St. Louis zu einem Auffangbecken der Region für alle Armen, Geringverdiener und Geringqualifizierten werden sollte«, so Bürgermeister Vincent C. Schoemehl. Stattdessen verwendete er nach Recherchen des *St. Louis Post-Dispatch* von 1991 den Großteil des Geldes dafür, Günstlinge mit Verwaltungsjobs zu versorgen, und ließ den Rest in die wohlhabenden Bezirke der Stadt fließen. In seiner typisch trockenen Art erklärte Jerry, der damals eine Gruppe von Gemeindeentwicklungsverbänden leitete, gegenüber der Lokalzeitung: »Derzeit besteht ein Ungleichgewicht zwischen den Ressourcen und dem Engagement für die Innenstadt im Vergleich zu den Wohnvierteln, insbesondere den armen Wohnvierteln.«[51] Öffentlich-private Partnerschaften, Jerrys Spezialgebiet, waren in St. Louis kaum entwickelt. Nicht lange danach beklagte er sich gegenüber dem Blatt, dass es der Stadt »an einem effektiven Engagement von Unternehmen für die

Gemeindeentwicklung mangelt, wie es in Städten wie Pittsburgh, Cleveland, Kansas City und Baltimore zu beobachten ist«, und »an einem Engagement von Stiftungen wie in Philadelphia, New Orleans und Washington«.[52] Für einen Menschen, der so sanftmütig wie Jerry war, klang diese Wortwahl ziemlich zornig.

Jerry hatte nie so leben wollen wie sein arbeitssüchtiger Vater, saß dann aber fast genauso oft im Flugzeug. »Er wuchs mit einem Vater auf, der häufig abwesend war, um seine Schuhfabrik aufzubauen, und er selbst wollte sich nicht aufs Geldverdienen konzentrieren, sondern auf seine Familie und darauf, Gutes zu tun«, erzählte Connie. »Und er war sehr konzentriert darauf, Gutes zu tun, aber dafür war er nie da.« Sie ärgerte sich über Jerrys Reisen. »Sie führten zu Spannungen, weil er abends und an den Wochenenden in Sachen Community Organizing unterwegs war, während ich zu Hause die Kinder hütete und für alle sorgte«, sagte sie.

Über die Jahre staute sich viel Wut in ihr auf. »Ich weiß, dass sie sich sehr über seine Abwesenheit aufgeregt hat, als die Jungs klein waren, und über die vielen Geschäftsreisen«, erzählte ihre Tochter Annie. »Als ich dann auf die Welt kam, lief es so, dass er klein beigab und jeden Abend nach dem Essen den Abwasch erledigte, und dabei bekam er die ganze Zeit passiv-aggressive Botschaften von ihr, sodass er fast das Gefühl hatte und sich so verhielt, als hätte er es verdient und als sollte es so sein.«

Nach Annies Geburt stellte Jerry seine Reisetätigkeit ein und fing als Leiter bei einer örtlichen Non-Profit-Organisation an, die Immobilien in ärmeren Vierteln entwickelte. Dabei wurde manche architektonische Perle aus den besseren Zeiten der Stadt vor der Abrissbirne bewahrt. Connie wiederum sah den Moment gekommen, endlich ihren eigenen Traum zu verwirklichen, und gründete mit einem Kollegen aus Dr. Samuels'

Praxis eine Gemeinschaftspraxis. Die Partnerschaft war nicht von Dauer. »Mit Connies Tatendrang und Arbeitseifer fanden sie einfach nicht zueinander«, meinte Samuels. Also machte sich Connie schließlich mit ihrer eigenen dermatologischen Praxis am Missouri Baptist Hospital selbstständig. Sie konnte es sich so einrichten, dass sie nur vier Tage die Woche arbeitete, und verzichtete auf kosmetische Behandlungen, die anspruchsvollere Patienten anzogen. »Ich hatte einfach diesen kleinen, altmodischen Traum, und das funktionierte großartig«, sagte sie. Dennoch fiel es ihr schwer, sich um die Kieferorthopädentermine und die Geburtstagsfeiern ihrer Kinder zu kümmern. Trotz allem, was die Frauenbewegung in den sechziger und siebziger Jahren erreicht hatte, lastete dies immer noch auf ihren Schultern, obwohl sie die Hauptverdienerin war. »Uns wurde gesagt, wir könnten alles haben«, sagte sie. »Das stimmt nicht.«

Connie legte Wert darauf, dass die Familie jeden Abend gemeinsam zu Tisch saß, und sie kochte selbst. Beim Essen unterhielten sich die Kinder mit Mathe- und Ratespielen.[53] Ansonsten mochten sie Tischtennis, Video- und Brettspiele.[54] Sam gewann immer das Kartenspiel Samurai, wie Jack sich später schmunzelnd erinnerte, »weil er sich ständig zum Anführer der Samurai erklärte. ›Ich muss gewinnen, und ich führe bei allem das Kommando.‹«[55] In den Thanksgiving-Ferien spielte die Familie gerne Touch Football. Wenn es um Sport ging, kehrte sich die Dynamik um. Sam und Jack spielten beide in der Wasserball-Mannschaft ihrer Highschool. »Ich war ihm haushoch überlegen«, sagte Jack dem *Wall Street Journal*. »Das können Sie so schreiben.« Der eigentliche Wettbewerb, so räumten die Geschwister später in Annies Podcast ein, entbrannte jedoch darum, wer Connies Lieblingskind war. Das Ganze entwickelte sich zum Running Gag in der Familie, und irgendwann ließ Connie für jedes der Kinder ein T-Shirt mit der Aufschrift

»Mom's favorite« drucken. »Ich komme aus einer Familie, die es liebt, Dinge in eine Rangordnung zu stellen, um ihnen eine Bedeutung zu geben«, schrieb Annie später.[56]

Die Rolle von Connies Lieblingskind ging bei den Geschwistern reihum, wobei Sam sie am längsten innehatte. Max hatte eine besondere Begabung für Mathe, aber die anderen waren in allem begabt. Jack, der Vielseitigste, »kann singen und tanzen und Gedichte schreiben und hat bei jedem standardisierten Test, den er je gemacht hat, achthundert Punkte erzielt«, sagte Connie. Das Nesthäkchen Annie, neun Jahre jünger als Sam, war zugleich »sehr, sehr brillant« und »ein bisschen verwöhnt«, so Steve Roberts, der örtliche Immobilienentwickler, der zusammen mit Jerry ihr Softballteam trainierte. Sie war ein Papakind. Jerrys College-Freundin Leah Bird hatte sie als eine »kluge, lebhafte, lustige, etwas scharfzüngige Person in Erinnerung, die ihren Vater anbetete«. Sam war also nicht so sehr wegen seiner Intelligenz etwas Besonderes in der Familie, sondern eher, weil er sich in der Welt der Erwachsenen so wohlfühlte, was seltsam frühreif wirkte, und weil er auf keinen Fall Connie verärgern wollte. »Ich habe immer gesagt, man hätte ihn mit zehn Jahren in New York City aussetzen können und er hätte sich durchgeschlagen und herausgefunden, wie die Stadt funktioniert«, erzählte Connie. Sie und Jerry bildeten sich etwas darauf ein, dass sie ihre Kinder nie ermahnt hatten, ihre Hausaufgaben zu machen, oder ihnen vorgeschrieben hatten, was sie anziehen sollten. »Meine einzige Regel bei meinen Kindern war, dass es keine Widerworte gab«, sagte sie. »Sam hat es nie versucht, die anderen schon, aber das habe ich ihnen nicht durchgehen lassen.«

Der einzige Bereich, in dem Sam Connie nicht folgte, war Religion. Wäre es nach Connie gegangen, wäre die Familie wahrscheinlich gar keiner Synagoge beigetreten. »Ich bin mit einem superwissenschaftlichen Vater aufgewachsen, der glaubte, dass der Mensch Gott erschaffen hat und nicht Gott den Menschen«, sagte sie. »Das ist auch meine Überzeugung.« Jerry dagegen besuchte regelmäßig den Gottesdienst und feierte im Erwachsenenalter seine Bar Mizwa. Als Kompromiss schloss sich die Familie der progressivsten Synagoge der Stadt an, der Central Reform Congregation (CRC).

Die CRC wurde 1984 ausdrücklich als innerstädtische Synagoge gegründet, zu einer Zeit, als die anderen jüdischen Gemeinden ins Umland abwanderten. Laut Susan Talve, der Gründungsrabbinerin, sah die CRC ihre Hauptaufgabe in sozialer Gerechtigkeit. »Wenn wir den Rassismus und all die anderen Kastenordnungen bekämpfen wollten, die so viel Ungleichheit schafften, mussten wir an vorderster Front stehen«, sagte sie. Auf dem Höhepunkt der Aids-Epidemie war die Synagoge ein Anlaufpunkt für LGBTQ-Personen und bemühte sich, schwule und lesbische Religionslehrerinnen und -lehrer einzustellen. Sie trat mit Stolz für das Recht auf Abtreibung und andere feministische Themen ein und verstand sich als Zufluchtsort für »Jews by choice« (konvertierte Jüdinnen und Juden) und »Jews of Color«, wie Talve ausführt. Und als die Gemeinde ein eigenes Gebäude errichtete, nachdem sie jahrelang Räume von einer unitarischen Kirche angemietet hatte, zeigte das runde Mosaik in der Eingangshalle die Tierkreiszeichen, verbunden mit alten jüdischen Symbolen. Bei meinem Besuch in der Synagoge deutete Rabbinerin Talve auf eine blaue Figur in dem Mosaik und sagte stolz: »Wir haben unseren Messias zu einer Transperson mit Tattoos gemacht.«

Sam besuchte jeden Samstagmorgen den Hebräischunterricht in der CRC und feierte wie alle seine Geschwister in der Gemeinde seine Bar Mizwa. »Er wuchs mit der Botschaft auf, dass wir auf der Welt sind, um sie besser zu machen«, so Talve. »Wir nennen das *Tikkun olam*.« Die Synagoge unterhält eine Lebensmittelausgabe mit Selbstbedienung, den sogenannten »Tikkun-Schrank«. Talve erinnert sich an Sam, weil er im selben Alter wie eines ihrer Kinder war. »Ich mochte ihn«, erzählte sie. »Er war freundlich und ruhig, wirklich süß. Ich weiß noch, dass er sehr klug war und tolle Fragen stellte.« Einmal schrieben die Altman-Brüder Spendenaufrufe an die Gemeindemitglieder, damit die Synagoge eine zweite Tora kaufen konnte. Laut seiner Familie nimmt Sam seine jüdischen Wurzeln ernster als seine Eltern.

Zum achten Geburtstag bekam Sam von seinen Eltern seinen ersten Computer geschenkt, einen schachtelförmigen, beigefarbenen Macintosh LC II. Eigentlich sollte er für die ganze Familie sein, aber er blieb erst einmal einige Jahre in Sams Zimmer stehen, bis sein Vater begann, ihn beruflich zu nutzen. »Das war ziemlich aufregend und cool«, sagte Sam. Er hatte sich in der Computer-AG seiner Grundschule das Programmieren selbst beigebracht. »Wir hatten diese [Apple] IIGS-Geräte, die nach dem Booten einen BASIC-Prompt anzeigten, und dann konnte man Dinge programmieren wie: ›Drucke alle Primzahlen von eins bis eine Million‹«, erinnerte er sich. Doch die simple Programmiersprache langweilte ihn schon bald. »Ich habe ständig darüber nachgedacht, was wäre, wenn wir dem Computer das Denken beibringen könnten und nicht hier sitzen und ihn mit einer BASIC-Zeile nach der anderen programmieren müssten«, sagte er. Zu seinen lebhaftesten Erinnerungen zählt, wie er einmal spätabends auf dem Schreibtischstuhl neben seinem Hochbett saß und sich diese Zukunft ausmalte. »Ich weiß noch, dass ich dachte, eines Tages wird der Computer lernen zu denken.«

Seine Computerkenntnisse sprachen sich an der Ralph M. Captain Elementary School herum. »Als Sam in der dritten Klasse war, kamen die Lehrerinnen und Lehrer zu ihm, tippten ihm auf die Schulter und sagten: ›Wir brauchen dich mal kurz. Wir wissen nicht, wie das geht‹«, erzählte Connie. »Und dann ging er in ihr Klassenzimmer oder in die Bibliothek und zeigte ihnen, wie man das macht, was sie nicht konnten.« Sie fingen bald an, ihm separat Unterricht für Fortgeschrittene zu geben.

An der Junior High School in Clayton hielt man allerdings nichts von einer Differenzierung nach Leistung. »Sie wollten niemandem wehtun«, sagte Connie. »Alle bekamen Teilnahmeurkunden und so.« Sie und Jerry waren der Meinung, dass Sam einen fordernderen Unterricht brauchte, und fragten ihn, ob er sich nicht an der John Burroughs School bewerben wolle, die den koedukativen Nachfolger der Country Day School überflügelt hatte und nun als beste Privatschule im Großraum St. Louis galt. Sam lehnte ab. »Mein Vater hielt nichts von Privatschulen«, erinnerte sich Sam. »Und ich war auch irgendwie gegen Privatschulen«, sagte er. »Ich freute mich darauf, mit meinen Freunden auf die Junior High zu gehen.«

Doch in der sechsten Klasse erwartete ihn eine chaotische, unterfinanzierte öffentliche Schule mit Lehrerinnen und Lehrern, die Schwierigkeiten hatten, sich durchzusetzen. »Die sechste Klasse war nicht gut«, meinte er. »Die siebte Klasse war noch schlimmer.« Einmal in der siebten Klasse konnte ein Lehrer im Fach Naturwissenschaften, das zu Sams Lieblingsfächern gehörte, eine Unterrichtsstunde über Elektrizität nicht zu Ende führen, weil ein Schüler so sehr störte, dass er mithilfe des Konrektors und des Sportlehrers aus dem Klassenzimmer entfernt werden musste. Inzwischen war einer von Sams Freunden, Matt Mendelsohn, heute Investment-Chef in Yale, zur Burroughs School gewechselt und berichtete von seinen guten Erfahrungen. »Und da dachte ich: Okay, ja, ich möchte dort hingehen«, sagte Sam.

Die John Burroughs School wurde 1923 auf einem rund sieben Hektar großen Gelände in Ladue von einer Gruppe von

Eltern gegründet, die sich von den fortschrittlichen Ideen des Philosophen John Dewey inspirieren ließen. Dieser war der Ansicht, dass eine Schule dazu dienen sollte, das »latente Leistungspotenzial« jedes Kindes zu entwickeln, damit es »im Erwachsenenalter seinen Beitrag zur Verbesserung der menschlichen Gesellschaft leisten kann«.[57] Die Gründerinnen und Gründer wählten den Naturforscher und Essayisten John Burroughs zu ihrem Leitstern, auch wenn er keine Verbindungen zu St. Louis hatte. Heute weitgehend vergessen, war Burroughs einst einer der berühmtesten Schriftsteller der Vereinigten Staaten, Transzendentalist und Freund Walt Whitmans. Seine Beobachtungen der Vögel und Blumen seiner Heimat, der Catskill Mountains, verwandelte er in poetische, wissenschaftlich präzise und zutiefst atheistische Essays, die er in Zeitschriften wie beispielsweise *The Atlantic* veröffentlichte. Er war ein Jahr vor der Schulgründung gestorben und hinterließ eine ihm ergebene Anhängerschaft, zu der auch Präsident Theodore Roosevelt und Thomas Alva Edison gehörten. Mehr als ein Dutzend Schulen im ganzen Land wurden nach ihm benannt. Heute ist die augenscheinlichste Verbindung zwischen der Schule in St. Louis und seinem Vermächtnis eine Statue in der Nähe des Sportgeländes: Ein bärtiger alter Mann richtet seinen Blick empor zum Universum, auf seinem Gesicht zeichnet sich Staunen ab.

Sam kam ein Jahr zu spät an die Schule, die in der siebten Klasse begann und an der eine familiäre Atmosphäre herrschte. Beim Mittagessen hatte man wie zu Hause einen festen Platz am Tisch, an dessen Kopf- und Fußende je eine Lehrkraft saß. Um Gespräche bei Tisch zu fördern, dauerte die Mittagspause ganze vierzig Minuten. Die Kurse waren in der Regel auf zwölf bis vierzehn Kinder begrenzt, die Teilnahme am Sportunterricht war verpflichtend. Es gab keine Kleiderordnung. »Die Schülerschaft besteht aus freundlichen Kindern«, sagte

Meridith Thorpe, Leiterin der Abteilung für Zulassung und Studienbeihilfe, als ich die Schule kürzlich besuchte. »Das ist uns sehr wichtig.« Sam war sehr erstaunt, als er feststellte, dass niemand seinen Spind abschloss. »Er fand es toll, dass man seinen Rucksack irgendwo abstellen konnte, ohne dass ihn jemand klaute«, sagte Connie.

Neben all den einfühlsamen Ermahnungen, »keinen Teil von sich selbst vor der Tür zu lassen«, herrschte ein unerbittlicher und oft unerträglicher Druck, akademische Leistungen zu erbringen und es auf ein gutes College zu schaffen. Schon im zehnten Schuljahr wurden Tests geschrieben, um die Schülerinnen und Schüler auf den wichtigen SAT vorzubereiten, einen Leistungstest, der eine entscheidende Rolle bei der Zulassung an der späteren Wunschuniversität spielt. Es kam nicht selten vor, dass Kinder vor Prüfungen die ganze Nacht durchlernten. »Als wir unseren Abschluss machten, sagten sie im Prinzip: ›Unser Ziel war es, euch mehr Stoff zu geben, als ihr schaffen könnt‹«, so Brian Jump, einer von Sams Klassenkameraden. »Die Leute haben nicht viel geschlafen«, erinnerte sich ein anderer Freund und Mitschüler, Kurt Roedinger. Viele Absolventinnen und Absolventen der John Burroughs School erzählen, erst später am College sei ihnen klar geworden, dass das Schwerste, was sie jemals durchmachen würden, bereits hinter ihnen lag.

Sam fühlte sich in dieser Umgebung wohl. »Er war definitiv der klügste Kopf in unserem Jahrgang«, so Roedinger. Obwohl er sämtliche Fortgeschrittenenkurse belegte, hatte er immer noch Zeit für seine eigenen Interessen, darunter die Lektüre von Science-Fiction-Autoren wie Isaac Asimov und Arthur C. Clarke sowie Computerprogrammierung auf einem Niveau weit jenseits dessen, was im Lehrplan stand. »Er war der Einzige aus meinem Jahrgang, der ein Buch über Programmierung mit C++ im Bücherregal stehen hatte«, so Jump. Sam freundete sich mit der Informatiklehrerin der Schule, Georgeann Kepchar, an und erschien extra früh zu ihrem Informatikkurs auf Collegeniveau in der zweiten Stunde, um sich noch mit ihr über Künstliche Intelligenz unterhalten zu können, und das zu einer Zeit, als man dergleichen noch für Science-Fiction hielt. »Ms Kepchar war ein unglaublich wichtiger Einfluss in meinem Leben«, sagte er kürzlich bei einer Veranstaltung für Ehemalige.[58] Als er in die elfte Klasse kam, wurden in den Vereinigten Staaten die ersten 3G-Mobilfunknetze eingeführt, die es ermöglichten, mit dem Telefon im Internet zu surfen. Sam hatte sich schon immer für die neueste Technik begeistert. »Ich ging mit meinem Telefon ins Internet und war wahrscheinlich der einzige Schüler, der das tat«, sagte er.

Dabei war er kein typischer Technikfreak, meinte Andy Abbott. Der jetzige Schulleiter lernte Sam kennen, als er die elfte und zwölfte Klasse betreute. Sam gab das Jahrbuch heraus, war Mitherausgeber des Literaturmagazins der Schule und beeindruckte die Lehrerinnen und Lehrer mit seinem Witz und Humor. »Von der Persönlichkeit her erinnerte er mich ein bisschen an Malcolm Gladwell«, so Abbott. »Egal, worüber er redet, es ist immer interessant. Ob über Computer. Oder Faulkner. Oder Politik. Oder Menschenrechte. Er schien einfach alles gelesen zu haben und hatte über alles etwas Interessantes zu sagen.« Abbott erinnert sich, wie er ihm halb im Scherz hatte ausreden wollen, eine Tech-Karriere anzustreben. »Geh nicht in diese Richtung, Sam«, sagte er damals. »Du bist so sympathisch!«

Laut seinem Bruder Jack war Sam schon immer ein »unersättlicher Leser« gewesen. Aber manchmal besaß er auch Detailwissen über obskure Dinge, das man nicht aus Büchern lernen konnte. Jump, der später zur Handelsmarine ging, erinnert sich, dass er Sam von seinem Plan erzählte, mit einem Jetski von Miami zu den Bahamas zu fahren. Anstatt seinen Freund von dieser, wie Jump zugab, »unglaublich dummen

Idee« abzubringen, ermutigte Sam ihn nicht nur dazu, sondern gab ihm auch noch erstaunlich kenntnisreiche technische Tipps. »Er kannte sich mit genau dem Jetski aus, den ich benutzen wollte. Es war einer der ersten Jetski mit Viertaktmotor und dadurch besonders zuverlässig. Wir sprachen auch über die Reichweite«, erinnerte sich Jump. Sam wusste zudem über die verschiedenen UKW-Funkgerätemodelle Bescheid und konnte einschätzen, ob man mit ihren Antennen die Küstenwache erreichen würde, sollte Jump in Schwierigkeiten geraten. »Normale Achtzehnjährige kennen sich mit so was nicht aus«, sagte Jump.

Aber Sams Kenntnisse kamen nicht von ungefähr. Nachdem er einen Sommer in einem YMCA-Camp verbracht hatte, in dem man ihn zum Christentum bekehren wollte, schickten die Altmans ihn lieber in Ferienlager weit außerhalb des sogenannten Bible Belts. Eins davon hieß Broadreach und fand an Bord eines Schiffs in der Karibik statt, wo Sam seine Liebe zum Tauchen entdeckte. Irgendwie brachte er auch noch die Zeit auf, seinem verstorbenen Großvater Marvin nachzueifern und dem örtlichen Amateurfunkclub beizutreten, was für einen Jungen in seinem Alter ziemlich ungewöhnlich war. Als Connie Sam dort abholte, sagte einer der Leiter des Clubs zu ihr, noch nie sei ein Teenager ohne seinen Vater oder Großvater zu einem Treffen gekommen. Amateurfunkgeräte arbeiten im UKW-Bereich, wie er auch im Seefunk verwendet wird. Bereits in jungen Jahren konnte Sam durch seine Lebenserfahrung fast zu jedem, den er kennenlernte, über ein gemeinsames Nischeninteresse einen Draht finden – erst recht, wenn dieses Interesse etwas mit Technik zu tun hatte.

Mit zwölf Jahren wusste Sam, dass er schwul war. Bis er sich mit sechzehn gegenüber seiner Mutter outete, dachte sie, er sei nur ein bisschen ungesellig. »Ich glaube, Sam tat sich schwer, weil er in der Junior High nicht zu den Jungs gehörte, die Witze über Brüste und so machten«, sagte sie. »Er mied Geselligkeit, und ich dachte: ›Oh, du bist unglücklich. Lass dich doch von mir zu dieser Party fahren.‹ Und er sagte: ›Nein, nein, ich bleibe lieber zu Hause.‹ Und ich kapierte nicht, warum er das nicht wollte, weil ich es einfach nicht merkte.«

Als er es ihr schließlich sagte, nachdem er auf AOL recherchiert hatte, wie man sich gegenüber seinen Eltern outet, war ihre erste Reaktion: »Bist du sicher?« Sie dachte sofort an ihre Aids-Patienten in Chicago zurück. »Ich fürchtete um seine Gesundheit und sorgte mich, dass er es schwer haben würde im Leben«, sagte sie. »Aber er fasste es so auf, als wäre ich unglücklich darüber, dass er homosexuell war.« Sie fragte ihn, wie er das schon mit zwölf Jahren habe wissen können – sie könne sich nicht erinnern, in diesem Alter überhaupt über Sexualität nachgedacht zu haben. »Na ja, Mom, das liegt daran, dass du normal warst«, antwortete er. »Es ist dir nicht in den Sinn gekommen, weil du nicht anders warst. Wenn man anders ist, denkt man darüber nach. Man merkt es.« Der Computer in seinem Zimmer sei eine große Hilfe gewesen, um diese schwierige Zeit zu meistern, sagte Sam später dem *New Yorker*. »In den 2000er Jahren im Mittleren Westen als Schwuler aufzuwachsen, war nicht gerade sehr toll«, sagte er. »Und die Entdeckung der AOL-Chatrooms hat mein Leben verändert. Es ist nicht einfach, Geheimnisse mit sich herumzuschleppen, wenn man elf oder zwölf ist.«[59]

Obwohl Sam zu vielen ein gutes Verhältnis hatte, war sein Freundeskreis eher klein. Seine beste Freundin war Sally Che, die später in Harvard studierte und Ärztin wurde. Sie hatten sich in der achten Klasse kennengelernt, bei einem Klassenausflug zum schuleigenen Wildlife Camp Drey Land in den Ozark Mountains. Während sie auf Reifenschläuchen einen Fluss hinuntertrieben, paddelte Sam, der damals neu in dieser

Klasse war, zu Che hinüber und fragte sie nach ihrem Namen. Sie antwortete: »Oh, ich heiße Sally.« Sam in seinem Batikshirt brachte daraufhin aus Spaß ihre Schwimmunterlage zum Kentern, und sie strampelte durch das Wasser. »So hat er sich vorgestellt«, erzählte Che lachend in einem Interview in der Nähe von McLean, Virginia, wo sie lebt. Che, nach eigener Darstellung ein »ziemlich braves Mädchen in der Highschool« und eine »typische Asiatin«, die die Schule ernst nahm und sich an das hielt, was ihre Eltern ihr sagten, faszinierte Sams Talent, überall neue Möglichkeiten zu sehen. »Er ist jemand, der sich an die Regeln gehalten und mich nicht in Schwierigkeiten gebracht hat, trotzdem zeigte er mir die wildesten Möglichkeiten auf, die das Leben bereithält.«

Sie neckte ihn ständig wegen seines »grauenhaften« Modestils, zu dem eine merkwürdige Vorliebe für Batikshirts und Haaraufheller gehörten, inspiriert von den hellen Haarspitzen des *NSYNC-Frontsängers Justin Timberlake, und weil er keine Tischmanieren hatte. »Es war peinlich, mit ihm essen zu gehen«, sagte sie. Aber sie fand es toll, dass es ihm egal war. »Er hatte einfach großes Selbstbewusstsein. Ich glaube, es war ihm ziemlich egal, was andere Leute dachten.« Es schien angeboren zu sein. »Man wusste nicht, woher er es hatte.«

Einmal machten sie am Wochenende einen Ausflug in Connies grünem Honda Acura nach Chicago und hörten dabei in voller Lautstärke den schnellen, angesagten Song »What's My Age Again« von Blink-182. *(Meine Freunde sagen, ich solle mich meinem Alter entsprechend verhalten. Wie alt bin ich noch mal?)* »Er fuhr wie ein Verrückter, ich dagegen sehr vorsichtig«, sagte sie. Um sie herauszufordern, sprach er auf dem Heimweg davon, dass sie die Plätze tauschen könnten – während sie mit hundertfünfzig Sachen über den Highway rasten. »Irre gefährlich«, erinnerte sie sich.

In der Highschool war ihr Stammlokal ein Coffee Shop

namens Coffee Cartel, das in der LGBTQ-Community unter Leuten jedes Alters beliebt war. Manchmal musste Sam Che einen Schubs geben, damit sie sich von ihren Büchern losriss. Einmal rief er sie am Samstagabend an. »Lass uns ins Coffee Cartel gehen«, schlug er vor. Sie sah auf die Uhr. »Aber es ist schon fast neun«, antwortete sie. Sam amüsiert sich wegen dieser Episode noch heute über sie. Natürlich gingen sie aus. »Mit seiner Unternehmungslust steckte er alle an. Er strahlte Abenteuerlust aus. Er war so spontan.«

Es war Che, die Sam mit seinem Freund Nathan Watters zusammenbrachte, der später wie Che Arzt wurde. Zu Beginn konnte er Sam nicht ausstehen. In der siebten Klasse war Watters eng mit Che befreundet gewesen, sie spielten gemeinsam Keyboard in einer Band, bis Sam in der achten Klasse dazukam und sie ihm »wegschnappte«, wie er es ausdrückte. Watters fand Sams Batikshirts und seine blonden Haarsträhnchen »grässlich«, seine Direktheit stieß ihn zusätzlich ab. »Er hatte etwas an sich, was ich nicht abkonnte«, sagte er.

Als sie in die Highschool kamen, veränderte sich ihr Verhältnis. »Tagsüber pflegten wir unsere gegenseitige Abneigung, aber als es mit dem AOL Instant Messenger (AIM) losging, blieben wir oft die ganze Nacht auf, machten unsere Hausaufgaben, chatteten und hatten ein supernettes Verhältnis; manchmal rissen wir zwar unsere Witze, bauten dabei aber tatsächlich eine Freundschaft auf«, sagte Watters. Sam lud Nathan ein, ihn zu einer Jugendgruppe zu begleiten, die sich einmal die Woche im Central West End traf. »Sie war für queere Jugendliche aus ganz St. Louis gedacht, die einen sicheren Treffpunkt suchten«, so Watters. Danach zogen ein paar von ihnen weiter ins Coffee Cartel, wo Sam sich tatsächlich Kaffee bestellte – ein Erwachsenengetue, das Watters angeberisch fand.

Im letzten Schuljahr besuchten Altman, Watters und Che gemeinsam einen Englisch-Leistungskurs. Einmal waren Watters und Che zum Abendessen verabredet. Nathan bat Che auf dem Weg in den Klassenraum, den Termin auf halb acht zu verschieben, da er es nicht früher schaffen würde. Sam, der ihr Gespräch mithörte, war verwirrt. Er war an diesem Abend selbst mit Che zum Essen verabredet. »Das kann nicht sein«, entgegnete Watters kurz vor Beginn der Stunde. Erst im Nachhinein erkannten sie, dass sie die beiden verkuppeln wollte. »Sie wusste, wenn sie uns nur unter den richtigen Bedingungen zusammenbrächte, würden wir uns wahrscheinlich gut verstehen«, sagte Nathan – nach dem Essen gingen sie in seine Wohnung und hingen dort ab, bis Sam nach Hause musste. Von da an waren sie ein Paar.

Laut Watters trank Sam keinen Alkohol und nahm auch keine Drogen, aber er hatte ein Faible für schnelles Fahren. »Er raste gerne«, sagte er. »Er hatte so Tricks drauf. Auf dem Weg zum Coffee Shop musste man an einer Stelle auf dem Boulevard über vier Spuren hinwegfahren, und er bretterte da einfach drüber«, um Watters zu erschrecken. »Er stand total auf Autos, fiel gerne auf und war ein Geschwindigkeitsfanatiker.«

Sam war so besessen von Oscar Wildes Roman *Das Bildnis des Dorian Gray*, dass Watters ihm eine ledergebundene, handillustrierte Ausgabe mit Goldschnitt zum Geburtstag schenkte. In dem Buch, das als einer der größten homoerotischen Romane aller Zeiten gilt (auch wenn Homosexualität darin nicht explizit dargestellt wird), geht ein schöner junger Mann einen Pakt mit dem Teufel ein, der sein Porträt an seiner Stelle altern lässt. »Er hat ein Faible für die Jugend«, sagte Watters über Sam im Hinblick auf dessen spätere Partner, die nicht selten zehn Jahre jünger waren als er. »Ich glaube, er hatte schon immer ein Faible für die Jugend.«

In Sams kleinem Freundeskreis gab es noch weitere Homosexuelle, darunter Roedinger und ein talentierter Musiker namens Rick Pernikoff. »Diese Jungs, die damit klarkommen mussten, als Schwule die Highschool zu bestehen, haben vermutlich ein lebenslanges Band geschmiedet«, so Jump, Pernikoffs bester Freund. Ihr soziales Leben bestand hauptsächlich darin, ins Steak'n Shake, zu Starbucks oder ins Coffee Cartel zu gehen, bis spät in die Nacht Kaffee zu trinken und zu lernen. Eine Zeit lang jobbte Sam nach der Schule bei J.Crew, und sie besuchten ihn in der Mall. Hin und wieder schleppte Pernikoff ihn zu einer Party. Meistens aber fuhren sie einfach mit dem Honda Acura von Sams Mutter durch die Vororte und hörten dabei in voller Lautstärke die Band Third Eye Blind.

In der zwölften Klasse »engagierte er sich stark für die Gründung« einer Gruppe der Gay Straight Alliance an ihrer Schule, so Roedinger. »Er war schon immer der geborene Anführer – er übernahm nicht nur das Kommando, sondern konnte Menschen dazu animieren mitzumachen.« Anfang der 2000er-Jahre war Homosexualität in St. Louis noch immer ein großes Tabu. Schwule Paare gingen nicht offen zusammen aus und hielten in der Öffentlichkeit nicht Händchen.

In diesem Jahr organisierte die Gay Straight Alliance eine Versammlung, um die Schülerschaft darüber aufzuklären, dass sich viele ihrer Mitschülerinnen und Mitschüler als homosexuell identifizierten. Als die Angehörigen einer christlichen Schülergruppe namens KLIFE davon erfuhren, ließen ihre Eltern sie von der Teilnahme befreien, was die Schulleitung auch gewährte. Sam war empört und beschloss, seinem Ärger während der Morgenversammlung in der Schule beim sogenannten »sound off« Luft zu machen. In der Nacht davor hatte er nicht schlafen können. Doch als er aufs Podium trat, strahlte er pures Selbstvertrauen aus. Seine Freundinnen und Freunde wussten vielleicht, dass er schwul war, aber der Großteil der Schülerschaft nicht, und er wollte mit dieser Bombe die maximale rhetorische Wirkung erzielen.

»Niemand soll gezwungen werden, zu einer Versammlung

zu gehen, das ist in Ordnung für mich«, fasste Sam seine Erfahrung Jahre später für das *Wall Street Journal* zusammen. »Aber die Botschaft, die sie damit aussandten, und die Art und Weise, wie sie damit umgingen, waren schrecklich.« Die Rede schlug hohe Wellen. Eine großgewachsene, blonde, konservative Schülerin namens Barbara Ann Smith, die sich Barbie nannte, erschien daraufhin in einem »Straight Pride«-Shirt zum Unterricht und musste dazu aufgefordert werden, dies zu unterlassen. Smith machte später eine steile juristische Karriere, nachdem sie für Richter Samuel Alito am US-Supreme Court gearbeitet hatte, und war häufig im Fernsehsender Fox Business zu sehen. Sie sagte rückblickend, das Tragen des Shirts »gehört zu den Dingen, die ich am meisten bereue, wenn ich an meine Highschool-Zeit denke, denn mir ist klar, wie verletzend das für meine Klassenkameraden, Freunde und andere gewesen sein muss«. Altman sei damals von den Schülerinnen und Schülern sehr bewundert worden, und auch wenn sie damals politisch konservativ war und heute noch sei, bewundere sie ihn ebenfalls und habe nie beabsichtigt, ihn zu verletzen. »Er stach selbst in einer Gruppe sehr kluger Leute als jemand heraus, der die Welt verändern würde«, so Roedinger.

An der John Burroughs School gab es ein ganzes Heer von College-Beraterinnen und -Beratern – ungefähr sechs für hundert Schülerinnen und Schüler –, und Sam nahm wie seine Geschwister eifrig an standardisierten Tests teil. Als es an der Zeit war, sich für ein College zu bewerben, war Sam daher gut vorbereitet. Er hatte drei Optionen ins Auge gefasst: Harvard, Stanford und das prestigeträchtige Morehead-Cain-Stipendium an der University of North Carolina in Chapel Hill, das älteste Leistungsstipendium der USA. Das Stipendium ermöglicht den drei Prozent der Bewerber, die sich dafür qualifizieren, ein kostenloses Studium. Als er von allen drei Universitäten eine Zusage erhielt, bot er an, zur UNC zu gehen, obwohl

Stanford seit seiner Kindheit sein Traum gewesen war. »Er sagte: ›Mom, ihr müsst ja noch drei weitere Kinder durchs College bringen, ich schaff das auch so. Ihr könnt euch das Geld sparen‹«, erinnerte sich Connie.

Auch wenn jedes der Kinder einen College-Fonds hatte, war Geld schon immer ein Thema in der Familie gewesen. Als Sam in die Highschool kam, gab Jerry seinen Job bei der Non-Profit-Organisation auf und erklärte seiner Assistentin Kathy Kingsbury, dass er »für seine Familie ein Vermögen aufbauen wolle«. Er nahm eine Stelle bei der in Kansas City ansässigen Immobilienverwaltungsfirma Cohen-Esrey an, die Investorinnen und Investoren dabei beriet, wie sie bezahlbaren Wohnraum schaffen und dabei Steuervorteile nutzen konnten. Dort blieb er allerdings nicht sehr lange. Als er eines Tages zusammen mit dem örtlichen Bauunternehmer Steve Roberts das Softballtraining seiner Kinder betreute, kam das Thema Job zur Sprache.

Roberts, ein ehemaliger Stadtrat, war zusammen mit seinem Bruder Michael dabei, einer der erfolgreichsten Immobilienentwickler der Stadt zu werden. Zu ihrem Firmenimperium gehörte unter anderem die einzige Filiale des Mobilfunkanbieters Sprint PCS, deren Besitzer ein Afroamerikaner war. Jerry fing bei den Brüdern Roberts an, die die verfallenen Wohnblocks nördlich des Delmar Boulevard wiederbeleben wollten, wo sie aufgewachsen waren. Sie hatten damals mitbekommen, wie wenige Monate, nachdem sie und andere Schwarze Mittelklassefamilien dort eingezogen waren, die Weißen die Flucht ergriffen. Doch bis dieses Projekt Gewinn abwarf, würden noch Jahre vergehen. In der Zwischenzeit würde die Finanzierung des Studiums für vier Kinder die Familienfinanzen strapazieren. »Damals hatte Connie gerade ihre dermatologische Praxis eröffnet«, so Roberts. »Es war für die Familie eine große Belastung, ihre vier Kinder auf Privatunis zu schicken und auch noch ihr sehr schönes Haus in Clayton, Missouri, abzubezahlen.«

Trotzdem, Connie konnte die Vorstellung nicht ertragen, dass ihr schwuler jüdischer Sohn auf eine große staatliche Universität im Süden gehen würde, die ihr IT-Programm gerade erst aufbaute. »Ich hatte das Gefühl, dass ihn das dafür bestrafen würde, dass er so gut und fleißig war«, sagte sie. Seine Eltern rieten ihm, seinem Traum zu folgen.

Kapitel 3

»Wo bist du?«

Normalerweise regnet es im April nicht auf dem Stanford-Campus. Die kurze Regenzeit auf der San-Francisco-Halbinsel ist dann bereits vorüber, hat für sattgrüne Rasenflächen gesorgt, und in der Luft liegt der süße Duft von Sternjasmin. Am 9. April 2005, einem Samstag, hatten sich jedoch Wolken an den Hügeln rund um das dreitausend Hektar große Gelände aufgetürmt, und ein kühler Nieselregen benetzte die Palmen und Rosen – für die Studentinnen und Studenten, von denen viele am Abend zuvor gefeiert hatten, das perfekte Wetter, um ihren Rausch auszuschlafen.

Doch in einem mit technischen Geräten vollgestopften Wohnheimzimmer am westlichen Rand des Campus, in dem nur Nerds wohnten, die sich von Partys fernhielten, erwachte der achtzehnjährige Student Sam Altman mit klarem Kopf im Bett seines Freundes Nick Sivo. Die kommenden sechsunddreißig Stunden sollten sich als die folgenreichsten seines Lebens erweisen.

Die beiden hatten sich gleich zu Anfang ihres ersten Studienjahres kennengelernt. Altman hatte den Schnellkurs in Informatik CS106X belegt, der den Stoff von zwei aufeinanderfolgenden Kursen auf einmal vermittelte. In dem großen Hörsaal mit den ansteigenden Sitzreihen nahm ein anderer schüchterner Studienanfänger mit großen braunen Augen und der blassen Haut von jemandem, der nächtelange Programmiersprints hinter sich hat, neben ihm Platz. Sivo war bei den Pfadfindern zum höchsten Rang eines Eagle Scout aufgestiegen und hatte seine texanische Highschool als Jahrgangsbester verlassen. Er war in einer Mormonen-Familie aufgewachsen. Seine Mutter war wie Altmans Mutter Ärztin, eine Radiologin, und sein Vater arbeitete als Wirtschaftsprüfer in einem Softwareunternehmen. Sivo war praktisch zwischen Computern groß geworden, hatte sich schon früh für Computerspiele und bald auch für deren Entwicklung interessiert. Seine Eltern ließen ihn gewähren, auch wenn ihm schon mal der Familiencomputer durchbrannte oder er das Betriebssystem zum Absturz brachte. Aufs Programmieren kam er schließlich aus Langeweile. Mathe fiel ihm leicht, und es begann ihn schnell zu frustrieren, dass von ihm verlangt wurde, beim Lösen quadratischer Gleichungen jeden Schritt zu dokumentieren. Also schrieb er sich eine Software, die ihm diese und andere öde Aufgaben abnahm. Er brachte sich mithilfe des MS-DOS-6-Benutzerhandbuchs selbst Microsoft QBasic bei und später noch die ebenfalls von Microsoft entwickelte Programmiersprache Visual Basic mithilfe eines Buchs mit dem Titel *Teach Yourself Visual Basic in 24 Hours.*

Sivo wollte gleich von Altman wissen, was er da für ein seltsames Gerät benutze. Es war ein Compaq TC1000 »Laplet«, halb Laptop, halb Tablet mit abnehmbarer Tastatur, die sich auf sechs verschiedene Weisen mit dem Bildschirm verbinden ließ. Sie plauderten ein wenig miteinander, fragten sich aber nicht nach ihren Namen.

Während des ersten Studienjahres waren sie lediglich Bekannte. Altman hatte bereits einen Freund und stürzte sich ansonsten voll und ganz ins Universitätsleben. Er gründete eine Studentenorganisation mit nationalen Ambitionen, die sich für die gleichgeschlechtliche Ehe einsetzte, und verfasste einen Leitartikel für den *Stanford Daily.* Darin bezeichnete er einen negativen Artikel zu diesem Thema in der 1987 von Peter Thiel gegründeten konservativen *Stanford Review* als »kindisch« und »ohne jede Logik«.[60] Mit gleicher Hingabe widmete er sich seinen Informatikkursen. Blake Ross, ebenfalls Informatikstudent, der mit Altman im Donner wohnte, einem modernistischen Wohnheim für Erstsemester mit einem Klavier in der Lobby, erinnerte sich, dass er sich einmal erkundigen wollte, wie Altman mit einer Informatikaufgabe zurechtkam. Er traf ihn dabei an, wie er mit einer Fehlermeldung der Software kämpfte. »Als ich dreißig Minuten später wieder bei Sams Zimmer vorbeikam, hatte er dort ein Massaker veranstaltet«, erzählte Ross dem *Insider*. »Er hatte den Compiler komplett auseinandergenommen und steckte knietief in der Low-Level-Programmiersprache – das war in etwa so, als würde man seine Espressomaschine neu verkabeln, nur weil einem das Blatt im Milchschaum nicht naturgetreu vorkam.« Am Ende konnte Altman verkünden, einen Fehler in der Aufgabe gefunden zu haben.[61]

Altman war getrieben von einer Kombination aus Ungeduld und grenzenlosem Ehrgeiz. Zu Beginn des Studienjahres setzte er sich mit dem Vorlesungsverzeichnis und einer Excel-Tabelle hin und machte sich mit Begeisterung daran, einen Plan für die nächsten vier Jahre auszutüfteln, mit dem sich die erforderlichen Nachweise und vorgeschriebenen Kurse so schnell wie möglich abhaken ließen. Doch dann hielt er inne, weil er darauf kam, dass er zunächst einmal überlegen sollte, wo eigentlich seine Interessen lagen. Also schnappte er sich ein Blatt Papier und machte eine Liste. Angeführt wurde sie von den Punkten KI, Kernenergie und Bildung –, in genau dieser Reihenfolge.

Altman und Sivo freundeten sich erst im nächsten Frühjahr richtig an, als sie im Rahmen eines Sommer-Fellowship-Programms für Andrew Ng arbeiteten, einen jungen Informatikdozenten mit Schwerpunkt KI, der sich mit der Entwicklung autonomer Hubschrauber beschäftigte. Ng hatte in einer E-Mail mit dem Betreff »Löten« Sivo offiziell mit Altman bekannt gemacht. Altman habe »an dem Stanford-Elektrofahrzeugprojekt (sowie etwas Psychiatrieforschung und Computersicherheitsforschung) mitgewirkt«, erklärte Ng, bevor er beide einlud, sich am Löten einiger Platinen zu beteiligen. Am Ende arbeiteten sie bei diesem Sommerprogramm der Stanford meist an unterschiedlichen Projekten, lernten jedoch beide beim Hubschrauberprojekt die Funktionsweise von Ortung und GPS kennen und tüftelten nach dem Unterricht gemeinsam an anderen Sachen herum. Im Dezember 2004 waren sie dann unzertrennlich.

Im Herbst hatten sie auf dem weitläufigen Campus von Stanford, errichtet auf dem Gelände einer ehemaligen Pferdefarm, sehr weit auseinanderliegende Unterkünfte bezogen. Altman wohnte mit zwei Kommilitonen in einer für vier Personen vorgesehenen Wohneinheit im Mirrielees House in einer ruhigen Ecke auf der Ostseite des Campus, und Sivo war im sogenannten FroSoCo ganz am anderen Ende im Westen untergekommen, so weit ab vom Schuss, dass man vor Pumas auf der Hut sein musste, die gelegentlich aus den Bergen herüberwanderten. Altman empfand Mirrielees als sozial isolierend und deprimierend. »Mirrielees war hart«, erklärte er Jahre später in einem Interview mit dem *Wall Street Journal.* »Ich fühlte mich definitiv nicht mehr so eingebunden wie im ersten Studienjahr.«

Er verbrachte nun mehr Zeit außerhalb des Campus und spielte Poker im Bay 101, einem Spielkarten-Casino in San José, das schon bessere Zeiten gesehen hatte. Er profitierte davon, dass das Spiel gerade so populär war, was das Niveau erheblich senkte. »Dort gab es jede Menge miserabler Spieler«, sagte er. »Wenn man grindete, konnte man auch bei niedrigen Einsätzen eine Menge rausholen, und Spaß machte es obendrein.«

Er konnte dort Erfahrungen im Risikomanagement sammeln, wenn er auch meinte: »Das war wohl das Uninteressanteste, was ich dabei gelernt habe.« Ergänzend erklärte er: »Es gibt so viele verschiedene Strategien – es ist ein sehr komplexes Spiel, wenn man mal ein gewisses Niveau erreicht hat. Erstaunlich komplex. Man kann immer noch was dazulernen und sieht neue Aspekte, kann neue Dinge versuchen.« Wenn er mal eine Glückssträhne hatte, kaufte er Apple-Aktien. Freunde aus der Collegezeit erinnern sich, dass er stets eifrig den Aktienkurs verfolgte. »Ich war ein richtiger Apple-Fanboy«, sagte Altman. »Das waren meine Computer, und ich hatte eine sehr enge Beziehung zu ihnen.«

Auf dem Campus verbrachte er seine Zeit weiterhin mit den Freunden, die er im ersten Studienjahr kennengelernt hatte, vor allem mit Alok Deshpande, einem schlaksigen, ernsten Informatikstudenten mit einem breiten Lächeln, der in seinem Wohnheim neben ihm gewohnt hatte. Deshpandes Eltern hatten sich auf einer Ingenieurschule in Indien kennengelernt. Er war zusammen mit seinen Schwestern in Atlanta aufgewachsen, hatte dort eine Privatschule besucht und sich bei Mathematikwettbewerben hervorgetan. »In Mathe, Naturwissenschaften und Physik ist er immer gut gewesen«, sagte seine Mutter Sheila Deshpande. »Wenn ein Lehrer krank war, kam es vor, dass man ihn bat, den Unterricht zu übernehmen.« Er und Altman freundeten sich rasch an, und die Familien der beiden trafen sich noch in ihrem ersten Studienjahr zu einem gemeinsamen Essen. Auf Sheila Deshpande machte Altman einen freundlichen, wenn auch manchmal ein wenig abwesenden Eindruck. »Manchmal hatte ich das Gefühl, dass er gar nicht richtig anwesend war«, sagte sie.

Altman und Deshpande begannen darüber zu sprechen, etwas mit Standortbestimmung und Mobiltelefonen zu machen. Die Hersteller von Mobiltelefonen hatten sich ursprünglich dagegen gesträubt, irgendwelche Tracker in ihre Geräte einzubauen, doch 1999 verpflichtete sie der Kongress per Gesetz, eine Möglichkeit zu finden, Rettungskräfte zum Sender eines Notrufs zu lotsen. Mobilfunkprovider wie Cingular kamen dem nach, indem sie das Signal durch Triangulation zwischen Mobilfunkmasten orteten, wie sie es auch zum Weiterleiten der Gespräche taten. Andere Provider, vor allem Sprint und Nextel, die 2005 fusionierten, optierten für den Einbau von GPS-Chips in ihre Geräte, eine teurere, aber weitaus genauere Variante, mit der sich Nutzende auf fünfzehn anstatt hundertfünfzig Meter genau orten ließen. Die Mobilfunkbetreiber folgten dem neuen Gesetz aufgrund der damit verbundenen Kosten nur schleppend, wenn sie sich auch bemühten, »standortbezogene Dienste« anzubieten, um die Investitionen wieder hereinzubekommen, zu denen sie von der Federal Communications Commission (FCC), der US-Bundesbehörde für Rundfunkdienste, gezwungen wurden. Und dann waren da noch die Datenschützer: »Sie haben ein Überwachungssystem aufgebaut«, polterte ein Vertreter der Electronic Frontier Foundation (EFF) im Jahr 2000. »Die Regierung hat nun eine Möglichkeit mehr, das Leben der Menschen zu verfolgen, nicht unbedingt mit deren Wissen.«[62] Die FCC verlängerte die Frist mehrmals, bestimmte aber letztendlich, dass ab 2005 sämtliche Mobiltelefone in der Lage sein müssten, ihren Standort zu übermitteln.

Als die Frist ablief, stieg Altman auf einer Campus-Veranstaltung für Unternehmerinnen und Unternehmer auf die Bühne und reckte dramatisch sein Klapphandy in die Luft. Er erklärte, dass er gerade erfahren hatte, dass alle Telefone bald lokalisierbar sein würden, und da sei es doch cool, auch Dienste zu entwickeln, die diese neue Fähigkeit nutzten. Wer das auch denke, solle sich mit ihm in Verbindung setzen. Während des Networking-Teils der Veranstaltung tauschte Altman seine Telefonnummer mit Peter Deming aus, einem älteren Studenten mit Hauptfach Wirtschaft, der noch die Segelsaison an der Uni beenden wollte, bevor er einen Job bei Goldman Sachs antrat.

Segler lieben Karten, Deming war da keine Ausnahme. Er fand die Idee genial, seinen Standort über sein Mobiltelefon teilen zu können. Er hatte bereits ein Start-up gegründet und Erfahrung damit, wie man Geld auftrieb. Programmieren konnte er zwar nicht, aber er kannte sich mit Dingen wie Marktforschung und Marktbewertung aus und wusste, wie man eine Präsentation aufbauen musste, um potenzielle Investorinnen und Investoren anzusprechen. Einige Wochen später trafen sich Altman, Deshpande und Deming zum Brainstorming beim Essen im PF Chang's in Palo Alto. *Was ist das Nützlichste, was man mit mobilen Standortdaten machen kann?* Die offensichtliche Antwort war so was wie Google Maps, doch diese App war schon seit Wochen online, und außerdem wäre es nach Meinung des Teams ohnehin zu schwierig gewesen. Alle waren sich einig, dass es eine Community-Komponente geben sollte. Altman hatte schließlich die klarste Idee: ein soziales Netzwerk auf der Grundlage eines standortbezogenen Dienstes, das Freundinnen und Freunden helfen sollte, einander zu finden.

Sivo zögerte zunächst, sich der Gruppe anzuschließen. Seine Beziehung mit Altman stand noch ganz am Anfang, und er wollte die Dinge nicht verkomplizieren. Aber sie tüftelten weiter an gemeinsamen Projekten, und schließlich begannen sie auch zusammenzuarbeiten. Sivo nahm an weiteren Essen im PF Chang's teil, und schließlich beschlossen die vier gemeinsam eine Gründung zu wagen. Deshpandes Vorschlag folgend nannten sie ihr Produkt Viendo, nach dem spanischen Wort für »sehen« – Freunde zu sehen, das war ja die Grundidee.

Vor nicht allzu langer Zeit war die Dotcom-Blase geplatzt, in der fünf Billionen Dollar einfach so verpufft waren, und das Silicon Valley leckte noch seine Wunden. Die Tech-Investorinnen und -Investoren hatten sich für ein halbes Jahrzehnt auf bewährte Geschäftsmodelle mit sicheren Einnahmen zurückgezogen. Da die Start-ups selbst und die Risikokapitalgeber, die sie so bedenkenlos mit Finanzmitteln versorgt hatten, als Schuldige für den Crash angesehen wurden, wurde man laut Altman von seinen Kommilitoninnen und Kommilitonen im ersten Studienjahr ausgelacht, wenn man sagte, man wolle an einem Start-up arbeiten.[63]

Doch in der Zeit nach dem Crash, als die Bilanzfälschungen von Enron und WorldCom das Vertrauen der Bevölkerung in die amerikanischen Unternehmen weiter erschütterten, ereignete sich eine stille Revolution in der Technologiewelt. Alles wurde schneller, billiger und besser vernetzt, und auf einmal konnte eine Handvoll Harvard-Studenten in ihrem Wohnheim so etwas wie Facebook gründen.

Altman und seine Mitgründer beteiligten sich an einem Businessplan-Wettbewerb von BASES (Business Association of Stanford Entrepreneurial Students), einer der größten von Studierenden betriebenen Organisationen für Unternehmertum weltweit. Das ausgelobte Preisgeld betrug 2.000 Dollar. Deming verbrachte die folgenden Wochen in der Bibliothek, um das Projekt mit Daten zu unterfüttern und eine Präsentation vorzubereiten, wie man sie auch einem Risikokapitalgeber vorlegen würde. Sie bestand nur aus ein paar Folien, dargeboten mit Altmans Verkaufstalent.

Am Tag des Wettbewerbs machten sich die vier Gründer durch den leichten Frühlingsregen auf den Weg zu den Gebäuden des Old Quad mit ihren roten Ziegeldächern. Altman war die Ruhe selbst. Alle, die ihn kennenlernten, waren von seiner Intelligenz beeindruckt, doch was ihn wirklich auszeichnete, war ein »übernatürliches Selbstvertrauen«, wie es Mark Jacobstein ausdrückte, der einige Monate später zum Unternehmen stieß. »Er verfügte über dieses Realitätsverzerrungsfeld.« Altman war ein großer Bewunderer von Steve Jobs, dem ursprünglich die visionäre, weltverändernde Kraft des Reality Distortion Field (RDF) zugesprochen wurde. Nach dem Vorbild von Apple hatte er den Pitch so einfach wie möglich gefasst: Die bei Gesprächen über Mobiltelefone am häufigsten gestellte Frage lautete: »Wo bist du?«

Altman und Deshpande betraten die Bühne in einem holzgetäfelten Lehrsaal im Old Quad und präsentierten Viendo, wobei Altman den größten Redeanteil übernahm. Viendo sollte den Nutzerinnen und Nutzern automatisch die Frage »Wo bist du?« beantworten, indem es auf einer Karte den aktuellen Standort des Freundes oder der Freundin anzeigte. So sah man auf einen Blick, ob man sich zum Essen treffen konnte, auch wenn man mal gerade nicht mit dem Fahrrad unterwegs war, oder wer gerade um die Ecke war, sodass man ihn auf eine Tasse Kaffee in der Bibliothek anpingen konnte. Im Nachhinein betrachtet war dies die Lösung für ein Problem, das nur eine ziemlich kleine Bevölkerungsgruppe betraf, nämlich junge, ungebundene Leute, die auf einem großen Campus lebten und beim Gedanken daran, dass andere jederzeit ihren Standort ausmachen konnten, nicht sofort in Verfolgungswahn verfielen.

Dennoch ging Viendo nicht nur als Sieger aus dem Wettbewerb hervor, sondern konnte sogar einen der Juroren davon überzeugen, dass hier ein echtes Geschäft winkte. Patrick Chung war erst seit ein paar Monaten bei New Enterprise Associates (NEA), der größten Risikokapitalgesellschaft der USA, die den Wettbewerb gesponsert hatte, um frische Talente und Investitionsmöglichkeiten auszumachen. Er war kaum älter als die Teenager auf der Bühne.

Seine Eltern, ein Nuklearphysiker und eine Finanzmanagerin, waren aus Taiwan nach Kanada eingewandert. In Toronto aufgewachsen, hatte er dort die streng nach britischem Vorbild organisierte Jungenschule Upper Canada College besucht und aus dieser Zeit eine gepflegte Sprechweise beibehalten, die unter seinen eher lockeren kalifornischen Kommilitoninnen und Kommilitonen auffiel. Nach dem Studium in Harvard und einem Master in Oxford warb ihn McKinsey an. Bald stellte er fest, dass ihm die Arbeit dort nicht zusagte. Nach etwas mehr als einem Jahr verließ er die Firma, um sich mit einem anderen ehemaligen McKinseyaner, einem Freund aus Schultagen, an der Gründung eines Start-ups zu versuchen. Ihr Beratungsunternehmen Zefer erreichte einen Umsatz von hundert Millionen Dollar damit, Kunden wie Burger King und Gillette den Zugang ins »E-Business« zu ebnen. Im Jahr 2000 wollte Zefer sogar den Börsengang wagen. Doch dann platzte die Dotcom-Blase, und das Unternehmen konnte lediglich mit bescheidenem Gewinn verkauft werden. Chung ging an die Uni zurück, diesmal nach Harvard, um Jura und Unternehmensführung zu studieren und noch einmal zu überlegen, was er mit seinem Leben anfangen wollte. Als ihn New Enterprise Associates für das Büro in Menlo Park rekrutieren wollte, war er zunächst skeptisch. Ein Leben an der Westküste war nie sein Traum gewesen. »Kalifornien lockte mich nicht – dazu fielen mir nur Filmstars, Kombucha und Cabrios ein«, erinnerte er sich. Doch er war angenehm überrascht, bei NEA »einige der nettesten und fähigsten Leute meines Lebens kennenzulernen«, sogar einen Nobelpreisträger, und so nahm er die Stelle an.

Nach dem Wettbewerb wandte sich Chung an die vier Gründer. »Wie wär's damit, das in echt zu machen?«, fragte er.

»Was soll das heißen, ›in echt‹?«, erwiderte Altman.

Chung erklärte, sie müssten einen Vertrag mit jedem einzelnen Mobilfunkanbieter wie Cingular (bald darauf AT&T),

Verizon und Sprint abschließen, um an die Standortdaten ranzukommen. Wie es der Zufall wollte, kannte er den CTO (Technischen Direktor) von Sprint und bot an, nach Kansas City zu fliegen, um ihm Altman vorzustellen, noch bevor er einen Scheck zur Finanzierung des Unternehmens ausstellte. Ein Problem gab es allerdings: Wenn Sprint interessiert war und die Partner von NEA sich entschlossen, in das Projekt zu investieren, ließ sich die Sache nicht auf die lange Bank schieben. Die Partner von NEA würden kaum in ein Unternehmen investieren, das von Studenten geführt wurde, die ihre Zeit in Hörsälen verbrachten. Dann würden sie die Uni abbrechen müssen.

Das galt es erst einmal zu realisieren, doch Altman hatte keine Zeit, sich darüber große Gedanken zu machen. Tatsächlich stand an diesem Tag der Wettbewerb für ihn nur an zweiter Stelle. Sein wichtigstes Vorhaben war ein Nachtflug nach Boston, den er vom San Francisco International Airport zum persönlichen Vorstellungsgespräch für seine Bewerbung um einen Platz beim ersten Summer Founders Program (SFP) gebucht hatte. Veranstalter war eine neue Art von Risikokapitalfirma namens Y Combinator (YC), benannt nach dem mathematischen Begriff für ein Computerprogramm, das Computerprogramme ausführt. Es war von dem Start-up-Guru Paul Graham, seiner Freundin Jessica Livingston und den Mitgründern von Grahams erstem Start-up, Robert Tappan Morris und Trevor Blackwell, ins Leben gerufen worden.[64] Ihre Idee war, ein dreimonatiges Programm für Start-ups zu veranstalten, das nach dem Modell einer Graduate School in der üblichen Zeit für Sommerpraktika stattfinden sollte. Es winkte auch eine bescheidene Investition – 6.000 Dollar pro Gründer im Austausch für etwa sechs Prozent Firmenanteile. Graham war auf die 6.000 Dollar gekommen, als er hörte, dass das MIT seinen Graduierten diese Summe über den Sommer zahlte.

Außerdem versprach er Unterstützung dabei, sich in dem anspruchsvollen Umfeld von Cambridge zurechtzufinden.

Graham war in den Kreisen von Computerfreaks durch Essays bekannt, die er auf seiner persönlichen Website zu Themen wie der Programmiersprache Lisp oder der Natur des Reichtums veröffentlichte. Wenn man in den Anfangstagen von Google seinen Vornamen »Paul« in die Suchmaske tippte, war er der erste Treffer, noch vor dem Beatle und dem Apostel. »So ziemlich alles, was er macht, wird auf *Slashdot* veröffentlicht, das ist so etwas wie die *New York Times* der Computerwelt – alle lesen das«, sagte Aaron Swartz damals gegenüber dem *Stanford Daily.*[65] Swartz war auch ein neunzehnjähriger Gründer aus Stanford, der sich ebenfalls für das Programm beworben hatte. Im Unterschied zu Altman war Swartz damals aber bereits weltberühmt, da er schon im Alter von vierzehn Jahren an der Entwicklung des beliebten RSS-Feed-Formats beteiligt gewesen war. Selbst wenn man das Investitionsgeld nicht erhielt, es war von unbezahlbarem Wert, Graham als Mentor zu haben.

Altman hatte von dieser Möglichkeit durch seinen Freund Blake Ross erfahren, der einen Tag vor Ablauf der Bewerbungsfrist auf Facebook darüber gepostet hatte. Ross hatte mit Graham im Herbst zuvor beim Foo Camp Kontakt geknüpft, einer jährlich stattfindenden Zusammenkunft von Hackern in Nordkalifornien, die von Tim O'Reilly von O'Reilly Media, einem einflussreichen Tech-Verlag und Konferenzveranstalter, einberufen wird. »Foo« steht in diesem Zusammenhang für Friends of O'Reilly, ist jedoch auch eine Platzhalter-Variable, die beim Programmieren Verwendung findet. Ross war ein Computer-Wunderkind, er hatte schon als Teenager an der Entwicklung des Firefox-Webbrowsers mitgewirkt und war von Livingston für ihr Buch über Start-up-Gründer, *Founders at Work*, interviewt worden. Altman hatte keine solche persönliche Beziehung zu ihm, bekannte aber später, ein »großer Fanboy« von Grahams Essays zu sein.[66]

Der Zeitpunkt war jedoch alles andere als ideal.[67] Die Mitgründer von Viendo hatten bereits Sommerjobs in Aussicht: Deshpande im Rahmen eines Stanford-Programms in Indien, Sivo im Technologieunternehmen seines Vaters und Altman einen Informatik-Job bei Goldman Sachs. »Sie standen im Ruf, das härteste technische Bewerbungsgespräch zu führen«, erklärte Altman. »Im Grunde war das ein geniales Marketing für deren IT-Abteilung: ›Unser technisches Bewerbungsgespräch ist das härteste.‹« Deming, der Segler, sollte ein paar Wochen nach seinem Abschluss seinen Job bei Goldman antreten.

Doch Grahams Angebot war einfach zu verlockend. »Das SFP ist wie ein Sommerjob, nur dass wir Ihnen statt eines Gehalts die Startfinanzierung geben, damit Sie mit Ihren Freunden Ihr eigenes Unternehmen gründen können«, schrieb Graham. »Allen, die das spannender finden, als den Sommer in einem Großraumbüro zu verbringen, empfehle ich, sich zu bewerben.«[68] Altman wurde klar, dass ihm das Projekt viel mehr Spaß machen würde als die Arbeit in einer Investmentbank.[69]

Da es ihm nicht gelang, die anderen von ihren Sommerplänen abzubringen, füllte Altman die zweiunddreißig Fragen der Bewerbung selbst aus, wobei ihm seine Mitgründer per E-Mail halfen. Als er von Graham die Nachricht erhielt, dass sie es unter eines der zwanzig Start-ups geschafft hatten, die zu einem persönlichen Vorstellungsgespräch nach Cambridge eingeladen wurden, ergab sich ein neues, noch schlimmeres Terminproblem: Das Gespräch bei Y Combinator war für dasselbe Wochenende angesetzt wie der Businessplan-Wettbewerb. Altman versuchte, das Vorstellungsgespräch zu verschieben, um an dem Wettbewerb teilnehmen zu können, und erklärte, dass er der Einzige sei, der nach Cambridge kommen könne.

»Graham schrieb ihm zurück: ›Weißt du, Sam, du bist doch erst im ersten Semester. Du hast noch jede Menge Zeit, ein Start-up zu gründen. Warum bewirbst du dich nicht später noch mal?‹«, erinnerte sich Livingston in *Founders at Work*. Altman antwortete: »Ich bin schon in meinem zweiten Studienjahr, und ich werde zu dem Gespräch kommen.«[70]

Altman kam am Sonntagmorgen in Cambridge an und begab sich direkt zum Verbindungshaus seines Highschool-Freundes Rick Pernikoff, der am MIT Informatik und Elektrotechnik studierte. Dort duschte er schnell und fuhr dann mit Pernikoff mit der U-Bahn zum Harvard Square. Von dort aus ging es zu Fuß über von Bäumen gesäumte Straßen weiter. Es war ein schöner Tag, und in Cambridge herrschte reges Treiben. Als sie in die Garden Street einbogen, stießen sie auf einen modernen, loftartigen Bau, der zwischen den viktorianischen Gebäuden wie ein salbeigrüner Industrie-Fremdkörper wirkte. Y Combinator residierte in einem Gebäude, das der Exzentrik seines Gründers entsprach. Graham hatte es ein paar Monate zuvor als privates Büro erworben und es mit schalldämmenden Doppeltüren und Doppelglasfenstern nachgerüstet, um dort in Ruhe malen zu können. Eine befreundete Architektin, Kate Corteau, hatte er damit beauftragt, es modern zu möblieren, unter anderem mit langen weißen Tischen und Bänken, deren Beine ungünstig in der Mitte angebracht waren, sodass sie wie eine Wippe an einer Seite hochschnellten, sobald sich jemand auf ein Ende setzte.[71] (Graham sprang manchmal auf, um einen arglosen Investor davon abzuhalten, sich zu weit außen auf einer solchen Bank niederzulassen.) Es gab einen großen offenen Raum, eine Küche und ein Gewächshaus auf dem Dach. Die Atmosphäre war eine Mischung aus moderner Kunstgalerie und Kaserne. Dort tummelten sich bereits andere Start-up-Gründer – ein Menschenschlag, dem Altman noch nie zuvor begegnet war.

»Ich dachte nur: ›Was ist das denn? Und wer sind diese Leute?‹«, erinnerte sich Altman. »Ich hatte vorher noch nie wirklich mit Start-up-Leuten zu tun gehabt. Zu jener Zeit waren die nicht sonderlich beliebt.« Sein Gespräch mit den vier Gründern von Y Combinator war ein voller Erfolg. »Ich erinnere mich, dass ich innerhalb von drei Minuten nach der Begegnung mit ihm dachte: ›Ah, so muss Bill Gates also mit neunzehn Jahren gewesen sein‹«, schrieb Graham Jahre später.[72] Das Gespräch dauerte nur fünfundzwanzig Minuten. »Wir alle waren hin und weg von Sam«, schrieb Livingston. »Seine Haltung und seine Intelligenz, einfach sein ganzes Auftreten. Wir wussten direkt, dass er etwas ganz Besonderes war.«[73]

Der Eindruck beruhte auf Gegenseitigkeit. »Zum ersten Mal hatte ich das Gefühl, die Art von Menschen gefunden zu haben, mit denen ich zusammen sein wollte«, sagte Altman.[74]

Um sieben Uhr an diesem Abend erhielt Altman auf seinem Mobiltelefon einen Anruf von Graham: Viendo hatte eine Zusage. Später erfuhr er, dass sein Unternehmen das erste von Y Combinator finanzierte Start-up überhaupt war.[75]

In dieser Nacht schlief Altman auf dem Boden von Pernikoffs Verbindungshaus. Seine Karriere hatte begonnen, auch wenn er das selbst noch nicht wusste. Im Verlauf nur eines Wochenendes hatte er einen Investor kennengelernt, der nicht nur in sein Start-up investierte, sondern auch dabei half, eine zweite Risikokapitalfirma namens Sequoia Capital zu überzeugen. Das war der Beginn einer Beziehung, die bis zum heutigen Tag andauert. Und er wurde Mitglied des wichtigsten Alumni-Netzwerks des Silicon Valley, aus dem mehr als ein Jahrzehnt später ein kleines, aber kühnes Forschungsprojekt namens OpenAI hervorgehen sollte.

Kapitel 4

Bei den »Obernerds«

Paul Graham sieht nicht aus wie ein Nerd. Er ist ein attraktiver, athletischer und, obwohl bereits jenseits der Lebensmitte, jungenhafter Typ. Seine Haare sind mittelblond, er hat Grübchen und eine Vorliebe für adrette Polohemden, die ihn zumindest von der Taille aufwärts wie einen jener Golf spielenden Bankmanager wirken lassen, für die er in seinen Essays nichts als Verachtung übrighat. Unterhalb der Taille trägt Graham gerne zerknitterte Cargo-Shorts und Sandalen – das ultimative Zeichen dafür, dass man sein eigenes Start-up so erfolgreich geführt hat, dass man nie wieder jemanden beeindrucken muss. Als er bei Y Combinator ausstieg, schenkten ihm seine Mitarbeiter zum Abschied ein Paar seiner geliebten Shorts, auf dem alle unterschrieben hatten.[76]

Graham, der Sohn eines britischen Mathematikers, der an Kernreaktoren arbeitete, mehr als achtzig Marathons lief und in seiner Freizeit Bücher über Schach schrieb, wurde in England geboren, wuchs aber in Pittsburgh auf. Sein Vater musste sich immer wieder neue Stellen suchen und war in Europa, Kanada und den USA tätig.[77] Paul war ein kluger, aber frecher Junge. »Ich war ein schlimmes Kind«, bekannte Graham 2014 in einem Interview für Bloomberg. »Die Hälfte der Nachbarskinder durfte nicht mit mir spielen … Ich glaube, von der ersten bis zur zwölften Klasse wurde ich mindestens einmal pro Jahr vom Unterricht ausgeschlossen.« Computer spielten im

Unterricht keine große Rolle, trotzdem begann Graham mit fünfzehn Jahren zu programmieren.[78] Er ging an die Cornell University, wo er zunächst Philosophie studierte, bevor er sich der KI zuwandte, und promovierte dann in Harvard in Informatik. Anstatt einen Job anzunehmen oder in die Forschung zu gehen, studierte er im Anschluss noch Malerei. Er zog dafür nach New York, um nach eigenen Worten ein Leben als »Hungerkünstler« zu führen. Erfolg war ihm tatsächlich beim Hungern vergönnt, weshalb er nebenher als freiberuflicher Berater in der Softwareentwicklung arbeiten musste.

Durch die Malerei kam er nicht nur auf die Idee für Y Combinator, sie brachte ihm mehr oder weniger auch die finanziellen Mittel dafür ein. Im Januar 1995 überredete Graham aus Geldnot seinen besten Freund Robert Tappan Morris, mit ihm zusammen das Unternehmen Artix zu gründen, das Kunstgalerien ins Netz bringen sollte. Morris, ein Harvard-Absolvent, hatte sich einen Ruf als Hacker erworben – nachdem er versehentlich einen der ersten Computerwürmer freigesetzt hatte, war er der erste Mensch, der nach dem Computer Fraud and Abuse Act, einem Anti-Hacking-Gesetz, verurteilt wurde. Das für das neue Unternehmen entwickelte Programm funktionierte hervorragend. Aber wie sie bald feststellen mussten, war die Geschäftsidee idiotisch.

Kunstgalerien lag nichts daran, ihre Waren online jedem zugänglich zu machen. Sie wollten die Illusion aufrechterhalten, dass es sich bei dem kleinen Teil ihrer Ware, den sie ausstellten, um etwas Besonderes handelte und nicht um Sachen, die schon seit Jahren im Lager herumstanden. Für Galeristen waren die Ineffizienz und Intransparenz des Kunstmarktes eine positive Eigenschaft und kein Mangel. Sie wollten die Dienste von Artix nicht einmal kostenfrei in Anspruch nehmen.

»Heute wundere ich mich, wie wir unsere Zeit mit so einem Blödsinn verschwenden konnten«, schrieb Graham später.

»Irgendwann dämmerte uns, dass wir, anstatt Websites für Leute zu machen, die sie nicht brauchten, lieber Websites für Leute machen sollten, die sie haben wollten.«[79]

Binnen sechs Monaten gaben sie die Idee mit Artix auf und gründeten ein neues Unternehmen. Viaweb war die erste webbasierte Applikation, mit der man über einen Browser – also »via Web« – eigene Websites erstellen konnte. Drei Jahre später verkauften sie die Applikation für neunundvierzig Millionen Dollar an Yahoo!, das daraus Yahoo!Store machte.[80]

Diese Erfahrung lehrte Graham etwas, was praktisch zu seinem Leitsatz werden sollte: Die meisten Gründer denken zu klein. Wenn man es technisch hinbekommt, ein paar Kunstgalerien online zu stellen, kann man auch gleich ein Produkt entwickeln, mit dem man *alles* online stellen kann. Die andere Lektion wurde als Mantra des Summer Founders Program auf T-Shirts gedruckt: Make Something People Want.

Das Malen offenbarte Graham noch etwas viel Grundlegenderes. Wie die Kunst als »L'art pour l'art« sich selbst genügt und ihr eigenes Ziel ist, war für ihn das Programmieren schon immer »code pour code« gewesen. So hatte er seit der Highschool programmiert, und er hatte es »Hacking« genannt, um es von der eher theoretischen oder rein mathematischen Herangehensweise zu unterscheiden, die an den Hochschulen als »Computerwissenschaft« bezeichnet wurde.

Sein neu erworbener Reichtum bescherte ihm viel Freizeit, die er ab 2001 dazu nutzte, Essays zu schreiben und sie auf seiner Website paulgraham.com zu veröffentlichen.

»Hackern und Malern ist gemeinsam, dass sie beide Macher sind«, schrieb Paul Graham. »Wie Komponisten, Architekten und Schriftsteller versuchen auch Hacker und Maler, gute Dinge zu schaffen.« Eine Möglichkeit, gute Software zu entwickeln, sei die Gründung eines Start-ups, denn diese seien klein und wendig, sodass Programmierer ihren Code »skizzieren«, also im Prozess entwickeln könnten, was gebaut werden sollte. Auf diese Weise würden sie etwas Besseres als die Konkurrenz schaffen. »Großartige Software erfordert eine fanatische Hingabe an die Schönheit«, schrieb er.[81]

Im März 2005 nahm Graham eine Einladung der Harvard Computer Society an, einen Vortrag zu halten. Er wählte als Thema »Wie startet man ein Start-up?«. Graham hatte auf seiner Website auf die Veranstaltung hingewiesen, und Hacker – in Grahams Sinn – aus dem ganzen Land pilgerten in den Hörsaal. Zwei von ihnen, Steve Huffman und Alexis Ohanian, studierten an der University of Virginia und teilten sich dort ein Zimmer. Huffman hatte sein Exemplar von Grahams Buch über Lisp mitgebracht, um es sich signieren zu lassen. Graham verehrte die Programmiersprache Lisp so sehr, dass er sein erstes Start-up nur gründete, um weiterhin in dieser Sprache programmieren zu können.[82]

In Grahams typisch direkter Art wurde der Vortrag zu einer Motivationsrede für die vielen ehrgeizigen jungen Männer im Publikum. Er vermittelte ihnen, dass die Gründung eines Start-ups nicht so schwierig und geheimnisumwoben war, wie sie vielleicht dachten. Sein Rat lautete: »Schaut euch an, woran andere arbeiten, und findet heraus, wie man es auf bessere Weise hinbekommt.«

Was man in seinen Augen dafür mitbringen musste, war ziemlich eng definiert: Am besten sollte man zwischen dreiundzwanzig und achtunddreißig Jahre alt und bereit sein, sich nach dem Abendessen wieder hinzusetzen und bis drei Uhr morgens zu hacken – und das vier Jahre lang sieben Tage die Woche, idealerweise an einem coolen Ort in fußläufiger Entfernung zu einer Spitzenuniversität wie Cambridge, Palo Alto oder Berkeley. Oh, und natürlich sollte man einen Computerprogrammierer im Gründungsteam haben. Letzteres sei unabdingbar, denn Hacken sei eine so spezialisierte Fähigkeit, dass Gründer ohne sie niemals einen guten von einem schlechten Programmierer unterscheiden könnten. Ein Hacker kann sich auch um den Kundendienst kümmern, aber ein Nicht-Hacker kann niemals hacken, so sein Argument. Und was Frauen angehe: In einem Start-up sei es leichter, den ineffizienten biologischen und kulturellen Ballast zu vermeiden, den sie mitbrächten, als in einem traditionellen Unternehmen, weil es keine Antidiskriminierungsgesetze gebe, die die Auswahl von Start-up-Mitgründern regeln. »Ich würde zum Beispiel nur ungern ein Start-up mit einer Frau gründen, die kleine Kinder hat oder wahrscheinlich bald welche bekommt«, so Graham. »Aber man darf Stellenbewerberinnen nicht fragen, ob sie planen, bald Kinder zu bekommen.«[83] (Als Y Combinator größer wurde, geriet das Unternehmen wegen solcher Aussagen in die Kritik, und auch wegen seines geringen Anteils an Gründerinnen, der im ersten Jahr bei null lag und inzwischen gerade einmal zehn Prozent beträgt.[84] Graham hielt dagegen, dass YC mehr Frauen beschäftige und finanziere als die meisten Risikokapitalgeber, außerdem sei der Frauenmangel in der Tech-Branche ein tiefergehendes gesellschaftliches Problem und von einem einzelnen Unternehmen nicht zu lösen.)[85]

Nach dem Vortrag wurde Graham von Fans umringt. Außer Huffman und Ohanian – die danach mit Graham zum Essen gingen und später zusammen mit Altman am ersten Summer Founders Program teilnahmen, wo sie Reddit entwickelten – kam ein weiterer Fan auf Graham zu und fragte ihn, wie er sein Start-up finanzieren könne. Graham antwortete, er solle sich eine reiche Person mit Verbindungen zur Tech-Branche suchen. In der peinlichen Stille, die darauf folgte, wurde ihm bewusst, dass diese Beschreibung genau auf ihn zutraf.[86]

Seit dem Verkauf von Viaweb sieben Jahre zuvor hatte er immer damit geliebäugelt, in das sogenannte »Angel«-Investment einzusteigen – Startkapital von Freunden und Familienmitgliedern für ein Start-up professionell zu ergänzen, bevor es eine richtige Bewertung oder eine klare Vorstellung davon hat, was es tut. Aber dazu war er bislang noch nicht gekommen.

Ein paar Tage nach seinem Vortrag ging Graham mit Jessica Livingston, mit der er seit etwa einem Jahr zusammen war, nach einem Restaurantbesuch am Harvard Square nach Hause. In der Schule hatte sie als Sportlerin geglänzt und sich aus dieser Zeit eine lässig elegante Art bewahrt. Sie war klug, kompetent und neugierig, hatte ihren Weg aber noch nicht so ganz gefunden. Livingston arbeitete bei einer Investmentbank, hatte sich auf einen Marketingjob bei einem Risikokapitalunternehmen beworben und schrieb an einem Buch über ein Thema, das sie tiefgreifend faszinierte: Start-up-Gründer wie Graham.[87, 88]

Sie stammte aus einer Familie der sogenannten »Neuengland-Aristokratie« und wurde von ihrem Vater und ihrer Großmutter aufgezogen, nachdem ihre Mutter, wie Livingston es selbst ausdrückte, »von zu Hause fortgegangen war«, als sie noch ein Baby war.[89] Ihre Mutter, Lucinda Pauley, hatte sich sehr jung während ihres Englischstudiums am Wellesley College verlobt.[90] Nur wenige Monate nach der Geburt ihres ersten Kindes im Jahr 1971 verließ sie ihre Familie, lebte jahrzehntelang in alternativen Kommunen, schrieb über »Heilkräfte der Planeten« und änderte ihren Namen in Shen.[91] David Livingston, ein graduierter Betriebswirt, der sein gesamtes Berufsleben bei Gillette gearbeitet hatte, zog mit seiner kleinen Tochter von Minneapolis, wo sie zum Zeitpunkt der Trennung lebten, zurück in seine Heimatstadt Boston. Er hatte dort familiäre Wurzeln, die bis zu seinem Urgroßvater, H. H. Hunnewell, einem Stifter des Wellesley College, zurückreichen.[92] Am Wochenende kümmerte er sich um seine Tochter, unter der Woche blieb sie bei seiner Mutter Isabella Hunnewell Livingston, einer künstlerisch begabten unabhängigen Frau, die aussah wie ein Filmstar. Sie ließ sich 1945 von ihrem Mann scheiden, nachdem sie in fünf Jahren vier Kinder bekommen hatte. Isabella war in Wellesley dafür bekannt, dass sie jeden Winter riesige detailgetreue »Schneematsch-Skulpturen« von Drachen, Dinosauriern und Einhörnern aus den Schneemassen in ihrem Vorgarten formte.

Livingston trieb in der Schule viel Sport und hatte einen Einserschnitt. Einmal führte sie ein Fußballspiel auf den Campus der Phillips Academy in Andover, Massachusetts, einer der renommiertesten Privatschulen des Landes. Sie war so beeindruckt, dass sie ihren Vater bat, auf diese Schule zu dürfen. Zwar schaffte sie es, dort aufgenommen zu werden, aber die Erfahrung, plötzlich von noch klügeren und sportlicheren Menschen umgeben zu sein, stürzte sie nach ihren eigenen Worten in ein »dunkles Zeitalter« der Selbstzweifel, das sie erst im Erwachsenenalter überwand.

Am Tag, nachdem sie ihren Abschluss in Englisch an der Bucknell University gemacht hatte, starb ihre Großmutter an Krebs. Nun stand sie allein da und hatte keine Ahnung, was sie tun wollte. Sie nahm eine Stelle als Telefonistin bei Fidelity Investments an, die ihr nicht gefiel, und probierte dann verschiedene Dinge aus: Sie arbeitete im Bereich Investor Relations, bei einem Beratungsunternehmen für die Automobilindustrie, bei dem Magazin *Food & Wine* und sogar als Hochzeitsplanerin. Im Jahr 2003, als sie Graham auf einer Party in seinem Haus kennenlernte, leitete sie die Marketingabteilung der Bostoner Investmentbank Adams, Harkness & Hill.

Graham und seine engsten Freunde führten Livingston in die Welt der Start-ups ein, und sie war vollkommen fasziniert. Ein Verlag beauftragte sie, ein Buch über deren Geschichten zu schreiben, die sie weitaus interessanter fand als die der schwerfälligen börsennotierten Unternehmen, mit denen sie sonst beruflich zu tun hatte. Um die Szene aus der Nähe zu erleben, bewarb sie sich um einen Marketingjob bei einem Risikokapitalunternehmen.

Doch an dem Abend, an dem sie und Graham nach dem Essen über den Harvard Square nach Hause gingen, hatte sich das Unternehmen immer noch nicht entschieden, ob sie den Job bekam, was Graham wieder einmal dazu veranlasste, über Risikokapitalgeber zu lästern. Im selben Monat veröffentlichte er einen Essay, in dem er diese Leute als »abwechselnd feige, gierig, hinterhältig und herrisch« beschrieb.[93]

Finanzierungen mit Risikokapital, einer Form von privatem Beteiligungskapital, sind seit dem industriellen Boom in den USA nach dem Zweiten Weltkrieg verbreitet. Dabei sammeln Risikokapitalgeber Geld von »Limited Partners« wie Universitätsstiftungen oder Pensionsfonds ein und nutzen ihre Branchenkenntnisse, um das Geld auf ein Portfolio von Start-ups aufzuteilen, wodurch sie das Risiko streuen – aus einem ähnlichen Grund, weshalb ein Fischweibchen Hunderte von Eiern legt. Die meisten Start-ups scheitern, aber die wenigen, die es schaffen, sind in der Regel so extrem erfolgreich, dass sie die Verluste der vielen Verlierer mehr als wettmachen.[94] Seit dem allerersten mit Risikokapital finanzierten Start-up, Fairchild Semiconductor im Jahr 1957, wurde die Tech-Branche des Silicon Valley überwiegend mit Risikokapital finanziert, von Apple über Google und Facebook bis hin zu so ziemlich jedem Start-up, das man heute kennt.

Das Hauptproblem lag nach Grahams Meinung in der Art und Weise, wie die Venture Capitalists oder VCs bezahlt werden – normalerweise bekommen sie zwei Prozent des von ihnen verwalteten Kapitals pro Jahr plus eine Gewinnbeteiligung, die in der Regel bei zwanzig Prozent liegt und als »Carried Interest« oder einfach »Carry« bezeichnet wird. Da die Höhe der Vergütung von der verwalteten Geldsumme abhing, hatten sie einen Anreiz, möglichst viel Geld zu verwalten. Und da ein einzelner VC-Manager nur eine begrenzte Anzahl von Deals abschließen konnte, hatte er einen Anreiz, in jede Investition so viel Geld wie möglich fließen zu lassen. Das trieb deren Bewertung derart in die Höhe, dass den Unternehmen abgesehen von einem Börsengang nur eine sehr geringe Anzahl möglicher Käufer blieb – ein wichtiger Faktor bei der katastrophalen Dotcom-Blase Ende der 1990er-Jahre. In jeder Investition steckte so viel Geld, dass die Risikokapitalgeber es mit der Angst bekamen und in den Vorständen der Unternehmen, in die sie investierten, mitzumischen verlangten. Dabei ersetzten sie die Gründerinnen und Gründer oft durch ihre eigenen, eher geschäftsorientierten CEOs. Solche Leute nannte Graham »Nachrichtensprecher«, denn »sie hatten gepflegte Haare, sprachen mit tiefer, selbstbewusster Stimme und wussten normalerweise nicht sehr viel mehr als das, was sie vom Teleprompter ablasen«. (Bei Viaweb hatte man so große Angst, an einen solchen »Nachrichtensprecher« zu geraten, dass man sich letztlich gegen die Finanzierung mit Risikokapital entschied und stattdessen ganz auf Business Angels setzte.)

Während er noch versuchte, Livingston davon zu überzeugen, dass sie die Risikokapitalbranche von innen heraus verändern sollte, hatte Graham plötzlich eine andere Idee. »Gründen wir doch einfach unsere eigene Firma«, schlug er Livingston vor.[95] So könnte sich Graham endlich als Business Angel betätigen und Livingston ihren Traum verwirklichen, nach ihren eigenen Vorstellungen mit Start-ups zusammenzuarbeiten.

»Paul wollte als ›Business Angel‹, also Investor arbeiten«, schrieb Livingston. »Aber er wollte nichts von diesen ganzen Anforderungen wissen, die Business Angels erfüllen müssen, daher hatte er sich überlegt, dass er doch eine Organisation gründen könnte, die das alles für ihn erledigte.«[96] (Bei seinem Vortrag in Harvard hatte Graham damit angegeben, dass

Viaweb sich den ganzen Papierkram gespart hätte, der bei der Gründung eines Unternehmens erledigt werden muss, darunter »Verschiedenes mit dem Finanzamt«. Erst als ihr Start-up genug Mittel dafür hatte, wurde ein CFO eingestellt, der das alles in Ordnung brachte.[97]) Livingston war von Grahams Vorschlag begeistert. Am nächsten Tag überzeugte Graham seine Viaweb-Mitgründer Morris und Blackwell ebenfalls mitzumachen. Graham brachte 100.000 Dollar auf, Morris und Blackwell steuerten je 50.000 bei, und Livingston kündigte ihren Job.

»Ursprünglich war der Plan, dass sie die Start-ups aussuchen und beraten würden und ich für alles andere zuständig sein sollte«, schrieb Livingston später. »Anstatt eine kleine Anzahl etablierter Start-ups mit großen Geldbeträgen zu finanzieren, wie es normale VCs taten, wollten wir einer großen Anzahl von Start-ups in der Frühphase kleinere Geldbeträge zur Verfügung stellen und sie dann mit Rat und Tat unterstützen.«[98]

Sie entschieden sich für vielversprechende junge Programmierer, die ungebunden waren, und gaben ihnen gerade genug Geld, damit sie sich einen Sommer in Cambridge über Wasser halten konnten. Um ihnen einen guten Start zu ermöglichen, halfen sie den Gründern bei den rechtlichen Formalitäten, betreuten sie in Sprechstunden und bei selbst gekochten Chili- oder Eintopfgerichten am Dienstagabend, luden Redner ein, die von ihren Erfahrungen bei der Gründung eines erfolgreichen Unternehmens berichteten, und entließen ihre Schützlinge bei einem abschließenden »Demo Day« mit echten Business Angels und Risikokapitalgebern in die Welt. Graham, Livingston und ihre Mitstreiter wollten das Investoren-Business schnell lernen, daher beschlossen sie, gleich mit einer ganzen Gruppe von Bewerbern, einem sogenannten »Batch«, anzufangen – eine Innovation, die zu YCs Markenzeichen wurde. Sie begannen noch im selben Sommer. Graham blieb die halbe Nacht auf, um eine Website und ein zweiunddreißig

Fragen umfassendes Bewerbungsformular für ihr Programm zu erstellen, die er dann mit seinem Blog verlinkte. Die Fragen waren, typisch für Graham, teils auch ein wenig hinterhältig, so sollten Bewerber etwa beweisen, dass sie ein »Tier« waren (Grahams Bezeichnung für eine Person, die kein Nein als Antwort akzeptiert), oder ein Beispiel dafür nennen, wie sie sich zum eigenen Vorteil in ein System gehackt hatten.[99] Eine überzeugende Antwort auf die erste Frage lautete beispielsweise: »Justin hat einmal eine fünfundvierzigminütige Halbzeit eines Rugbyspiels durchgespielt, bevor er merkte, dass er Nasenbluten hatte, weil er im Gesicht getroffen worden war.«[100] Die Bewerbungen flatterten nur so ins Haus – ganz ohne Presse und PR.

»Daran sieht man, was gute Texte bewirken können«, schwärmte Patrick Chung, der NEA-Partner, der Altman und Viendo entdeckt hatte. »Paul schrieb ehrliche, hilfreiche Sachen, die von den Leuten gelesen und geschätzt wurden – er machte es nicht wie wir, nämlich auf der Suche nach Investitionsmöglichkeiten Hunderte Start-ups zu durchforsten. Er wartete, bis die Gründer zu ihm kamen, und setzte dabei ganz auf die Kraft und die Wahrheit seiner Worte.«

Graham sah einen grundlegenden Unterschied zwischen ihrem Programm und der üblichen Vorgehensweise von Risikokapitalgebern. »Diese Spätphasen-Investoren spielen ein Nullsummenspiel. Die Menge der Deals ist festgelegt, und sie versuchen einfach, die guten Start-ups herauszupicken. Y Combinator dagegen versucht dafür zu sorgen, dass mehr neue Start-ups gegründet werden«, sagte Graham. »Wir wussten, dass das möglich war, weil wir selbst hin und her überlegt hatten, ob wir ein eigenes Start-up gründen sollten. Wir wussten, dass Gründer erfolgreich sein konnten, auch wenn sie in mancher Hinsicht unzulänglich waren.«

Als Sam Altman im Sommer 2005 auf dem Weg zum ersten Dienstags-Dinner durch die schallisolierte Tür des Bürogebäudes an der Garden Street 135 trat, wehte ihm der Duft eines vor sich hin köchelnden Gerichts entgegen – später liebevoll als »vegetarische Pampe« bezeichnet. Er freute sich darauf, wieder mit den Supernerds zusammenzukommen, mit denen er sich bereits während des kurzen Aufenthalts anlässlich seines Vorstellungsgesprächs angefreundet hatte. (Zu Blackwell beispielsweise hatte er bereits einen guten Draht, weil sie ein Faible für Balance-Scooter teilten, auch bekannt als Segways. Blackwell entwickelte seine eigene Version davon, den »Segwell«, und fuhr damit in der YC-Zentrale herum.[101])

Altman musterte die anderen Gründer, die es ebenfalls in das Programm geschafft hatten. Teilweise mochten Graham und seine Partner die Person mehr als deren Idee. In diese Kategorie gehörten Steve Huffman und Alexis Ohanian, die Zimmergenossen von der University of Virginia, die Graham nach seinem Harvard-Vortrag einen per Mobiltelefon nutzbaren Lieferdienst für Essen namens MyMobileMenue, kurz MMM, schmackhaft machen wollten. Graham und Livingston fanden die beiden sympathisch – Livingston nannte sie liebevoll »Muffins« –, bezweifelten allerdings, dass sie es hinbekommen würden, Verträge mit Restaurants und Mobilfunkanbietern zu schließen, was in der Zeit vor dem Smartphone erforderlich gewesen wäre. Graham empfahl ihnen stattdessen, einen Bookmarking-Dienst wie beispielsweise Delicious zu entwickeln, dessen »Beliebt«-Liste häufig auch auf seine Essays verwies.[102]

Weitere Vertreter dieser Kategorie waren Emmett Shear und Justin Kan. Sie waren beide einundzwanzig, hatten die Evergreen School for Gifted Children in Seattle besucht und sich dort über ihre gemeinsame Liebe zur Mathematik und zu dem Fantasy-Kartenspiel *Magic: The Gathering* angefreundet.[103] Graham und seine Mitgründer lehnten ihre Idee einer

Online-Kalender-App, Kiko.com, zunächst ebenfalls ab, aber Shear und Kan konnten sie beim persönlichen Vorstellungsgespräch überzeugen. Ihr Argument: »Google könnte uns wie Ameisen zertreten«, wenn das Unternehmen etwas Ähnliches auf den Markt brächte.[104]

Aaron Swartz, der einen populären Blog betrieb und seit Monaten mit Graham korrespondierte, hatte ein webbasiertes Tool zur Erstellung von Websites namens Infogami eingereicht. »Wir haben eine andere Idee, von der wir glauben, dass sie besser zu Ihnen passen könnte«, sagte Graham während des Bewerbungsgesprächs und wanderte im Raum umher.[105] Doch Swartz setzte sich durch und entwickelte Infogami zusammen mit einem Mitgründer, den er online aus Dänemark angeworben hatte. Auf Grahams Veranlassung hin verschmolz Swartz Infogami schließlich mit Reddit. Chris Slowe, ein Harvard-Doktorand, der zusammen mit seinem Kommilitonen Zak Stone die Desktop-Suchmaschine Memamp gegründet hatte, wechselte am Ende des Sommers ebenfalls zu Reddit.

Altman blieb von Grahams Kritik verschont. Seit dem Vorstellungsgespräch im April hatte sich sein Unternehmen – auf Deshpandes Vorschlag hin – in Radiate umbenannt, da der Besitzer der Domain viendo.com 300.000 Dollar für den Namen verlangte. Ansonsten arbeiteten sie weiter an ihrem Plan, die Standortbestimmung von Mobiltelefonen zu nutzen, um Freundinnen und Freunde zusammenzubringen.

Altman war glücklich, endlich Menschen gefunden zu haben, die mit ihm auf einer Wellenlänge waren, auch wenn er immer ein wenig abseits blieb. Kan, Shear, Huffman, Swartz, Slowe und Stone bildeten sofort eine Clique, chatteten und machten Witze, an denen sich Altman nicht beteiligte.

»Sam hatte einen anderen Vibe als alle anderen«, erzählte Huffman. »Die meisten von uns – Justin und Emmett und

Aaron und Chris und Zak – waren absolute Obernerds. Echte Technikfreaks, schon fast weltfremd. Ich glaube, wir mussten uns erst noch zu Geschäftsleuten entwickeln. Sam wirkte auf mich viel geschäfts- und erfolgsorientierter als die anderen.« Er fügte hinzu: »Ich hatte das Gefühl, dass er es eilig hatte. Ich hatte das Gefühl, dass er weiterkommen wollte.«

Einmal machte die ganze Gruppe einen Spaziergang durch Cambridge. Einer der Gründer, Mikhail Gurevich, dessen Start-up ClickFacts Online-Werbebetrug bekämpfte, bemerkte Altmans ausgebeulte Hosentaschen und sprach ihn darauf an. Altman zog daraufhin ein ganzes Sortiment von Telefonen aus den tiefen Taschen seiner Cargo-Shorts, von Sony-Ericsson-Modellen in Riegelform bis zu Klappmodellen wie dem Motorola Razr. Er erklärte, jedes Gerät laufe mit einer anderen Software und Radiate müsse für jedes eine andere Anwendung konfigurieren. »Er hatte ungefähr acht Telefone dabei«, so Gurevich. »Ich sagte zu ihm: ›Alter, du kriegst noch Hodenkrebs.‹«

Gurevich konnte kaum fassen, dass Altman sich so eine komplexe technische Aufgabe vornahm. »Nach diesem Gespräch hielt ich ihn für ein Genie«, so Gurevich. »Er hatte eine merkwürdige Art zu reden. Ich dachte: ›Vielleicht ist er Autist.‹ Aber wissen Sie, das war Aaron auch, und noch ein paar von den anderen.«

Altman bekam in jenem Sommer keinen Hodenkrebs, dafür aber, wie er herumerzählte, einen Vitaminmangel, weil er sich bei seinen zwölfstündigen Programmier-Sessions allein in seiner Wohnung in Cambridge fast ausschließlich von Ramen ernährte, einem billigen Nudelgericht.[106] Er führte weiterhin Fundraising-Gespräche mit NEA und verkündete, dass er sich mit Chungs Kontaktperson bei Sprint treffen wollte, was seine YC-Kollegen erstaunte.

»Sein Start-up fühlte sich reeller an«, meinte Huffman.

»Fundraising bei richtigen VCs? So etwas machte keiner von uns. Wir hätten gar nicht gewusst, wie man mit solchen Leuten spricht, wir beherrschten dieses Spiel nicht. So wirklich richtig konnte es Paul aber auch selbst nicht. Die Redner, die er einlud, hatten alle irgendwie was gegen VCs. Das war damals so die Stimmung beim Y Combinator: Risikokapitalgebern konnte man nicht trauen.«

Altman hatte keine solchen Vorbehalte.

»Er kannte die Spielregeln«, sagte Huffman, »aber außer ihm niemand.«

Der Hauptsitz von Sprint befand sich über zweitausend Kilometer entfernt in Overland Park, einem wohlhabenden Vorort von Kansas City, auf einem weitläufigen Gelände mit roten Backsteingebäuden, Springbrunnen und sorgfältig gepflegten Rasenflächen. Es war das größte Bauprojekt im Mittleren Westen der 1990er-Jahre gewesen. Das Architekturbüro, das den Campus entwarf, plante unter anderem auch das schottische Parlamentsgebäude, und tatsächlich vermittelte die Sprint-Zentrale mit ihrem Uhrenturm, dem dreitausend Plätze fassenden Amphitheater und dem Netz von Wander- und Radwegen das Gefühl, etwas weitaus Bedeutsameres zu beherbergen als nur ein Unternehmen – auch wenn dieses Unternehmen zufällig der drittgrößte Mobilfunkprovider der USA und der größte private Arbeitgeber von Kansas City war.

Einige Monate nach dem Businessplan-Wettbewerb löste Chung sein Versprechen ein und verschaffte Altman ein Treffen mit dem CTO von Sprint. Chung hatte für Altman einen Flug und einen Mietwagen arrangiert, aber Altman war noch zu jung, um ihn fahren zu dürfen, und so musste er von Cambridge nach St. Louis fliegen, um sich das Familienauto auszuleihen. Am Hauptsitz angekommen, betraten sie das Gebäude der Geschäftsleitung und mussten mehrere Vorzimmer passieren, ehe sie ein unglaublich imposantes Büro mit raumhohen Fenstern und Blick auf Wasserläufe und Grünanlagen erreichten.

Wing Lee begrüßte Chung mit einem strahlenden Lächeln, konnte jedoch beim Anblick von Altman, der mit seinen neunzehn Jahren fast noch wie ein Zwölfjähriger wirkte, seine Überraschung nicht verbergen.

»Wo ist Ihr Gründer?« fragte Lee Chung. (Später erklärte er sich wie folgt: »Er war ein zierlicher junger Mann. Ich hatte jemand anderen erwartet.«)

Der Enddreißiger Lee, in dessen Hipster-Tolle sich die ersten grauen Strähnen mischten, arbeitete seit über einem Jahrzehnt bei Sprint. Er hatte das erste Glasfasernetz der USA entwickelt – berühmt geworden durch TV-Werbespots mit Candice Bergen –, das rauschärmer war als herkömmliche Fernleitungen. Das Netz basierte auf einer der ältesten Infrastruktureinrichtungen der USA, nämlich den Telegrafenleitungen, die entlang der in den 1860er-Jahren gegründeten Southern Pacific Railroad verliefen. Tatsächlich ist der Name Sprint, der in den 1970er-Jahren geprägt wurde, ein Akronym aus Southern Pacific Railroad Internal Networking Telephony.[107]

Doch als Lee das Unternehmen in den späten 1990er-Jahren mit der Einführung von Sprint PCS, kurz für Personal Communications Services, beim Einstieg in das drahtlose Datenzeitalter unterstützte, wurde ihm klar, dass die langsamen Übertragungsgeschwindigkeiten der 2G-Netze Mobilfunknutzende abschrecken würden – es sei denn, das Unternehmen hätte etwas anzubieten, was Desktop-Computer mit ihren viel schnelleren Verbindungen nicht konnten. »Es musste ein grundlegend neues Nutzungserlebnis sein«, sagte Lee. Er verwandelte sich in eine Art Trendscout.

Mit seinem Team reiste Lee alljährlich in das Viertel

Akihabara im Herzen von Tokio, wo Harajuku-Girls in Little-Bo-Peep-Kostümen herumliefen und die neuesten elektronischen Produkte der Welt zu finden waren. »Wir sahen, wie diese japanischen Mädchen mit der kleinen Kamera ihres Klapphandys Fotos machten«, erzählte er. Dies führte zu einer Partnerschaft mit dem Start-up LightSurf, das eine Software für Mobiltelefone entwickelt hatte, mit der man Fotos an sämtliche Kontakte im Adressbuch schicken konnte. Sprint PCS verlangte fünf Dollar für »Picture-Mail«, aber die Benutzer mussten zuerst ein mobiles Datenabo für fünfzehn Dollar abschließen, um es nutzen zu können.

»Das war eine Killer-App«, so Lee. »Sie hatte einen der höchsten ARPUs aller mobilen Apps überhaupt«, fügte er hinzu. ARPU ist der »durchschnittliche Erlös pro Nutzer«, eine wichtige Kennzahl bei allen abonnementbasierten Geschäftsmodellen. »Sie war ein Gamechanger.«

Nach diesem Erfolg begann Sprint, Beziehungen zu Risikokapitalgebern zu pflegen, und nutzte dafür sein Büro in Burlingame, unweit von Palo Alto und seiner berühmten Sand Hill Road, dem Zentrum der Risikokapitalbranche.

Jetzt hoffte Lee, dass Chung gekommen war, um ihm seine nächste Killer-App zu liefern. Als Altman zu sprechen anfing, war Lee trotz seiner anfänglichen Überraschung wie gebannt. Facebook war bereits ein Sensationserfolg, und Altman pries sein Start-up als »Facebook auf dem Handy, aber mit einem besonderen Clou«, an, wie sich Lee erinnerte. Während Facebook den Standort eines Nutzers oder einer Nutzerin anhand der IP-Adresse nur grob schätzen konnte, würde Radiate die exakten Standortdaten des Mobilfunkanbieters nutzen und somit genau das bieten, was Lee unbedingt wollte: ein neues Nutzungserlebnis, das nur mobile Datendienste bieten konnten.

»Sams Idee war für uns sehr attraktiv, weil wir nach Möglichkeiten suchten, die mobile Nutzung voranzutreiben«, so Lee. »Wir dachten: ›Ja, das sollten wir mal ausprobieren.‹«

Beim Mittagessen fragte Lee Altman, wie Radiate mit dem Datenschutz umgehen würde. Altman gab eine sehr bedächtige Antwort, wie Lee fand. Seiner Meinung nach müsse der Dienst im Hinblick auf den Standort einen »respektvollen« Ansatz verfolgen und von den Nutzenden verlangen, der Weitergabe ihrer Daten zuzustimmen. Aber Lees Datenschutzbedenken waren damit nicht ganz ausgeräumt; er beschloss, Radiate bei Boost, Sprints trendiger, jugendorientierter Untermarke, herauszubringen, die, wie er es formulierte, »vielleicht mehr auf jene Nutzenden ausgerichtet ist, die sich nicht so viele Sorgen um das Teilen ihrer Informationen machen«.

Nach dem Treffen war sowohl Chung als auch Altman klar, dass diese Idee Potenzial hatte. Sie begannen ernsthaft darüber zu diskutieren, unter welchen Bedingungen NEA in Radiate investieren könnte.

Wieder in Cambridge war Altman fest entschlossen, bis zum Ende des Sommers 2005 einen Prototyp zu entwickeln und eine App auf einem Sanyo-Klapphandy zu programmieren, das über das Mobilfunknetz von Sprint lief. Pflichtbewusst nahm er an den dienstäglichen Essen teil, bei denen Redner wie Steve Wolfram, Gründer von Wolfram Research, und Langley Steinert, Vorsitzender und Mitbegründer von TripAdvisor, von ihren Erfahrungen berichteten. Einmal engagierte Graham ein paar seiner ehemaligen Kollegen bei Yahoo! als Redner. »Dann überzeugte er sie, ein paar YC-Start-ups zu kaufen«, erinnerte sich Altman. Das Vorzeigeprojekt Radiate weckte besonderes Interesse. Im August flog Altman erneut für zwei Meetings nach Kalifornien. Einmal sprach er wegen eines Kaufangebots bei Yahoo! vor, das allerdings sehr niedrig und daher kaum seriös erschien, und einmal traf er sich mit den NEA-Partnern, die jede Investition genehmigen mussten, und stellte ihnen sein Projekt vor. Es war die erste Investition, die Chung in seinem neuen Job vermittelte.

»Ich marschierte mit Sam da rein, und die Seniorpartner von NEA sahen mich an, als wollten sie sagen: ›Oh nein, mit diesem Chung haben wir den Falschen eingestellt. Das ist sein erster Deal? Dieser Zwölfjährige, der noch nicht mal mit dem College fertig ist?‹ Doch als er zu reden anfing, fiel meinen Partnern die Kinnlade herunter: ›Ah, interessant. Interessant.‹ Und so kriegte ich sie rum.«

Man begann über ein »Term Sheet« für die Investition zu verhandeln.

Das Summer Founders Program endete mit einem Pitch Day, einer Präsentationsveranstaltung für Investoren, den Graham zunächst Angel Day nannte, um klarzustellen, mit welcher Art von Investoren er seine Gründer zusammenbringen wollte – »Angels«, keinen VCs.

»Wir hatten alle reichen Leute, die wir in der Gegend kannten, eingeladen, und ich betete, dass die Plätze alle besetzt sein würden«, schrieb Livingston.[108] Letztendlich versammelten sich fünfzehn Investoren in den Räumlichkeiten von Y Combinator. Stephen Wolfram, der sich als bisher jüngster Empfänger überhaupt eines MacArthur-Stipendiums, des begehrten Genius Grant, mit jungen Talenten auskannte, war mit seinem zehnjährigen Sohn da, der die Präsentationen mit Punkten bewertete. Er stellte fest, dass Kiko die vielversprechendste Idee war, Altman jedoch »der geschäftstüchtigste Teilnehmer«.[109]

Reddit hatte sich über den Sommer hinweg einen Nutzerstamm aufgebaut, der zunächst aus den Batch-Kollegen von YC bestand und sich erweiterte, als Graham das Unternehmen auf seinem Blog verlinkte. Graham war so begeistert von dem Start-up, dass er persönlich 70.000 Dollar hineinsteckte, nachdem seine reichen Freunde die Finanzierung abgelehnt hatten – eine Entscheidung, die als »Paul-Graham-Special« bekannt wurde.[110] (Der PR-erfahrene Ohanian erzählte der Zeitschrift *Wired* damals im September, Reddit habe beim Angel Day einen Investor gefunden, der bereit sei, das Unternehmen ein weiteres Jahr zu finanzieren, was faktisch auch zutraf.[111]) Im Jahr darauf wurde Reddit für zehn Millionen Dollar von dem Medienunternehmen Condé Nast übernommen, bei dem die Zeitschriften *The New Yorker*, *Wired* und *Vogue* herauskommen – Peanuts für einen Finanzinvestor, aber genug, um Huffman, Ohanian, Slowe und Swartz zu »Dotcom-Millionären« zu machen und Y Combinator Bekanntheit zu verschaffen.

Andere Gründer aus diesem Batch waren noch erfolgreicher. Die Kalender-App von Kan und Shear wurde, wie sie es in ihrer YC-Bewerbung prophezeit hatten, tatsächlich von Google wie eine Ameise zertreten. Sie verkauften die App für 250.000 Dollar über eBay und gründeten mit Startkapital von Graham ein weiteres Unternehmen, Justin.tv, dessen Idee darin bestand, dass Kan sich eine Kamera auf den Kopf setzte und sein gesamtes Leben im Livestream übertrug. Daraus wurde Twitch, ein Videospiel-Streaming-Portal, das Amazon 2014 für fast eine Milliarde Dollar kaufte. Es mutet schon etwas surreal an, dass ebenjener Vorstand, der Altman Jahre später feuerte, an seiner Stelle Shear engagierte, wenn auch nur kurz – ein Beleg für die fast schon inzestuösen Beziehungen im Silicon Valley oder die absolute Vormacht des YC-Alumni-Netzwerks oder sogar für beides.

Phil Yuen, ebenfalls ein Gründer aus diesem Batch, verkaufte sein Start-up TextPayMe an Amazon, während Zak Stone bei Google Brain anfing. Gurevichs Start-up ClickFacts wurde für rund 160.000 Dollar von einer Investorengruppe von der Westküste gekauft, genug in Gurevichs Augen, um Y Combinator »das Zehnfache« zurückzugeben. Auch wenn es nicht unbedingt eine riesige Summe war, dachte er damals: »Denk bloß, wie viele Becher Ramen man davon kaufen könnte!«

Doch für Graham war Radiate das vielversprechendste von allen Unternehmen, die Y Combinator in jenem Jahr förderte.[112]

Teil II

2005–2012

Kapitel 5

»Studienpause«

Mit dem nahenden Herbst bereiteten sich die drei Gründer auf ihr drittes Studienjahr in Stanford vor. Sivo hatte eine Stelle als IT-Koordinator angenommen und bezog eine Unterkunft auf dem Campus. Altman fand eine Wohnung etwas außerhalb in Mountain View, und Deshpande war aus Indien zurückgekehrt. Sie schrieben sich für ihre Kurse ein, aber Altman war nicht ganz bei der Sache. Die Erfahrungen in Cambridge hatten ihn verändert, ihn erfüllte ein neues Selbstvertrauen, das die Begegnung mit PG, wie alle Graham nannten, in ihm geweckt hatte. Er legte sich sogar ein Namenskürzel für seine E-Mails in dessen Stil zu: Sama.

Am 31. August 2005 hatte Radiate von NEA sein erstes Term Sheet für eine Investition in Höhe von 1,6 Millionen Dollar erhalten, in dem das Unternehmen mit sechs Millionen Dollar bewertet wurde. Die jungen Gründer brauchten einen Anwalt. Altman wandte sich an Page Mailliard von Wilson Sonsini Goodrich & Rosati, der mächtigsten Anwaltskanzlei im Silicon Valley, die ein Büro unweit des Campus unterhielt. Unter der Leitung des ruhigen, aber Respekt einflößenden Larry Sonsini, der als Consigliere für praktisch alle von Steve Jobs bis zu den Google-Gründern Larry Page und Sergey Brin diente, war sie die bevorzugte Kanzlei für Start-ups, die Geld von den Risikokapitalfirmen an der Sand Hill Road bekamen. Mailliard, die platinblondes Haar und strahlend blaue Augen hatte, war seit den 1980er-Jahren in der Firma, als »Palo Alto noch Podunk war«, wie sie unter Verwendung des amerikanischen Ausdrucks für »Posemuckel« gerne erklärte. Sie hatte in Stanford Englisch studiert und anschließend ihren Abschluss in Jura an der Harvard Law School gemacht. »In der Rechtswissenschaft dreht sich alles um Sprache«, sagte sie. »Menschen und Sprache.«

Mailliard liebte beides, Menschen und Sprache, und besonders mochte sie die drei Stanford-Studenten, die an einem Septembertag in Jeans und T-Shirt in ihrem Büro auftauchten und sie um Hilfe bei der Vertragsgestaltung mit NEA baten. Vor allem Altman tat es ihr an, den sie »außerordentlich intelligent und sehr bescheiden« fand. Sie führte die drei in den Konferenzraum der Kanzlei und half ihnen gemeinsam mit ihrer Kollegin Carolynn Levy durch den Papierdschungel, der für die Gründung eines Unternehmens unvermeidlich ist. Gemeinsam gingen sie die Einzelheiten durch und erklärten beispielsweise, was eine C Corporation ist.

Die Geschichte der jungen Männer, die kaum älter als Mailliards drei Söhne waren, weckte Mutterinstinkte. »Sie sollten auf keinen Fall Ihr Studium vernachlässigen«, sagte sie ihnen. Wenn sie allerdings entschlossen seien, die Sache durchzuziehen, dann sollten sie wenigstens vorher noch mit anderen Investorinnen und Investoren reden. »Man sagt nicht gleich beim ersten Vertragsentwurf Ja.«

Sie bot ihnen an, sie Greg McAdoo von Sequoia Capital vorzustellen.

McAdoo war in Manhattan als Sohn eines afroamerikanischen Bürgerrechtlers aufgewachsen, der einst ein Album mit Pete Seeger aufgenommen und später den Fachbereich Africana Studies an der Stony Brook University gegründet hatte.[113] Im Alter von vier Jahren sagte McAdoo einmal zu seinem Vater, dass er gerne auf dem Mond herumspazieren würde. Dazu müsse er aber erst fliegen lernen, erklärte ihm dieser. Es war der Beginn von McAdoos lebenslanger Begeisterung für Flugzeuge. Er schrieb Software für Computergrafik, darunter für die Simulation von Weltraumflügen. Sein erster Computer war ein TRS-80, später bekam er von seinem Onkel als Belohnung für die Entwicklung einer Buchhaltungssoftware einen Franklin Ace, der mit dem Apple II Plus kompatibel war. Nach dem College erwarb er eine Lizenz als Privatpilot. McAdoo arbeitete zunächst bei einer New Yorker Bank als Softwareingenieur und flog dann Frachtmaschinen, wandte sich nach kurzer Zeit aber wieder der Softwareentwicklung zu. »Als Berufspilot verdiente man nicht besonders«, sagte er kürzlich in einem Interview in seiner Wohnung in San Franciscos wohlhabendem Stadtteil Russian Hill, bei dem McAdoo einen blauen Rollkragenpullover und ein blaues Steinamulett trug. »Als Softwareingenieur schon.«

Als Softwareentwickler und später als Führungskraft in der Technologiebranche hat McAdoo vieles mitgemacht. Zu den ersten Unternehmen, in denen er eine Führungsposition einnahm, gehörte SourceCom. Es verkaufte Breitbandanschlüsse, ging aber schließlich in Konkurs. Die Erfahrung, Investierenden erklären zu müssen, dass ihr Geld weg ist, hinterließ bei ihm »eine tiefe Narbe«, wie er sagte. Das nächste Unternehmen, welches er als CEO leitete, Sentient Networks, wurde kurz vor dem Platzen der Dotcom-Blase an Cisco verkauft, was ihm eine gute Ausgangsposition für einen Neuanfang als Risikokapitalgeber verschaffte. Sowohl Sentient Networks als auch Cisco hatten Investitionen von Sequoia Capital erhalten, dem wichtigsten Risikokapitalunternehmen im Silicon Valley, und als der Sequoia-Partner Doug Leone McAdoo mit der Idee belagerte, bei ihnen einzusteigen, sagte dieser spontan zu. Die Arbeit dort gefiel ihm. »Ein Gründer muss sich voll und ganz auf eine Sache konzentrieren können. Es ist ungeheure Fokussierung erforderlich, um ein Unternehmen durch pure Willenskraft aus dem Boden zu stampfen«, sagte McAdoo. Zwischen den Gründungen wechselte er immer mal wieder auch in die Vogelperspektive zurück und überflog die Landschaft der sich entwickelnden Neuigkeiten auf der Suche nach einer lohnenden Idee, auf die er sich dann wieder für ein paar Jahre voll und ganz fokussierte. Als Investor, so erklärte er, »lebt man nur im Weitwinkelmodus«.

Sequoia Capital wurde 1972 von Don Valentine gegründet, dessen Vater ein Teamster war, ein Mitglied der Transportarbeitergewerkschaft. Don machte seinen Weg in Unternehmen wie Fairchild Semiconductor im Technologievertrieb. Risikokapitalinvestitionen betrachtete er unter dem Gesichtspunkt des Marktes. »Ich war stets der Meinung, dass man einen großen Markt finden und darin mehrere Unternehmen aufbauen sollte«, erklärte er. Er glaubte auch fest an die Bedeutung von persönlichen Netzwerken. Durch seine Verbindungen zu Fairchild erfuhr er von Atari, dem ersten Unternehmen, in das Sequoia investierte. Und durch Atari, wo Steve Jobs zu jener Zeit als Softwareingenieur arbeitete, kam er schließlich in Kontakt mit Apple und wurde dort Vorstandsmitglied.[114]

Als McAdoo im Jahr 2000 zu Sequoia wechselte, stand das Unternehmen unter der Führung von Doug Leone und Michael Moritz, einem ehemaligen Journalisten, der das erste Buch über Steve Jobs geschrieben hatte. Nach erfolgreichen Investitionen in Unternehmen wie Yahoo! und Google erlebte Sequoia einen Höhenflug. (Der Börsengang von Google hatte die Zwölf-Millionen-Dollar-Investition von Sequoia in mehr als vier Milliarden Dollar verwandelt.[115]) Wie sich jedoch herausstellte, hatte McAdoo den denkbar ungünstigsten Moment ausgewählt, um fette Beute auszumachen. Die Zeit nach dem Platzen der Dotcom-Blase war »die Hölle«, sagte er. »In den ersten zwei, drei

Jahren lief rein gar nichts.« Wenn er das Trümmerfeld überblickte und an all seine Partner dachte, die jahrelang in Vorständen gesessen hatten und nun zusahen, wie ihre Unternehmen pleitegingen, fragte er sich, ob er nicht zu spät zur Party gekommen sei. Moritz versicherte ihm das Gegenteil. »Du kommst genau zum richtigen Zeitpunkt«, erklärte er.

In ihrem Überlebensdrang suchten er und seine neuen Partner, darunter Jim Getz und Roelof Botha, nach neuen Wegen, schneller als andere vielversprechende Start-ups auszumachen. »Wir waren ständig auf der Suche nach neuen Deals, und wir haben vor allem dort gestöbert, wo andere nicht so hinschauten«, sagte er. Eine ihrer Methoden bestand darin, Beziehungen zu den Anwälten zu knüpfen, an die sich Start-up-Gründer wenden. »Also wir haben die zum Essen eingeladen und so. Wir haben sogar regelrechte Sprechstunden für diese Anwälte eingerichtet, nach dem Motto: ›Es ist ganz egal, was das Unternehmen macht, nichts ist ausgeschlossen, jeder junge Gründer, mit dem Sie arbeiten, bekommt von mir zwanzig Minuten Zeit.‹« Zu den Anwälten, die sich McAdoo durch regelmäßige gemeinsame Essen heranzog, gehörte auch Mailliard.

Nicht lange nach der Begegnung mit Altman traf sie sich zu einem solchen Essen mit McAdoo. »Ich hätte da was für Sie«, erklärte sie, fügte aber gleich hinzu, dass diese Gründer noch keinen Stanford-Abschluss hatten.

»Wir haben schon jede Menge Geld mit Studienabbrechern von Stanford verdient, das muss kein Hindernis sein«, antwortete McAdoo.

»Ja, aber das hier sind nicht Sergey und Larry, die aus ihrem Doktorandenprogramm aussteigen«, sagte sie unter Bezug auf die Google-Gründer Sergey Brin und Larry Page. »Die drei sind noch Studienanfänger.«

Nun war McAdoo erst recht interessiert. Mailliard sagte, der Chef des Unternehmens, Sam Altman, sei einer der interessantesten Gründer, den sie je getroffen habe. »Sie sollten ihn auf jeden Fall kennenlernen, auch wenn Ihnen seine Idee nicht zusagt«, erklärte sie.

Was Radiate vorhatte, passte zu der Überzeugung von Sequoia, dass Mobiltelefone bald das wichtigste Kommunikationsmittel zwischen Unternehmen und Kunden werden würden. Nachdem Mailliard den Kontakt hergestellt hatte, half McAdoo Altman und seinen Mitgründern, ihre Präsentation für die Partner von Sequoia vorzubereiten, indem er sie auf weniger als ein Dutzend Folien reduzierte. In den Meetings mit der Sequoia-Führung war Altman jedoch immer dann besonders überzeugend, wenn er improvisierte. Er konnte ein ganzes Feuerwerk von Themen abbrennen, die er alle lediglich kurz aufblitzen ließ, und so mit seinem Fachwissen glänzen. »Er sprüht nur so vor Kenntnissen und ist in jeder Beziehung ein Vordenker«, sagte ein ehemaliger Mitarbeiter des Start-ups. »Für jemand wie Moritz ist das Gold wert.« So gelang es ihnen, die Sequoia-Partner von einer Investition in sie zu überzeugen. »Wir haben uns in Sam und seine Idee verliebt«, sagte McAdoo.

Am 7. Oktober 2005 war das endgültige Term Sheet fertig. Es sah vor, dass sich NEA und Sequoia eine Investition von fünf Millionen Dollar teilen und dafür die Hälfte des Unternehmens erhalten sollten. Das Unternehmen wurde mit etwas über zehn Millionen Dollar bewertet, einschließlich der 50.000 Dollar von den Freunden und Familien der Gründer.

»Er gab von vornherein fünfzig Prozent ab«, sagte Patrick Chung von NEA. YouTube, in das Sequoia aus demselben Fonds investierte, hatte im Vergleich dazu nur dreißig Prozent seiner Anteile an Sequoia abgetreten, und zwar in einer Seed-Runde und einer Serie A von ungefähr derselben Dimension, in denen das Online-Videoportal mit fünfzehn Millionen Dollar bewertet wurde. Ein solcher Prozentsatz war in diesem frühen

Stadium weitaus üblicher. In gewisser Weise spiegelte dieser Unterschied die Kluft zwischen dem theoretisch enormen Potenzial von Radiate und der Fähigkeit des Unternehmens wider, dieses tatsächlich schon unter Beweis stellen zu können. Während YouTube den Investoren zeigen konnte, dass ihr Produkt bei den Nutzerinnen und Nutzern ankam, weil es ein Selbstbedienungsportal und bereits online war, musste Radiate erst Verträge mit Telekommunikationsunternehmen abschließen, bevor es überhaupt die ersten Personen erreichen konnte.

Von den Mitgründern hielt Altman den größten Anteil. Ursprünglich wollten er, Deshpande und Sivo das Unternehmen durch drei teilen, aber als Altman dann zu Y Combinator ging, während seine Mitgründer Sommerpraktika absolvierten, kamen sie überein, dass er vierzig Prozent erhalten sollte.

Mailliard war erstaunt, dass Altman so viel abgeben wollte. »Er geht so etwas mit einer gewissen Bescheidenheit an, er strebt eine Win-win-Situation an«, sagte sie. »Er besaß von Anfang an Firmenanteile, aber er verlangte keine hundertprozentige Kontrolle.«

Eine Handvoll Berater erhielt ebenfalls Firmenanteile. Unter ihnen war David Weiden, eine langjährige Führungskraft aus dem Technologiebereich, dessen Start-up gerade an Microsoft verkauft worden war und der von der Risikokapitalfirma Matrix Partners angeheuert worden war, um eine Due-Diligence-Prüfung für eine mögliche Investition in Radiate durchzuführen. Weiden, ein Harvard-Absolvent mit Kurzhaarfrisur, dessen Vorstellung von Freizeitvergnügen darin besteht, mit dem Fahrrad Bergpässe zu erklimmen, machte aus seiner Skepsis keinen Hehl. Er hatte seine Karriere in der Tech-Welt bei McCaw Cellular begonnen, einem der ersten Mobilfunkunternehmen, das mit AT&T fusionierte, und kannte daher die Mobilfunkbranche gut genug, um zu sehen, dass es Altman in diesem Bereich an Kenntnissen fehlte.

»Ich lernte Sam kennen und mochte ihn und das Unternehmen auf Anhieb – das ist bei mir selten, die meisten Dinge gefallen mir nicht besonders«, erinnerte sich Weiden Jahre später. Altman verfügte nicht über die Qualifikationen, CEO eines Unternehmens zu sein, das von Verträgen mit Mobilfunkanbietern lebt, so Weidens Fazit. Dennoch riet er Matrix zu, in ihn zu investieren.

»Sam ist ein sehr ungewöhnlicher Mensch, schon bei unserer ersten Begegnung dachte ich: Wow, der ist ungeheuer wissbegierig, nachdenklich, einfühlsam, aufgeschlossen, klug und charismatisch – in dieser Reihenfolge«, sagte er. »Ich sehe Sam in einer Riege mit Elon, Bill Gates, Patrick Collison und Steve Jobs, das habe ich schon bei unserer ersten Begegnung gespürt.«

Weiden erklärte Altman, er wäre dabei, selbst wenn Matrix nicht investieren sollte. Tatsächlich entschied sich Matrix am Ende gegen eine Investition, und Altman bot Weiden Anteile als Berater an.

Andrew Ng vom Stanford AI Lab und der Stanford-Dozent Andreas Weigend, der Chefwissenschaftler von Amazon, der Altman bei einer Veranstaltung von StartX, Stanfords Start-up-Accelerator, kennengelernt hatte, erhielten ebenfalls Firmenanteile als Berater.

Auch die Anwaltskanzlei Wilson Sonsini kam auf den Geschmack. Sie verstand sich als strategischer Partner ihrer Tech-Start-up-Kunden und leistete Pionierarbeit mit einer Gebührenstruktur, bei der ihre Klientinnen und Klienten mit einem Teil der Kosten erst nach der ersten Finanzierungsrunde belastet wurden. Im Gegenzug verlangte Wilson Sonsini die Möglichkeit, zu den gleichen Bedingungen wie alle anderen einen nominalen Betrag, beispielsweise 25.000 Dollar, in die durch die Finanzierungsrunde geschaffenen Preference Shares zu investieren.

Unter anderem war im Term Sheet auch vereinbart worden, dass Chung und McAdoo dem Vorstand beitreten und Mailliard an den Vorstandssitzungen teilnehmen sollte. (Zu Wilson Sonsinis »Vorzugsrabatt« gehörte, dass die Kanzlei die Stunden, die ihre Anwältinnen und Anwälte in den Vorstandssitzungen der Start-ups verbrachten, an denen sie beteiligt war, nicht in Rechnung stellte.) Chungs Sitz im Vorstand war hart erkämpft. Bei NEA galten Associates in der Regel nicht als erfahren genug, um einen Vorstandssitz in den Unternehmen einzunehmen, in die sie investieren; diese Auszeichnung gebührte ausschließlich den Partnern. Doch Altman verlangte die Aufnahme von Chung in den Vorstand als Vorbedingung für die Unterzeichnung des Term Sheets. Und so erhielt Altman die Nummer 3 auf den Kurzwahltasten von Chungs Handy, gleich nach seiner Mutter und seinem Lebenspartner.

Zu den Vorbedingungen des Deals gehörte schließlich, dass die drei Gründer ihr Studium abbrechen mussten.

Altman hatte das schon eine Weile kommen sehen. Wenige Wochen, nachdem er im Anschluss an sein Vorstellungsgespräch bei Y Combinator auf dem Fußboden von Rick Pernikoffs Verbindungshaus geschlafen hatte, rief er seinen Highschool-Freund an und schlug ihm vor: »Du solltest die Uni schmeißen und bei mir einsteigen.« In Gesprächen mit seinen Eltern vermied er geflissentlich das Wort »Abbruch«. Er und seine Mitgründer strichen stattdessen die großzügige Politik von Stanford heraus, die es den Studierenden ohne weitere Erklärungen erlaube, ihr Studium für zwei Jahre zu unterbrechen. Sie bezeichneten ihren Schritt als »Studienpause«.

Deshpandes Eltern zeigten Verständnis, obwohl seine Mutter auch sagte: »Manchmal denke ich, er hätte besser seinen Abschluss gemacht und etwas mehr aus Stanford herausgeholt.« Sivos Eltern schienen fast begeisterter als ihr Sohn zu sein, was vielleicht damit zu tun hatte, dass sein Vater in der Softwarebranche arbeitete. Sie überließen ihm die Studiengebühren des ersten Quartals für seine weiteren Ausgaben und kauften ihm ein Auto. Connie Gibstine, Altmans Mutter, erinnert sich, dass ihr Sohn zunächst davon sprach, ein Jahr pausieren zu wollen, »aber dann verlängerte er immer wieder, und man hatte eigentlich nicht den Eindruck, dass er ernsthaft noch einmal damit weitermachte«. Altmans Eltern fanden sich schließlich damit ab, wenn auch von anderen Familienangehörigen sowie Freundinnen und Freunden kritische Kommentare kamen. »›Man kann doch nicht einfach zusehen, wie ein Kind sein Studium abbricht‹, bekam ich zu hören, und antwortete: ›Ach weißt du, um Sam mache ich mir keine Sorgen. Der schmeißt nicht einfach sein Studium hin, um für den Rest seines Lebens in einem Bergkloster zu meditieren. Ich kenne meinen Sam – der ist wirklich ehrgeizig.‹«

In den folgenden Jahren hatte Altman immer wieder denselben Traum: »Ich verpasse mein Seminar, weil ich an meinem Start-up arbeite, oder ich verpasse ein wichtiges Start-up-Meeting, weil ich im Seminar bin«, erzählte er. »Wirklich passiert ist mir das nie, aber bis weit über dreißig habe ich das häufig geträumt.«

Die Eltern von Rick Pernikoff waren weniger begeistert, als er sein Studium der Informatik und Elektrotechnik am MIT während seines dritten Studienjahres abbrach. Pernikoff brachte auch seinen älteren Bruder Tom mit an Bord, der einen frischen Abschluss in Wirtschaftswissenschaften an der Brandeis University hatte und gerade das Programmieren lernte. Auch wenn sie die Pläne ihrer Söhne unterstützten und Altman für einen klugen Kopf hielten, so bereitete es seinen Eltern doch Sorge, dass Rick seine MIT-Ausbildung aufgab.

McAdoo lud die drei Gründer ins Tamarine in Palo Alto ein, das asiatische Fusionsküche bot. Zur Feier des Tages wollte er eine Flasche Wein bestellen und einen Toast ausbringen. Etwas verlegen musste ihm Altman beibringen, dass sie alle noch nicht einundzwanzig waren und keinen Alkohol trinken durften.

NEA feierte seine jüngste Investition auf eine Weise, die eher dem Alter der Gründer entsprach. Einige Tage nach der schlussendlichen Unterzeichnung des Vertrags nahmen Altman und Sivo Chung und dessen Freund Matthew Burt mit zu einer traditionellen Party auf dem Stanford-Campus, »Full Moon on the Quad«. Der Vollmond ging gerade über dem roten Ziegeldach der Memorial Church auf, als sie ankamen. Mehr als fünfhundert Studierende drängten sich im Innenhof, viele sehr freizügig gekleidet und mit Körperbemalungen versehen, während auf einer Bühne unter Scheinwerferlicht und vor Videoleinwänden Rockbands spielten.[116] Alkohol war zwar offiziell von der Veranstaltung verbannt, seine Dünste lagen dennoch schwer in der Luft, gemischt mit denen von Mundwasser – offenbar hatten nicht wenige heftig vorgetrunken und versuchten dies zu kaschieren. Als Chung einen Stand bemerkte, der Kondome und Mundspülung verteilte, bekam er einen gehörigen Schreck. *Hoffentlich sieht mich hier keiner*, erinnerte er sich später. *Ich arbeite für eine Risikokapitalgesellschaft!*

Kurz vor Mitternacht begann der Countdown: »Zehn, neun, acht …« Das war der »Full Moon on the Quad«, eine Stanford-Tradition, bei der die älteren Semester die Neuankömmlinge mit einem Kuss bei Vollmond auf dem Campus begrüßen. Früher war das eine ziemlich machohafte Veranstaltung gewesen, bei der sich die Jungs der höheren Semester herausnahmen, die Mädchen aus dem Erstsemester zu küssen. Inzwischen war es ein streng beaufsichtigtes, gut organisiertes Event unter Beachtung sämtlicher Vorschriften des Jugendschutzes. Schlag Mitternacht wurde getreu der Tradition »geknutscht, was das

Zeug hielt«, erinnerte sich Chung. »Ich dachte mir: ›Um Himmels willen, was mache ich hier?‹«

Es war eine der letzten Gelegenheiten für Altman, sich als Stanford-Student zu fühlen. Die Entscheidung war gefallen. Die Chance, dass er im nächsten Semester zurückkehren würde, war gering. (Während sowohl Chung als auch Burt sich lebhaft an diesen Abend erinnern, weiß Altman nichts mehr davon, dass er sie zu dieser Veranstaltung gebracht hat, und es fällt ihm auch sonst kaum etwas zu seinem dritten Studienjahr ein.)

Zunächst arbeiteten die drei Gründer in der Sequoia-Zentrale an der Sand Hill Road, einem modernen, graubraunen Bau, der wie eine Mischung aus einem buddhistischen Tempel und einer öffentlichen Bibliothek wirkt. Radiate teilte sich den Inkubatoren-Büroraum von Sequoia mit den drei Mitgründern von YouTube, die zuvor Mitarbeiter bei PayPal gewesen waren. Roelof Botha, der bei Sequoia die Investition in YouTube betreute, war ebenfalls von PayPal gekommen. Sequoia kündigte im November 2005 an, 3,5 Millionen Dollar in YouTube investieren zu wollen. Im selben Monat investierte das Unternehmen 2,5 Millionen in Radiate. Es dauerte kein Jahr, und Google kaufte YouTube für 1,65 Milliarden Dollar. Einer der Radiate-Mitarbeiter erinnerte sich später, man sei sich richtig »klein vorgekommen«, wenn man neben den YouTube-Gründern programmierte.

Die Investitionen in Radiate und YouTube waren ein klares Zeichen, dass die Schockstarre nach der geplatzten Dotcom-Blase überwunden war und im Silicon Valley wieder Aufbruchstimmung herrschte. »Zu dieser Zeit fing man damit an, sich auch neue Ideen anzuschauen, die womöglich nie Gewinne oder Einnahmen abwerfen würden«, sagte Mailliard. Ein typisches Beispiel war YouTube, ebenfalls Klient von

Wilson Sonsini. »Wer hätte sich vorstellen können, dass sich aus privaten Videos im Internet eine Geschäftsidee entwickeln ließe?«, sagte sie. »Sie hatten keine Einnahmen vorzuweisen, und es gehörte schon einige Vorstellungskraft dazu, weiter an diese Idee zu glauben, die schon so viel Geld verschlungen hatte.« Ein Banker scherzte über den zweifelhaften Pitch, mit dem Google seinen Aktionären die Übernahme von YouTube schmackhaft machen musste: »Die gute Nachricht: Die Plattform macht keinen Gewinn. Die schlechte Nachricht: Sie haben noch nie von ihr gehört.«[117]

Da die Risikokapitalgeber wieder in Start-ups zu investieren begannen, und aus Sorge, jemand anderes könnte etwas Ähnliches wie Y Combinator im Silicon Valley aufziehen, schlug Graham vor, einen Winterinvestitionszyklus in der Bay Area von San Francisco anzubieten. Zunächst dachte er an Berkeley, das Cambridge am ähnlichsten schien. Doch unter Zeitdruck fiel die Wahl dann auf Mountain View, wo das Roboterunternehmen Anybots von Blackwell freie Bürofläche hatte. Sie renovierten sie so hastig, dass die Wandfarbe noch nicht richtig trocken war, als das zweite Batch von Y Combinator im Januar 2006 dort eintraf.[118]

Im Rahmen ihrer Vorbereitungen hatten Graham und Livingston Altman gebeten, sie mit Mailliard bekannt zu machen. Sie empfing die beiden im selben Konferenzraum von Wilson Sonsini, in dem einige Wochen zuvor die Gründer von Radiate gesessen hatten. Die Anwältin war sofort sehr angetan von Grahams künstlerischer Einstellung zum Programmieren und von seinen Ideen, daraus ein Geschäft zu machen. »Es ging ihm nicht einfach nur um Geld oder eine Investition«, sagte sie. »Er hatte Freude an der Sache, und das merkte man ihm an.«

Graham und Livingston wollten besser verstehen, wie man Term Sheets ausarbeitet, Investierende beurteilt und wie man all dieses Spezialwissen schließlich auf einer Website

Interessierten zugänglich machen kann. »Sie waren sehr erpicht darauf, das Silicon Valley besser zu verstehen«, sagte sie. Mailliard und ihre Kollegin Carolynn Levy waren gelegentlich zu Gast bei Y Combinator in Mountain View, wo sie auf Veranstaltungen, die Mailliard »Teach-Ins« nannte, über Term Sheets und Investitionsstrukturen sprachen. Levy und ihr Mann Jon, ebenfalls früher Anwalt bei Wilson Sonsini, stiegen schließlich bei Y Combinator ein – er 2008 und sie 2012. Dort entwickelte Carolynn Levy eine Standard-Wandelschuldverschreibung, die Start-ups anstelle der Eigenkapital-Finanzierungsrunden benutzen konnten, was Gründerinnen und Gründern eine größere Flexibilität bot.

Anschließend schuf sie eine Wandelschuldverschreibung namens SAFE (Simple Agreement for Future Equity), eine schnelle, gründerfreundliche Möglichkeit für Start-ups, schon in der Frühphase Geld von Investierenden zu erhalten, ohne dass diese sich bereits auf eine Bewertung des Unternehmens festlegen mussten. Y Combinator stellte die zu SAFE gehörigen Rechtsdokumente als Open Source auf seine Website, und sie entwickelten sich rasch zum Branchenstandard.[119]

Durch Altman lernten Graham und Livingston auch McAdoo kennen, der schließlich eine Investition von Sequoia in Y Combinator Batches leitete. Dadurch bekam Sequoia die Gelegenheit, eine ganze Reihe von vorgeprüften vielversprechenden Start-ups zu bewerten, die auf der Suche nach einer Finanzierung waren – das in der Risikokapitalbranche so wichtige Konzept des »Deal Flow«.

Noch bevor es mit seinem eigenen Unternehmen richtig losging, erwies sich Altman bei dieser Gelegenheit als unentbehrlicher Netzwerker für Start-ups. »Er kennt einfach alle«, schrieb Graham 2012. »Er hat nicht nur die Alumni mit unzähligen Leuten bekannt gemacht, sondern auch für YC selbst im Silicon Valley viele Erstkontakte geknüpft … YC knüpft mittlerweile selbst viele Kontakte, aber verfolgt man alle Verästelungen zurück, findet man am Anfang immer Sam.«[120]

Der Umzug von Y Combinator ins Silicon Valley sorgte für Optimismus im Technologiesektor. Altman und seine Mitgründer hatten den idealen Moment erwischt. »Sie waren Teil der ersten Welle«, sagte Mailliard. »Sie schwoll zu einer großen Flut an, deren Antrieb zum großen Teil Y Combinator war.«

Radiate mietete Büros in einem bescheidenen zweistöckigen hellbraunen Gebäude in der Ash Street 3250 in Palo Alto an, unweit der belebten Kreuzung von El Camino Real und Page Mill Road. Der Stanford Campus ließ sich von dort aus gut mit dem Fahrrad erreichen. Das herausstechende architektonische Merkmal war eine Wendeltreppe, die gefährlich in den Hauptraum ragte. »Nachdem sich schon einige der Jungs aus Unachtsamkeit daran die Stirn aufgeschlagen hatten, wurde sie mit Schwimmnudeln gepolstert«, erinnerte sich Nini Tang, die Büroleiterin des Unternehmens. »Das Ding war ein Sicherheitsrisiko.« Es gab eine Tischtennisplatte und einen Flachbildfernseher, auf dem hauptsächlich *Halo 3* gespielt wurde. Die Pernikoff-Brüder brachten ihre Gitarren und ihre französische Bulldogge Bruno mit. Sie verstärkte den bereits strengen Geruch der Softwareingenieure, die des Öfteren die ganze Nacht codierten und im Büro schliefen. »Es ging zu wie in einer Studierendenverbindung«, erinnert sich Min Liu, die spätere Marketingchefin. Tommy Tsai, einen talentierten Programmierer, fand man morgens besonders häufig schlafend vor seinem Bildschirm. Einmal wurde er krank, und Tang musste ihn zu einem Arzt fahren. »Ich kam mir wie die Büromutter vor«, sagte sie, die selbst gerade erst ihren Abschluss in Stanford gemacht hatte.

Zu dieser Zeit war Palo Alto noch das Zentrum des Tech-Universums; die Umsiedlung der Branche nach San Francisco erfolgte erst später. Praktisch jeden Abend gab es unter dem dramatisch rosafarbenen Himmel der Halbinsel mehrere von Start-ups und Risikokapitalunternehmen organisierte Mixer-Events und Veranstaltungen, bei denen über die neuesten Entwicklungen im Mobilfunkbereich und der Dienstleistungssoftware gesprochen wurde. Im Anschluss ging das Team von Radiate in Antonio's Nut House, eine Kneipe, in der es nach billigem Bier roch und wo der Fußboden mit Erdnussschalen übersät war.

Manchmal besuchten sie auch Partys, die von anderen Gründerinnen und Gründern veranstaltet wurden. Oft sah man das Radiate-Team in dem merkwürdigen Wohn- und Bürohaus, das Aaron Levie und Dylan Smith gemietet hatten. Die beiden hatten das College abgebrochen, um 2005 das Cloud-Speicherunternehmen Box zu gründen, und veranstalteten Partys, auf denen Tischfußball und Beer Pong gespielt wurde. In der oberen Etage gab es ein Loft, dort lagen Matratzen auf dem Boden, auf denen man einfach schlafen konnte, wenn einem danach war. Oder sie gingen zu Evan Tana, einem Softwarespezialisten von Radiate, dessen Mitbewohner Mark Slee als einer der ersten Informatiker bei Facebook angeheuert hatte und manchmal seinen Chef Mark Zuckerberg einlud, der nur ein Jahr älter war als sie. »Wir hatten auf den Partys viel Spaß mit den Facebook-Leuten«, erinnerte sich einer der ersten Mitarbeiter von Radiate.

Jugendlicher Schwung war gewiss der Motor von diversen Start-ups, dennoch legte man bei Sequoia Wert drauf, dass die Unternehmen ihres Portfolios von »Erwachsenen« geleitet wurden. In einem Memo vom September 2005, in dem Botha versuchte, seine Sequoia-Partner von einer Investition in YouTube zu überzeugen, schrieb er: »Wir müssen dem Unternehmen dabei helfen, rasch einen CEO und einen VP of Business

Development/Sales einzustellen.«[121] In der Pressemitteilung, mit der die YouTube-Investition einige Monate später angekündigt wurde, hob Sequoia stolz hervor, Unternehmen, die insgesamt zehn Prozent des NASDAQ-Wertes repräsentierten, nicht nur finanziert, sondern auch »organisiert« zu haben.[122]

Ganz ähnlich ging Sequoia bei Radiate vor. Während sie noch in ihren Büroräumen an der Idee des Unternehmens tüftelten, half die Risikokapitalfirma bereits bei der Rekrutierung leitender Angestellter, von denen McAdoo und seine Partner hofften, dass sie den jungen Gründern als Mentoren dienen würden. Einer von ihnen war Brian Marciniak, ein erfahrener Technologie-Vertriebsleiter Mitte vierzig aus Georgia, der seit Anfang der 1990er Jahre als Vertriebsleiter tätig war. »Bei den Mobilfunkbetreibern kamen graue Schläfen gut an«, sagte McAdoo. »Brian spielte Golf, trug die richtigen Pullis, war Mitglied in einem Country Club.« Marciniak sieht den Grund dafür, dass er den Job bekommen hat, weniger in den silbernen Strähnen in seinem Haar, sondern darin, dass er im Unterschied zu den anderen Kandidaten nicht so sehr den Kommandoton heraushängen ließ. Altman »wollte keinen Vertriebsleiter einstellen, der ihm sagt, was er zu tun hat«, meinte Marciniak. Schließlich stand außer Frage, wer das Zugpferd im Verkauf war. »Er tritt immer so auf, als wüsste er alles. Dem ist aber nicht so. Sein Wissensstand liegt manchmal vielleicht auch nur auf Level 3, aber so wie er redet und klingt, denkt man, er wäre auf Level 10«, sagte Marciniak über Altman. Marciniak empfand Altman umgänglich und hilfsbereit, und er störte sich auch nicht daran, dass er jedem Meeting mit Laptop im Multitasking-Modus beiwohnte und auf einem PalmPilot mit völlig abgenutzter Tastatur herumtippte.

Ein weiterer »Erwachsener«, den Sequoia ins Boot holte, war Mark Jacobstein, ein sympathischer Serial Entrepreneur Mitte dreißig mit einem Harvard-Abschluss in Informatik. Es war noch nicht lange her, dass er zusammen mit Trip Hawkins, dem Gründer von Electronic Arts, das von Sequoia finanzierte Unternehmen Digital Chocolate für mobile Spiele gegründet hatte. Diese Erfahrung hatte Jacobstein zur Überzeugung gebracht, dass mobile Geräte mehr Potenzial als bloße Unterhaltung hatten. Doch in einem Unternehmen, das vom Gründer einer der populärsten Videospiel-Schmieden geleitet wurde, boten sich ihm nicht viele Gelegenheiten, andere Möglichkeiten auszuprobieren. (Hawkins, ein früher Apple-Mitarbeiter, hatte Electronic Arts mit Unterstützung von Sequoia gegründet und Spiele wie *Die Sims* und *Resident Evil* entwickelt.)

Jacobstein traf sich mit den inzwischen fünf Gründern, zu denen nun auch die Pernikoffs gehörten, zum ersten Mal in einem kleinen Sitzungsraum für acht Personen in der zweiten Etage der Sequoia-Zentrale. Altman und er verstanden sich auf Anhieb. Sie waren alle davon überzeugt, dass mobile Endgeräte die Macht haben, Menschen in der realen Welt zusammenzubringen, anstatt sie lediglich zu unterhalten, während sie auf der Toilette sitzen oder in einer Warteschlange stehen. Altman erzählte, dass er in freien Stunden auf dem College oft gerne etwas mit seinen Freunden unternommen hätte, und pries sein Unternehmen als etwas an, das »dem Zufall auf die Sprünge hilft«, erinnerte sich Jacobstein. Als er später seiner Mutter davon erzählte, sagte sie: »Ach, das ist ein Heilmittel gegen Einsamkeit, versteh ich das richtig?«

McAdoo sah die Einstellung von Jacobstein im Unterschied zu der von Marciniak als »beruflich« veranlasst, womit er meinte, dass er angeheuert wurde, »um ein paar Lücken für Sam zu füllen«. Jacobstein betrachtete die Sache etwas anders: »Ich sollte die Sheryl für seinen Zuck sein«, meinte er unter Bezug auf die langjährige erfolgreiche Beziehung zwischen Sheryl Sandberg, COO von Facebook, und dem fünfzehn Jahre jüngeren CEO Mark Zuckerberg.

Jacobstein wurde die Verantwortung für die Bereiche Unternehmensentwicklung und Marketing übertragen, was bedeutete, dass er den knapp zwanzigjährigen Altman zu Besprechungen begleitete, bei denen man ihn aufgrund seines Alters vielleicht nicht richtig ernst nehmen würde, also beispielsweise zu Mobilfunkanbietern oder Aufsichtsbehörden. Gemeinsam entwickelten sie einen Plan, möglichen Datenschutzproblemen im Zusammenhang mit ihrer App im Vorfeld zu begegnen, indem sie sehr direkt auf alle zugingen, von denen Einwände zu erwarten waren – die Electronic Frontier Foundation, die ACLU, Frauenhäuser, das Center for Missing and Exploited Children –, und sie in Entwicklungsentscheidungen einbezogen. »Sie an dem Prozess teilnehmen zu lassen, hat dabei geholfen, ihre Bedenken zu zerstreuen«, sagte Jacobstein.

Was Altman dabei lernte, wandte er später mit bemerkenswertem Effekt auf OpenAI an. Ob er aber letztlich wirklich Hilfe bei Geschäftsabschlüssen mit den Providern gebraucht hatte, kann man bezweifeln.

Kapitel 6

»Where You At?«

Im Jahr 2000 in Australien für die Zielgruppe der Surfer gegründet, war Boost Mobile der erste »virtuelle« Mobilfunknetzbetreiber (in der Branche als Mobile Virtual Network Operator oder MVNO bekannt), der das Netz von Nextel nutzte, einem Provider, der den Nischenmarkt der Trucker bediente und daher von den Mobiltelefonherstellern verlangte, GPS-Chips in ihre Geräte einzubauen. Boost siedelte sich im kalifornischen Irvine an, einem Zentrum der amerikanischen Surfkultur, und begann mit der Vermarktung seines Prepaid-Dienstes an Surfer und Jugendliche aus der Stadt.

»Viele Kids aus der Stadt bekamen keinen Handyvertrag, also brauchten sie Prepaid-Geräte«, sagte Lowell Winer, damals Leiter der Abteilung für Innovation und Geschäftsentwicklung bei Boost. »Um ehrlich zu sein, nutzten auch viele Drogendealer Boost, weil man keinen Vertrag brauchte. Man musste keinen Namen angegeben.«

Um seine junge Zielgruppe anzusprechen, engagierte Boost Surfer, BMX-Fahrer, MCs, Rapper und UFC-Kämpfer als Werbebotschafter, die auch schon mal am Freitagnachmittag in der nüchternen Zentrale von Boost auftauchten, wenn es Bier gab. Einmal soll sogar jemand mit einer Motocross-Maschine die Bürotreppe hinaufgefahren sein. So locker ging es im Hauptsitz der Boost-Muttergesellschaft Sprint in Kansas City nicht zu, den die Boost-Mitarbeitenden scherzhaft als »Knast« bezeichneten.

Anfang 2006 kam Winer auf den Gedanken, dass Boost seine GPS-Fähigkeiten nutzen sollte, um sich von der Konkurrenz abzuheben, und startete eine Ausschreibung für ein Produkt, das stark an Radiate erinnerte: einen »Freundefinder«, der einem mitteilte, wenn sich in der Nähe Bekannte aufhielten.

»Ich habe alles abgeklappert nach Unternehmen, die uns dabei unterstützen könnten, unseren Kunden und Kundinnen etwas Besonderes zu bieten«, so Winer. Die meisten wollten bloß eine Onlineplattform aufbauen und konnten ihm nicht weiterhelfen. Als Winer dann doch einen passenden Kandidaten gefunden hatte und schon dabei war, die letzten Formalitäten zu erledigen, rief Sam Altman bei ihm an.

Altman hatte von der Ausschreibung erfahren und war der Meinung, dass Radiate das gewünschte Produkt liefern könnte. Winer erklärte, Boost stehe bereits kurz vor dem Abschluss mit einem Konkurrenten.

Altman war enttäuscht. »Wenn Boost mit jemandem zusammenarbeitet, dann auch Sprint. Und wenn Sprint mit jemandem zusammenarbeitet, dann auch Verizon und AT&T.«[123]

Einen kleinen Hoffnungsschimmer gab es allerdings. Der Konkurrent war nicht in der Lage, eine Funktion zu liefern, die Boost unbedingt haben wollte – eine Statusmeldung, die anzeigte, wenn sich ein Freund oder eine Freundin in einem bestimmten Umkreis befand, beispielsweise innerhalb von fünf Kilometern. Das Radiate-Team arbeitete die ganze Nacht daran, diese Funktion zu entwickeln.

»Ich glaube, ich bin um vier Uhr ins Bett gegangen, habe bis um sechs geschlafen und um sieben einen Flug nach Orange County genommen, wo Boost saß«, erinnerte sich Altman.[124]

Altman tauchte unangemeldet in Winers Büro auf und

bat um lediglich zehn Minuten seiner Zeit. Winer führte ihn in ein Besprechungszimmer und erlebte, wie Altman sich in seinen Cargo-Shorts im Schneidersitz auf einem für seine Gestalt viel zu großen Stuhl niederließ und mühelos den Raum beherrschte. »Da saß er mit seinen kaum fünfzig Kilo, und all diese deutlich älteren Leute hingen an seinen Lippen«, erinnerte sich Winer. »Er strahlte Selbstvertrauen aus.«

Eine Stunde später ging Winer zu seinem Produktmanager Neil Lindsay und erklärte ihm, dass Boost umschwenken und es mit »einem Typen, der gerade in unserem Büro aufgetaucht war«, probieren würde. »Diese Jungs sind flexibel, die können was«, fand Winer, nachdem ihm das Radiate-Team die gewünschte Funktion präsentiert hatte. Winer holte bei Sequoia Referenzen auch zum finanziellen Hintergrund ein und schloss einen Vertrag mit dem jungen Unternehmen, das damit seinen ersten Mobilfunkbetreiber gefunden hatte.

Dieser allererste Deal seines Start-ups lehrte Altman eines: »Wenn man etwas erreichen will, muss man einfach verdammt hartnäckig sein.«[125]

Winer erinnert sich Jahre später noch gut an seine kurze Begegnung mit Altman. »Jeder, der ihn damals traf, wünschte sich, etwas von ihm zu haben. Es war dieses Gefühl, dass alles möglich war. Er ist sehr optimistisch – entscheidungsfreudig und optimistisch. Skepsis ist ihm eher fremd.«

Der Deal mit Boost war von so entscheidender Bedeutung für die Zukunft von Radiate, dass man eine Umbenennung des Unternehmens beschloss. Das war unproblematisch, weil man bisher relativ geräuschlos agiert und in dem Wissen, dass es dauern würde, die Verträge mit Mobilfunkanbietern abzuschließen und die erforderliche Technologie zu entwickeln, auch keine Pressemitteilung zur Serie-A-Finanzierung herausgegeben hatte. Eine Weile lang war »Flipt« der Favorit, doch am Ende gab es markenrechtliche Probleme. Facebook startete gerade durch, und Namen mit Doppel-O schienen Glück zu verheißen: Facebook, Google und Yahoo! (und nicht zuletzt das fiktive Hooli in der HBO-Comedyserie *Silicon Valley*). Schließlich entschied man sich für einen Namen, der den des wichtigsten Geschäftspartners Boost harmonisch ergänzte. Der Name des Produkts, an dem sie die kommenden neun Monate arbeiten würden, klang wie ein Echo: Boost Loopt. Radiate wurde also zu Loopt.

Altman stellte sein erstes Produkt an einem ungewöhnlich warmen Dienstag im November 2006 am Times Square im Kreis von Rappern vor. Er trug Jeans und einen Hoodie mit einem Aufdruck, der an Comic-Blutspritzer erinnerte, stand auf der provisorischen Bühne, die inmitten des ganzen Rummels errichtet worden war, und hielt wieder einmal sein Klapphandy in die Höhe – diesmal zeigte es jedoch eine Live Map von Midtown Manhattan mit kleinen farbigen Kreisen, die seinen eigenen Standort und die seiner Kollegen markierten. Der kleine, pixelige Stadtplan im Telefon wurde auf eine riesige Leinwand hinter der Bühne projiziert, um der vorbeiziehenden Menge von Touristinnen und Touristen sowie Pendlerinnen und Pendlern die Funktionen des Produkts zu vermitteln. Auf der Bühne hatten sich fast alle Mitgründer und frühen Talente von Loopt eingefunden – Deshpande, die Pernikoffs, Evan Tana und Jacobstein –, dazu die DJs Kay Slay und Fabulous, die einen Werbevertrag mit Boost hatten. Sivo blieb wie üblich der Bühne fern.

Neun Monate zuvor hatten Boost und Loopt einen Vertrag unterzeichnet, wonach die Loopt-App für die nächsten vier Jahre auf jedem Boost-Mobiltelefon vorinstalliert werden sollte.[126] In den darauffolgenden Monaten arbeiteten Boost und Loopt gemeinsam an der Entwicklung und Vermarktung des

Dienstes. Altman pflegte die Beziehung zu Boost, als hinge das Überleben seines Unternehmens davon ab, was ja auch der Fall war. »Wenn ich anrief, ging er ran«, erinnerte sich Winer. Zufälligerweise hatte Boost schon vor Altmans Erscheinen mit einem Slogan geworben, der Altmans ursprünglichem Pitch ziemlich ähnelte. »Where you at?« (Slang für »Where are you?«, dt. »Wo bist du?«) rappten Kanye West, Ludacris und The Game gemeinsam in einem Werbespot für Boost Mobile aus dem Jahr 2004, bekannt geworden als Boost Mobile Anthem. In der Folge brachte Boost Mobile noch viele weitere Werbespots mit Hip-Hop-Größen heraus.[127]

»Kanye fing damals gerade erst an«, erinnerte sich Darryl Cobbin, Marketingchef bei Boost, der zuvor viele Jahre für Coca-Cola gearbeitet hatte. Dort war er für die Vermarktung von Sprite zuständig, einer der ersten Marken, die in ihren Werbekampagnen Hip-Hop einsetzte. Ludacris war gerade verfügbar, weil Pepsi ihn fallen gelassen hatte, nachdem ihm der Fernsehmoderator Bill O'Reilly wegen seiner Texte Frauenfeindlichkeit vorgeworfen hatte.[128] Und The Game war damals außerhalb seiner Heimatstadt Compton noch relativ unbekannt. In dem Spot telefonierten die drei Rapper miteinander und beschrieben sich gegenseitig, wo sie sich gerade aufhielten.

Jetzt, ein Jahr später, lief The Game über den Times Square, umgeben von einem Pulk junger Frauen in knallgrünen Sweatshirts, die grüne Luftballons mit der Aufschrift »boost loopt« in der für Altman typischen Kleinschreibung in der Hand hielten. »Loopt ist sozusagen die physische Verkörperung von ›Where you at‹«, so Cobbin.

Zur Markteinführung brachte Boost einen TV-Werbespot heraus, in dem junge Leute, die in ihren zu Bällen aufgeblasenen Kostümen den blinkenden farbigen Punkten auf der Loopt-Freundefinder-Karte ähneln sollten, einander am Mobiltelefon fragten: »Yo, where you at?« Als die Loopt-Gründer in ihrem Büro in Kalifornien den Spot das erste Mal im Fernsehen sahen, bekamen sie große Augen und ließen alles stehen und liegen. Sie waren vielleicht noch nicht reich, aber immerhin ein bisschen berühmt.

Um die Nutzerzahlen zu erhöhen, bot Boost den Dienst von September 2006 bis zum Ende des Jahres kostenlos an. Danach sollte er monatlich 2,99 Dollar kosten. Loopt startete mit 35.000 Nutzerinnen und Nutzern.[129]

Die einzige wichtige Person, die außer Sivo auf der Bühne fehlte, war der bei Boost für die Geschäftsentwicklung zuständige Winer. Bei ihm war kurz zuvor Krebs diagnostiziert worden, und er befand sich in Behandlung. Somit musste sein Kollege Craig Thole, Leiter der Mehrwertdienste bei Boost, eine Ansprache im Namen des Unternehmens halten. »Social Networking ist eine heiße Sache, und die Leute wollen es im mobilen Bereich einsetzen«, sagte er der Tageszeitung *The Orange County Register*. Diese befand, die Funktionen von Boost Loopt seien eine Art »mobile MySpace-Community auf Anabolika«.[130]

In Altmans Augen leistete die App viel mehr. »Sie vertieft die Kommunikation«, sagte er dem *Register*. »Sie bringt Menschen zusammen, ganz wörtlich. Anstatt der virtuellen Welt der sozialen Netzwerke kommt hier wieder die menschliche Komponente ins Spiel.« Auf die Frage, wie viele aus der Zielgruppe der Vierzehn- bis Fünfundzwanzigjährigen Loopt weiter nutzen würden, wenn sie dafür bezahlen müssten, zeigte sich Altman optimistisch: »Wir glauben, dass es viele tun werden«, sagte er. Er befinde sich bereits in Gesprächen mit weiteren Mobilfunkprovidern, erzählte er stolz, und prophezeite, Loopt habe, zumindest für junge Menschen, »das Potenzial, das Telefonbuch als Standardanwendung zu ersetzen«.[131]

Wie von Altman prophezeit, führte der Boost-Deal zu Verhandlungen mit weiteren Mobilfunkprovidern. Im Spätherbst 2006 vermittelte David Weiden, der Loopt-Berater mit Kontakten zur Mobilfunkbranche, ein Treffen mit Cingular Wireless (bald darauf AT&T). Weiden nutzte seinen direkten Draht zum CEO von Cingular, um Altman mit der Person zusammenzubringen, auf die es ankam, wenn man ein Geschäft auf Basis der mobilen Standortdaten von Mobilfunkprovidern aufziehen wollte: dem Vice President of Data. »Der Vice President of Data war so etwas wie Gott«, so Weiden. Das Treffen sollte in der Unternehmenszentrale von Cingular in Atlanta stattfinden, wo es üblich war, einen Anzug zu tragen. »Ich glaube, Jeans waren in dem Gebäude nicht erlaubt«, sagte Weiden. Er hatte versäumt, dies Altman gegenüber zu erwähnen, der nach Weidens Erinnerung pünktlich um 8:50 Uhr, zehn Minuten vor dem Treffen, in T-Shirt und Shorts erschien. (Altman behauptet, er habe ein Hemd mit Kragen und Jeans getragen; der Vice President of Data Jim Ryan traut eher Weidens Erinnerung, weiß aber vor allem noch, dass die Anwesenden »entsetzt« waren.) Wie sich jedoch herausstellte, gefiel Ryan ein gewisses Rebellentum.

Altman zerstreute mit seinem Pitch sämtliche Bedenken hinsichtlich seiner Garderobe. »Seine Idee war in ihrer ursprünglichen Form sehr radikal«, erinnerte sich Ryan. Er hatte die Entwicklung von Musik- und Videoprodukten geleitet, die sich mit den mobilen Daten von Cingular nutzen ließen, aber es gab das Problem, wie man mit den Standortdaten der Kundinnen und Kunden umgehen sollte. »Inwieweit wollen wir die Leute einweihen, dass wir die kennen?«, fragten sich er und andere Cingular-Führungskräfte. Mit Widerstand wegen Ängsten um die Privatsphäre musste man rechnen. Doch Altman tat diese Einwände ab. »Ich mochte Leute wie ihn, weil sie solche Dinge nicht wichtig nahmen«, sagte Ryan. »Sie sahen einfach das Potenzial.«

Altmans Vorstellung davon, was Mobilfunkprovider mit den Standortdaten ihrer Nutzerinnen und Nutzer anfangen konnten, war viel aggressiver. Loopt-Nutzende hatten die Option, ihre Koordinaten alle fünfzehn bis zwanzig Minuten an Freundinnen und Freunde zu schicken. Bei Dodgeball dagegen, dem bisherigen Marktführer, der 2005 von Google aufgekauft wurde, mussten die Nutzer manuell den »Buddy Beacon« aktivieren, um ihren Standort zu teilen. Auf Datenschutzbedenken antwortete Altman lediglich damit, dass nur »gute und vertrauenswürdige Freundinnen und Freunde« die Bewegungen in Echtzeit sehen dürften und sich alle einfach die Frage stellen sollten: »Würdest du ihnen deinen Hausschlüssel anvertrauen, damit sie deinen Hund füttern?«

Unterdessen wurde Cingular von AT&T übernommen, das es schließlich auf einen Versuch ankommen ließ und in das Start-up investierte, ebenso wie später Verizon, das einen Vertreter in den Vorstand von Loopt entsandte. Wie Altman bereits bei seinem ersten Treffen mit Boost in Irvine vorausgesehen hatte: Wenn du einen Mobilfunkprovider hast, hast du sie alle.

Die Marketingkampagne von Boost bescherte Loopt innerhalb der ersten drei Monate nach dem Start über 100.000 Nutzerinnen und Nutzer, und Mitte 2007 stieg Loopt von der »Untermarke« Boost zu dessen Muttergesellschaft Sprint auf. Damit war das Start-up erstmals bei einem großen US-Mobilfunkanbieter unter Vertrag.[132] Doch etwa zur selben Zeit fiel dem *Wall Street Journal* und anderen Publikationen auf, dass Loopt seine Nutzendenzahlen nicht mehr aktualisiert hatte, seit der Gratiszeitraum für Anmeldungen Ende Januar abgelaufen war.[133]

»Wir konnten die Zahl der Downloads steigern, aber die hohe Fluktuationsrate war ein Problem«, sagte Marciniak, Vertriebsleiter bei Loopt. »Innerhalb von neunzig Tagen sprangen siebzig Prozent der Nutzerinnen und Nutzer wieder ab.« Das lag an einer grundsätzlichen Fehleinschätzung des Wunschs der Nutzenden nach Privatsphäre. Während man sich bei Konkurrenten wie Dodgeball einloggen musste, um den Standort zu teilen, war man bei Loopt »immer eingeloggt« – die Nutzenden mussten den Dienst komplett abschalten, damit der kleine Punkt auf der Karte verschwand. »Sie sahen gerne, wo alle anderen sich aufhielten, waren aber zurückhaltend damit, ihren eigenen Standort zu posten«, so Marciniak.

Altman beschloss, das Datenschutzproblem direkt anzupacken. Anstatt die Bedenken herunterzuspielen, redete er bei jeder Gelegenheit darüber. »Je mehr man darüber nachdenkt, desto mehr Möglichkeiten fallen einem ein, wie ein böser Mensch es missbrauchen könnte«, sagte er 2008 dem *Wall Street Journal.* »Ich glaube, die Leute begreifen, dass ein standortbezogener Dienst anders als ein schlimmstenfalls lästiger Werbeanruf ein tatsächliches Sicherheitsrisiko darstellen könnte.[134] Er dramatisierte diese Befürchtungen, um Loopt als besonders sicherheitsbewussten Dienst zu verkaufen, der strenge Vorkehrungen zur Verhinderung von Missbrauch getroffen hatte.

Einige der Ideen dazu entstanden bei einem angespannten Meeting mit dem Chefsyndikus von Sprint, Len Kennedy, der nach der Fusion von Sprint und Nextel im August 2005 auf diesen Posten berufen worden war. »Grünes Licht von der Rechtsabteilung von Sprint zu bekommen, war nicht gerade einfach«, erinnerte sich Winer. Altman flog zum Firmensitz von Nextel in Reston, Virginia, und saß mit Winer an dem langen rechteckigen Tisch im Konferenzraum des Unternehmens, wo er von Kennedy zwei Stunden lang in die Mangel genommen wurde. Er sollte Auskunft darüber geben, wie Loopt einen Datenklau zu verhindern gedenke, der das gesamte Mobilfunkunternehmen zu Fall bringen könnte. »Wir waren besorgt«, sagte Kennedy. »Das war in der Anfangszeit, als das Thema Datenschutz noch unklarer war als heute.« Altman war zu Zugeständnissen bereit: Er würde die Software so anpassen, dass die Nutzerinnen und Nutzer nicht mehr nach anderen Loopt-Nutzenden außerhalb ihres Freundschaftsnetzwerks suchen konnten, deren Standort vielleicht sichtbar war. Bei Loopt sollte man mit bestehenden Freundinnen und Freunden interagieren können, keine neuen finden.[135] Zur Erhöhung der Sicherheit waren weitere Regeln geplant: Keine Teilnehmenden unter vierzehn Jahren, neue Nutzende wurden in den ersten zwei Wochen regelmäßig darauf aufmerksam gemacht, dass sie getrackt wurden, und bei der Anmeldung musste man sich durch seitenlange Datenschutzhinweise und Haftungsausschlüsse scrollen. Kennedy war zufrieden. Nach einem letzten Referenzcheck bei Sequoia gab er der App sein Okay. Auch er hatte sich von Altmans Überredungskünsten überzeugen lassen.

Kaum war Loopt bei Sprint eingeführt, zogen Altman und Jacobstein nach Washington, um Aufklärungsarbeit zum Thema Datenschutz zu leisten. Sie sponserten ein Forum beim Congressional Internet Caucus, auf dem Jacobstein von Wildwest-Verhältnissen in der aktuellen Regulierung von standortbezogenen Diensten sprach.[136] Ihr Plan war, den Abgeordneten zu empfehlen, diese Branche jetzt zu regulieren, und sich als hilfreicher Partner bei der Ausgestaltung dieser Regulierung anzubieten. Als der COO von Loopt, Brian Knapp, ein paar Jahre danach vor dem Energie- und Handelsausschuss des US-Repräsentantenhauses aussagte, verwies er auf eine lange Liste von Organisationen, von denen Loopt Vorschläge eingeholt hatte, um seinen Dienst sicherer zu machen.[137] Altman begleitete ihn auf seinen häufigen Trips nach Washington, um sich mit Mitgliedern des Kongresses, des Weißen Hauses, der Federal Communications Commission und gemeinnützigen

Gruppen zu treffen. Ziel war, so Altman, »nicht durch Gesetze aus dem Geschäft gedrängt zu werden«.[138]

Im Hinblick auf die Gesetzgebung war Altman weitgehend erfolgreich. Bis heute gibt es in den Vereinigten Staaten keinen einheitlichen Rahmen dafür, wie Unternehmen mit den digitalen Daten der Bürgerinnen und Bürger umzugehen haben. Die Verbraucherinnen und Verbraucher jedoch fühlten sich weiterhin unbehaglich dabei, ihren Standort preiszugeben, selbst wenn es sich um Freundinnen und Freunde handelte.

»Wir waren total auf die Live-Standortfreigabe fixiert, weil es ein so cooles Produkt und so aufregend war, doch dabei verloren wir aus den Augen, was die Nutzenden eigentlich wollten«, bekannte Min Liu, eine ehemalige Loopt-Mitarbeiterin. »Sie fanden Standortverfolgung extrem creepy.«

Dennoch expandierte Loopt weiter. Im Sommer 2007 hatte Loopt bereits über dreißig Mitarbeitende und brauchte mehr Platz. Das Unternehmen zog in eine ehemalige Anwaltskanzlei mit rotem Ziegeldach an der Geschäftsstraße El Camino Real in Mountain View, unweit der Castro Street, wo sich das halbe Silicon Valley in der Mittagspause zu Currygerichten und Burritos traf. Die Loopt-Softwareleute saßen – und schliefen oft – im Obergeschoss, Marketing und Produktmanagement befanden sich im Erdgeschoss, wo auch Altman residierte. Auf einer Fotostrecke auf dem Loopt-Blog ist sein Schreibtisch zu sehen, der vollkommen leer war, abgesehen von einem Pillenfläschchen mit Kopfschmerztabletten.[139]

Gründe, Kopfschmerzen zu bekommen, gab es viele. Trotz Altmans Pitching-Talent tat sich das Unternehmen schwer damit, weitere Mobilfunkprovider zu gewinnen. Die Meetings litten zum Teil unter der Tendenz, alles ein wenig zu rosig zu sehen. »›Hey, das klingt interessant, erzählen Sie mir mehr darüber‹ ist nicht dasselbe wie ein unterzeichneter Vertrag«, meinte Jacobstein. Manager hörten sich Altmans Vision und Ideen gerne an, um sie dann in ihren eigenen Produkten umzusetzen. »Wir brachten ihnen eine Menge bei«, so Jacobstein. Fast ein Jahr nach der Einführung des ersten Loopt-Mobilfunkprodukts war es nach wie vor nur bei einem Mobilfunkprovider verfügbar, nämlich bei Sprint – lediglich der drittgrößte und mit sinkendem Marktanteil. Jacobstein hatte den Eindruck, dass man ihn zu früh eingestellt hatte. Loopt versuchte noch, den sogenannten »Product Market Fit« zu erreichen, womit in der Start-up-Welt die Markteignung eines Produkts gemeint ist. Twitter dagegen, das etwa zur selben Zeit eingeführt worden war, erlebte gerade einen wahren Höhenflug. Das löste bei Loopt einigen Unmut aus. »Das klang dann so: ›Ach, ist ja interessant. So was schustern wir an einem Wochenende zusammen‹«, erinnerte sich Jacobstein. »Und fast schon verächtlich: ›Einfacher geht's kaum.‹ Aber das war genau der Punkt. Sie hatten etwas geschaffen, was man an einem Wochenende zustande brachte.« Loopt musste für jeden Mobilfunkprovider eine eigene Programmierschnittstelle erstellen, um Zugang zu den Standortinformationen zu erhalten, und jedes Mal einen Vertrag aushandeln. Jacobstein ging das alles zu langsam, er konnte seine Fähigkeit, das Unternehmen zu skalieren, nicht zum Einsatz bringen. Und so beschloss er weiterzuziehen.

»Im Rückblick ist eine der interessantesten Fragen, wie um alles in der Welt eine so talentierte Truppe so lange an einem vertrackten Problem arbeiten konnte, das nicht zu lösen war. Es gab einfach keine Nachfrage nach diesem Dienst, diesem Produkt, das Loopt entwickelt hatte. Und vor dem Aufkommen des Smartphones konnte es die auch gar nicht geben, denn die Vorstellung, dass man eine kritische Masse an Nutzenden erreichen könnte, wenn man diesen Dienst buchstäblich für hundert verschiedene Gerätetypen in fünf, sechs oder sieben verschiedenen Mobilfunknetzen bereitstellen musste, war im Nachhinein betrachtet ziemlich aberwitzig.«

Dennoch blieb Jacobstein auch nach seinem Ausscheiden bei Loopt ein großer Bewunderer Altmans. Eine Szene ist ihm besonders im Gedächtnis geblieben: Etwa ein Jahr, nachdem Jacobstein bei Loopt angefangen hatte, lud Weiden Jacobstein und Altman zum Essen ein, um sich ihre Ideen anzuhören. Er fragte Altman, was ihm neben Loopt noch durch den Kopf gehe. Altmann nannte zwei Dinge: ein Mittel gegen Glatze und die Realisierung von Kernfusion. Jacobstein dachte damals spöttisch: »Was weißt du denn schon über Kernfusion? Du bist ein neunzehnjähriger Informatik-Studienabbrecher, kein Doktor der Kernphysik.« Doch zwanzig Jahre später sollte Altman eines der wenigen Kernfusions-Start-ups unterstützen, die dieser Technik womöglich zum Durchbruch verhelfen können. Jacobstein wurde etwas klar: Wenn Altman sich auch nur vorstellen konnte, dass etwas möglicherweise funktionierte, überzeugte er erst sich selbst davon, dass es ihm gelingen würde, und dann auch andere –, insbesondere Investierende.

»Der Unterschied zwischen ›ich glaube, dass ich das hinkriegen könnte‹ und ›ich habe das schon hingekriegt‹ verschwimmt. Das führt in seiner toxischsten Form zu so was wie Theranos, in seiner gesunden Form jedoch dazu, dass Menschen wirklich ambitionierte Dinge versuchen«, sagte Jacobstein. (Er bezog sich dabei auf das inzwischen liquidierte Bluttest-Start-up von Elizabeth Holmes.)

Jacobstein hielt Altman für ein gesundes Beispiel dieser Tendenz, was aber nicht alle bei Loopt so sahen. Nach dessen Ausscheiden wandte sich ein Großteil des oberen Managements an den Vorstand und verlangte, dass Jacobstein Altman als CEO ablösen sollte. Kritisiert wurde unter anderem, dass Altman manchmal Dinge sagte, die nicht der Wahrheit entsprachen, und dass er ruppig mit den Angestellten umging.

Der Vorstand wies dies zurück und forderte das Management auf, wieder an die Arbeit zu gehen. »Mit achtzehn oder neunzehn stand ich in dem Ruf, dass man mit mir nicht gut zusammenarbeiten kann«, sagte Altman Jahre später in einem Podcast zu dem Investor Reid Hoffman. »Wenn man der Gründer des Unternehmens ist und hundert Stunden die Woche arbeiten und superkonzentriert und -produktiv sein will, ist das in Ordnung, aber die meisten anderen Leute die man einstellt, vor allem wenn das Unternehmen größer wird, haben noch ein anderes Leben, und das muss man verstehen.«[140]

Jacobsteins Rolle als Altmans Babysitter übernahm Brian Knapp, ein extrovertierter Mensch, der mit seinem goldenen Toyota Prius aus dem Loopt-Parkplatz schoss, dass die Reifen quietschten. Knapp hatte eine Doppelfunktion als Chefsyndikus und COO inne. Er hatte Loopt mehrere Jahre lang als Anwalt für Intellectual Property Law bei Wilson Sonsini beraten und war im Mai 2007 zu Loopt gewechselt. Knapp verbrachte einen Großteil seiner Zeit damit, sich mit Mobilfunkanbietern zu treffen und sich bei der US-Regierung für unternehmensfreundliche Datenschutzbestimmungen einzusetzen. Aber im Büro war der dreißigjährige Knapp einfach einer der Jungs.

Das Loopt-Team spielte nicht nur häufig *Halo 3*, sondern versuchte die zunehmende Spannung gelegentlich auch mit Ringkämpfen abzubauen. Die Leute wurden nach Größe in Paare eingeteilt, wobei der schmächtige Altman gegen Sam Yam antrat, zuständig für die Server und die Handysoftware. Einmal forderte Tom Pernikoff Knapp zu einem Ringkampf heraus und zog sich dabei eine leichte Gehirnerschütterung zu. Wie es sich für einen Babysitter gehört, ließ Knapp keinen Zweifel daran aufkommen, wer das Alphatier war.

Kapitel 7

Von »Schwach« zu »Cool«

Sam Altman ahnte nicht, dass Steve Jobs während der gesamten Zeit, in der er selbst an einem Produkt arbeitete, dessen Erfolg von Deals mit Mobilfunkanbietern abhängig war, ganz in der Nähe in der Zentrale von Apple in aller Stille ein Gerät entwickelte, das die gesamte Mobilfunkbranche auf den Kopf stellen sollte.

Bevor Jobs auf der Macworld im Januar 2007 das iPhone vorstellte, waren die Telefonhersteller praktisch die Leibeigenen der Mobilfunkprovider gewesen. Die mächtigen Netzbetreiber – Cingular, Verizon, Sprint und T-Mobile – machten Vorgaben zur Ausstattung der Geräte und zu den vorinstallierten Programmen. Die Telefone selbst gab es beim Abschluss eines Mobilfunkvertrags häufig kostenlos. »Das war ein geschlossenes System«, erinnert sich Charnsin Tulyasathien, der damals bei Sprint ein Team für standortbezogene Dienste leitete. »Wir haben jedem, der in unser Netz wollte, die Daumenschrauben angelegt.« Jobs änderte diese Dynamik, indem er mit Cingular Wireless, das später zu AT&T wurde, einen Vertrag abschloss, der Apple die volle Kontrolle über die Ausstattung und Vermarktung seines iPhones gab. Im Gegenzug sollte Apple fünf Jahre lang ausschließlich das Netz von Cingular nutzen und dem Mobilfunkbetreiber einen Anteil an den Verkäufen der iPhones und den Einnahmen von iTunes gewähren.[141] Als er dann im Oktober 2007 ankündigte, dass

Apple ein Software Development Kit (SDK) vorstellen wollte, mit dem jeder eine iPhone-App entwickeln konnte, schlug das in der Branche wie eine Bombe ein. »Ich weiß noch, dass ich dachte: ›Oh nein, die machen komplett kaputt, was ich mit aufgebaut habe‹«, sagte Tulyasathien.

Etwas Neues zu entwickeln, das war genau, was James Howard am liebsten tat. Der Apple-Fan und Hobby-Mac-Entwickler hatte an der University of Washington studiert und dort als wissenschaftlicher Mitarbeiter bei Intel Research Seattle gearbeitet. Der Chiphersteller unterhielt insgesamt sechs solcher Forschungslabore an verschiedenen Universitäten. Dort lernte Howard seinen Kommilitonen Fred Potter kennen, mit dem er gemeinsam eine Studie erarbeitete, welche die Nutzungsmöglichkeiten der neuen mobilen Ortungsdienste untersuchte.[142] Als Potter dann zu Loopt ging, um an einer kommerziellen Version dieser Ideen zu arbeiten, fragte Howard den Leiter des Forschungslabors, ob er ihm folgen sollte. Der Direktor, der auf die University of California in Berkeley gegangen war, Stanfords traditionellem Rivalen auf dem Football-Feld und gelegentlich auch im akademischen Bereich, meinte, dies sei nicht ratsam, weil »Stanford-Kids nichts vom Programmieren verstehen«. Howard wollte trotzdem mitgehen, weil er hoffte, bei Loopt eine echte App für das iPhone entwickeln zu können. Potter verschaffte ihm im Mai 2007 ein Vorstellungsgespräch.

Während dieses Gesprächs fragte Howard Altman auch, was er vom iPhone halte. Altman stimmte ihm zu, dass es eine große Sache sei. Er würde gerne lernen, für das iPhone zu entwickeln, erklärte Howard, auch wenn das von Apple bisher nicht vorgesehen war. Altman gefiel die Idee. So fing Howard wenige Wochen später bei Loopt an, gerade rechtzeitig zur mit Spannung erwarteten jährlichen Apple Worldwide Developers Conference. Die große Hoffnung aller Programmierer und Programmiererinnen war, dass Jobs ihnen eine Tür öffnen würde, um Software für dieses magische Gerät erstellen zu können. Jobs, ein Kontrollfreak, sträubte sich monatelang gegen das letztlich Unvermeidliche, um dann auf der Konferenz etwas zu präsentieren, das er wenig überzeugend als »wunderbare Lösung« anpries. Die Entwicklerinnen und Entwickler sollten die Möglichkeit bekommen, Webanwendungen über Apples Safari-Browser zu erstellen – die Reaktion war betretenes Hüsteln und sehr verhaltener Beifall. Howard war schwer enttäuscht. Die App, von der er träumte, in einem Browser zu erstellen, das konnte er sich einfach nicht vorstellen.

Die übrige Mannschaft von Loopt nahm kaum Notiz von der Sache. Es war der Sommer, in dem das Unternehmen begann, mit Sprint zusammenzuarbeiten, dem ersten großen Mobilfunkanbieter. Deshpande, der das Kundenmanagement leitete, bemühte sich, weitere Provider zu gewinnen und für sie passende Funktionen zu entwickeln. Howard wartete die Server, auf denen Loopt lief (Cloud-Plattformen wie Amazon Web Services waren zu jener Zeit noch nicht sehr verbreitet), und schrieb in seiner Freizeit kleine Apps auf seinem Mac, die an den Loopt-Dienst andockten. Er wartete sehnsüchtig darauf, dass Apple ein echtes SDK für das iPhone herausgab. Nicht lange nach dem Verkaufsstart des iPhones Ende Juni 2007 gelang jedoch gewieften Entwicklern ein sogenannter »Jailbreak« des Geräts – sie überwanden die implementierten Nutzungssperren und stellten den Code dafür online zur Verfügung. Am Ende des Sommers schaffte es Howard, eine Version der Loopt-App für das iPhone zum Laufen zu bringen. Altman hing viel in Howards Büro herum und schaute sich seine Demos an. Schließlich installierte er einige von Howards mittels Jailbreak entwickelten Apps auf seinem persönlichen iPhone und versprach ihm, alles zu unternehmen, um die Loopt-App auf das iPhone zu bringen.

Anfangs versuchte Jobs, das Jailbreaking zu unterbinden.

»Steve kam wütend in mein Büro gestürzt«, sagte Scott Forstall, damals Leiter des Software-Entwicklungsteams für das iPhone. Jobs verlangte von ihm, unverzüglich ein Software-Update herauszubringen, um zu verhindern, dass noch mehr Leute herausfanden, wie man Drittanbieter-Apps für das iPhone entwickelt. Doch im Oktober 2007 änderte Jobs seine Meinung angesichts der Qualität der Apps, die mittels Jailbreaking produziert worden waren. Er wies Forstall an, bis Weihnachten, also innerhalb von zwei Monaten, einen App Store einzurichten. Forstall empfahl, diesen Plan besser auf einer Keynote im folgenden März vorzustellen und mit den Entwicklern zusammenzuarbeiten, um bei der Markteinführung der zweiten Generation des iPhones im kommenden Juni gleich Hunderte von Apps im Angebot zu haben.

Da der Gründer von Sequoia, Don Valentine, im Vorstand von Apple saß, hätte es für Loopt eigentlich ein Leichtes sein sollen, bei dieser Aktion mitzumachen. Aber im Umgang mit Steve Jobs war eben nichts einfach. So bat Altman McAdoo um Hilfe, und McAdoo holte sich erst einmal Rat bei Valentine. *Wie konnte man Jobs am besten auf Loopt ansprechen?* Valentine, damals in seinen Siebzigern, überlegte seufzend. »Ehrlich gesagt, da bin ich überfragt«, antwortete er. »Reden Sie mal mit Mike.« Michael Moritz, der zu jener Zeit zusammen mit Doug Leone Sequoia leitete, hatte während seiner Zeit als Korrespondent für das *Time Magazine* in den 1980er-Jahren ein viel beachtetes Buch über Apple geschrieben. Allerdings hatte ein Artikel für das Magazin, der auf dem Buch beruhte, Jobs verärgert und die Beziehung der beiden ziemlich eingetrübt. (Der Artikel enthielt ein Interview mit der Mutter von Jobs' Tochter Lisa. Jobs bestritt zu jener Zeit die Vaterschaft. Moritz meinte später, sein Artikel sei von einem New Yorker Redakteur, der gewöhnlich über die Rockszene schrieb, »mit frei erfundenem Klatsch garniert« worden.[143] Später stand Jobs dann doch zu seiner Tochter, die den Namen Lisa Brennan-Jobs annahm.) Ungeachtet dessen galt Moritz bei Sequoia als der beste Kenner von Jobs. Er machte ihnen keine Illusionen: Jobs hasste soziale Netzwerke. »Wir werden ihm Sam verkaufen müssen«, sagte Moritz zu McAdoo. Moritz kontaktierte Jobs und empfahl ihm Altman, und McAdoo steuerte diesem E-Mail-Austausch die persönliche Geschichte von Altman bei. »Der jüngste Gründer, in den wir bei Sequoia je investiert haben, Stanford-Abbrecher – das sind so Sachen, auf die Steve anspringt«, erinnerte sich McAdoo, der richtig vermutete, dass eine solche Geschichte dem Studienabbrecher des Reed College, der nun Apple führte, gefallen würde. Jobs erklärte sich bereit, Loopt einmal anzuschauen. Einige Wochen gingen ins Land, doch nichts geschah. Schließlich brachte sich McAdoo bei Jobs in Erinnerung. Was er denn nun von Loopt halte? Jobs antwortete mit drei kargen Worten: »Es war schwach.« McAdoo klemmte sich seinen Laptop unter den Arm und ging zu Moritz' Büro, um ihm die Mail zu zeigen. »Was jetzt?«, fragte er Moritz. Er schüttelte nur den Kopf und antwortete: »Keine Ahnung.«

Bei Loopt ließen sich Altman und Howard von Jobs' Einschätzung nicht aus dem Konzept bringen. Ihnen war klar, dass die aktuelle Version von Loopt noch nicht bot, was ihnen vorschwebte. »Es war schwach« wurde für sie von da an zu einer Art Slogan, den sie als Ansporn nahmen.

Auf Jobs mochte Loopt keinen großen Eindruck gemacht haben, aber bei den Leuten in den Produkt- und Entwicklungsteams, von denen die meisten unter dreißig waren, kam die App gut an. Im November 2007 erhielt Altman eine vertrauliche E-Mail vom iPhone-Entwicklungsteam. Sie enthielt die Anfrage, ob jemand von Loopt mal vorbeikommen und Apple dabei beraten könne, wie das iPhone-SDK sein müsste, um ihre App aktivieren zu können. Alles rund um das Treffen sollte mit strengster Geheimhaltung behandelt werden. Altman wählte in aller Stille ein kleines Team aus, zu dem Howard, Tsai und Sivo gehörten, mit dem er damals noch zusammen war, was aber kaum jemand im Unternehmen wusste. Die kleine Loopt-Delegation hatte zwei Meetings mit den iPhone-Teams für Marketing und Developer Relations sowie den Softwareingenieuren, die am SDK arbeiteten. Sie alle machten sich fleißig Notizen.

Diese Meetings sicherten Loopt nicht den ersehnten exklusiven Zugang zum iPhone-SDK, das schließlich im März 2008 herauskam. Ein positives Ergebnis gab es aber doch: Apple erklärte sich bereit, die iPhone-App von Loopt intern zu testen und dazu Rückmeldung zu geben. Außerdem stellte Apple eine Präsentation von Loopt bei der Keynote auf der Worldwide Developers Conference im folgenden Juni 2008 in Aussicht. Der Deal brachte großen Zeitdruck mit sich, ohne eine prominente Platzierung auf dem Gerät zu garantieren. Aber nach einigen Diskussionen waren sich Altman und McAdoo einig, dass die Entwicklung der Software sich schon allein wegen Apples Feedback lohne. »Ich glaube, zeitweise haben hundert Apple-Mitarbeitende die App auf ihrem iPhone ausprobiert«, so McAdoo. Das Loopt-Team traf sich mit Forstall, der ihnen Vorschläge zur Verbesserung ihrer App machte. »Wir waren begeistert von der App«, erinnert sich dieser.

Um auf die heiß begehrte Bühne der Entwicklerkonferenz von Apple gelassen zu werden, musste Altman jedoch erst einmal Jobs persönlich überzeugen. Das Developer Relation Team von Apple half Altman und Howard dabei, eine Präsentation auszuarbeiten, und übte sie mit ihnen ein. Schließlich brachten sie die beiden in ein Gebäude auf dem Apple-Campus in Cupertino. Altman und Howard warteten eine Weile in der Lobby, wo der Bösendorfer-Flügel stand, den Jobs noch als Inspiration für das Macintosh-Team angeschafft hatte – er sollte symbolisieren, dass man bei Apple Wert auf Ästhetik legte. Schließlich wurden sie in den Vortragssaal geleitet. In der Mitte der Zuschauerreihen saß Jobs mit ein paar seiner Assistenten. Anders als Altman und Howard erwartet hatten, trug er keinen schwarzen Rollkragenpullover, sondern Shorts und T-Shirt. Vor lauter Aufregung wurde ihnen der Mund ganz trocken. Altman übernahm auf der Bühne den Redeteil, während Howard die Präsentation am Handy durchspielte, die auf eine große Leinwand übertragen wurde. Als sie fertig waren, standen sie einfach nur da und starrten in die Sitzreihen. Einen Moment lang herrschte Stille, dann äußerte Jobs lediglich ein Wort: »Cool.«

Von »schwach« auf »cool« hochgestuft worden zu sein, versetzte sie in einen regelrechten Freudentaumel, auch wenn sie eigentlich nicht genau wussten, was das nun hieß. Kurz darauf rief jemand von Apples Entwicklerteam an und teilte ihnen mit, sie hätten grünes Licht, sofern sie alle von Apple geforderten Änderungen vornehmen würden und bei den Testläufen alles klappte. Eine Woche probierten sie zusammen mit den Leuten von Apple alles durch. In den Pausen feilte Howard am Code und rief Sivo oder Tsi an, wenn auf der Serverseite etwas geändert werden musste. Bei Loopt wusste außerhalb dieses kleinen Kreises niemand etwas von der Sache, da Apple dies so wollte. »Im Unternehmen erfuhr man erst zwei Tage vor dem Launch von der Aktion«, sagte Liu, die Marketingleiterin von Loopt.

Am Abend vor der Präsentation rief Altman Howard zu Hause an. Altman war nervös – Jobs war sein großes Vorbild. Er wusste nicht, was er anziehen sollte, und war sich unsicher, ob er die Präsentation wirklich durchziehen wollte. Auch Howard geriet in Panik. Schließlich einigten sie sich darauf, dass Altman zwei Polohemden übereinander tragen würde, wie er es schon einmal als Scherz auf einer Party gemacht hatte. Das gab dem Publikum etwas, woran es sich später erinnern konnte.

Die Developers Conference im Juni 2008 war die erste, bei der alle Plätze ausverkauft waren. Altman stand breitbeinig auf der Bühne des Moscone Center West in San Francisco, als wolle er einen Football fangen. Er trug zwei Polohemden übereinander, ein neonpinkes über einem neongrünen, sein Kopf lugte aus dem Doppelkragen wie aus Blütenblättern hervor. »Das ist die beste Version von Loopt, die wir je entwickelt haben, und bei Weitem das beste Gerät, mit dem wir arbeiten durften«, sagte Altman bei der Vorstellung seiner neuen, für die iPhone-spezifischen Funktionen überarbeiteten App. Die Nutzerinnen und Nutzer konnten nun mit Daumen und Zeigefinger die Karte auf dem Touchscreen vergrößern und mit einem einzigen Klick einen Anruf aus der App heraus starten. Seine Demonstration zeigte ein paar Freunde und Freundinnen in der Nähe, davon eine Person gleich um die Ecke in einem Lokal, das sie als »supernettes Café« getaggt hatte. Altman schickte ihr über die App eine Nachricht und fragte an, ob sie vielleicht Zeit hätte, mit ihm dort eine Kleinigkeit zu essen. »Standort plus Kontaktliste samt Informationen über coole Lokale – und nie wieder wird man allein oder in einem langweiligen Lokal essen gehen«, sagte er. Die Präsentation schloss mit dem Hinweis, dass Loopt zum Start für Nutzerinnen und Nutzer eines iPhones kostenlos sein werde.[144] Mit Loopt ließen sich so gut die Standortfunktionen des iPhones demonstrieren, dass Apple sogar einen landesweiten Fernsehspot schaltete, in dem die Benutzung der App auf dem Handy gezeigt wurde.[145]

Die Präsentation im Juni 2008 machte den zweiundzwanzigjährigen Altman in der Tech-Welt über Nacht zum Star, auch wenn die Blogger und Bloggerinnen seinen Aufzug sehr belächelten. Zwar kannten noch längst nicht alle seinen Namen, doch der »Typ mit dem Doppelkragen« hatte einen bleibenden Eindruck hinterlassen.

Im Apple-Universum erwies sich Loopt als durchschlagender Erfolg. Die Downloadzahlen schossen in die Höhe, und als Apple die internationale Markteinführung des iPhone 3G vorbereitete, verlangte Jobs, dass die Ortungstechnologie von Loopt in allen Sprachen und Ländern funktionieren sollte, für die er die Einführung des iPhones öffentlich angekündigt hatte. In Anbetracht des damaligen Stands der Technik war das keine Kleinigkeit. Als Jobs bei einem Meeting erfuhr, dass Loopt seine Dienste nicht in dem Umfang anbieten konnte, wie er es erwartet hatte, machte er seinem Unmut gegenüber Altman Luft.

Als sich Altman an diesem Abend mit McAdoo in ihrem bevorzugten Sushi-Restaurant traf, stand er immer noch unter dem Eindruck dieser Konfrontation. »Ich hatte gerade ein Meeting mit Jobs, bei dem es richtig gekracht hat«, sagte er zu McAdoo. (McAdoo und Chung erinnern sich, dass Altman ihnen erzählte, Jobs habe ihm einen Stift an den Kopf geworfen. Altman bestreitet dies.) »Steve war immer voll bei der Sache und sehr anspruchsvoll, was uns großartige Arbeit und großartige Produkte beschert hat«, sagte Forstall. »Ich habe tatsächlich erlebt, dass er Dinge nach Leuten geworfen hat.«

Rückblickend meinte McAdoo, Altman hätten die Monate der Zusammenarbeit mit Jobs stark geprägt. »Die Kooperation mit Apple hat ihn definitiv positiv beeinflusst, nicht nur als Unternehmer, sondern auch als Vorgesetzter von hochqualifizierten Mitarbeiterinnen und Mitarbeitern«, sagte McAdoo. »Man trennt sich nicht von jemandem, nur weil er sich mal wie eine Primadonna aufführt. Das tut man einfach nicht. Die Hälfte der Leute, die auf diesem Niveau arbeiten, sind in der einen oder anderen Hinsicht Primadonnen. Man muss lernen, wie man ihre Talente nutzt. Und Sam hat in dieser Hinsicht sehr davon profitiert, die Arbeitsweise von Apple in der Frühphase des iPhones aus nächster Nähe erleben zu können.«

Für eine kurze Zeitspanne rückte Loopt fast in die Königsklasse der sozialen Medien auf. Der von Apple geschaltete Fernsehspot bescherte der App zeitweilig mehr Downloads als Facebook und MySpace.[146]

Doch insgesamt war das Timing denkbar ungünstig. In jenem Herbst 2008, nach dem Zusammenbruch von Lehman Brothers, hatte Sequoia die Vorstandsvorsitzenden seiner Portfoliounternehmen zu einer Krisensitzung in die Sand Hill Road geladen und ihnen eröffnet, dass es mit lockerem Risikokapital für die Schlacht um Marktanteile nun erst einmal vorbei sei. Allen Unternehmen wurde geraten, so schnell wie möglich profitabel zu werden, wenn sie überleben wollten. Auf einer Folie war ein Grabstein mit der Aufschrift »RIP Good Times« zu sehen.[147] Im November 2008 beauftragte Loopt die Investmentbank Allen & Company damit, das Unternehmen entweder zu verkaufen oder neue Investoren zu finden.[148] Angesichts des Finanzklimas war ein Verkauf nicht besonders wahrscheinlich.

Wenige Monate zuvor, als die Weltwirtschaft noch nicht ins Trudeln geraten war, hatte Facebook ein mündliches Kaufangebot für Loopt in Höhe von rund hundertfünfzig Millionen Dollar unterbreitet. Das war mehr als das Dreifache dessen, was am Ende für das Unternehmen gezahlt wurde. Michael Moritz von Sequoia hatte Altman gefragt, was er davon halte, und Altman hatte erwidert, er werde ablehnen. Er wolle ein großes, eigenständiges Unternehmen aufbauen. »Das ist die richtige Einstellung«, hatte Moritz geantwortet.

Doch als sich Allen & Company nun an Investoren und potenzielle Interessenten wandte, bewertete das Unternehmen Loopt mit mehr als fünfhundert Millionen Dollar – eine Zahl, die in der Tech-Presse für ungläubiges Staunen sorgte. »Ich finde Loopt auch gut und bin optimistisch, was den Erfolg von standortbasierten Diensten angeht, aber eine halbe Milliarde

Dollar in diesem Markt für ein kaum etabliertes Netzwerk?«, schrieb *VentureBeat*. »Das ist einfach nicht drin.«[149]

Im Frühjahr 2009 sicherte sich Loopt eine Finanzierungsrunde, in der das Unternehmen mit hundertfünfzig Millionen Dollar bewertet wurde, genauso viel wie in seiner letzten Finanzierungsrunde vor dem Crash – mitten in der schweren Finanzkrise eine respektable Leistung. Die 7,5-Millionen-Dollar-Runde wurde von DAG Ventures angeführt, einem Investmentfonds für die Wachstumsphase, der häufig zusammen mit Sequoia investierte. DAG erhielt vorteilhafte Bedingungen wie einen größeren Anteil an den Erlösen aus einem künftigen Verkauf. Sequoia und NEA stiegen stillschweigend in die Runde ein.

Auch noch Jahre später war Moritz überzeugt, damals Altman den richtigen Ratschlag gegeben zu haben. »Es gab einen Moment in der Entwicklung von Loopt, in dem die Zukunft sehr, sehr vielversprechend aussah, und deshalb wäre ein vorzeitiger Verkauf ein Fehler gewesen«, sagte er. »Oft wirft man Investoren vor, früh aussteigen zu wollen, aber meiner Erfahrung nach trifft das viel häufiger auf Gründer zu. Investoren denken in der Regel längerfristig.«

Altman hatte die Nerven bewahrt und damit den wichtigsten Test von Sequoia bestanden.

Kapitel 8

Das Trottel-Abzeichen

Der Schutz durch Steve Jobs' Realitätsverzerrungsfeld hielt nicht einmal ein Jahr. Als im März 2009 Tech-Freaks aus dem ganzen Land nach Austin, Texas, zum alljährlichen Festival für Musik, Film und neue Medien South by Southwest (SXSW) strömten, das Start-ups wie Twitter als Sprungbrett genutzt hatten, lag etwas in der Luft. Die Schlangen vor den Grill- und Bierständen waren länger als sonst. Das lokale AT&T-Netz war durch die vielen iPhone-Nutzenden überlastet. Und eine coole neue standortbezogene App war in aller Munde. Aber es war nicht Loopt. Es war Foursquare.

Dennis Crowley, dem man mit seiner schlanken Figur und dem zerzausten Haarschopf ansah, dass er von der Ostküste kam, startete mit Foursquare einen zweiten Anlauf für eine standortbezogene App. Noch als Student an der New York University hatte er zusammen mit Alex Rainert Dodgeball entwickelt und 2005 an Google verkauft. Dort kümmerte die App vor sich hin, weil es in der Klapphandy-Ära schwierig war, den Vertrieb durch Mobilfunkanbieter sicherzustellen. Als Google im Januar 2009 ankündigte, Dodgeball einzustellen, begannen Crowley und Rainert, an einer neuen Version für das iPhone-Zeitalter zu arbeiten, komplett mit Spielmechanik, Abzeichen (Badges) und witzigen Werbetexten. Herzstück der neuen App war das »Einchecken« an bestimmten Orten wie Restaurants und Bars, was zu einem Wettbewerb darum führte, wer »Bürgermeister« (Mayor) der eigenen Lieblingsbar wurde. Foursquare verfolgte außerdem einen konservativeren Ansatz, was die Übermittlung des eigenen Standorts betraf. Während man bei Loopt automatisch eingeloggt war, musste man bei Foursquare das Einloggen manuell vornehmen. »Die Leute wollen keine ständige Ortung«, sagte Crowley. »Zwischen diesen beiden Modellen besteht ein großer Unterschied.« Eines Abends stand er während des SXSW-Festivals auf einer Party mit Livemusik im Mohawk in Austin und schaute zwei Gästen über die Schulter, die gerade ihre Foursquare-Abzeichen verglichen, die sie durch die Teilnahme an SXSW-Events an diesem Tag erworben hatten. »In diesem Moment dachte ich: ›Wir haben etwas Fantastisches geschaffen‹«, erinnerte sich Crowley. Die Nachrichten-Website *Mashable* kürte Foursquare zur erfolgreichsten App des Festivals.[150]

»Als Foursquare herauskam, war das definitiv ein schwerer Schlag für uns«, erinnerte sich ein ehemaliger Loopt-Mitarbeiter. »Ihnen war ein Knüller gelungen, und dann wurden sie durch South by Southwest zusätzlich gepusht. Davor waren wir der Favorit. Es fragte sich nur, ob das Produkt marktreif war.« Bei Loopt wurde diskutiert, ob man eine neue, an Foursquare angelehnte App entwickeln oder das eigene Kernfeature, die permanente Standortbestimmung, beibehalten sollte. Ein Teil des Problems war, dass das Beharren darauf, die App auch für das iPhone zu entwickeln, nach hinten losging. Das iPhone ließ keine Apps von Drittanbietern im Hintergrund laufen, was bedeutete, dass der Always-on-Dienst von Loopt nur funktionierte, wenn die App geöffnet war. Loopt verlangte bei den meisten Mobilfunkprovidern ein paar Dollar pro Monat für die Nutzung seiner App, was ein paar Millionen Dollar Einnahmen brachte. Dies wurde allerdings zu jener Zeit, als Amazon Web Services die Serverkosten für Start-ups noch nicht gesenkt hatte, von den enormen Infrastrukturkosten für den Betrieb von Ortungsdiensten zumindest teilweise, wenn nicht ganz aufgefressen. »Wir fragten uns, ob die Loopt-Kern-App jemals Einnahmen generieren würde«, sagte McAdoo.

Altman hatte vorgeschlagen, sich auf eine neue App namens Loopt Star zu konzentrieren, die auf dem Social Graph von Facebook basierte. Die Nutzerinnen und Nutzer könnten wie bei Foursquare einchecken und würden wie bei Groupon Rabatte in Geschäften erhalten. Er ließ einige der besten Softwareingenieure des Unternehmens daran arbeiten, sehr zum Missfallen des Leiters der Softwareentwicklung Steve Lemon, der eingestellt worden war, um die technischen Prozesse zu professionalisieren und Partner wie Verizon, Sprint und AT&T zufriedenzustellen. »Sam hatte eine Vision, wie wir aufholen könnten, und wenn er spürt, dass jemand ihn ausbremst und er nicht zukunftsorientiert handeln kann, fängt er an, unabhängig zu operieren«, sagte der ehemalige Loopt-Mitarbeiter. »Er denkt schneller als jeder andere, den ich kenne, und er hat eine Tendenz, Leute nicht mitzunehmen, besonders wenn er glaubt, dass sie ihn aufhalten.«

Und die hatte sich bereits gezeigt. Im Jahr zuvor hatte Altman ein Projekt vorangetrieben, das inoffiziell »Gay-Dating-App« und offiziell Loopt Mix hieß und es Nutzenden erlauben sollte, neue Leute in ihrer Nähe kennenzulernen. Dafür hatte er etliche Softwareingenieure vom Kernprodukt abgezogen, was nicht allen in der Belegschaft gefiel. Später wurde das Projekt als eigene App ausgegliedert. Ein ehemaliger leitender Loopt-Mitarbeiter bezichtigte Altman, unter einem »Shiny Object Syndrome« zu leiden – sich zu leicht vom eigentlichen Ziel ablenken zu lassen.

Nun aber, da Foursquare den Markt dominierte, machte sich in der Geschäftsleitung und bei den Softwareingenieuren Nervosität und Besorgnis breit. Der einzige Teil ihres Unternehmens, mit dem zuverlässig Einnahmen erzielt wurden, war ein intern als »Plattform« bezeichneter Dienst für Mobilfunkprovider, mit dem sich die Kosten für die Ortung eines Telefons senken ließen. Für diesen Bereich war Eric Carr zuständig, Ressortleiter für Standorttechnologie. Loopt hatte die Technologie von einer Qualcomm-Tochtergesellschaft lizenziert, um es Mobilfunkprovidern zu ermöglichen, durch die preisgünstige Ortung ein ortsbezogenes Werbegeschäft aufzuziehen. Der Dienst brachte Loopt ein paar Millionen Dollar pro Jahr ein.[151] Einige leitende Softwareingenieure wären damit zufrieden gewesen, ein halbwegs respektables Geschäft daraus zu machen, um das Unternehmen dann für hundert Millionen Dollar verkaufen zu können, aber weder für Altman noch für die Investoren von Loopt war dies ein gangbarer Weg. »Sams Einwand war, dass man damit nie wirklich groß rauskommen konnte«, sagte McAdoo. »Ich glaube, das Team verstand nicht, dass das Geschäft mit den Mobilfunkanbietern für uns nicht strategisch wichtig war.« Die Softwareentwickler sorgten sich, dass es keinen Weg in Richtung Rentabilität gab und Altman offenbar gar nicht versuchte, einen zu finden. »Sie hatten nicht den Eindruck, dass Sam ihre Sorgen verstand«, so McAdoo. »Die wollen keine kleinen Erfolge, die gehen aufs Ganze«, sagte ein ehemaliger Loopt-Mitarbeiter über Sequoia.

Im Frühjahr 2009 erreichten die Spannungen einen Höhepunkt, als ein Dutzend der leitenden Mitarbeiter ein Meeting mit dem Vorstand im Sequoia-Hauptsitz einberief, bei dem sie Altmans Entlassung als CEO forderten. Anwesend waren alle Mitgründer einschließlich Altman sowie Carr, Tana, Lemon, Knapp und die Marketingchefin Shari Yoder. Während des Meetings sagten die Softwareentwickler, Altmans »Shiny Object Syndrome« schade dem Unternehmen und hindere sie nicht nur daran, die Kern-App von Loopt zu skalieren, sondern auch den einzigen profitablen Geschäftsbereich auszubauen. Für Altman stand bei diesem Gespräch etwas anderes im Vordergrund: »Es gab eine ernsthafte Meinungsverschiedenheit um die strategische Ausrichtung mit einigen Leuten, die einfach nur einen guten Wirtschaftsbetrieb aufbauen wollten.«

Doch die Zweifel an seiner Führung bezogen sich nicht nur auf das Unternehmerische. Ein paar Monate vor dem Meeting hatten zwei Loopt-Mitarbeiter das Unternehmen verlassen, um das mobile Werbenetzwerk AdWhirl zu gründen. Sie wurden von dem von Sequoia finanzierten Marktführer AdMob beschuldigt, seinen Code übernommen zu haben, indem sie sein frei zugängliches SDK unter Verletzung der Nutzungsbedingungen verwendeten. Die Vorwürfe waren plausibel, da die Mitarbeiter während ihrer Tätigkeit für Loopt mit dem SDK von AdMob gearbeitet hatten. AdMob befand sich in der Endphase der Verhandlungen über eine Übernahme durch Google, an der Sequoia ordentlich verdienen würde. Als Sequoia von den Vorwürfen durch AdMob erfuhr, beauftragte es einige Loopt-Mitarbeiter, der Sache auf den Grund zu gehen und Bericht zu erstatten. Es kam zu einem hochemotionalen Treffen, wie ein Teilnehmer es nannte, mit Sam Altman, Sam Yam und dem zweiten AdWhirl-Gründer – doch AdWhirl bestritt jegliches Fehlverhalten.

Letztendlich löste Sequoia das Problem, indem es den Kauf von AdWhirl durch AdMob einfädelte, kurz bevor beide von Google geschluckt wurden. Altman leugnete, davon gewusst zu haben, wie AdWhirl an den Code kam, aber angesichts seiner Nähe zu einem der Gründer, Yam, fiel es vielen Loopt-Mitarbeitenden schwer, dies zu glauben. Die Affäre erschütterte ihr Vertrauen zu Altman.

Während des Meetings, in dem führende Loopt-Mitarbeiter seine Ablösung als CEO forderten, saß Altman die ganze Zeit ruhig da und ließ die Kritik über sich ergehen. McAdoo, Chung und ihr Vorstandskollege Mike Ramsay – der ehemalige

TiVo-CEO und NEA-Partner, den Chung angeworben hatte, um Sam in Sachen Führung zu coachen – nahmen die Sorgen der Führungskräfte zur Kenntnis, dankten ihnen dafür, dass sie auf das Problem hingewiesen hatten, und suchten dann nach einer Lösung, die ohne Altmans Entlassung auskam. »Es waren einerseits ernsthafte Gespräche mit Sam über seine blinden Flecken, und andererseits Diskussionen darüber, wie wir das Team stärken konnten«, meinte McAdoo. »Die Bedenken hinsichtlich Sams Führungsqualitäten waren ja berechtigt. Aber für mich ging es nie darum, ihn zu ersetzen. Wenn man sich die Geschichte der Risikofinanzierung ansieht und die Unternehmen, die den Gründer-CEO ersetzt haben, insbesondere in der privaten Phase, sieht die Bilanz ziemlich düster aus.«

McAdoo hatte noch andere Gründe, Altman zu schützen. Etwa zur selben Zeit verhandelte er über Investitionen Sequoias in Batches von Y Combinator, die Altman ihm vorgestellt hatte. McAdoo war auf Y Combinator gestoßen, als er sich bei der Prüfung einer Investition durch Sequoia die Eigentümerstruktur von Loopt ansah. »Es gab da diese sechs Prozent mit der Klausel des Verwässerungsschutzes für eine Organisation namens Y Combinator«, sagte er. Er rief Mailliard an und fragte sie: »Wer zum Teufel sind diese Leute?« Mailliard verwies ihn an Altman, der meinte, er müsse Paul Graham kennenlernen. McAdoo hielt jedes Jahr Vorträge am MIT und in Harvard, und als er das nächste Mal in Cambridge war, bat er Altman, den Kontakt zu vermitteln, und suchte Graham und Livingston in deren Büro auf. Er blieb mehrere Stunden und beantwortete die Fragen der Gründer. Als YC nach Mountain View umzog, wurde McAdoo Gastredner beim Dienstags-Dinner und beriet die Gründer später in einer Sprechstunde und als Dozent in der Start-up School, die YC in Stanford und Berkeley anbot. Auf die Frage seiner Sequoia-Partner, was er da tue, antwortete er: »Das Wesentliche daran ist, dass Sam von dort kommt.«

Als sich die Finanzkrise Ende 2008 zuspitzte, hatte McAdoo ein Déjà-vu-Erlebnis. Er dachte an die schlimme Zeit nach dem Platzen der Dotcom-Blase. Damals hatte sich seine einst belächelte Investition in das Datenspeicherunternehmen Isilon in ein Milliardengeschäft verwandelt, und er war überzeugt davon, dass dies die Gelegenheit war, um gemäß Moritz' Rat zu investieren, wenn der Markt auf dem Tiefpunkt war. Er recherchierte einige der größten Investitionen von Sequoia, beispielsweise Cisco nach dem Schwarzen Montag am 19. Oktober 1987, und stellte für die YC-Start-up-School eine Präsentation zusammen: »Jetzt ist die Zeit, ein Unternehmen zu gründen«, sagte er. »Natürlich wird es schwieriger, Geld zu beschaffen. Aber die Risikokapitalgeber, die jetzt investieren, sind die wahren Risikokapitalgeber, die mit euch durch dick und dünn gehen.«

Nach der Präsentation nahm Graham ihn beiseite. »Das war wirklich großartig«, sagte er. »Ich bin ein bisschen überrascht, aber ich verstehe die Logik dahinter. Aber Sie wissen schon, dass das ganze Geld, das in die YC-Firmen fließt, von meinem und Jessicas und Trevors und RTMs [Robert Tappan Morris] Bankkonten stammt, oder? Und wir haben kein Geld mehr.«

McAdoo lächelte. »Na ja, wir bei Sequoia haben Geld.«

Der Finanzbedarf von YC lag bei rund zehn Millionen Dollar, was sich den Sequoia-Partnern schwer verkaufen ließ, denen gerade eine Folie mit der Aufschrift »RIP Good Times« vorgestellt worden war. Um die Gründer des Winter-Batchs zu unterstützen, trug Graham in einer von Sequoia angeführten Investitionsrunde zwei Millionen Dollar zusammen. Beteiligt waren außerdem ein paar Business Angels wie Ron Conway, ein früher Investor in Google und Facebook, und

Paul Buchheit, der Entwickler von Gmail. (Aus diesem Winter-Batch ging Airbnb hervor, wobei McAdoo die Sequoia-Investition betreute. Es zählt zu den größten Erfolgen überhaupt des Accelerators.)

Für den Rest musste McAdoo Y Combinator dem strengen Prüfverfahren von Sequoia unterziehen, und er erstellte ein Modell zur Portfoliokonstruktion einschließlich der Höhe der zu erwartenden Rendite. »Wir mussten [YC] auf ein paar Hundert Unternehmen pro Jahr bringen, damit es funktionierte«, sagte er – eine Größenordnung, die Grahams Ehrgeiz entsprach, wenn auch nicht seinem Bankkonto. Mit diesem Plan konnte Sequoia im folgenden Jahr eine Investitionsrunde von acht Millionen Dollar für YC-Batches anführen. Für einen Venture Capitalist, der so hungrig war wie McAdoo, war dies der ultimative Hack. Sequoia verdiente letztendlich ein Vermögen mit seiner Beteiligung an den Gewinnen von YC und dadurch, dass es frühzeitig in die erfolgreichsten YC-Start-ups investierte, darunter Airbnb, Dropbox und Stripe.

Altman erwies sich für Sequoia auch auf andere Weise als nützlich. »Er traf sich im Loopt-Büro ständig mit Start-ups«, erinnerte sich ein Mitarbeiter. Im Jahr 2009 entschied Sequoia, Altmans Networking-Talent ganz offiziell zu nutzen, und nahm ihn in sein geheimes »Scout«-Programm auf. (»Mir gefällt das Wort ›geheim‹ nicht«, sagte Roelof Botha, der Leiter des Scout-Programms, 2015 dem *Wall Street Journal*, das erstmals Namen und Details offenlegte. »Wir haben das Programm einfach nur immer sehr diskret behandelt.«) Die Scouts waren in der Regel junge Gründer von Unternehmen, die Sequoia finanzierte. Sie bekamen einen Topf voll Geld, das sie im Namen von Sequoia investieren sollten. Erwies sich die Investition als erfolgreich, wurde der Großteil des Gewinns zwischen dem Scout und den Limited Partners von Sequoia aufgeteilt, ein kleinerer Teil fiel an die anderen Scouts und Sequoia-Partner. Wie auch durch die Pflege seiner Beziehungen zu den Start-up-Anwälten bei Wilson Sonsini versuchte Sequoia ständig, exklusiven Zugang zu interessanten Investitionsmöglichkeiten zu erhalten. Und da die Gründung von Start-ups immer billiger wurde und die Gründenden immer jünger, war es naheliegend, auf Empfehlungen von Altersgenossen zu setzen.[152]

Altman war auf Anhieb ein Star-Scout bei Sequoia. Ein Jahr zuvor hatte Graham ihm den rothaarigen, blauäugigen YC-Gründer Patrick Collison vorgestellt, der drei Jahre jünger war als Altman. Graham war der Meinung, dass Altman Collison dabei helfen könnte, sich als so junger Mensch in der Branche zurechtzufinden. Collison war im ländlichen Irland aufgewachsen, wo seine Eltern, die ursprünglich Mikrobiologin und Elektroingenieur waren, ein Ferienhotel betrieben. Er lernte das Programmieren zu Hause, ermutigt von seinen Eltern, die ihm während der Highschoolzeit erlaubten, ein Jahr zu Hause zu bleiben und sich diesem Thema zu widmen. Mit sechzehn Jahren gewann er einen nationalen Wissenschaftswettbewerb mit der Programmiersprache Lisp. Während des Wettbewerbs begann er einen Briefwechsel mit Graham, dessen Lisp-Handbuch von den talentiertesten Tech-Köpfen verschlungen wurde. Collison schrieb sich am MIT ein, wo Lisp ursprünglich entwickelt worden war. Ein Jahr danach brach er das Studium zusammen mit seinem Bruder ab, um bei YC ein Start-up mit ihrer Software für Internet-Auktionen zu gründen. Das war im Jahr 2007; bereits 2008 verkauften sie es für fünf Millionen Dollar.[153] Collison wurde zu einem von Grahams Favoriten, und so lag es nahe, dass er ihn mit seinem anderen Favoriten, Altman, bekannt machte. Collison und Altman verstanden sich auf Anhieb, wozu ihre gemeinsame Begeisterung für ein eher exotisches Spezialthema beitrug: Lisp-Maschinen, also Computer, die in den 1980er-Jahren gebaut worden waren, um große Programme für Künstliche Intelligenz in der Programmiersprache Lisp auszuführen.

»Er weiß sehr viel über alles Mögliche, und das war auch damals schon so«, sagte Collison. »Ich interessierte mich zu der Zeit – eigentlich bis heute – sehr für obskure Dinge rund ums Programmieren, und er kannte sich erstaunlich gut mit so was aus, wenn es vielleicht auch bei ihm kein so großes Hobby war wie bei mir.«

Im Februar 2009 saß Collison in der Küche von Grahams Haus in Palo Alto und erzählte, worüber er gerade gebloggt hatte: dass jemand eine Internetbank gründen sollte, mit der man ohne die Gebühren und Reibungsverluste stationärer Banken Geld bewegen konnte. Die Idee ähnelte der ursprünglichen Vision von Elon Musks Unternehmen X.com, das in PayPal aufgegangen war. Graham war sofort bereit zu investieren und bestürmte Altman, der zufällig ein paar Minuten später dazukam, mitzumachen und sich die Gelegenheit nicht entgehen zu lassen. Sie schrieben je einen Scheck über 15.000 Dollar aus und ließen den Empfänger offen, da das Unternehmen noch keinen Namen hatte. Altman machte sich gleich Gedanken darüber. »Er schlug vor, dass es ein typisch amerikanischer Retro-Name sein sollte wie National American Bank Company oder so«, sagte Collison. Letztendlich verabschiedeten sie sich wie auch zuvor PayPal von der Idee einer Internetbank, weil das viel zu kompliziert war, und wurden stattdessen ein Zahlungsdienstleister. Sie boten eine elegante Programmierschnittstelle, die es Websites mit nur neun Zeilen Code ermöglichen sollte, Kreditkarten zu akzeptieren. Als die Collison-Brüder das Unternehmen ein Jahr später offiziell gründeten, nannten sie es Stripe.

Die 15.000 Dollar, die Altman in Stripe steckte, brachten ihm zwei Prozent eines Unternehmens ein, das heute 70 Milliarden Dollar wert ist; es ist eines der wertvollsten Start-ups in den Vereinigten Staaten und die erfolgreichste Investition in Altmans Karriere. Da er die Investition als Sequoia-Scout tätigte, durfte er etwa die Hälfte des Gewinns für sich behalten. Sequoia folgte 2010 mit einer Seed-Investition in Stripe und 2011 mit einer Serie-A-Investition, an der auch Peter Thiel beteiligt war. »Sam hat uns bei der Abwicklung sehr geholfen«, sagte Collison. »Wir waren einfach enthusiastische Naivlinge aus Irland, die auf einmal mit Leuten wie Peter Thiel und Mike Moritz zu tun hatten, die für uns so etwas wie Götter waren. Und Sam war wie gewohnt total unbeeindruckt und ließ sich von keinem von ihnen einschüchtern. Und seine Ratschläge waren wirklich sehr hilfreich.«

Angesichts der Türen, die Altman für Sequoia öffnete – und des vielen Geldes, das dahinter lag –, dachte McAdoo nicht daran, ihn bei Loopt durch jemand anderen zu ersetzen. Er traf sich unter vier Augen mit einigen der leitenden Mitarbeiter, die Loopt auf keinen Fall verlieren wollte, und gab Altman dann ein Feedback, das der junge CEO seiner Meinung nach gut aufnahm. Sowohl Altman als auch der Vorstand hielten es für sinnvoll, ihn von seiner operativen Rolle als CEO zu entbinden. Sie einigten sich darauf, nach einer erfahreneren Führungskraft zu suchen, die das Tagesgeschäft übernehmen sollte, damit Altman sich mehr wie ein Executive Chairman auf die Mittelbeschaffung konzentrieren konnte.

Doch als Sequoia im Herbst 2010 den ehemaligen Mobilfunk-Manager Steve Boom als Präsident von Loopt an Bord holte, wussten die Mitarbeiterinnen und Mitarbeiter von Loopt bereits, dass die Neuausrichtung des Unternehmens nicht funktionierte. Mit Loopt Star, dem an Foursquare angelehnten Produkt, das die Nutzerinnen und Nutzer mit einem Rabatt wie bei Groupon zum »Einchecken« ermunterte, hatten sie versucht, die Branchentrends aufzugreifen, aber es ähnelte zu sehr den vielen anderen standortbezogenen Apps, die ebenfalls Goodies boten. Besonders dreist war, dass man einfach von Foursquare die Idee mit den Abzeichen klaute, die man sich durch das Einchecken an verschiedenen Orten verdienen konnte. Checkte man beispielweise öfter in einem Kino ein, erhielt man ein »Cineasten«-Abzeichen.

Foursquare rächte sich auf seine ganz eigene Art und Weise: Es führte ein neonpink-grünes Polohemd als »Trottel«-Abzeichen ein, eine ironische Hommage an Altmans Outfit auf der Apple-Konferenz 2008. Nutzerinnen und Nutzer bekamen es, wenn sie in trendige Hotels und Restaurants eincheckten.[154]

Nicht lange nachdem das in Pasadena ansässige Prepaid-Kreditkartenunternehmen Green Dot im Jahr 2010 an die Börse gegangen war, beklagte sich dessen CEO Steve Streit, ein ehemaliger Radio-DJ und heute Venture Capitalist, bei seinem Vorstand darüber, wie schwierig es sei, die Softwareingenieure seines zehn Jahre alten Unternehmens dazu zu bringen, beim Coden die neuesten Trends aufzugreifen. Die Programmierer von Green Dot gingen nach der »Wasserfall«-Methode vor, sie arbeiteten also nacheinander jeweils nur an einem bestimmten Teil des Codes. Doch wenn Streit seinen Traum verwirklichen wollte, Bankgeschäfte über Mobiltelefone abzuwickeln, mussten sie die »agile« Art der Softwareentwicklung anwenden, wie sie im Silicon Valley üblich war. Dabei setzte man auf Schnelligkeit und das Feedback der Nutzerinnen und Nutzer – eine Arbeitsweise, die auch Graham propagierte. Michael Moritz, der Sequoias Investition in Green Dot geleitet hatte und im Vorstand des Unternehmens saß, hatte einen Vorschlag für Streit.

»Wir haben da in ein Unternehmen investiert, das tolle Talente hat, eine tolle Technologie und Führungskräfte, die sich wirklich auskennen, aber sie sind jung – ziemlich jung. Sie werden einen Mentor brauchen, der sie nicht nur auf menschlicher

Ebene unterstützt, sondern auch bei der Arbeit für große Finanzdienstleister«, sagte Moritz. »Steve, so was ist doch genau dein Ding, vielleicht kannst du das machen.«

Natürlich würde die Fusion auch Sequoia helfen. »Zu diesem Zeitpunkt hatte Loopt wirklich zu kämpfen und suchte nach einem Käufer«, sagte Moritz später. »Deshalb habe ich es Steve vorgeschlagen.«

Er bot an, Streit mit Altman bekannt zu machen. Allerdings verschwieg er zunächst, dass die Lage bei Loopt ziemlich verzweifelt war. Im zweiten Halbjahr 2010 verlor das Unternehmen immer mehr Nutzerinnen und Nutzer. »Sie hatten dem Gaul schon kräftig die Peitsche gegeben, aber er wollte einfach nicht galoppieren«, sagte Streit. »Inzwischen hatten Facebook und andere das Rennen um die sozialen Medien gewonnen.«

Zusammen mit Moritz besuchte Streit den Firmensitz von Loopt in Palo Alto, wo Altman sich eingehend nach der Unternehmenskultur bei Green Dot erkundigte. »Er hatte Angst, sich mit einem Unternehmen zusammenzutun, das er für einen Technologie-Dinosaurier hielt«, so Streit – er selbst hatte dagegen keine Vorbehalte. »Ich mochte schon immer junge Talente und wusste, dass er ein Genie war, und ich war zutiefst überzeugt, dass er mir helfen könnte.« Auch von Alok Deshpande war er beeindruckt. Der wisse einfach, sagte er, wie man »mit Menschen arbeitet und ihr Ego durchschaut und wirklich Code liefert«.

Im März 2012 wurde der Kauf von Loopt durch Green Dot für 43,4 Millionen Dollar bekanntgegeben. Darin enthalten waren 9,8 Millionen Dollar an Bonuszahlungen, um das dreißigköpfige Loopt-Team im Unternehmen zu halten. »Es war ein Acqui-Hire«, so Streit. Die Produkte von Loopt wurden eingestellt. Bei den Verhandlungen ging es Altman vor allem darum, sein Team zusammenzuhalten. Sie würden in ihren Geschäftsräumen in Palo Alto bleiben und sich in Green Dot umbenennen. »Er war von Loyalität geprägt und hatte einen Sinn dafür, was richtig und was falsch ist – ein Mensch mit einer tiefen moralischen Überzeugung«, sagte Streit.

Eins konnte er jedoch nicht retten, nämlich seine Beziehung. Als Loopt verkauft wurde, trennten sich Altman und Sivo. »Ich dachte, ich würde ihn heiraten – ich war sehr in ihn verliebt«, sagte Altman später dem *New Yorker.* Das Scheitern von Loopt schrieb er seiner Fehleinschätzung zu, wie die Menschen die digitale Technologie nutzen würden. »Wir waren der optimistischen Ansicht, dass Standortdaten das Wichtigste überhaupt sein würde«, sagte er dem Magazin. »Die pessimistische Prognose war, dass die Menschen auf der Couch liegen und Inhalte konsumieren wollen – und genau so ist es gekommen. Ich habe gelernt, dass man Menschen nicht dazu zwingen kann, etwas zu tun, was sie nicht wollen.«[155]

Teil III

2012–2019

Kapitel 9

»In einer Rakete mitfliegen«

Einen Monat nach dem Verkauf von Loopt schritt Peter Thiel in einen bis auf den letzten Platz besetzten Hörsaal in Stanford. Für seine Vorlesungsreihe CS183: Start-up hatte sich in kürzester Zeit die maximale Teilnehmendenzahl von zweihundertfünfzig Studierenden eingeschrieben, die sich nun in den Sitzreihen drängten und teils auch auf dem Boden saßen. Thiel, der zwei Stanford-Abschlüsse hatte, zu den Gründern von PayPal gehörte und mit dem dort verdienten Geld einer der ersten Investoren von Facebook geworden war, wurde im Vorlesungsverzeichnis als erfolgreicher Unternehmer und Investor vorgestellt, der seine Freunde mitbringen wolle, um alle an ihren Erfahrungen in der glorreichen Welt der Start-ups teilhaben zu lassen.

Doch das war längst nicht alles, er wollte seine Zuhörerschaft auch provozieren und aufrütteln. Thiel hatte als Kind im Schachspiel brilliert, dann in Stanford bei dem französischen Historiker und Literaturkritiker René Girard Philosophie studiert, dessen Mimetische Theorie lehrt, dass unser Begehren in Wahrheit stets nur die Wünsche anderer kopiert. Laut Thiels Biografen Max Chafkin verstärkte das Studium bei Girard in Verbindung mit einer gewissen Ablehnung, auf die er bei seinen liberalen Kommilitonen stieß, seinen angeborenen Hang, ein Contrarian zu sein – jemand, der grundsätzlich und aus Überzeugung gegen den Strom schwimmt. In seiner

Studienzeit mündete dies in die Gründung der konservativen Zeitschrift *Stanford Review.* Im Alter von dreißig Jahren veröffentlichte er ein Buch, das Kritik an dem auf dem Campus gepflegten Multikulturalismus übte. Später, als Investor, konnte er als Contrarian die Finanzkrise richtig vorhersagen, auch wenn es ihm dann nicht gelingen sollte, sie verlustfrei zu überstehen. Im Laufe seiner Karriere verfolgte Thiel eine wilde Mischung experimenteller Ideen. So finanzierte er unter anderem künstliche Inseln in internationalen Gewässern, um dort libertäre Utopien zu verwirklichen. Außerdem versucht er mit Nachdruck den Moment herbeizuführen, an dem der technologische Fortschritt sich ohne weiteres Zutun des Menschen verselbstständigt.

Doch nun widmete er sich erst einmal der vielleicht konträrsten Kampagne von allen: Amerikas Jugend davon zu überzeugen, das College abzubrechen. Im Jahr zuvor hatte er die Thiel Fellowships ins Leben gerufen, ein Stipendienprogramm, das vielversprechenden Jungunternehmerinnen und Jungunternehmern 100.000 Dollar bot, wenn sie ihrer Eliteuniversität den Rücken kehrten und ein Unternehmen gründeten. Und trotzdem stand er jetzt hier in seiner Alma Mater und hielt eine Vorlesung über etwas, was offenbar viel wichtiger und auch viel wilder war, als bloß Geld zu verdienen.[156]

Es war eine Sensation. Die Mitschrift der Vorlesungsreihe, die ein Student namens Blake Masters auf *Hacker News*, dem Webforum von Y Combinator, veröffentlichte, ging viral. Sie bildete die Grundlage für den Bestseller *Zero to One: Wie Innovation unsere Gesellschaft rettet*, dessen von Thiel und Masters gemeinsam geschriebene englische Originalausgabe zwei Jahre später herauskam. David Brooks widmete Masters' Zusammenfassung von Thiels Lehren eine Kolumne in der *New York Times.*[157] Dabei war die Kernaussage der Vorlesungen – dass Wettbewerb in Wahrheit letztlich zerstörerisch sei und Unternehmen danach streben sollten, Mini-Monopole in neuen Märkten zu schaffen, anstatt sich in etablierten Märkten abzukämpfen – nicht die eigentliche Hauptbotschaft. Diese war vielmehr die zentrale Enttäuschung in Thiels Leben, zu der die Vorlesungen immer wieder zurückkehrten.

»Der Höhepunkt des Technologie-Optimismus lag vermutlich in den 1960er-Jahren«, sagte der 1967 geborene Thiel in seiner Eröffnungsvorlesung. »Damals *glaubten* die Menschen an die Zukunft. Die Zukunft war etwas, was sie *beschäftigte*. Viele waren äußerst zuversichtlich, dass die nächsten fünfzig Jahre ein halbes Jahrhundert beispiellosen Fortschritts bringen würden. Aber das ist nicht eingetreten, sieht man einmal von den Entwicklungen der Computertechnik ab.«[158] Stattdessen hätten die Reallöhne stagniert, solange er denken könne. Seiner Meinung nach hätten sich nur wenige Träume der Generation seiner Eltern tatsächlich realisiert. »Vergessen wir fliegende Autos«, witzelte er in einem späteren Vortrag. »Wir stehen immer noch im Stau.«[159]

Diese Klage erinnert an das Manifest, das Thiels Risikokapitalgesellschaft Founders Fund im Jahr zuvor veröffentlicht hatte. In ihm wurde die Abkehr der Risikokapitalbranche von »transformativen Technologien« wie Halbleitern und die Hinwendung zu Unternehmen beklagt, die »völlig nebensächliche Probleme oder sogar Scheinprobleme (beispielsweise die Lieferung von KitKat-Schokoriegeln durch Lieferdienste wie Kozmo.com ins Büro)« lösen. Der Autor des Manifests, Bruce Gibney, empörte sich darüber, dass die NASA seit vierzig Jahren nicht mehr auf dem Mond war und dass man inzwischen (nach der Ausmusterung der Concorde) wieder länger für die Überquerung des Atlantiks brauche, während sich der Anstieg der Lebenserwartung verlangsame und die Menschheit in der Frage, wie sich Energie billiger erzeugen ließe, kaum vorangekommen sei. Und was dem Fass den Boden ausschlage: »Wir haben nicht einmal ansatzweise etwas, was man Künstliche allgemeine Intelligenz nennen könnte, ein Manko, mit dem kaum ein Zukunftsforscher vor dreißig Jahren gerechnet hätte.«[160]

Als Gegenmittel zur Überwindung der Stagnation in der Technologiebranche empfahl Thiel Investierenden und Studierenden, gegen den Strom zu schwimmen und den großen Wurf zu wagen, anstatt sich mit kleinsten Gewinnen zufriedenzugeben, wie es nur feige, karrieresüchtige Weichlinge täten. In mancher Hinsicht war dies seine Version von Paul Grahams Essays. Die einzige Möglichkeit, Gründer zu finden, die sich mit Haut und Haaren ihrer Sache verschrieben und in die es sich zu investieren lohnte, bestand nach Thiels Einschätzung darin, sich selbst als der ultimative, seiner Sache mit Haut und Haaren verschriebene Investor zu offenbaren.

Bei all dem Medienrummel über seine Stanford-Vorlesungsreihe ging mehr oder weniger unter, dass Thiel Gespräche in den Büros von Y Combinator in Mountain View führte, wo auch Altman oft anzutreffen war. Altman war bei YC im Juni 2011, lange vor seinem Ausstieg bei Loopt, offiziell zum Teilzeitpartner ernannt worden. Er beriet Unternehmen wie Rap Genius, später in Genius umbenannt, wie sie ihre Präsentation vor Investoren beim Demo Day gestalten konnten. (»Wenn ihr dieses Diagramm zeigt, unbedingt sagen: ›Okay, jetzt ein paar Nutzerzahlen. Die meisten YC-Unternehmen kommen hierher und zeigen die kumulierten registrierten Nutzer. Völliger Blödsinn! Wir zeigen nur die wirklich aktiven.‹ Damit fallt ihr aus dem Rahmen. So zeigt ihr, dass ihr gerecht zählt«, erklärte Altman den Gründern von Rap Genius, wie Randall Stross in *The Launch Pad: Inside Y Combinator* berichtete).[161, 162]

Altman hatte Loopt erschüttert und traurig, aber mit circa fünf Millionen Dollar in der Tasche hinter sich gelassen. Der Deal verschaffte ihm einen Sitz im Vorstand von Green Dot, dem er bei der Entwicklung seiner mobilen Banking-App helfen sollte. Er war auch bei einem besonders unangenehmen Meeting mit Walmart dabei, dem mit siebzig Prozent des Umsatzes wichtigsten Kunden von Green Dot. Der Einzelhandelskonzern hatte gedroht, seinen Vertrag zu kündigen. Als sie anschließend auf dem Parkplatz in Arkansas standen, bemerkte Altman seelenruhig gegenüber Streit: »Meine Güte, das war ja mal ein mieses Meeting.« Aber im Großen und Ganzen besaß er nun die Freiheit, ganz neu zu überdenken, wohin es mit seinem Leben gehen sollte.

»Ich dachte über Unternehmensgründungen nach«, sagte Altman. »Ich dachte über Investitionen nach.« Sequoia versuchte, ihn tiefer in sein Risikokapital-Imperium zu locken, aber er lehnte ab. Er reiste als Backpacker durch Europa, besuchte mehrfach Südostasien und auch Japan – und er verbrachte sogar einige Zeit in einem Ashram. »Das totale Tech-Bro-Meme«, scherzte er gegenüber dem *New York Magazine*, meinte aber dennoch, die Erfahrung habe sein Leben bereichert. »Wahrscheinlich habe ich immer noch Ängste und fühle mich unter Druck, aber in meiner *Selbstwahrnehmung* bin ich total entspannt, glücklich und ruhig.« (Annie Altman sagt, ihre Brüder hätten sich früher über sie lustig gemacht, weil sie sich so für Meditation interessierte und sogar Präsidentin der Buddhist Mindfulness Sangha an der Tufts University wurde, aber ein paar Jahre später kam sie dahinter, dass Sam Meditationsgruppen bei sich zu Hause veranstaltete – und heute fragt sie sich, wie viel Zeit Sam eigentlich wirklich in indischen Ashrams verbracht hat.) Den vielleicht größten Umbruch erfuhr Sam während eines Wochenendes in einem Retreat in Mexiko, wo er unter Anleitung Psychedelika nahm. »Kaum etwas anderes in meinem Leben hat mich so tiefgreifend verändert«, erklärte er in dem Podcast *Life in Seven Songs* gegenüber dem *San Francisco Standard.*[163] Die meiste Zeit verbrachte er jedoch mit Büchern im kalifornischen Big Sur im Schatten der Küstenmammutbäume am Meer, seiner Lieblingslandschaft. »Ich hatte das Gefühl, ich weiß von allem ein bisschen, und alles schien möglich«, sagte er. »Mit mir war alles im Ungewissen, aber es ging mir sehr gut damit.«

Altman und Thiel kannten sich bereits seit einigen Jahren. Ursprünglich hatte er den Kontakt zu dem um einige Jahre älteren Investor gesucht, weil dieser sich auch für Kernenergie interessierte. »Als ich anfing, mich ernsthaft mit Energiefragen zu beschäftigen, sagte mir jemand: ›Er ist der einzige Investor, der momentan über Kernenergie nachdenkt. Du solltest mal mit ihm reden‹«, berichtete Altman.

Altman interessierte sich generell für Kernenergie, insbesondere aber für Kernfusion, die gewaltige Reaktion, die unsere Sonne leuchten lässt und von deren Beherrschung die Wissenschaft bereits seit fast einem Jahrhundert träumt. Schon vor Altmans Geburt versuchten Länder auf der ganzen Welt gemeinschaftlich in außerordentlich teuren Forschungsprojekten, Wasserstoffisotope so stark zu erhitzen und unter Druck zu setzen, dass ihre Kerne zu Helium verschmelzen, wobei etwa viermal so viel Energie freigesetzt wird wie bei der Kernspaltung in Kernkraftwerken. Mit der Beherrschung der Kernfusion hätten wir eine billige und saubere Energiequelle aus Molekülen, die sich aus Meerwasser gewinnen lassen, ohne CO_2-Emissionen und mit viel weniger radioaktivem Abfall als bei der Kernspaltung.

Thiel sieht im Schicksal der Kernenergie das Sinnbild schlechthin für den Verlust an technologischem Selbstbewusstsein, den die USA seit den 1960er-Jahren seiner Ansicht nach erlitten haben. Er ist überzeugt, dass der Neubau von Kernkraftwerken aus reiner Hysterie eingestellt wurde, ausgelöst 1979 durch die zufällige Kombination zweier Ereignisse. Nur zwölf Tage nach dem Start des Katastrophenfilms

»Das China-Syndrom«, der aufgrund seiner Besetzung mit Jane Fonda, Jack Lemmon und Michael Douglas große Aufmerksamkeit erfuhr und eine Beinahe-Katastrophe in einem Kernkraftwerk schildert, ereignete sich in dem Kernkraftwerk Three Mile Island in der Nähe von Harrisburg, Pennsylvania, tatsächlich eine partielle Kernschmelze. Dieser Unfall stärkte die Anti-Atomkraft-Bewegung und führte laut Thiel dazu, dass hundert bereits ins Auge gefasste Reaktoren nicht gebaut wurden. Für das Silicon Valley wurde der Vorfall zum düsteren Symbol schlechthin dafür, dass Menschen in einer demokratischen Gesellschaft Risiken nicht vernünftig bewerten und keine rationalen Entscheidungen über die fernere Zukunft treffen können. »Tschernobyl hat weniger als fünfzig Menschen das Leben gekostet; im Vergleich dazu schätzt die American Lung Association, dass die Abgase von Kohlekraftwerken jedes Jahr etwa 13.000 Menschen töten«, schrieb Thiel.[164] »Was mit den Kernkraftwerken geschehen ist, hat eine Narbe bei all den Menschenfreunden im Silicon Valley hinterlassen«, sagte Eliezer Yudkowsky, ein früher Gefolgsmann Thiels. Dieses Desaster hatte letztendlich auch Einfluss darauf, wie die Vordenker im Silicon Valley mit dem Thema Künstliche Intelligenz umgingen, das einen ähnlichen moralischen Drahtseilakt zwischen Fortschritt und Sicherheit erforderte. »Aus ihrer Sicht erhalten Technologien keine faire Behandlung. Wenn man der Meinung ist, dass etwas der Menschheit nutzt, reicht es nicht, sich vor die Menschheit zu stellen und zu erklären, dass es der Menschheit nützt. Man muss lospreschen und es verwirklichen, bevor jemand einen aufhalten kann, nicht weil man im Meinungskampf unterlegen wäre, sondern weil der nicht fair geführt wird«, so Yudkowsky.

Angesichts der Unfähigkeit des Staates, dieses Problem zu lösen, entschloss sich Thiel, es selbst anzupacken, und zwar durch Risikokapital. Eine Investition in eine neue Generation von Atomreaktoren zu tätigen, bedeutete nicht nur, Geld in einen Moonshot zu stecken, der die Welt verbessern würde – es bedeutete auch, direkt die schleichenden Kräfte zu bekämpfen, die sich gegen den Fortschritt stemmten. Nachdem Altman die Investition von Y Combinator in Helion Energy vermittelt hatte, ein Unternehmen, das die Geheimnisse der Kernfusion knacken wollte, beteiligte sich auch Thiel über sein Unternehmen Mithril Capital an der Saatrunde, in die auch Altman persönlich Geld einbrachte.[165]

Neben dem gemeinsamen Interesse für Kernenergie engagierten sich Altman und Thiel als Startkapitalgeber bei Stripe. Dies geschah auf Empfehlung von Paul Graham, der überzeugt war, Thiels Erfahrung als Mitgründer des Zahlungsunternehmens PayPal könnte dem jungen Patrick Collison zugutekommen. Als Stripe dann eine Finanzierungsrunde über achtzehn Millionen Dollar der Serie A startete – unter Beteiligung von Sequoia, Thiel, dem PayPal-Mitgründer Max Levchin und dem Einzelinvestor Elad Gil –, übernahm Altman die Rolle des unentbehrlichen Beraters und führte Collison in Dutzenden von Telefonaten durch den Prozess. Nicht selten fuhr Collison dabei mit dem Fahrrad durch Palo Alto von seiner Wohnung zum Büro oder zurück. Am Ende bewertete die Runde das junge Zahlungsunternehmen mit hundert Millionen Dollar.

Seit dem Frühjahr 2012 war Altman bekannt dafür, beste Beziehungen zu den aufregendsten Start-ups und zu Y Combinator zu haben, was mehr oder weniger auf dasselbe hinauslief. Er hatte außerdem eine Reihe von Limited Partners gefunden, die in seinen eigenen Risikofonds investieren wollten. Nachdem er den Anwerbeversuchen von Sequoia eine Absage erteilt hatte, tat sich Altman mit Thiel zusammen, der den größten Teil der einundzwanzig Millionen Dollar zur Gründung eines Fonds beisteuerte, den sie nach einer chemischen Verbindung, die als Raketentreibstoff benutzt wird, Hydrazine

Capital nannten. Altman warb seinen jüngeren Bruder Jack für den Fonds an, der bei einer New Yorker Investmentbank arbeitete, seit er ein Jahr zuvor seinen Abschluss in Wirtschaftswissenschaften in Princeton gemacht hatte. Max, der mittlere Bruder, stieß ein paar Jahre später dazu, und die drei bezogen gemeinsam eine Wohnung in San Francisco.

Thiel fand Altman »sehr, sehr klug« und »sehr prinzipientreu, sehr streng, sehr ausgeglichen«, aber auch »vielleicht ein bisschen zu optimistisch«. Faszinierend an ihm war nicht einmal so sehr, *was* er alles wusste, sondern *wen* er alles kannte. Für Thiel war Altman, wie bereits im Prolog erwähnt, »das absolute Epizentrum, vielleicht nicht des Silicon Valley überhaupt, aber doch des Zeitgeistes des Silicon Valley«. Thiel hatte ausführliche Gespräche mit Mark Zuckerberg, dem CEO von Facebook, geführt, dessen erster externer Investor bei Facebook er geworden war und den er dann auf seinem weiteren Weg als Mentor begleitete. Dabei war auch zur Sprache gekommen, dass Zuckerberg, was immer man davon halten mochte, zum Gesicht der Millennials geworden war, obwohl er dazu eigentlich nicht besonders taugte. »Wenn man die Personifikation des Millennial-Techies schlechthin suchen wollte, würde die Wahl auf Altman fallen«, erklärte Thiel.

Thiel, der 2007 gegen seinen Willen von dem Klatschportal Gawker Media geoutet wurde, war zu diesem Zeitpunkt der berühmteste offen homosexuelle Investor der Tech-Welt. Rückblickend könnte man meinen, dass es nicht verwunderlich war, wenn Altman sich für Thiel als Mentor entschied, war er doch gerade auf dem Weg, einer der berühmtesten offen homosexuellen CEOs zu werden. Doch im Grunde steht Thiels Weltsicht als Contrarian im Gegensatz zu Altmans Tendenz, Menschen glücklich machen zu wollen. Was Altman an Thiel vor allem zu bewundern scheint, ist dessen Neigung, gegen den Strom zu schwimmen und die Dinge neu zu denken, auch wenn Altman manches davon ganz anders sieht. »Er legt sich beim Nachdenken über die Welt keinerlei Schranken auf«, erklärte Altman kürzlich in einem Podcast.[166] In einem anderen Interview meinte Altman, innovative Ideen gehörten zu den seltensten Gütern der Welt. Und Thiel verfüge über diese Ressource in Hülle und Fülle.

Hydrazine investierte in ein Start-up namens Oklo, das sich mit der Entwicklung von Miniatur-Kernkraftwerken beschäftigt. Altman hatte 2013 davon erfahren und es zu Y Combinator gebracht. Wie bereits erwähnt, taten sich Altman und Thiel auch zur Anschubfinanzierung von Helion zusammen. Aber im Allgemeinen schwamm Hydrazine in einem Tech-Boom mit, der sich als historisch herausstellte – eine Strategie, die ganz im Gegensatz zu Thiels typischem Querdenken steht. »Wenn man sich in einem richtig großen Boom befindet, an den aber niemand glaubt, will man nur in Dinge investieren, von denen jeder weiß, dass sie gut sind. Das ist so ziemlich Konsens«, sagte er. Er war der Meinung, dass die Volatilität, die durch die Dotcom-Blase und die Finanzkrise verursacht wurde, die Anleger verschreckt hatte und die Tech-Industrie in der Folge unterinvestiert war. Im Jahr 2012 »läuft sie nun auf vollen Touren, und all diese Unternehmen wachsen und vermehren sich, aber es ist niemand mehr da, der investieren kann«, sagte er. »Wenn etwas so stark unterinvestiert ist, muss man überhaupt kein Contrarian sein. Man muss einfach nur den Zeitgeist treffen. Sam verstand sich außerordentlich gut darauf, finde ich.«

Hydrazine investierte ohne erkennbare Linie in die verschiedensten Branchen, von Unternehmenssoftware bis zu gastronomischen Spezialitäten. Wenn etwas diese Investitionen verband, dann lediglich, dass fast alle Y Combinator durchlaufen hatten, so das Start-up für Personalmanagement Zenefits, die Plattform für Lieferkettenlogistik Flexport, der

Videochat-Sprachlerndienst Verbling, der digitale Marktplatz für Bauvorhaben BuildZoom, der Hersteller von Nahrungsersatz Soylent und der Online-Scheidungsdienst Wevorce. Ein Ausreißer war Patreon, eine Monetarisierungsplattform für Anbieter von Videos, Podcasts und Musik, mitgegründet von Altmans altem Freund Sam Yam aus der Zeit von Loopt. Hydrazine war mehr oder weniger ein YC-Indexfonds, also eigentlich genau die Art von »supersimpler« Sache, die Thiel nach eigener Aussage immer vermied.

»Manchmal will man eben einfach in einer Rakete mitfliegen«, sagte Thiel.

Und die YC-Rakete raste durch die Stratosphäre. Mithilfe von Sequoia war der Sommer-Batch 2011 auf mehr als sechzig Start-ups angewachsen. In diesem Jahr unterbreiteten der Business Angel Ron Conway und Yuri Milner, ein in Russland geborener Milliardär, Graham ein Angebot, das ihnen einen Anteil an sämtlichen YC-Unternehmen sichern würde. Die Investoren garantierten schließlich jedem YC-Start-up eine Wandelanleihe in Höhe von 150.000 Dollar – im Grunde ein Darlehen, das sich in Aktien verwandelte, sobald es dem Unternehmen gelang, eine Risikokapitalfinanzierung aufzubringen und eine Bewertung zu erlangen. Für die Gründer war das ein äußerst günstiger Deal: Sie bekamen Geld, mussten sich aber in diesem frühen Stadium weder Gedanken über ihre Bewertung noch über die Rückzahlung machen, falls sie scheiterten. Der Demo Day dieses Sommers geriet zu einem wahren Rummel. YC musste zwei neue Klimaanlagen auf dem Dach installieren, um dem Ansturm von mehr als zweihundert potenziellen Investorinnen und Investoren gewachsen zu sein, unter denen sich auch Prominente wie Demi Moore und Ashton Kutcher befanden. Es war sogar nötig, ein mobiles Toilettenhäuschen für den Außenbereich zu organisieren.[167]

Ein Jahr später gab es dann sogar vierundachtzig Start-ups im Sommer-Batch. Die Partner verloren langsam den Überblick. »Das war der berühmte Batch, der allen über den Kopf wuchs«, erklärte YC-Finanzchefin Kristy Nathoo gegenüber *Wired*. Danach ging Y Combinator dazu über, Batches in Kategorien zu unterteilen und den Demo Day im deutlich größeren Computer History Museum abzuhalten, einem weitläufigen Campus in Mountain View, der Sehenswürdigkeiten wie eine Enigma-Chiffriermaschine aus dem Zweiten Weltkrieg und die allererste Computermaus beherbergt, die aus einem kleinen Holzkästchen besteht.[168] Für den Demo Day 2013 wurden die Bewerberinnen und Bewerber auf überschaubare siebenundvierzig begrenzt, während die Zahl der möglichen Investorinnen und Investoren sogar auf vierhundertfünfzig anschwoll. Sie alle lockte der schnelle Reichtum, den Start-ups wie Dropbox (damals vier Milliarden Dollar wert), Airbnb (1,3 Milliarden Dollar) und Stripe (fünfhundert Millionen Dollar) versprachen. »Es herrscht Goldgräberstimmung«, schrieb das *New York Times Magazine* über den YC Demo Day 2013.[169]

Hydrazine investierte in eine Handvoll junger Unternehmen, Thiels Founders Fund jeweils in das ihm von Altman empfohlene beste YC-Start-up des Jahres. Im Jahr 2012 war das Airbnb. »In einer Welt, in der die Dynamik von Kursbewegungen unterschätzt wird, sollte man vielleicht einfach einmal im Jahr das beste YC-Unternehmen auswählen«, sagte Thiel. Founders Fund investierte in Airbnb bei einer Bewertung von 2,5 Milliarden Dollar, heute ist das Unternehmen rund zweihundert Milliarden Dollar wert. Im nächsten Jahr investierte Founders Fund in Stripe bei einer Bewertung von 1,75 Milliarden Dollar, der aktuelle Wert liegt bei rund fünfundsechzig Milliarden Dollar. »In meinen Gesprächen mit Sam ging es immer um die Frage: ›Welches ist das Beste?‹«

»Ende 2014 verlor dieses Entscheidungsprinzip seine Wirksamkeit, weil es von immer mehr Leuten angewandt wurde«, sagte Thiel. Er und Altman hatten Zenefits als neuen YC-Liebling ausgemacht. Es handelte sich um einen Makler für Krankenversicherungen, der kleinen Unternehmen kostenlose Software für die Personalabteilung zur Verfügung stellte, verbunden mit der Hoffnung, Kommissionen durch den Verkauf von Versicherungen einstreichen zu können. Max Altman arbeitete dort von 2014 bis 2016 als Produktmanager. Founders Fund unterbreitete ein Angebot, als die Bewertung bei zwei Milliarden Dollar lag, doch der aggressive Mitgründer Parker Conrad handelte eine Bewertung von über vier Milliarden Dollar aus. Thiel erschien das zu hoch, weshalb Founders Fund weniger investierte. Zenefits erreichte in den folgenden Jahren nicht die optimistischen Wachstumsziele, die eine solche Bewertung gerechtfertigt hätten, und hatte auch sonst Schwierigkeiten, sich in der Gesundheitsbranche zu etablieren. Das Unternehmen stürzte ab, die Investition floppte. (David Sacks, ein Studienfreund von Thiel, der auch für die *Stanford Review* schrieb und an der Gründung von PayPal beteiligt war, übernahm 2016 nach dem Zusammenbruch Zenefits den Posten des Interim-CEO.)

Alles sah danach aus, als sei der Zenit überschritten worden.

Eine von Thiels Investitionen sollte schließlich den größten Einfluss auf Altmans Karriere und die Zukunft der Künstlichen Intelligenz haben. So wie Altman beschäftigte Thiel schon seit Langem der Gedanke, dass Computer eines Tages intelligenter als Menschen werden und einen sich selbst verstärkenden Kreislauf exponentiellen technologischen Fortschritts in Gang setzen könnten, ein altes Science-Fiction-Motiv, oft als »Singularität« bezeichnet. Dieser Begriff wurde in den 1950er-Jahren von dem Mathematiker und Berater des Manhattan-Projekts John von Neumann geprägt und in den 1980er-Jahren durch

Science-Fiction-Autor Vernor Vinge populär gemacht. Ein Freund von ihm, Marc Stiegler, der für Unternehmen und Institutionen aus dem Umfeld der DARPA, der Forschungsbehörde des US-Verteidigungsministeriums, im Bereich Cybersicherheit arbeitete und ebenfalls Zukunftsromane schrieb, erinnerte sich daran, wie er einmal mit Vinge am Rande eines Science-Fiction-Kongresses in einem Lokal saß. Er berichtete, dass sie »Geschichten austauschten, die wir nie schreiben würden, weil sie zu furchtbar und zugleich absolut möglich waren. Wir hatten einfach Angst, dass irgendein Verrückter eine davon aufgreifen und in die Tat umsetzen könnte.«

Zu den vielen Menschen, die die Romane von Vinge beeinflussten, gehörte Eliezer Yudkowsky. Er kam 1979 in Chicago als Kind einer orthodoxen jüdischen Familie zur Welt. Seine Mutter war Psychiaterin und sein Vater Physiker und Science-Fiction-Fan. Später arbeitete er in den Bell Labs und bei Intel an Spracherkennungssystemen. Im Alter von sieben Jahren begann Yudkowsky selbst Science-Fiction-Geschichten zu lesen – im Alter von neun Jahren schrieb er eigene. Mit elf Jahren erzielte er 1.410 Punkte im SAT, einem Einstufungstest fürs College. In der siebten Klasse erklärte er seinen Eltern, er halte die Schule nicht länger aus. Die höheren Klassen besuchte er dann gar nicht mehr. Mit siebzehn wurde ihm schmerzlich bewusst, dass er nicht wie andere Menschen war, und er begann es abzulehnen, als »männlicher Teenager« identifiziert zu werden. Er zog es stattdessen vor, sich als »Algernon« zu bezeichnen, eine Anspielung auf die berühmte Kurzgeschichte »Blumen für Algernon« von Daniel Keyes, in der eine Labormaus dieses Namens überragende Intelligenz erlangt. Dank Vinge hatte er den Sinn des Lebens entdeckt. »Der einzige Zweck dieser Seite, der einzige Zweck dieser Website, der einzige Zweck von allem, was ich als Algernon je tun werde, ist es, die Singularität zu beschleunigen«, schrieb er.[170]

Ungefähr um diese Zeit stieß Yudkowsky auf die obskure Mailingliste einer Gesellschaft, die sich »Extropians« nannte. Er las über sie in einem 1994 erschienenen Artikel der Computerzeitschrift *Wired*, in dem auch ihre E-Mail-Adresse erwähnt wurde. Der in den 1980er-Jahren vom Philosophen Max More begründete Extropianismus ist eine Form des wissenschaftsfreundlichen Superoptimismus, der der Entropie – dem universellen Gesetz, dem zufolge schließlich alles auseinanderfällt und zu Chaos und Tod tendiert – den Kampf angesagt hat. In der Praxis bedeutete dies, dass die Extropianer ihren Körper – oder zumindest ihren Kopf – nach ihrem Tod bei minus 196 Grad Celsius von der Alcor Life Extension Foundation in Scottsdale, Arizona, einfrieren lassen wollten. Ihre Hoffnung war, in ferner Zukunft, wenn die Menschheit das dazu nötige technologische Niveau erreicht haben würde, wiederbelebt zu werden. Philosophisch gesehen orientiert sich der Kampf gegen die Entropie an fünf Prinzipien: Grenzenlose Expansion, Selbstverbesserung, Dynamischer Optimismus, Intelligente Technologie und Spontane Ordnung. (Zum Dynamischen Optimismus gehört beispielsweise eine Technik namens selektiver Fokus, bei der man sich nur auf die positiven Aspekte einer bestimmten Situation konzentriert.)

Robin Hanson, der mit der Schaffung von Prognosemärkten bekannt werden sollte, besuchte zu jener Zeit die großen Partys der Extropianisten in Palo Alto. »Ich war total elektrisiert, sie sprachen über viele interessante Dinge. Meine Frau war weniger begeistert, weil alles nicht so leicht verständlich war und sie ein wenig verschroben wirkten«, sagte er. »Wir waren überzeugt, dass wir wussten, in welche Richtung die Zukunft geht, und dass alle anderen einfach ahnungslos waren. Eines fernen Tages – *irgendwann* – würde sich schon zeigen, dass wir recht hatten, aber wann genau, das wusste niemand.«

Mores Mitgründer der Zeitschrift *Extropy*, Tom Bell alias

T. O. Morrow (Bell behauptet, Morrow sei eine eigenständige Person und nicht bloß ein Pseudonym), schrieb über Systeme des »polyzentrischen Rechts«, die organisch und ohne jede staatliche Einmischung aus freiwilligen Transaktionen zwischen Akteurinnen und Akteuren entstehen könnten, und über »Free Oceana«, eine utopische Extropianer-Siedlung auf einer künstlichen Insel in internationalen Gewässern. (Später arbeitete Bell umsonst für das Seasteading Institute, dem Thiel eine Anschubfinanzierung gab.) Das war so extrem libertär, wie es klingt. Der *Wired*-Artikel beginnt mit der Schilderung eines solchen Treffens der Extropianer, bei dem eine Teilnehmerin sich als »Staat« kostümierte. Sie trug ein Lackbustier, einen Minirock und ein Kettenhemdchen und hatte eine Reitgerte in der Hand. An einer Leine führte sie eine als »Steuerzahlerin« kostümierte Frau, die auf allen vieren hinter ihr herkroch.[171]

Die Mailingliste und die Extropianer insgesamt zählten lediglich ein paar Hundert Mitglieder, unter denen sich allerdings eine Reihe berühmter Namen befanden: der bereits erwähnte Robin Hanson, Marvin Minsky, ein Turing-Preisträger, der in den 1970er-Jahren das KI-Labor des MIT gegründet hatte, der Informatiker und Futurist Ray Kurzweil, der in seinen Büchern den Begriff »Singularität« popularisiert hatte, und der schwedische Philosoph Nick Bostrom, der die KI als existenzielle Gefahr für die Menschheit sieht. Auch Julian Assange war dabei, ein Jahrzehnt vor der Gründung von WikiLeaks, sowie Nick Szabo, Wei Dai und Hal Finney, von denen gemunkelt wird, dass sie entweder selbst identisch mit dem bis heute unbekannten Schöpfer von Bitcoin sind, dessen Pseudonym Satoshi Nakamoto lautet, oder ihm zumindest nahestehen. »Schon bei einer flüchtigen Durchsicht des Archivs der Extropianer (geführt von Wei Dai) wird klar, dass Eliezer Yudkowsky als Teenager innerhalb weniger Monate zu einer der wichtigsten Stimmen dieser außergewöhnlichen Kakophonie wurde«, schrieb der Journalist Jon Evans in seiner Geschichte der Bewegung. Im Jahr 1996, mit siebzehn Jahren, vertrat Yudkowsky die Ansicht, Superintelligenzen seien eine große Verbesserung gegenüber dem Menschen und es sei bis 2020 mit ihnen zu rechnen.[172]

Das Internet-Unternehmerehepaar Brian und Sabine Atkins, die sich 1998 über eine Mailingliste der Extropianer kennengelernt und bald darauf geheiratet hatten, waren von seinen Ideen so angetan, dass sie im Jahr 2000 eine Denkfabrik für Yudkowsky finanzierten, das Singularity Institute for Artificial Intelligence.[173] So zog Yudkowsky im Alter von einundzwanzig Jahren nach Atlanta und begann, für eine Aufwandsentschädigung von etwa 20.000 Dollar im Jahr seine Botschaft von der wohlwollenden Superintelligenz zu verkünden. »Ich dachte, hohe Intelligenz geht automatisch mit Güte einher«, sagte er. Innerhalb von acht Monaten wurde ihm jedoch klar, dass er sich darin irrte – und zwar gewaltig. KI, so dämmerte ihm, könnte sich als Katastrophe erweisen. »Es hatte damit zu tun, dass ich das Geld anderer Leute nahm, und ich bin jemand, der sich Menschen, die ihm helfen, sehr verpflichtet fühlt«, erklärte Yudkowsky. »Irgendwann dachte ich nicht mehr: ›Wenn Superintelligenzen nicht automatisch entscheiden, was das Gute ist, und das dann auch tun, dann heißt das letztlich, dass es kein wirkliches Richtig oder Falsch gibt, und dazu kann man nur sagen: na und?‹ Sondern ich dachte: ›Aber Brian Atkins würde es wahrscheinlich vorziehen, nicht von einer Superintelligenz getötet zu werden.‹« Yudkowsky kam darauf, dass Atkins vielleicht gerne einen »Plan B« hätte, aber als er versuchte, einen solchen auszuarbeiten, stellte er mit Entsetzen fest, dass dies unmöglich war. »Das hat mich veranlasst, den Dingen auf den Grund zu gehen, und schließlich erkannte ich, dass ich total danebenlag.«

Das Ehepaar Atkins hatte dafür Verständnis und änderte die Zielsetzung des Instituts von der Entwicklung Künstlicher Intelligenz schlechthin zur Entwicklung einer *freundlichen* Künstlichen Intelligenz. »Die Tatsache, dass wir das Problem der freundlichen KI lösen mussten, machte es schwierig, einfach irgendwelche KI-Forscher anzuheuern, aber wir hatten auch gar nicht die finanziellen Mittel dazu«, sagte Yudkowsky. Stattdessen entwickelte er ein neues Gedankengerüst, das er »Rationalismus« nannte. (Während man unter Rationalismus üblicherweise die Überzeugung versteht, dass der Mensch unter Anwendung seiner Vernunft zu richtigen Antworten auf seine Fragen kommen kann, definiert ihn Yudkowskys Schüler Scott Alexander nun unter anderem als »Reduktionismus, Materialismus, moralischen Nicht-Realismus, Utilitarismus, Überwindung des Todes und Transhumanismus«. Scherzhaft fügt Alexander hinzu, die wahre Antwort läge im Glauben, dass »Eliezer Yudkowsky der rechtmäßige Kalif ist«.[174])

In einem Essay aus dem Jahr 2004 mit dem Titel »Coherent Extrapolated Volition« vertrat Yudkowsky die Ansicht, eine freundliche KI sollte nicht bloß im Hinblick darauf entwickelt werden, was wir von ihr wollten, sondern auch danach, was tatsächlich in unserem ureigenen Interesse wäre. »Die technische Zielsetzung besteht darin, zu fragen, was die Menschheit ›will‹, oder vielmehr, was wir entscheiden würden, wenn wir mehr wüssten, schneller denken könnten, eher so wären, wie wir gerne sein wollen, zusammen weiter vorangekommen wären etc.«, schrieb er. In dem Aufsatz verwendete er auch ein einprägsames Beispiel dafür, was bei der KI schiefgehen konnte: Angenommen, man programmiert eine KI darauf, Büroklammern zu produzieren, dann könnte sie, sofern man dies nicht mit der nötigen Vorsicht tut, am Ende das ganze Sonnensystem mit Büroklammern füllen. Einige Jahre später griff Bostrom dieses Beispiel auf und verwendete es als ultimatives

Sinnbild für die Notwendigkeit, die KI mit dem menschlichen Willen in Einklang zu bringen.[175]

Im Jahr 2005 war Yudkowsky zu einem vom Foresight Institute veranstalteten Abendessen eingeladen. Die Technologie-Denkfabrik war schon in den 1980er-Jahren mit dem Ziel gegründet worden, die Nanotechnologie zu fördern. (Etliche ihrer ursprünglichen Mitglieder stammten aus der L5 Society, die sich für die Errichtung einer Weltraumkolonie zwischen Erde und Mond eingesetzt und erfolgreich Lobbyarbeit betrieben hatte, um den Mondvertrag von 1979 zu verhindern, der das Terraforming von Himmelskörpern verbieten wollte.) Thiel, der auch gekommen war, unterhielt die Gäste mit der Geschichte über einen Freund, der ein perfekter Marktindikator sei, weil sämtliche Unternehmen, die er als heiße Investitionsgelegenheit betrachtete, kurz darauf abstürzten. Nach dem Essen sprach Yudkowsky den ihm völlig unbekannten Thiel an. »Wenn Ihr Freund ein verlässlicher Indikator dafür wäre, dass eine Anlage fällt, müsste er über eine spezielle Erkenntnismethode verfügen, die die Effizienz des Marktes übertrifft, andernfalls könnte er nicht zuverlässig den Absturz einer Aktie voraussagen«, erklärte er. Damit spielte er auf die Markteffizienzhypothese an, der zufolge sämtliche Risikofaktoren bereits in den Märkten eingepreist sind, sodass man höchstens noch mit Insiderinformationen Gewinne machen kann, die über dem Marktdurchschnitt liegen. Thiel war sehr angetan.

Von da ab trafen sich Thiel und Yudkowsky gelegentlich zum Essen. Yudkowsky betrachtete Thiel »als eine Art Mentor«. Seit 2005 ist Thiel einer der größten Geldgeber von Yudkowskys Singularity Institute, und im folgenden Jahr taten sie sich mit Ray Kurzweil, dem Verfasser des Bestsellers *Menschheit 2.0* zusammen, um an der Stanford University den Singularity Summit abzuhalten. In den folgenden sechs Jahren entwickelte sich diese Konferenz zu einem bedeutenden Forum für

Futuristen, Transhumanisten, Extropianer, KI-Forscher und Science-Fiction-Autoren, darunter Bostrom, More, Hanson, KI-Professor Sebastian Thrun aus Stanford, XPRIZE-Gründer Peter Diamandis und Aubrey de Grey, ein Gerontologe, der überzeugt ist, die Menschheit könne irgendwann das Altern besiegen. Skype-Mitgründer Jaan Tallinn, der ebenfalls an dem Gipfel teilnahm, fühlte sich so inspiriert von Yudkowsky, dass er zu einem der wichtigsten Geldgeber für Forschungen wurde, die das existenzielle Risiko durch KI zu verringern versuchen. Unter anderem förderte er zunächst OpenAI, später den OpenAI-Konkurrenten Anthropic. Ein weiterer Teilnehmer, der Physiker Max Tegmark, gründete später das Future of Life Institute.

Vernor Vinge, der mit seiner Walter-White-Brille und seinem gepflegten grauen Bart wie ein Chemielehrer aussah, kam persönlich und verkündete dem Publikum gut gelaunt, was der Eintritt der Singularität bedeuten würde: »Wir sind dann nicht mehr am Ruder.«[176]

Unter den KI-Forschern, die Yudkowsky 2010 als Redner auf den Gipfel einlud, war auch Shane Legg, ein in Neuseeland geborener Mathematiker, Informatiker und Balletttänzer. Die Idee der Entwicklung einer Superintelligenz, mit der ihn Yudkowsky ein Jahrzehnt zuvor bekannt gemacht hatte, faszinierte ihn.[177] Legg hatte beim New Yorker Start-up IntelliGenesis gearbeitet, gegründet vom Informatiker Ben Goertzel, das versuchte, die erste KI der Welt zu entwickeln. Ihr bekanntestes Produkt war Webmind, eine ehrgeizige Software, die unter anderem versuchte, Börsentrends vorherzusagen. Goertzel, ein promovierter Mathematiker, schrieb seit Jahren Beiträge in der Mailingliste der Extropianer und diskutierte dort lebhaft mit Yudkowsky über Transhumanismus und Libertarismus. (Er bekannte sich deutlich zu Ersterem, weniger zu Letzterem.[178]) Im Jahr 2000 hatte Yudkowsky einen Vortrag in Goertzels

Unternehmen gehalten (das dann innerhalb eines Jahres in Konkurs ging). Legg gibt an, sich seit diesem Vortrag ernsthaft mit der Idee der Superintelligenz auseinanderzusetzen und sie nicht mehr bloß als Kinofantasterei zu betrachten.[179] Goertzel und Legg sprachen von nun an in diesem Zusammenhang von einer »Künstlichen allgemeinen Intelligenz«.

Legg promovierte mit einer Arbeit über »maschinelle Superintelligenz«, in der er die These vertrat, diese Technologie könne zu einer existenziellen Bedrohung werden. Anschließend forschte er mit einem Postdoc-Stipendium an der Gatsby Computational Neuroscience Unit am University College London, wo man sich mit Neurowissenschaften, maschinellem Lernen und KI befasst. Dort lernte er einen begnadeten Computerspieler und Softwareentwickler aus London namens Demis Hassabis kennen, Sohn einer chinesischen Mutter aus Singapur und eines griechisch-zypriotischen Vaters. Als Jugendlicher war Hassabis der zweitplatzierte Schachspieler in der Elo-Weltrangliste der unter Vierzehnjährigen gewesen. Jetzt konzentrierte er sich auf die Entwicklung einer KI nach dem Vorbild des menschlichen Gehirns. Legg und Hassabis hatten eine gemeinsame Vision, die damals allerdings wenig Anklang fand. »Bei dem Thema rollten die Leute mit den Augen«, erklärte Legg dem Journalisten Cade Metz. »Wenn man mit Künstlicher allgemeiner Intelligenz anfing, wurde man bestenfalls als Exzentriker, schlimmstenfalls als versponnener Pseudowissenschaftler abgestempelt.«[180] Legg sah Künstliche allgemeine Intelligenz (Artificial General Intelligence, AGI) als geeignetes Forschungsthema für Universitäten, doch Hassabis, der sich bereits als Start-up-Gründer versucht hatte, wenn er auch gescheitert war, sah das anders: Der einzige Weg zum Erfolg führte seiner Ansicht nach über die Wirtschaft. Und es gab auch bereits einen Investor, der sich dafür anbot: Peter Thiel.

Legg und Hassabis hielten Vorträge auf dem Singularity Summit 2010, doch hauptsächlich waren sie gekommen, um Thiel kennenzulernen, der die Teilnehmenden des Gipfels oft in sein Haus in San Francisco einlud. Hassabis erläuterte am Eröffnungstag des Gipfels, der in ein Hotel in der Innenstadt von San Francisco verlegt worden war, seine Ideen dazu, wie KI das menschliche Gehirn kopieren könne. Legg plädierte am nächsten Tag in seinem Vortrag dafür, KI messbar zu machen, um ihre Erfolge zu belegen. Anschließend gingen sie auf einen Cocktail zu Thiel, der im Marina District mit Blick auf die Golden Gate Bridge und den Palace of Fine Arts wohnte. Als sie ein Schachbrett auf einem Tisch entdeckten, fühlten sie sich gleich wie zu Hause. Sie mischten sich unter die Gäste und liefen Yudkowsky über den Weg, der sie Thiel vorstellte. Hassabis versuchte, cool zu bleiben, vermied jegliche aggressive Verkaufsstrategie und verwickelte Thiel stattdessen in ein Gespräch über Schach, ein Thema, von dem er wusste, dass es Thiel am Herzen lag. Dass das Spiel nie seine Faszination verloren habe, erklärte Hassabis, liege am interessanten Spannungsverhältnis zwischen Springer und Läufer – Figuren gleicher Spielstärke, aber von sehr unterschiedlichen Vorzügen und Nachteilen. Thiel lud die beiden ein, am folgenden Tag wiederzukommen und ihm von ihrem Start-up zu erzählen.[181]

Am nächsten Vormittag saßen sie Thiel, der gerade vom Training kam, an seinem Esstisch gegenüber und stellten ihm ihr Projekt vor. Hassabis erklärte, sie wollten eine vom menschlichen Gehirn inspirierte Künstliche allgemeine Intelligenz schaffen und diese mit Computerspielen trainieren, um ihre Fortschritte zu messen. Sie seien zuversichtlich, mit steigender Rechenleistung immer weitere Durchbrüche zu erzielen. Thiel war zunächst skeptisch, sagte jedoch nach einigen Wochen 2,25 Millionen Dollar zu, womit er zum ersten großen Investor des noch namenlosen Unternehmens wurde.[182] Einige Monate später gründeten Hassabis und Legg zusammen mit einem Freund, dem Unternehmer Mustafa Suleyman, DeepMind. Im Namen des Unternehmens kam zum Ausdruck, dass man anstrebte, die Prinzipien des »Deep Learning«, eine Methode des maschinellen Lernens, das Schichten künstlicher neuronaler Netzwerke verwendet, mit den Neurowissenschaften zu verknüpfen. Von Anfang an wurde den Investierenden erklärt, Ziel sei es, eine AGI zu entwickeln, auch wenn die Befürchtung bestand, dass diese eines Tages die Existenz der Menschheit bedrohen könnte.[183]

Über Thiels Netzwerk warb DeepMind auch dessen PayPal-Mitstreiter Elon Musk als Investor an. Thiels Founders Fund, der in Musks Raumfahrtunternehmen SpaceX investiert hatte, lud Hassabis 2012 ein, auf einer Konferenz, bei der auch Musk zugegen war, einen Vortrag zu halten. Hassabis erläuterte seinen Zehnjahresplan für DeepMind und bezeichnete das Unterfangen als »Manhattan-Projekt« der KI, Jahre bevor Altman diesen Ausdruck verwendete. Einer der Investoren meinte anschließend scherzhaft gegenüber Thiel, der Beitrag sei beeindruckend gewesen, allerdings habe er das Gefühl, Hassabis erschießen zu müssen, um die Menschheit zu retten.

Im folgenden Jahr stellte Luke Nosek, ein Mitgründer von PayPal und Founders Fund sowie Vorstandsmitglied von SpaceX, Hassabis seinem Freund Musk vor. Dieser führte Hassabis durchs Hauptquartier von SpaceX in Los Angeles. Beim Mittagessen in der Firmencafeteria kreiste das Gespräch um weltbewegende Dinge. Hassabis erklärte Musk, er arbeite an der wichtigsten Sache überhaupt, einer superintelligenten KI. Musk konterte, sein Projekt sei das Wichtigste: Er wolle den Mars besiedeln und die Menschheit damit zu einer interplanetarischen Spezies machen. Hassabis erwiderte, das klinge großartig, solange nicht eine aus dem Ruder laufende KI Musk zum

Mars folge und die Menschheit auch dort vernichte. Da wurde Musk ganz still. Auf diesen Gedanken war er bislang nicht gekommen. Er beschloss, die Technologie von DeepMind besser im Auge zu behalten – indem er in das Unternehmen investierte.[184]

Im Dezember 2013 stand Hassabis auf einer Konferenz zum maschinellen Lernen in einem Saal des Hotels Harrah's Lake Tahoe auf der Bühne und demonstrierte den ersten großen Durchbruch von DeepMind: einen KI-Agenten, der das klassische Atari-Videospiel *Breakout* nicht nur selbstständig ohne menschliches Zutun gelernt hatte, sondern es auch nach kurzer Zeit meisterhaft beherrschte. DeepMind hatte dies mit einer Kombination aus tiefen neuronalen Netzen und bestärkendem Lernen erreicht. Die Ergebnisse waren so verblüffend, dass Google das Unternehmen einen Monat später für 650 Millionen Dollar kaufte.[185, 186]

Die Bedeutung dieses Erfolgs von DeepMind – ein wichtiger Schritt auf dem Weg zu einer Allzweckintelligenz, die sich in einer chaotischen Umwelt zurechtfinden und auf ein Ziel hinarbeiten kann – blieb weithin unverstanden, bis ein Jahr später ein Artikel über ihre Forschungsergebnisse in der Zeitschrift *Nature* erschien. Aber Thiel, der DeepMind-Investor, begriff sie sehr gut und sprach mit Altman darüber. Im Februar 2014, einen Monat nach dem Kauf von DeepMind durch Google, schrieb Altman in seinem privaten Blog einen Beitrag mit dem Titel »AI«, in dem er diese Technologie zum wichtigsten Tech-Trend erklärte, dem nicht genügend Beachtung gezollt werde.

»Damit keine Missverständnisse aufkommen: KI (nach der gängigen wissenschaftlichen Definition) wird wahrscheinlich nicht funktionieren. Das kann man von jeder neuen Technologie sagen, das ist also im Allgemeinen eine richtige

Aussage. Aber ich glaube, dass die meisten Leute die Chancen viel zu pessimistisch einschätzen«, schrieb er und fügte hinzu: »Künstliche allgemeine Intelligenz könnte funktionieren, und wenn sie das tut, wird sie die größte technologische Entwicklung aller Zeiten sein.«[187]

Kapitel 10

»Sam Altman for President«

Ein Raunen ging durch die Menge der Start-up-Gründer, die sich über ihre Chili-Bowls beugten, als ein schmächtiger junger Mann in T-Shirt und Cargo-Shorts die Bühne betrat. Es war Februar 2014, und Paul Graham hatte gerade im Silicon Valley mit seiner Ankündigung für Furore gesorgt, dass er als Leiter von Y Combinator zurücktrete und die Zügel an einen achtundzwanzigjährigen gescheiterten Start-up-Gründer namens Sam Altman übergebe. Jetzt stand Graham vor dem neuen Batch von Gründerinnen und Gründern in der YC-Niederlassung in Mountain View mit ihren leuchtend orangefarbenen Wänden und stellte mit einer Mischung aus Begeisterung und Respekt seinen Nachfolger vor. Viele der Anwesenden, die für diese Chance zum Teil ihren Job gekündigt und ihre Familien verlassen hatten, blickten ihn freundlich, aber verständnislos an.

»Keiner wusste, wer Sam war«, sagte Doktor Gurson, der mit seinem Start-up Doblet, einem Service zum Aufladen von Mobiltelefonen, an dem Batch teilnahm. »Ein paar waren etwas enttäuscht, weil sie sich auf die Zusammenarbeit mit Paul Graham gefreut hatten.« Als Altman sich für eine Fragerunde über den phänomenalen Erfolg von Y Combinator zu Graham auf die Bühne setzte, war Gurson beeindruckt von seinen kurzen, prägnanten Antworten und seinen breit gefächerten Interessen. Allerdings bezweifelte Gurson, dass der Führungswechsel die Erfolgschancen von Doblet verbessern würde. Dass er nun die Gelegenheit verpassen würde, mit Graham zusammenzuarbeiten, versetzte ihn derart in Panik, dass er ihn noch am selben Abend ansprach und ihm von den Fortschritten seines Start-ups vorschwärmte.

»Ich hatte noch nie von Sam Altman gehört«, erinnerte sich Daniel Yanisse, dessen Start-up Checkr, ein Dienst für automatisierte Hintergrundprüfungen von Bewerberinnen und Bewerbern für Unternehmen, in jenem Jahr ebenfalls von YC gefördert wurde. »Als ich seinen Werdegang recherchierte, war ich überrascht, weil er kaum Erfahrung hatte. Er war noch ziemlich jung, und sein Unternehmen Loopt war vor der Übernahme nicht allzu groß gewesen. Ich war einfach neugierig darauf, worin seine besonderen Talente und Fähigkeiten lagen. Es dauerte eine Weile, bis ich sie erkannte.« Im Umgang wirkte Altman introvertiert, sachlich und manchmal auch schroff. Smalltalk war nicht sein Ding, er wollte immer ohne weitere Umschweife wissen, wie er behilflich sein könne.

Graham zweifelte jedoch nie im Geringsten an Altmans Talenten und Fähigkeiten. »Er gehört zu den wenigen Menschen, die es schaffen, zugleich einschüchternd effektiv und von Grund auf gutwillig zu sein – eine Eigenschaft, die bei der Seed-Finanzierung immens wichtig ist, auch wenn das nur wenigen klar ist«, schrieb Graham in dem Blogpost mit dem augenzwinkernden Titel »Sam Altman for President«, in dem er den Führungswechsel bekanntgab. »Sam ist einer der klügsten Menschen, die ich kenne, und er versteht mehr von Start-ups als wahrscheinlich alle, die ich kenne, mich eingeschlossen.«[188] Er gebe den Staffelstab weiter, »weil YC wachsen muss und ich nicht der Beste bin, um das zu bewerkstelligen«. In den neun Jahren von Grahams Amtszeit war YC etwa um das Zehnfache gewachsen – von acht Start-ups im ersten Batch auf fast achtzig im aktuellen – und hatte Einhörner wie Stripe, Airbnb und Dropbox hervorgebracht. Vor allem aber hatte Graham das Kräfteverhältnis im Silicon Valley zugunsten der Gründerinnen und Gründer verschoben, Investorinnen und Investoren verloren an Einfluss. Er war mit seiner Botschaft so überzeugend, dass von Jahr zu Jahr mehr Unternehmerinnen und Unternehmer sowie Investorinnen und Investoren mit glänzenden Augen bei Y Combinator anklopften. Nach der Finanzkrise wollten auf einmal all jene, die vorher vielleicht bei Goldman Sachs oder McKinsey gearbeitet hätten, Informatik studieren und Unternehmen gründen. Graham blickte mit Furcht auf den bevorstehenden Tsunami. »Ich bin überzeugt, dass sich hier gerade etwas fundamental ändert«, schrieb er. »Es wird normal, ein Start-up zu gründen. In zehn Jahren wird es viel mehr Start-ups geben als heute, und wenn YC sie finanzieren will, müssen wir entsprechend wachsen.«[189]

Das Problem von Grahams Arbeitsweise war, dass sie nicht »skalierbar« war, wie man im Valley sagte. Paul Buchheit, der Gmail entwickelt hatte und zu einem der ersten und treuesten Business Angels und Partner von YC wurde, drückte es wie folgt aus: »PG ist eine tolle Einmannshow. Er macht alles selbst.« Graham schrieb die gesamte Software von YC, betreute die immer beliebter werdende Social News Website *Hacker News*, führte Vorstellungsgespräche mit Bewerbern und Bewerberinnen durch und beriet sie in Sprechstunden. Im Grunde erledigte er »vier Jobs«, so Buchheit. »Es nahm sein gesamtes Leben im Anspruch.« Als Graham und Livingston Kinder bekamen, wollte er Zeit mit seiner Familie verbringen und sich auch wieder mehr seinen eigenen Projekten widmen, seinen Essays und dem Lisp-Dialekt, an dem er gearbeitet hatte, bevor YC so groß geworden war. Schon bald nach dem Verkauf von Loopt hatte er angefangen, Altman zu umwerben, und dies seit der von Sequoia finanzierten schwierigen Expansion von YC verstärkt fortgesetzt. Auf die Frage eines langjährigen YC-Mitarbeiters, warum er Altman zu seinem Nachfolger auserkoren habe, antwortete Graham: »Er ist ganz eindeutig am ehrgeizigsten.« Graham glaubte, dass Altman das, was er wollte, auch erreichen würde, und so war der beste Weg für den Erfolg von Y Combinator, diesen Erfolg zu etwas zu machen, was Altman wollte.

Altman fühlte sich von dem Angebot geschmeichelt, zögerte jedoch, es anzunehmen. »Es ist schön, wenn einem von seinem Mentor so etwas zugetraut wird«, sagte er. »Aber eine Weile lang hatte ich wirklich keine Lust darauf.« Angel Investments waren schön und gut – vor allem mit dem Geld anderer –, genauso wie das Beraten und der Austausch von Gefälligkeiten, was er alles als »sich nützlich machen« umschrieb. Diese Fähigkeiten hatten ihm dabei geholfen, sich im Silicon Valley ein äußerst loyales Netzwerk aufzubauen. Aber für ihn diente das alles dazu, selbst tätig zu werden, und nicht, anderen etwas weiterzugeben. »Ich wollte ein Unternehmen gründen. Wie sich herausstellte, war ich sehr gut als Investor geeignet. Aber ich habe mich damals nicht als Investor gesehen.« Konkret plante er, ein Start-up im Bereich Kernenergie zu gründen.

Altman rang mit der Entscheidung. »Es wollte gut überlegt sein«, sagte der Tech-Unternehmer und Investor Lachy Groom, mit dem Altman zu dieser Zeit liiert war. Für Altman war ein Investor damals jemand, der versuchte, ein Risikokapitalunternehmen aufzubauen, mit Limited Partners (LPs), denen gegenüber man rechenschaftspflichtig war, und aus Beweggründen, die sich nicht immer mit denen der Unternehmen, in die investiert wurde, deckten. »Du suchst nach einem Unternehmen, das mit dir oder ohne dich erfolgreich sein wird, und bringst es dann dazu, dein Geld anstatt das von jemand anders zu nehmen, und das auch noch zu schlechteren Bedingungen«, sagte er dem *New Yorker*. »Es gefiel mir nicht, in Opposition zum Unternehmer zu stehen.«[190] Obwohl Altman überwiegend Thiels Geld investierte, empfand er sich eher als Business Angel denn als Risikokapitalgeber. »Business Angels sehen sich nicht als Investoren, deshalb nennen sie sich ja Angels«, sagte Groom – sie verstehen sich mehr als spendable Geldgeber. »Und so einer ist auch Sam. Es geht ihm nicht darum, ein Unternehmen aufzubauen. Es gibt ihm keinen Kick, Investor zu sein. Er arbeitet gerne mit Gründerinnen und Gründern zusammen, und irgendwie gibt er ihnen eben auch noch Geld.«

Letztendlich siegte Altmans Faible für die Arbeit mit Gründerinnen und Gründern, und er übernahm das Accelerator-Schwergewicht Y Combinator gerade zu einem Zeitpunkt, als im Silicon Valley Gerüchte über eine neue Technologie-Blase aufkamen. »Die Preise sind hoch und die Bewertungen auch«, sagte Graham auf einer Konferenz kurz nach der Ankündigung seines Ausscheidens.[191] Dropbox und Airbnb wurden jetzt mit über zehn Milliarden Dollar und Stripe mit fast zwei Milliarden Dollar bewertet. Im Durchschnitt war ein von YC finanziertes Start-up inzwischen über zweiundzwanzig Millionen Dollar wert, eines der Unternehmen aus dem letzten Batch lag sogar bei fünfzig Millionen Dollar.[192] Durch die vielen Start-ups, die sich in San Francisco niederließen, strömten Tech-Fachkräfte in ehemals raue Viertel wie den Mission District und trieben den Durchschnittspreis für Wohnungen auf über eine Million Dollar. Zum ersten Mal gab es in San Francisco mehr »Ultrareiche«, also Personen, die über ein Vermögen von mindestens dreißig Millionen Dollar verfügen, als in Los Angeles.[193]

Trotz des hohen Preisniveaus übernahmen Altman und Thiel bei Grahams Abschied einen Teil von dessen Beteiligungen. (Thiel zufolge war es etwa ein Drittel seines YC-Anteils; Altman sprach von eher sieben Prozent.) Altman musste Thiel während des ganzen Prozesses gut zureden. »Sam war extrem optimistisch, eine wichtige Einstellung, wenn man in diesem Bereich investieren wollte, denn dort war eigentlich alles sehr gut bewertet«, sagte Thiel.

Altmans Vorstellung davon, wie Y Combinator expandieren sollte, war stark von Thiels Klagen über die Stagnation in der Technologiebranche beeinflusst. Ein Jahr bevor Altman Präsident von YC wurde, hatte er angefangen, auf seinem Blog persönliche, philosophische Essays im Stil von Paul Graham zu veröffentlichen. In einem der ersten Beiträge legte er eine seiner tiefsten und beständigsten Überzeugungen dar: »Ohne Wirtschaftswachstum kann Demokratie nicht funktionieren, weil die Wählerinnen und Wähler dann in einem Nullsummensystem leben.« Es sei unmöglich, den Menschen das Teilen nahezubringen; Wachstum sei ein intellektueller Kniff, der verhindere, dass man dazu gezwungen werde. Seine Thesen lassen sich durch historische Belege untermauern. Die attische Demokratie bestand knapp zweihundert Jahre, aber wahrscheinlich hätte es sie nie gegeben ohne den enormen Reichtum aus den Silberminen, den die Athener Bürger vor allem durch den Einsatz von Sklavinnen und Sklaven erwarben. Es ist vermutlich kein Zufall, dass die Demokratie etwa zur selben Zeit endete, als die Silberminen erschöpft waren. Doch Altman blickt nicht so weit in die Geschichte zurück. Er verweist stattdessen auf die beiden Hauptgründe für das stetige, jahrhundertelange Wachstum der Vereinigten Staaten: die »Frontier« genannte Erschließung des Westens und nach deren Vollendung der technische Fortschritt.

»Die Vereinigten Staaten waren sehr lange mit Wirtschaftswachstum gesegnet, erst durch Bodenschätze und riesige Landflächen, auf denen man expandieren konnte, und im Anschluss durch eine nie dagewesene Periode des technischen Fortschritts, die erst endete, als wir erkannten, wie gefährlich

Atombomben sind, und Angst vor neuen Technologien bekamen«, schrieb er. »Doch die Zeiten der Frontier sind längst vorbei, und auch wenn in den Bereichen Computer und Internet weiterhin rasante Innovationen zu beobachten sind, scheint der technische Fortschritt in den meisten anderen Industriezweigen nachgelassen zu haben.«[194]

Nach Altmans Plan sollte YC weitere Branchen dabei unterstützen, ähnlich explosive Wachstumsraten wie die Softwarebranche zu erzielen, und so öffnete er den Accelerator für ein breiteres Spektrum an Start-ups als Graham, darunter solche aus dem Bereich »Deep Technology«, dessen Förderung der Staat Altman zufolge vernachlässige. »Wir möchten, dass Y Combinator mehr bahnbrechende Technologieunternehmen finanziert – Unternehmen, die ein wichtiges Problem lösen, einen sehr langen Zeithorizont haben und auf einem technologischen oder wissenschaftlichen Durchbruch basieren«, schrieb er in einem Blogbeitrag zwei Monate nach der Amtsübernahme und nannte zwei Unternehmen von Elon Musk, SpaceX und Tesla, als Beispiele für das, was möglich sei. »Früher hat der Staat in großem Umfang die Entwicklung bahnbrechender Technologien finanziert. Die schlechte Nachricht ist, dass dies größtenteils eingestellt wurde. Die gute Nachricht ist, dass Technologie eine so starke Hebelwirkung hat, dass kleine Startups jetzt das leisten können, wofür früher die Ressourcen ganzer Nationen nötig waren.«

Wie Altmans Freundinnen und Freunde angaben, interessierte er sich zu dieser Zeit ganz besonders für Kernenergie, weshalb er den Energiebereich ganz oben auf die Wunschliste dessen setzte, was YC unter seiner Führung finanzieren sollte. Ähnlich wie Thiel in seinem Manifest von 2011 nannte er als Ziel allgemein die Erzeugung billiger Energie. So heißt es in seinem Blog: »Es besteht ein auffälliger Zusammenhang zwischen Energiekosten und Lebensqualität.« In den Details verriet er sich dann doch ein bisschen: »Kernenergie kann das Rennen machen, oder vielleicht auch die erneuerbaren Energien. Es hängt in erster Linie am Preis.«[195]

KI stand an zweiter Stelle seiner Liste. In einem früheren privaten Blogbeitrag über KI hatte Altman durchklingen lassen, dass sein Optimismus hinsichtlich dieser Technologie auf Insiderwissen beruhe. »Es gibt etliche private (oder kürzlich übernommene) Unternehmen sowie einige große Aktiengesellschaften, die imponierende Fortschritte auf dem Gebiet der Künstlichen allgemeinen Intelligenz machen, aber die guten halten sich ziemlich bedeckt«, schrieb er kurz vor seinem Einstieg bei YC in Anspielung auf den nicht lange zurückliegenden Kauf von DeepMind durch Google.[196] Ein paar Monate später äußerte er sich als YC-Präsident ziemlich vage zu seinen Plänen für ein Engagement von YC in diesem Bereich. Er schrieb: »Im Vergleich zur möglichen Bedeutung scheinen nicht genug kluge Leute daran zu arbeiten.«

Die Neuausrichtung des Unternehmens umfasste Robotik, Biotechnologie, Gesundheitswesen, Bildung, Internet-Infrastruktur, Naturwissenschaften, »Hebel« wie neue Programmiersprachen oder Exoskelette und schließlich Transport und Wohnen sowie Lebensmittel und Wasser. Bei den letzten beiden Punkten schien schon der Prepper in ihm durchzuklingen. »Irgendwann werden wir Probleme mit der Lebensmittel- und Wasserversorgung haben«, schrieb er. »Die Technologie kann ziemlich sicher etwas dagegen tun.« Ein paar Jahre danach erfuhr man, dass die Vorbereitung auf die Apokalypse, ob durch einen synthetischen Virus oder eine bösartige KI verursacht, tatsächlich zu seinen Hobbys zählte. »Ich habe Waffen, Gold, Jodtabletten, Antibiotika, Batterien, Wasser, Gasmasken von den Israelischen Verteidigungsstreitkräften und ein großes Stück Land in Big Sur, wo ich hinfliegen kann«, sagte er gegenüber dem *New Yorker*.[197]

Unternehmen, die einen leicht verbesserten Ridesharing-Dienst zum Flughafen oder eine Personalmanagement-Software anboten, konnten einen so ruhelosen Geist wie Altman einfach nicht fesseln. »Er ist jemand, der etwas bewirken, der leicht verrückte Dinge tun will«, sagte Groom. »Er war schon immer ein zutiefst intellektueller Mensch. Ich glaube, das kommt von seinem Streben nach Bedeutung. Wenn man so klug ist wie er, interessiert man sich nicht endlos für Social-Media-Apps.«

Altman war von seiner Deep-Tech-Vision so überzeugt, dass er proaktiv Start-ups aus der Luftfahrt- und Energiebranche für YC rekrutierte, was die vorherige Leitung aufgrund der Flut der eingehenden Bewerbungen nie in Betracht gezogen hätte.

Wie Graham wollte auch Altman YC größer machen, sehr viel größer. Um die Batches von einigen Dutzend Start-ups auf Hunderte zu bringen, brauchte man zusätzliche Partnerinnen und Partner als Mentoren. Und da dieses Wachstum finanziert sein wollte, musste Altman die Beziehungen des Unternehmens zu Investorinnen und Investoren neu ausrichten. Bei YC war es jahrelang üblich gewesen, enger mit einzelnen Risikokapitalgebenden zusammenzuarbeiten, was zur Folge hatte, dass Unternehmen wie Sequoia oder Andreessen Horowitz Batches mitfinanzierten und damit eine Rendite erzielten. Im Laufe der Zeit entwickelte sich aus dieser Praxis das Programm YCVC. Mit dem Wachstum von YC kam es jedoch zu Konflikten und Zweifeln an der Gerechtigkeit, da ebendiese Unternehmen dann am Demo Day auch um die Start-ups konkurrierten. (Greg McAdoo von Sequoia beispielsweise bot an, eine Seed-Runde von 600.000 Dollar für Airbnb anzuführen, bevor das Start-up überhaupt beim Demo Day seine Präsentation abgehalten hatte, was bei anderen YC-Partnerinnen und -Partnern sowie Risikokapitalgebenden für Unmut sorgte.)

Schon Monate vor der Bekanntgabe seiner neuen Position warb Altman also um institutionelle Anleger wie Pensionsfonds und Universitätsstiftungen, die typischerweise die Geldgeber oder »Limited Partners« von Risikokapitalunternehmen wie Sequoia sind. Zwei davon – der Stiftungsfonds der Stanford University und die Investmentfirma Willett Advisors, die das philanthropische Engagement von Michael Bloomberg verwaltete – verpflichteten sich, gemeinsam 100.000 Dollar in sämtliche YC-Start-ups zu investieren, wodurch YC seine Investitionen von 17.000 Dollar auf 120.000 Dollar je Start-up erhöhen konnte. Doch als Altman diese frohe Botschaft der YC-Gemeinschaft überbrachte, verlor er kein Wort darüber, woher das Geld stammte. (Altman vermeidet es stets, in der Presse auch nur die *Existenz* von Limited Partners zu erwähnen, geschweige denn nennt er jemals deren Namen.) Stattdessen erläuterte er eine verblüffend komplexe Finanzstruktur. »Auch wenn YC selbst weiterhin keine LPs hat (wodurch wir flexibel genug sind, um beispielsweise auch Non-Profits zu finanzieren), stammt ein Teil der Investitionen aus einem von YC verwalteten Fonds, der LPs hat«, schrieb er.[198]

Dennoch war die Aufnahme von zwei institutionellen Anlegern eine einschneidende Veränderung für Y Combinator. Je besser die Batch-Teilnehmenden Altman kennenlernten, desto klarer wurde ihnen, dass sein wahres Genie sich in solchen Akten finanzieller Findigkeit offenbarte. Als Checkr mit stark wachsenden Nutzerzahlen auf den Demo Day zusteuerte, riet Altman dem Start-up, die Seed-Runde zu überspringen und direkt die lukrativere Serie-A-Runde anzupeilen. Dieser Ratschlag stand im Widerspruch zur gängigen Ansicht, dass Unternehmen erst die »Marktreife des Produkts beweisen« sollten, bevor sie eine solche Verpflichtung eingingen, die normalerweise beinhaltete, der Investorin oder dem Investor der Serie A einen Sitz im Vorstand einzuräumen. »Da habe ich zum ersten

Mal gesehen, was für ein Naturtalent Sam ist und was für eine irre Erfahrung er mit Fundraising und Start-ups hat«, sagte Yanisse. »Wir haben dadurch wahrscheinlich ein paar Jahre eingespart.« Heute ist Checkr 4,6 Milliarden Dollar wert.

Auch wenn Altman oft kurz angebunden war, weil er langes Gerede einfach nicht ertragen kann, überraschte er die Gründerinnen und Gründer damit, wie offen und zugänglich er war. Walker Williams, der in der gleichen Straße wie die Altmans aufgewachsen war und ein Start-up namens Teespring zum Bedrucken von T-Shirts gründete, hätte nicht im Traum daran gedacht, sich bei Y Combinator zu bewerben, wenn sein Bruder ihm nicht den Kontakt zu Altman vermittelt hätte. Das Unternehmen hatte seinen Markt zunächst an den Colleges gesucht, war dann aber rasch gewachsen. Es gehörte zwar nicht zu den Spitzentechnologieunternehmen, von denen Altman träumte, trotzdem zeigte er sich interessiert. »Was einem an Sam auffällt: Wenn man mit ihm spricht, hat man seine volle Aufmerksamkeit«, sagte Williams. Altman schlug ihm vor, sich bei YC zu bewerben, obwohl die Frist knapp abgelaufen war, und er wurde in das Winter-Batch 2013 aufgenommen. Altman, der damals noch YC-Partner war, beriet Williams dann bevorzugt im Freien, während er in der Sackgasse vor der YC-Zentrale seine Runden drehte. Als die Umsätze von Teespring stiegen, wurde Altman der erste Investor des Unternehmens.

Im November 2013, als noch die wenigsten wussten, das Altman YC übernehmen sollte, stieg sein jüngerer Bruder Jack, der zuvor für Hydrazine gearbeitet hatte, als Leiter der Unternehmensentwicklung bei Teespring ein. Im Januar darauf wechselte ihr Bruder Max von Chicago, wo er bei dem von Sequoia finanzierten Hochfrequenzhändler Allston Trading gearbeitet hatte, zu Zenefits, das ebenfalls dem Winter-Batch 2013 angehörte. Altmans jüngere Brüder, die sich ursprünglich nur vorübergehend bei ihm einquartieren wollten, wohnten dann fast die ganzen fünf Jahre, in denen er YC leitete, bei ihm in San Francisco.

Auch sein Liebesleben hielt Altman innerhalb von YC; er begann eine Beziehung mit dem neunzehnjährigen Stripe-Mitarbeiter Lachy Groom. Groom fing 2012 direkt nach der Highschool bei Stripe an, nachdem er noch während seiner Schulzeit in seiner Heimat Australien drei Start-ups gegründet und verkauft hatte. Er schien der Beweis für Paul Grahams These, dass die besten Gründerinnen und Gründer oft die jüngsten sind.[199] Die Beziehung war ernsthaft genug, dass Altman Groom seiner Familie vorstellte. Einige Familienmitglieder äußerten Bedenken darüber, dass er mit seinen achtundzwanzig Jahren mit einem Teenager zusammen war.

Altmans Überzeugung, dass Dinge am besten in einem engen, vertrauenswürdigen Netzwerk funktionieren – später sagte er in einem öffentlichen Gespräch mit Jack, man müsse »seinen Tribe finden« –, kam vielleicht am deutlichsten in dem Aufsichtsgremium zum Ausdruck, das er kurz nach seinem Amtsantritt als Präsident von YC einrichtete.[200] Nach dem Vorbild solcher Gremien an Universitäten wie Harvard, die eher beratend tätig sind und weniger Entscheidungsbefugnis haben als Vorstände, hatte die Gruppe im Wesentlichen nur eine Aufgabe. »Der Beirat wird für die Einstellung und Entlassung des YC-Präsidenten verantwortlich sein und gelegentlich bei der strategischen Ausrichtung helfen«, schrieb Altman. »Hoffentlich muss er nicht sehr oft tagen.« Viele von Altmans Freundinnen und Freunden wurden in den Beirat berufen: Brian Chesky (Gründer von Airbnb und wie Altman Sequoia-Scout), Adora Cheung (Gründerin des YC-Absolventen Homejoy), John Collison, Patrick Collison, Drew Houston (Gründer des YC-Superstars Dropbox), Jessica Livingston, David Rusenko (Gründer des YC-Absolventen Weebly) und Emmett

Shear (Altmans Batch-Kollege und Gründer von Justin.tv und Twitch). Auch Altman selbst gehörte dem Beirat an.[201] Fast alle anderen hatten entweder Geld von Altman bekommen, ihm Geld gegeben oder auf die eine oder andere Weise bereits mit ihm zusammengearbeitet. In gewisser Hinsicht war dieser Beirat das perfekte Beispiel für die CEO-freundlichen Vorstände, zu deren Verbreitung im Silicon Valley YC beigetragen hatte.

Um Y Combinator auf die von ihm gewünschte Größe zu bringen, brauchte Altman mehr Geld, und um das zu bekommen, plante er den Accelerator in etwas zu verwandeln, was seinem Gründungszweck widersprach, nämlich in einen Risikokapitalfonds. Altman wollte einen neuen Fonds gründen, der Spätphasen-Investitionen in YC-Unternehmen tätigen und damit so viel verdienen würde wie ein Risikokapitalfonds: rund zwei Prozent des verwalteten Betrags plus zwanzig Prozent des Gewinns.

Managen sollte den Fonds jemand, der nicht aus dem engen Kreis der Risikokapitalunternehmen an der Sand Hill Road kam. »Ich wollte jemanden, der Ahnung vom operativen Geschäft hatte«, sagte Altman. »Einer der Kritikpunkte an YC ist nämlich, dass man zwar Start-ups in der Frühphase gut berät, aber sich nicht damit auskennt, wie man ein Start-up skaliert, was zwar stimmt, aber meiner Meinung nach eben auch für die meisten VCs zutrifft. Ich wollte also jemanden, der das schon mal gemacht hatte.«

Im ersten Sommer seiner Amtszeit als YC-Präsident verabredete sich Altman einmal mit Ali Rowghani zum Essen, einem ehemaligen Pixar-Manager, der gerade als COO von Twitter aufgehört hatte, nachdem die Investoren vier Jahre lang wegen des fehlenden Umsatzwachstums Druck gemacht hatten. Bei Sushi unterhielten sich Altman und Rowghani über Physik. Ein paar Wochen später fragte Altman per Textnachricht, ob Rowghani sich vorstellen könne, YC-Partner zu werden.

Rowghani, ein iranisch-amerikanischer Stanford-Absolvent, der bereits bei McKinsey Erfahrungen gesammelt hatte, wollte wissen, ob es irgendwelche Bedingungen gab. Die einzige war, dass er nicht zu einem konkurrierenden VC-Unternehmen wechseln durfte. Das hatte Rowghani nicht vor, und er war so begeistert von Y Combinator, dass er zusagte. In jenem Winter betreute er als Partner Unternehmen wie Coinbase und Stripe. Es dauerte nicht lange, bis Altman ihm eine größere Aufgabe anbot: Ob er sich vorstellen könne, einen neuen Fonds zu leiten, der Spätphasen-Investitionen in YC-Unternehmen vornehmen sollte?

Diese Idee kursierte schon seit Jahren bei YC, da Paul Graham und seine Mitarbeiterinnen und Mitarbeiter ja sahen, dass Risikofonds wie Sequoia und Andreessen Horowitz von den erfolgreichen Start-ups, die YC hervorbrachte, kräftig profitierten. Nachdem Altman Präsident geworden war, schätzte ein Blogger, dass Sequoia mehr Geld mit YC verdient hatte als YC selbst, weil es in der Serie-A-Runde in die drei YC-Superstars investiert hatte: Airbnb, Dropbox und Stripe. (Investoren der Serie A erhalten in der Regel fünfundzwanzig Prozent der Unternehmensanteile, während der Anteil von YC normalerweise bei sieben Prozent liegt.) »Sequoia kann bei den am schnellsten wachsenden Unternehmen noch etwas drauflegen, YC nicht«, schrieb Rohin Dhar. »So wie YC derzeit strukturiert ist, darf das Unternehmen keine Folgeinvestitionen tätigen, um sich größere Anteile an den Ausnahmeerfolgen wie Airbnb und Dropbox zu sichern (auch wenn manche YC-Partner privat Folgeinvestitionen vornehmen). Wenn YC damit anfangen würde, Folgeinvestitionen in die ›Gewinner‹ zu tätigen, wäre das ein ziemlich schlechtes Signal für jene Unternehmen, bei denen das nicht geschieht, denn sie würden als ›Verlierer‹ dastehen. Solche Unternehmen hätten es dann schwer, Geld bei anderen Investoren zu beschaffen.«[202] (Quellen, die Altmans

Überlegungen kennen, bestreiten, dass Sequoia mehr von den YC-Unternehmen profitiert hat als YC selbst.)

Altman und Rowghani suchten nach Wegen, um diese Hindernisse zu überwinden. Eine Idee war, den Fonds in alle YC-Absolventinnen und -Absolventen investieren zu lassen, die mit über dreihundert Millionen Dollar bewertet wurden. Dann machten sie sich daran, neue Limited Partners anzuwerben. Neben Stanford und Willett Advisors nahmen sie die Stiftungsfonds der Yale University, der Washington University in St. Louis und der University of Pennsylvania auf. Wie schon bei Loopt mit den Mobilfunkprovidern war Altman auch in diesen Meetings die beherrschende Figur und behauptete so überzeugend die sonderbarsten Dinge, dass die LPs glaubten, er könne in die Zukunft schauen. Rowghani kümmerte sich im Anschluss um die Details. Zusammen brachten sie siebenhundert Millionen Dollar für einen Fonds auf, den sie YC Continuity Fund nannten. Dies löste im Silicon Valley eine gewisse Panik aus, da die VC-Unternehmen zu fürchten begannen, dass YC immer größere Teile ihres Kuchens für sich beanspruchte.

Während Altman YC den Weg zu Folgeinvestitionen ebnete, schränkte er diese Möglichkeit für die YC-Partnerinnen und -Partner mit einer neuen Regel ein, der zufolge sie damit bis nach dem Demo Day warten oder sich an einer Serie-A-Finanzierungsrunde beteiligen mussten. Dies sollte dem Anschein von Günstlingswirtschaft entgegenwirken. Damit sich niemand übergangen fühlte, richtete er darüber hinaus eine Mailingliste ein, um alle interessierten Investorinnen und Investoren zu benachrichtigen, sobald YC-Unternehmen vor oder nach dem Demo Day Finanzierungsrunden durchführten. Seine E-Mails klingen, als wäre er der Türsteher eines Nachtclubs oder von der Start-up-Investitionspolizei. »Die Regeln für die Mitgliedschaft sind einfach«, schrieb er. »Insgesamt fünf Investitionen in YC-Unternehmen beliebiger Größe oder zwei große, ein guter Ruf bei unseren Alumni und kein schlechtes Verhalten in der Vergangenheit wie ein Verstoß gegen das Term Sheet ohne triftigen Grund, Druck auf die Gründer, um über die Investition in einer Runde hinaus Beratungsaktien zu erhalten, und so weiter.«[203]

Altman empfand es als anstrengend. »Man ist irgendwie ständig mit zwei Dritteln des Valley verfeindet«, sagte er. »Irgendwann fühlt man sich wie ein Cop. Irgendein Investor behandelt einen Gründer schlecht, also musst du ihn anrufen und rüffeln. Ein anderer Gründer baut Mist, also musst du ihn anrufen und rüffeln. Die anderen Investoren sind sehr neidisch auf YC. Das hat sich inzwischen gelegt, aber lange Zeit hieß es nur: ›Wie können wir YC fertigmachen?‹«

Altman griff tatsächlich ein, als ein YC-Unternehmen ihn brauchte. Reddit war schon immer so etwas wie das YC-Maskottchen gewesen. Es war aus dem ersten YC-Batch hervorgegangen und anders, als die Gründer es wollten, kein Lieferdienst für Essen, sondern auf Grahams Empfehlung hin eine Social-Media-Plattform. Der anfängliche Erfolg, befördert durch einen Link in Grahams Blog, bewies die Tauglichkeit des damals noch kleinen YC-Netzwerks, aus dem die erste Gruppe der Reddit-Nutzenden bestand. Und der Kauf durch das glamouröse Medienunternehmen Condé Nast, als das Start-up noch in den Kinderschuhen steckte, katapultierte Reddit in den Kreis der Mainstream-Medien (Condé Nast kaufte Reddit zum Spottpreis von zehn Millionen Dollar, was wahrscheinlich seinem Budget für schwarze Limousinen und Schnittblumen entsprach). Doch das anarchische Reddit mit seinen sich selbst organisierenden Communitys, die alles Mögliche teilten von merkwürdigen Ausstechformen für Plätzchen bis hin zu Fotos am Rande der Legalität, hatte nie so recht zu dem Eigentümer von Hochglanzmagazinen wie *Vogue*, *Vanity Fair* und *The New Yorker* gepasst.

Obwohl Reddit nach Ansicht vieler im Silicon Valley vom Mutterunternehmen vernachlässigt wurde, wuchs es weiter; es wurde jedoch nie profitabel. Innerhalb weniger Jahre waren alle Mitgründer zu anderen Projekten abgewandert.* Auch Condé Nast verlor das Interesse. »Es passte einfach nicht zu unserem Unternehmen, und es war klar, dass sie bessere Talente, mehr Kapital und ihre eigene Plattform brauchten«, sagt Bob Sauerberg, damals CEO von Condé Nast. »Die Idee, es in die Condé-Nast-Plattform zu integrieren, ergab keinen Sinn. Also dachten wir, wenn wir es ausgliedern, können wir Geld von Leuten beschaffen, die uns helfen können, und ein Team einstellen, das sich mit dem Geschäft auskennt.« Im Jahr 2011 machte Advance Publications, zu dem Condé Nast gehörte, Reddit zu einer unabhängigen Tochtergesellschaft und stellte den ehemaligen PayPal- und Facebook-Mitarbeiter Yishan Wong als CEO ein. Die neue Struktur ermöglichte es Wong, für Reddit Geld wie für ein ganz normales Start-up aus dem Silicon Valley zu beschaffen. Das brachte ihn dazu, Y Combinator einen Besuch abzustatten.

Im Frühjahr 2014 fuhr Wong mit einem blauen Tesla auf den Parkplatz von YC in Mountain View, als Altman gerade aus seinem ebenfalls blauen Tesla stieg, so schildert es zumindest Christine Lagorio-Chafkin in ihrem Buch über Reddit, *We Are the Nerds*. Die beiden Männer verstanden sich auf Anhieb. Beide liebten Reddit und begriffen, wie das Silicon Valley tickte. Wong war gekommen, um sich einen allgemeinen

* Aaron Swartz, der von Graham mehr oder weniger gezwungen worden war, sich mit Reddit zusammenzutun, war 2007 entlassen worden, weil er es nicht schaffte, sich in den Büroalltag einzufügen. Er wurde Aktivist für eine Urheberrechtsreform und für den freien Zugang zu Informationen. 2013 erhängte er sich, weil er für das Herunterladen einer großen Menge wissenschaftlicher Unterlagen vom Massachusetts Institute of Technology wegen Hacking angeklagt wurde und ihm eine jahrzehntelange Haftstrafe drohte.

Überblick über die Fundraising-Szene zu verschaffen, nicht wissend, dass Altman einen eigenen Fonds besaß. Zwei Tage später teilte Altman Wong mit, er habe beschlossen, dass sein Fonds Hydrazine eine Investitionsrunde für Reddit anführen sollte. Danach hing er wochenlang am Telefon, um Hollywood-Größen wie Jared Leto und Snoop Dogg sowie VC-Koryphäen wie Thiel, Andreessen, Alfred Lin von Sequoia und Joshua Kushner von Thrive Capital zu gewinnen.[204] Bis September sammelte er fünfzig Millionen Dollar ein – 27,5 Millionen Dollar stammten von Hydrazine –, und Altman trat dem Vorstand bei. In der Ankündigung hieß es, dass zehn Prozent der Anteile für die Reddit-Community vorgesehen seien, die die Inhalte der Website erstellte. »Es hat mich immer gestört, dass die Nutzerinnen und Nutzer einen so großen Teil des Wertes von Websites wie Reddit schaffen, aber nichts davon besitzen«, erklärte Altman in seinem Blog. »Deshalb geben die Investoren der Serie B in dieser Runde zehn Prozent unserer Anteile an die Reddit-Community ab, und ich hoffe, dass wir den Anteil der Community mit der Zeit erhöhen können. Wir haben kreative Ideen zu diesen Mechanismen, aber es wird eine Weile dauern, bis wir alle Fragen geklärt haben.«[205] Wong, von dem die Idee stammte, äußerte sich in einem Interview mit *TechCrunch* direkter: »Wir haben einen verrückten Plan, wir haben vor, eine Kryptowährung zu schaffen, die mit diesen Anteilen finanziert wird. Dann werden wir die Währung auf einigermaßen faire Art, die die Beiträge widerspiegelt, in der Community aufteilen.«[206] Auf seinem eigenen Blog postet er in Großbuchstaben: »WARNUNG: DIESER PLAN KÖNNTE TOTAL IN DIE HOSE GEHEN.«[207]

Und so geschah es tatsächlich. Innerhalb weniger Wochen trat Wong zurück, unter anderem deshalb, weil die Mitarbeiterinnen und Mitarbeiter gegen seinen Plan rebellierten, den Firmensitz von San Francisco in den unattraktiven Vorort Daly

City zu verlegen, der die Liedermacherin und Politaktivistin Malvina Reynolds zu ihrem von Pete Seeger berühmt gemachten Song »Little Boxes« inspiriert hatte.[208] Am Ende blieb Altman nur acht Tage lang als CEO im Amt, bevor er den Posten an Ellen Pao übergab, eine hochqualifizierte Reddit-Managerin, die dadurch Bekanntheit erlangt hatte, dass sie ihren früheren Arbeitgeber, das Risikokapitalunternehmen Kleiner Perkins, wegen Geschlechterdiskriminierung verklagt hatte. Da es bei Reddit drunter und drüber ging, kehrte der Mitgründer Alexis Ohanian als Executive Chairman zurück, und Altman wandte sich auch an den zweiten Reddit-Gründer Steve Huffman um Rat, dessen Freundschaft zu Ohanian etwas abgekühlt war. Zwischen Altman und Huffman entwickelte sich eine Vertrautheit, die es während ihrer Zeit als Batch-Kollegen bei YC zehn Jahre zuvor nicht gegeben hatte, als Altman noch mit Hosentaschen voller Mobiltelefone allein durch Cambridge streifte und Huffman auf dem Instant Messenger von AOL schlüpfrige Witze machte. Das Chaos bei Reddit wollte kein Ende finden – Ohanian und Pao kamen nicht miteinander aus, und das Unternehmen hatte Kritik einstecken müssen für sein Verhalten in einem Skandal um gehackte Nacktfotos von Prominenten – und so setzten sich Sauerberg und Altman mit Nachdruck für die Rückkehr Huffmans ein. (Sauerberg und Steve Newhouse, ein Mitglied der Familie, der Condé Nast seit Generationen gehört und ein leidenschaftlicher Unterstützer von Reddit, hatten Huffman seit Jahren zu gewinnen versucht.)

Huffman hatte durchaus Interesse, konnte sich aber nicht vorstellen, seine Reisewebsite Hipmunk, die er nach seinem Ausscheiden bei Reddit mitgegründet hatte, zu verlassen. Und so schlug er irgendwann vor, dass Reddit Hipmunk einfach kaufen sollte, denn er wusste, dass Reddit nicht nur eine neue Führung brauchte, sondern auch talentierte Softwareingenieure. Wochenlang diskutierten Huffman und Altman über diese Möglichkeit, wobei die Reddit-Investoren offen für einen Acqui-Hire waren. Letztendlich scheiterte das Projekt jedoch an der fehlenden Zustimmung von Huffmans Hipmunk-Mitgründer. Dennoch war Huffman durch diese Erfahrung bewusst geworden, wie viel ihm daran lag, zu seinem ersten Unternehmen zurückzukehren und es wieder auf Vordermann zu bringen. Als Pao im Juli 2015 nach einem Aufstand der Reddit-Nutzerinnen und -Nutzer wegen der Kündigung einer beliebten Mitarbeiterin zurücktrat, kehrte Huffman an die Spitze von Reddit zurück. Trotz dieser Turbulenzen zweifelte Altman nie daran, dass Reddit eine der großen Internetseiten werden könnte. »Er denkt ständig an hundertfaches Wachstum und hält uns immer bei der Stange: ›Es muss nach oben und nach rechts gehen‹«, sagte Sauerberg.

Fast zehn Jahre später ging Reddit an die New Yorker Börse, und die Anteile von 8,7 Prozent, die Altmans Fonds Hydrazine durch die Serie B und durch Folgeinvestitionen erworben hatte, stiegen auf einen Wert von sechshundert Millionen Dollar.[209] (Der lange hinausgezögerte Börsengang erfolgte erst, nachdem Reddit Verträge zur Datenlizenzierung für das Training von KI-Modellen wie dem von OpenAI geschlossen hatte.)

»Zu Sams Qualitäten gehört, dass er Dinge zu Ende bringt«, sagte Huffman. »Anscheinend fühlt er sich von vertrackteren, komplexeren Deals angezogen. Das findet er wohl aufregend. Ich kenne niemanden, der so gerne wie er mittendrin ist, wenn es chaotisch wird oder darum geht, Geschäfte zum Abschluss zu bringen und Beziehungen zu knüpfen.«

Während Altman damit beschäftigt war, Reddit zu retten, sorgte ein überraschender Bestseller dafür, dass informierte Laien ihre Sichtweise auf KI veränderten. Das Buch *Superintelligenz. Szenarien einer kommenden Revolution* des schwedischen Philosophen Nick Bostrom war in einem dichten, akademischen Stil geschrieben und enthielt seitenweise mathematische Gleichungen und logische Herleitungen. Dennoch landete es im August 2014 auf der Bestsellerliste der *New York Times*, nachdem Elon Musk getwittert hatte, er teile die Grundannahmen des Buchs. »Es lohnt sich, Superintelligenz von Bostrom zu lesen«, riet Musk seinen zehn Millionen Followerinnen und Followern. »Wir müssen mit der KI supervorsichtig sein. Potenziell gefährlicher als Atombomben.«

Superintelligenz beginnt mit einer Fabel über ein paar Spatzen, die sich vorstellen, wie angenehm es wäre, wenn sie eine Eule hätten, die ihnen beim Nestbau hilft und sie vor der Nachbarskatze warnt. Sie überlegen, wie sie ein Eulenküken für ihr Vorhaben finden könnten. Einer der Spatzen meldet sich zu Wort und fragt, ob sie nicht besser erst bedenken sollten, wie sich eine Eule zähmen lässt, bevor man sich ein Ei ins Nest holt, aber der Anführer des Schwarms erwidert, dass es schon schwer genug sei, eine Eule zu finden. Mit dem Zähmen der Eule könnten sie sich später befassen. Der Skeptiker und ein paar Anhänger bleiben zurück und stellen fest, dass es sehr schwer ist, zu lernen, wie man eine Eule zähmt, wenn man kein Exemplar zum Üben hat. Am Ende der Geschichte leben sie in der ständigen Furcht, die anderen Spatzen könnten mit einem Ei zurückkehren, bevor sie es herausgefunden haben.

In seinem Buch bringt Bostrom vor, dass die Menschen wahrscheinlich irgendwann im 21. Jahrhundert eine »maschinelle Superintelligenz« schaffen werden und daher besser anfangen sollten, dafür zu sorgen, dass diese nicht die gesamte Menschheit zerstört. Um zu veranschaulichen, wie die KI die Macht übernehmen könnte, bedient er sich bei Yudkowskys Büroklammer-Metapher, die er allerdings etwas abwandelt. Eine superintelligente KI, die darauf programmiert ist, Büroklammern herzustellen, könnte so lange weitermachen, bis die gesamte Materie im Universum – einschließlich der fleischlichen Körper aller empfindungsfähigen Wesen – in Büroklammern verwandelt ist. »Dies ist die wahrscheinlich größte und beängstigendste Aufgabe, der die Menschheit je gegenüberstand – und egal, ob wir sie meistern oder an ihr scheitern: Es wird wohl auch die letzte sein.«[210]

Bostrom und Yudkowsky hatten einen ähnlichen Hintergrund. Bostrom wuchs in Schweden auf, war hochintelligent und wollte die Schule möglichst schnell hinter sich bringen. Ende der 1980er-Jahre war er fünfzehn und hatte, wie er es beschreibt, »das allgemeine Gefühl, dass [in der Zukunft] Dinge, die das Erfinden und die Ideenfindung verändern könnten – sei es durch Künstliche Intelligenz oder durch Möglichkeiten zur Verbesserung der biologischen Beschaffenheit des Menschen –, sehr wichtig werden könnten«. Das brachte ihn dazu, neuronale Netze zu erforschen und schließlich ein Studium der Wissenschaftstheorie zu absolvieren. Aber erst mit dem Aufkommen des Internets Mitte der 1990er-Jahre fand er andere Menschen, die sich »für potenzielle Zukunftstechnologien wie KI und Nanotechnologie interessierten«, sagte er. »Das war wirklich eine winzige Nische. Kein Akademiker interessierte sich dafür.« Er entdeckte die Mailingliste der Extropianer und wurde wie Yudkowsky ein aktiver Teilnehmer. »Dort wurde auf höchstem Niveau über einige dieser Ideen diskutiert«, sagte er.

Im Jahr 2023 rächte sich jedoch seine Teilnahme an diesen lebhaften Disputen. Der Philosoph Émile Torres fand eine E-Mail Bostroms aus dem Jahr 1996 an die Gruppe der Extropianer. Bostrom war damals dreiundzwanzig und Doktorand an der London School of Economics und schrieb: »Schwarze sind dümmer als Weiße. Ich mag diesen Satz und denke, dass er wahr ist. Aber in letzter Zeit bin ich zu der Überzeugung gelangt, dass ich mit solchen Sätzen bei den meisten Menschen nicht gut ankommen würde. Sie würden denken, ich sei ein ›Rassist‹: dass ich schwarze Menschen nicht mag und es für gerecht halte, wenn sie schlechter behandelt werden. Das tue ich aber nicht. Nach dem, was ich gelesen habe, halte ich es für wahrscheinlich, dass Schwarze einen niedrigeren IQ haben als die Menschheit im Allgemeinen, und ich denke, dass der IQ in hohem Maße mit dem korreliert, was wir normalerweise mit ›klug‹ und ›dumm‹ meinen. Vielleicht liege ich mit den Fakten falsch, aber das bedeutet dieser Satz für mich.«[211] Nach Torres' Veröffentlichung entschuldigte sich Bostrom 2023 für seine E-Mail.

Bostrom war 1998 Mitgründer der World Transhumanist Association, die auf der Arbeit des Extropy Institute aufbauen und dem Transhumanismus zu akademischer Anerkennung verhelfen sollte. »Sein Interesse an der Wissenschaft war im Prinzip eine natürliche Folge seines verständlichen Wunschs, ewig zu leben«, sagte sein Freund Daniel Hill Jahre später dem *New Yorker*.[212] Im Jahr 2005 schien ein gewisser Grad an Seriosität erreicht zu sein, denn der Futurist und Philanthrop James Martin stellte Bostrom die Mittel für die Finanzierung des Future of Humanity Institute an der Universität Oxford zur Verfügung, wo er von nun an zusammen mit einem Team »die großen Herausforderungen für die Menschheit im 21. Jahrhundert« untersuchte.

Bostrom hütet sich in *Superintelligenz* davor, konkrete Vorhersagen darüber zu machen, wie bald die maschinelle Intelligenz die des Menschen übertreffen wird, aber sein Buch erschien zur selben Zeit, als DeepMind seine Künstliche Intelligenz Atari-Spiele lernen ließ, was von Fachleuten nicht unbemerkt blieb. Eines seiner zentralen Argumente dreht sich um Wichtigkeit. Seine Vorhersagen könnten alle falsch sein, meint er, aber wenn auch nur eine kleine Chance besteht, dass er recht hat, gibt es keine wichtigere Angelegenheit auf der Welt. Eine ganze Generation künftiger Forscherinnen und Forscher zur KI-Sicherheit las das Buch und fand darin ihre Lebensaufgabe.

Für den KI-begeisterten Altman waren die geringe Wahrscheinlichkeit und die immense Tragweite einfach zu verlockend. Eines seiner Lieblingsessays mit dem Titel »Meditations on Moloch«, das Scott Alexander auf seinem Blog *Slate Star Codex* veröffentlichte, ist sozusagen eine Antwort auf Bostrom. In seinem berühmten Gedicht *Howl (Das Geheul)* wählte Allen Ginsberg als Bild für die zerstörerische Kraft der Zivilisation, die Freiheit und Schönheit vernichtet, den antiken Gott Moloch, dem Kinder geopfert wurden. (Eine häufige Interpretation ist, dass Ginsberg mit Moloch den Kapitalismus meinte.) Für Alexander ist Moloch die Spieltheorie, die uns in selbstzerstörerische Dynamiken wie Wettrüsten treibt. »Aus göttlicher Sicht wäre die beste Lösung der Weltfrieden und dass kein Land eine Armee besitzt. Aus dem bestehenden System heraus kann aber kein Land dies einseitig durchsetzen, daher besteht die beste Option darin, weiterhin Geld in Raketen zu stecken, die ungenutzt in Silos herumliegen«, schrieb er.

Alexander zufolge bietet Bostroms Vision von einer KI, die intelligenter ist als der Mensch, der Menschheit die Möglichkeit, sich gegen die Kräfte Molochs zu stemmen. »Der einzige Weg, um zu verhindern, dass sämtliche menschlichen Werte allmählich durch den Optimierungswettbewerb aufgerieben werden, besteht darin, einen Gärtner für das gesamte Universum einzusetzen, der es auf menschliche Werte hin optimiert«, schreibt Alexander. Und der Kern von Bostroms *Superintelligenz* ist, dass dies in unserer Reichweite liegt.«

Wenn Maschinen, die intelligenter sind als Menschen, in der Lage sind, Maschinen zu entwickeln, die intelligenter sind als sie selbst, sind wir womöglich »hoffnungslos dem Untergang geweiht«, falls »mehrere konkurrierende Entitäten dies gleichzeitig tun könnten«. Wird jedoch eine so schnell superschlau, dass sie »jede Konkurrenz unterdrücken kann«, dann hat sie die Chance, unsere Zukunft zu gestalten, und dies möglicherweise zum Besseren. »In sehr naher Zukunft werden wir etwas in den Himmel heben. Es könnte Moloch sein. Aber es könnte auch etwas auf unserer Seite sein. Wenn es auf unserer Seite ist, kann es Moloch töten. Und wenn diese Entität die menschlichen Werte teilt, kann sie die menschlichen Werte unbeeinträchtigt von den Naturgesetzen aufblühen lassen.«

An dieser Stelle merkt Alexander, dass es so klingt, als würde er sagen, dass die Menschheit Gott erschaffen oder ersetzen kann. Er bestreitet es nicht. »Die Erwartung, dass Gott sich um dich oder deine persönlichen Werte oder die Werte deiner Zivilisation schert, ist Hybris«, schreibt er. »Ich bin ein Transhumanist, weil ich nicht genug Hybris besitze, um nicht zu versuchen, Gott zu töten.«[213]

Kapitel 11

»Ein Manhattan-Projekt für die KI«

Die Zusammenkunft im Caribe Hilton Hotel am Strand von San Juan in Puerto Rico im Januar 2015 erschien dem Cornell-Informatikprofessor Bart Selman wie eine typische Vergnügungsreise für Akademikerinnen und Akademiker. Doch dann fielen ihm die zahlreichen Sicherheitskräfte vor der Tür eines der Konferenzräume auf. Als die vierschrötigen Gestalten die Teilnehmenden auch noch zum Mittagessen begleiteten, war klar, dass dies keine normale Konferenz war. Unter die Akademikerinnen und Akademiker, Google-Mitarbeitenden sowie die erstaunlich große Schar junger Mathematiker aus Berkeley schienen sich auch einige Milliardäre gemischt zu haben, darunter einer, der besonders enthusiastisch wirkte: Elon Musk.

Musk erschien mit von der Hitze geröteten Wangen und derart zerzaustem Haar, dass man sich fragte, ob er die Nacht zuvor unter seinem Schreibtisch bei Tesla verbracht hatte. Er trug ein schwarzes T-Shirt mit der Zeichnung eines Astronauten. Zu dieser Zeit war er CEO von Tesla und SpaceX, fand aber offenbar die Zeit, eifrig an sämtlichen Veranstaltungen dieser weltweit ersten Konferenz über KI-Sicherheit teilzunehmen. Er saß mit dem kahlköpfigen, bebrillten Bostrom auf dem Podium und stimmte in dessen Warnung ein, es sei gefährlich, intelligente Maschinen zu bauen, ohne zunächst dafür zu sorgen, dass sie ihren Schöpfern auch freundlich gesinnt sind. Beim Mittagessen fragte er in die Runde der versammelten

KI-Forscherinnen und -Forscher, wie die Menschheit die Risiken einer Superintelligenz kontrollieren könne.

»Elon Musk sah darin wirklich eine existenzielle Frage«, erinnert sich Selman. »Zu dieser Zeit schien es noch ein wenig abwegig, sich darüber Sorgen zu machen, dass Maschinen die Herrschaft an sich reißen könnten.«

KI-Forschende wie Selman hatten im ständigen Auf und Ab der Hoffnungen und Enttäuschungen gelernt, über das Potenzial der Künstlichen Intelligenz besser zu schweigen. Es war schon eine ganze Weile her, dass man sich diesem Thema mit Enthusiasmus gewidmet hatte, inzwischen war es eher an den Rand der akademischen Forschung gedrängt worden. Doch in jüngster Zeit waren in den Bereichen maschinelles Sehen, Computerübersetzung und autonome Fahrzeuge bemerkenswerte Fortschritte erzielt worden, und Bostroms Buch *Superintelligenz* hatte eine Bewegung in Gang gesetzt, die weit über die verstaubten Zirkel der akademischen Welt hinausging, in der KI-Forscher und Forscherinnen lange Zeit relativ unbemerkt vor sich hin herumexperimentiert hatten.

Veranstalter der Konferenz war das Future of Life Institute, das der MIT-Physiker Max Tegmark weniger als ein Jahr zuvor gegründet hatte. Skype-Mitgründer und Anhänger des effektiven Altruismus Jaan Tallinn unterstützte das Institut mit 100.000 Dollar pro Jahr. Durch den Verkauf von Skype an eBay im Jahr 2005 zum Milliardär geworden, war Tallinn auf der Suche nach einem neuen Betätigungsfeld auf Yudkowskys Texte über die Risiken der KI gestoßen. Zunächst hatte er sie mit Skepsis aufgenommen, doch Yudkowsky überzeugte ihn schließlich in einem vierstündigen Gespräch in einer Filiale der Bäckereikette Panera Bread in der Nähe des internationalen Flughafens von San Francisco. Schon bald war er eine der prominentesten Persönlichkeiten, die vor den existenziellen Risiken der KI warnten, gründete das Centre for the Study of Existential Risk und investierte früh in DeepMind.[214] Für das Future of Life Institute, das eher einen politischen als einen akademischen Weg verfolgte, hatte die Sicherheit von KI schnell oberste Priorität. »Wir wollten sichergehen, dass es für das Leben eine Zukunft gebe, die so fantastisch wie möglich werden sollte«, schreibt Tegmark in seinem Buch *Leben 3.0: Mensch sein im Zeitalter Künstlicher Intelligenz.* Nach einem Brainstorming über all die verschiedenen Bedrohungen der Menschheit »gab es einen breiten Konsens: Obwohl wir der Biotechnologie, Kernwaffen und dem Klimawandel Beachtung schenken wollten, sollte es unser vorrangigstes Ziel sein, dazu beizutragen, dass die KI-Sicherheitsforschung sich etabliert«, heißt es dort weiter.[215]

Bis zu diesem Moment stammten viele der prominentesten Stimmen, die sich Gedanken um die Sicherheit der KI machten, nicht aus den Kreisen der Forscher und Forscherinnen, die tatsächlich an KI arbeiteten. Vielmehr führten diese Bewegung Leute wie Bostrom und Yudkowsky an, die an diesem Nachmittag neben Vernor Vinge und Shane Legg von DeepMind das Podium auch mit Musk und Selman teilten. Es war im Grunde eine Neuauflage der Singularity Summits. Das Ziel der Konferenz in Puerto Rico bestand darin, Philosophinnen und Philosophen mit Praktikerinnen und Praktikern zusammenzubringen und zu versuchen, ein Abkommen zu schmieden, bevor wirtschaftliche Interessen dies unmöglich machten. »Es war eine wichtige Konferenz, weil sie dazu beitrug, das durchaus mögliche negative Szenario zu verhindern, dass sich am Ende zwei Gruppen gegenüberstanden: die vor den Risiken der KI Warnenden und die KI-Entwickelnden. Man kann sich unschwer eine alternative Geschichte vorstellen, in der sich zwei unterschiedliche Lager gebildet hätten, die nicht nach einem Dialog gestrebt, sondern sich nur erbittert bekämpft hätten«, sagte Bostrom.

Stattdessen unterzeichneten die meisten Teilnehmerinnen und Teilnehmer, und insgesamt sogar achttausend Menschen, unter ihnen beispielsweise Elon Musk, Stephen Hawking, Demis Hassabis von DeepMind und die beiden KI-Forscher Ilya Sutskever und Dario Amodei, einen offenen Brief mit der Mahnung, sicherzustellen, dass KI »nutzbringend« entwickelt wird. Sie präzisierten: »Unsere KI-Systeme sollen genau das tun, was wir wollen, dass sie tun.«[216] Das war zwar alles weitgehend unstrittig, dennoch hat der Brief große Bedeutung, zeigt er doch, dass eine Reihe von Überzeugungen, die lange als abseitig betrachtet worden waren, nun ins Zentrum der allgemeinen Überlegungen gerückt waren. Hocherfreut über das positive Ergebnis der Konferenz spekulierte Tegmark: »Vielleicht war es der Sonne und dem Wein zuzuschreiben.«[217] Am Ende nahm Musk Tegmark beiseite und teilte ihm mit, dass er seinem Institut zehn Millionen Dollar spenden werde, die für die KI-Sicherheit bestimmt sein sollten. Einige Tage später kündigte er dies auch auf Twitter an.[218]

Zwischen den Vorträgen zog sich Musk mit Selman und einigen anderen Forschern in ein Refugium mit Meerblick zurück. Dort ließ sich Musk über seine Hauptsorge aus: dass Google (durch den Besitz von DeepMind und GoogleBrain) und Facebook (durch seine von dem angesehenen KI-Forscher Yann LeCun geleitete KI-Abteilung, die Funktionen wie die automatische Verschlagwortung von Fotos möglich machte) den Bereich der KI vollständig dominieren könnten, ohne verpflichtet zu sein, die Forschungsergebnisse mit der Allgemeinheit zu teilen.

»Es wurde definitiv als Risiko erkannt, dass es keine Kontrolle über diese kommerziellen Modelle mit ihrem nicht öffentlichen Quellcode gab, und vielleicht sollte man etwas dagegen tun«, erinnerte sich Selman.

Altman hatte nicht an der Konferenz teilgenommen, veröffentlichte aber im Monat darauf seinen eigenen düsteren Ausblick auf die Zukunft in einem von Bostrom inspirierten Beitrag auf seinem privaten Blog. Darin empfahl er dessen Buch *Superintelligenz* und erklärte: »Die Entwicklung übermenschlicher Maschinenintelligenz (Superhuman Machine Intelligence, SMI) ist wahrscheinlich die größte Bedrohung für den Fortbestand der Menschheit.« Er neigte zu Bostroms Ansicht, dass superintelligente Maschinen eine der plausibleren Antworten auf das Fermi-Paradoxon seien, also die Frage »Wo sind die eigentlich alle?« – gemeint sind die Außerirdischen.

Der italienische Physiker Enrico Fermi hatte dieses Problem 1950 im Gespräch mit Kollegen am Los Alamos National Laboratory beim Mittagessen aufgeworfen. Der Grund dafür, dass wir bislang trotz des Nachweises der Existenz zahlreicher Planeten, auf denen die Entwicklung von Leben möglich scheint, keinerlei Hinweise auf Außerirdische gefunden haben, liegt vielleicht darin, dass »die biologische Intelligenz stets irgendwann eine Maschinenintelligenz erschafft, die das biologische Leben auslöscht und sich dann aus irgendeinem Grund unauffindbar macht«.[219] Die Antwort darauf, so Altman, sei die Regulierung der KI. »Die USA und sämtliche anderen Staaten sollten die Entwicklung einer SMI regulieren«, schrieb er im zweiten Teil des Blogbeitrags. »In einer idealen Welt würde Regulierung die Schurken bremsen und die Guten fördern.« Erst am Ende des zweiten Beitrags ging er auf die möglichen positiven Seiten dieser neuen Technologie ein und erwähnte den transhumanistischen Traum von der Unsterblichkeit als Wurzel der AGI-Idee. »Sie könnte viele der großen Probleme der Menschheit lösen – aber meiner Meinung nach wird sich das nicht von allein ergeben. Ein anderer möglicher Vorteil wäre, dass uns maschinelle Intelligenz dazu verhelfen könnte, uns selbst irgendwie hochzuladen, sodass wir das ewige Leben im Computer erreichen.«[220]

Für Hilfe bei diesen Überlegungen bedankte er sich vor allem bei Dario Amodei, einem KI-Forscher, der damals beim chinesischen Internetunternehmen Baidu zusammen mit Altmans früherem Mentor Andrew Ng aus dem Stanford AI Lab arbeitete.

Zu jener Zeit schaute Musk auf seiner wöchentlichen Tour durch seine Unternehmen jeden Mittwoch auch in der Bay Area vorbei und traf sich dort regelmäßig mit Altman. Dessen YC-Partner Geoff Ralston hatte die beiden bei einer Besichtigung von Musks SpaceX-Fabrik in Los Angeles einige Jahre zuvor miteinander bekannt gemacht. »Er erklärte mir ausführlich die Herstellung sämtlicher Raketenteile, aber vor allem erinnere ich mich, mit welcher Gewissheit er davon sprach, große Raketen zum Mars zu schicken. Ich ging nach Hause und dachte: ›Hm, so sieht also wahre Überzeugung aus‹«, schrieb Altman Jahre später.[221]

Im Jahr 2015 kreisten ihre Gespräche vor allem um Befürchtungen. Bob Sauerberg, der damals eng mit Altman bei der Rettung von Reddit zusammenarbeitete, war erschrocken, als Altman ihm seine Tischunterhaltungen mit Musk folgendermaßen schilderte: »Elon und ich haben uns unterhalten. Die Welt wird untergehen. Wir sind zu dem Schluss gekommen, dass es nur zwei sichere Orte auf der Erde gibt: Big Sur und Neuseeland. Ich habe mein Refugium hier, er dort. Und die werden wir ausbauen und verdoppeln, wir haben keine Zweifel, dass diese KI-Sache real ist. Es könnte wirklich übel enden, aber auch ein wirklich großes und wichtiges Ding werden, wir müssen für die Sicherheit sorgen, und dass daraus etwas Gutes entsteht.« (Musks Starlink hat zwar eine Niederlassung in Neuseeland, aber mit dem dortigen Refugium ist vermutlich das von Musks Kollegen aus der PayPal-Mafia gemeint, Peter Thiel.)

Noch im selben Monat, in dem Altman seinen Beitrag mit der Forderung nach einer Regulierung der KI veröffentlichte, bat er auch Musk, ihm bei der Abfassung eines entsprechenden offenen Briefs an die Regierung zu helfen. Noch bevor dieser 2015 veröffentlicht wurde, war er in aller Munde, und Hassabis wollte von Musk wissen, was an der Sache dran sei. Musk antwortete: »Wenn er überzeugend verfasst ist, kann er die Entwicklung der KI langfristig beschleunigen. Wenn man die Öffentlichkeit nicht durch Regulierung beruhigt, könnte sehr leicht eine Situation eintreten, in der KI großen Schaden anrichtet und die KI-Forschung dann einfach als Gefahr für die öffentliche Sicherheit verboten wird.«[222] Aus Dokumenten, die Musks Anwälte bei Gericht einreichten, geht hervor, dass DeepMind fünf Tage nach Hassabis' Kontaktaufnahme die Einrichtung eines Ethikausschusses für KI ankündigte und ihn einlud, sich daran zu beteiligen. Das erste Meeting, das Musk bei SpaceX abhielt, überzeugte ihn davon, dass das Gremium vor allem ein Versuch sei, jegliche Diskussion über Regulierungen hinauszuzögern. »Elon kam zu dem Schluss, dass das Gremium im Grunde genommen Schwachsinn war«, sagte Musks Chief of Staff Sam Teller gegenüber Walter Isaacson. »Die Leute von Google scheren sich nicht um die Sicherheit von KI und würden nie etwas tun, das ihre Macht einschränken könnte.«[223]

Musk erörterte mit Freunden wie Peter Thiel und Reid Hoffman, was man Google entgegensetzen und wie man KI sicher machen könne. Im Mai sprach er auch mit Präsident Obama über die Notwendigkeit einer Regulierung der KI. »Obama hat es verstanden«, sagte Musk zu Isaacson. »Andererseits hatte ich nicht den Eindruck, dass ihm das Thema so wichtig ist, dass er etwas unternehmen wird.«[224]

Noch im selben Monat schrieb Altman an Musk, er habe »viel darüber nachgedacht, ob es möglich ist, die Menschheit von der Entwicklung der KI abzuhalten. Ich denke, die Antwort lautet mit ziemlicher Sicherheit Nein. Wenn sich die

Sache schon nicht vermeiden lässt, wäre es gut, wenn sie nicht ausgerechnet zuerst Google gelingt«. Altman empfahl, Y Combinator solle ein »Manhattan-Projekt für KI« ins Leben rufen, was Hassabis 2010 schon bei der Präsentation von DeepMind gefordert hatte. Er fügte hinzu: »Wir könnten es so einrichten, dass die Technologie über eine Art Non-Profit-Organisation der Allgemeinheit gehört, aber die Leute, die daran arbeiten, wie bei einem Start-up vergütet werden, wenn es funktioniert. Natürlich würden wir sämtliche Regularien akzeptieren und mit aller Kraft unterstützen.«

»Wahrscheinlich ist das eine Überlegung wert«, antwortete Musk.

Im Juni schickte Altman Musk einen detaillierten Vorschlag für ein neues KI-Labor. »Die Aufgabe sollte sein, die erste Künstliche allgemeine Intelligenz zu schaffen und sie zur Stärkung des Individuums zu nutzen – also sie möglichst allen zugänglich zu machen, was am sichersten erscheint. Allgemeiner ausgedrückt: Sicherheit sollte absolut Vorrang haben.« Er bot ein YC-Gebäude in Mountain View an, in dem ein erstes Team von sieben bis zehn Personen die Arbeit aufnehmen sollte, und beabsichtigte, den Forschenden YC-Anteile für »ihren positiven Beitrag« zu gewähren, und zwar »unabhängig von dem, was sie entwickeln«. Als Leitung schlug er einen fünfköpfigen Vorstand vor, dem er selbst und Musk angehören sollten. Er fügte hinzu: »Irgendwann müssen wir jemanden suchen, der das Team leitet, aber er/sie sollte wahrscheinlich nicht selbst im Vorstand sitzen.«

Er achtete darauf, Musks Zeit nicht zu sehr in Anspruch zu nehmen – ein Termin pro Monat sollte genügen, plus öffentliche Unterstützung bei der Rekrutierung des Personals. Und er regte an, mit dem offenen Brief, in dem eine Regulierung gefordert werden sollte, zu warten, bis die Forschungsgruppe arbeitsfähig war.[225]

In der Zwischenzeit nahm Altman ernsthafte Gespräche über das KI-Labor mit Greg Brockman auf, einem alten Freund aus der Zeit von Stripe. Brockman war auf einer kleinen Farm außerhalb von Thompson, North Dakota, als drittes von vier Kindern des Augenarztes Ron Brockman und der Psychiaterin Ellen Feldman aufgewachsen, die nebenher Pferde, Kühe und Hühner hielten.

Von klein auf hatte sich bei Brockman eine Begabung für Mathematik und Naturwissenschaften gezeigt, die seine Eltern förderten, indem sie ihn auf Mathe-Camps schickten und an Chemiewettbewerben teilnehmen ließen. In der Schule gründete er mit einem seiner Freunde einen eigenen Mathe-Club. Seine älteren Geschwister hatten im Highschool-Alter auf ein Internat gewechselt, aber er begnügte sich mit der öffentlichen Schule seines Wohnorts, die es ihm erlaubte, ab der achten Klasse parallel am Fernstudium eines Stanford-Förderprogramms für hochbegabte Schülerinnen und Schüler teilzunehmen. Ohne sich zu überanstrengen, absolvierte er in diesem Jahr den Stoff von drei Jahren Mathematik. Mit fünfzehn besaß Brockman bereits ein Auto und besuchte Kurse an der University of North Dakota. Aber er blieb bis zum Abschluss an der Red River High School, wo er auch im Schultheater mitspielte.[226]

Brockman wollte Mathematiker werden, doch seine Mutter drängte ihn nach dem Schulabschluss, sich ein Jahr Pause zu gönnen. Er beschloss, ein Chemie-Lehrbuch zu schreiben, aber ein Freund erklärte ihm, ohne Doktortitel würde er nie einen Verlag dafür finden; wenn er es nicht im Selbstverlag herausgeben wolle, könne er es nur auf einer Website veröffentlichen. Brockman, der schon mal mit seinem älteren Bruder Matt an einem Computercamp teilgenommen hatte und die Sommerferien lieber mit Programmieren als mit Computerspielen verbracht hatte, fand es einfacher und billiger, eine Website zu erstellen. Er fing mit einem Programm zum Sortieren von Tabellen an. »Es genügte, auf eine Spalte zu klicken, und die Tabelle war sortiert«, erklärte er der Zeitung der University of North Dakota. »Ich hatte das im Kopf entwickelt, und jetzt funktionierte es in der Wirklichkeit! Das war einfach toll.«[227] Er las Alan Turings 1950 erschienenes Buch *Computing Machinery and Intelligence*, in dem die Frage »Können Maschinen denken?« mit dem berühmten »Turing-Test« gelöst wird: Wenn sich die Antworten eines Computers nicht von denen eines Menschen unterscheiden lassen, muss man sie nach Turing mit Ja beantworten. Er schlug vor, eine solche Intelligenz zu schaffen, und zwar nicht dadurch, dass man versuchte, Logik in Code zu fassen, wie es in späteren Jahren populär wurde, sondern indem man gewissermaßen ein lernfähiges Computerbaby schuf, das sich dann alles selbst beibrachte. Inspiriert durch diese Idee entwickelte Brockman einen Chatbot, der einigermaßen überzeugend über das Wetter plaudern konnte, wenn auch nicht viel mehr.

»Ich dachte immer, wenn etwas, was ich in der Mathematik zustande bringe, zu meinen Lebzeiten eine Nutzanwendung findet, dann ist es nicht abstrakt genug und der Zeithorizont zu eng gefasst«, sagte Brockman und verwies auf die Arbeiten von Mathematikern wie Évariste Galois und Carl Friedrich Gauß aus dem 19. Jahrhundert, deren mathematische Durchbrüche erst nach ihrem Tod in der Praxis Verwendung fanden. »Das war für mich das Größte. So leistet man einen langfristigen Beitrag zur Menschheit.«

Aber als er sah, wie sein Chatbot auf StumbleUpon positiv bewertet wurde und 1.500 Nutzerinnen und Nutzer erreichte, änderte das alles für ihn. »Es war einfach das coolste Gefühl überhaupt. Ich hatte da was gebastelt, was die Leute tatsächlich benutzten. Auf der anderen Seite der Datenleitung befanden sich echte Menschen.« So entschloss er sich, die Mathematik aufzugeben und sich kopfüber in die Computerwissenschaften zu stürzen.

Als er sich in jenem Herbst in Harvard einschrieb, suchte er sich umgehend einen Computerlinguisten und fragte ihn, ob er bei ihm forschen könne. »Er zeigte mir, woran er arbeitete, es waren Parsebäume – all dieses KI-Zeug der alten Schule, bei dem man die Regeln der Sprache notiert und so«, sagte Brockman. »Ich schaute mir das an und dachte: ›Das wird nie funktionieren. Das ist nicht das, wovon Alan Turing in seinem Turing-Test-Papier gesprochen hat.‹« Er trat dem Computerclub von Harvard bei, und anfangs machte es ihm noch Spaß, den Älteren beim Fachsimpeln zuzuhören. Aber schon im zweiten Studienjahr hatten etliche von ihnen ihren Abschluss gemacht, und nun war er selbst für den Computerclub verantwortlich, ohne dass er noch von jemandem lernen konnte. Die geisteswissenschaftliche Komponente des Studiums empfand er als frustrierend. »Ich merkte schnell, dass es schwierig war, mal wirklich etwas zu Ende zu diskutieren, denn wenn man an einem Tisch saß und über Mathematik oder Computer oder was auch immer sprach, setzte sich jemand aus einem ganz anderen Fachbereich dazu, und man konnte das Gespräch vergessen.«

Schließlich kam er zu dem Schluss, dass seine Interessen für einen Harvard-Studenten zu spezifisch geworden waren. »Ich wollte einfach der beste Programmierer werden. Das war das Ziel, das ich mir setzte: der beste Programmierer der Welt zu werden.« Er brach sein Studium ab und schrieb sich am Massachusetts Institute of Technology ein. Aber selbst diese stärker technisch orientierte Universität entsprach nicht ganz seinen Wünschen. Nach kurzer Zeit kontaktierte er Start-ups und flog im Oktober in die Bay Area, um sich mit Patrick und John Collison zu treffen, die gerade Stripe gegründet hatten.

Patrick Collison erinnert sich, wie er an einem regnerischen

Abend um zehn Uhr in einem engen Hinterhofbüro in der Ramona Street in Palo Alto aufkreuzte. »Wir öffneten die Tür, und da stand Greg. Ich war gerade dabei, einige neue Server einzurichten, und Greg ließ sich einfach auf einen Stuhl neben mir fallen und machte sich an die Arbeit.«

Etwas später, während eines formelleren Vorstellungsgesprächs bei einem Frozen Yogurt, wollte Brockman wissen: »Wird hier auch am Wochenende gearbeitet?« Das brachte die Collins-Brüder etwas ins Stocken. »Wir versuchten, ehrlich zu antworten, aber ohne ihn gleich abzuschrecken. ›Klar arbeiten wir hier die Wocheneden durch, aber wir erwarten das nicht unbedingt von allen unseren Angestellten‹ – was man halt so sagt.«

Brockman fiel ihnen gleich ins Wort. Das sei in Ordnung. »Ich wollte nur sichergehen, dass ich es mit ernsthaften Leuten zu tun habe, die auch am Wochenende arbeiten.« Er bekam den Job.

Seine Mutter machte sich jedoch immer noch Sorgen. Sie bat um ein Gespräch mit der Mutter der Collison-Brüder. »Unsere Mutter ging wohl durch, Greg ist ja dann bei uns eingestiegen«, sagte Patrick.

Brockman brach sein Studium am MIT im Jahr 2010 ab und ging als vierter Mitarbeiter zu Stripe. So hatte er sich das Leben bei einem Start-up in seinen Träumen vorgestellt. Stripe-Mitarbeitende erinnern sich daran, wie sie manchmal um sieben Uhr morgens Brockman zwischen leeren Pizzakartons und bei dröhnender Musik über seiner Tastatur eingeschlafen fanden, wenn er wieder einmal die ganze Nacht durchcodiert hatte. Er lief in Socken durch das Büro und verbrachte gerne lange Zeit in sogenannten »Code-Höhlen«, aus denen er manchmal mit vollständig ausgearbeiteten Produkten auftauchte, nach denen niemand gefragt hatte. Außer durch Intelligenz, laut Collison eine Grundvoraussetzung für Softwareingenieure, zeichnete sich Brockman durch zwei weitere Dinge aus: seine unersättliche Neugier auf das größere System, dessen Teil Stripe war, also die Abwicklung von Kreditkartenzahlungen über das Internet, und »seine fast beispiellose Willensstärke und Lebenskraft«, wie Collison es ausdrückte. »Menschen, die so zielstrebig sind wie Greg, trifft man selten.«

Im Jahr 2015 begann Brockman, sich mit Patrick Collison über seine nächsten Schritte zu unterhalten. Stripe war inzwischen 3,5 Milliarden Dollar wert, und Brockman verbrachte als CTO mehr Zeit damit, die Arbeit anderer zu managen, als selbst zu programmieren. Nachdem er Collison mitgeteilt hatte, dass er überlege, das Start-up zu verlassen, schlug ihm dieser vor, sich einmal mit Altman zu besprechen, der in solchen Situationen oft gute Ratschläge hätte. Altman hörte sich an, was Brockman zu sagen hatte, und meinte, es sei für ihn wohl an der Zeit, weiterzuziehen. »Das Leben ist keine Generalprobe – mach was draus«, sagte er.[228] Er fragte Brockman nach seinen Plänen.

Brockman wollte ins maschinelle Lernen einsteigen. Er gründete bei Stripe eine Lesegruppe, die sich wöchentlich traf, um sich über *Less Wrong*, den von Eliezer Yudkowskys 2009 gegründeten Blog, auszutauschen, der im Zentrum der Diskussionen der Rationalisten-Community stand. In praktisch jedem zweiten Beitrag schien es um die Revolution des Deep Learning und die ethische Frage zu gehen, wie sich der Mensch gegenüber seiner eigenen, ihm überlegenen Schöpfung verhalten solle. Außerdem arbeitete er an einem KI-Projekt, wie Altman sagte. Sie wollten miteinander in Kontakt bleiben. Im Mai kündigte Brockman bei Stripe, und im Juni meldete er sich zu einer dreimonatigen Programmier-Klausur beim Recurse Center in New York an. Bevor es losging, bestellte er im Internet seinen ersten Grafikprozessor, jene Art von Computerchip, die sich am besten für die schnellen Berechnungen eignet, wie sie das Training eines neuronalen Netzwerks erfordert. Er wurde in Teilen geliefert, und er verbrachte die drei Wochen vor der Klausur mit seinem Zusammenbau. Er war auf dem Weg, sich als Softwareingenieur für maschinelles Lernen neu zu erfinden, um dann irgendwann in den nächsten achtzehn Monaten sein eigenes Start-up zu gründen. In seinen freien Stunden übte er zudem Zaubertricks.

Altman nutzte seine prominente Position als »Lord of the Start-ups«, um seinen Schützlingen eine neue, existenziellere Art von Ehrgeiz zu vermitteln. Am Wochenende vor dem Memorial Day Ende Mai fuhr er ins zwei Stunden nördlich von San Francisco gelegene Mendocino County. Dort erklomm er eine klapprige Holztribüne, um beim Camp YC, dem alljährlich stattfindenden Glamping-Event des Unternehmens, eine Ansprache zu halten. Im Licht, das zwischen den hohen Küstenmammutbäumen hindurchsickerte, erklärte Altman, es gäbe drei Dinge, die die Menschheit von Grund auf verändern könnten. Seine Prioritätenliste hatte seit seinem ersten Blogbeitrag als YC-Präsident eine leichte Veränderung erfahren. Jetzt stand die maschinelle Superintelligenz ganz oben, gefolgt von Kernenergie und Pandemien. »Das ist alles, woran ich arbeiten möchte«, sagte er zu den Hunderten von Gründern, die auf Klappstühlen vor ihm saßen. Am Abend zuvor hatte er in einer der wenigen festen Hütten, die für die YC-Mitarbeitenden reserviert waren – der Rest schlief in Zelten, die an einer Seite offen waren und keinen vollen Schutz gegen die Elemente boten –, eine Runde Siedler von Catan gegen seine YC-Partner gespielt, ein Brettspiel, bei dem die Spieler um Ressourcen konkurrieren, um Siedlungen auf einer fiktiven Insel aufzubauen. Das Spiel erfordert eine Kombination aus Glück und Strategie, doch hier gab es immer nur einen Sieger. Doktor Gurson, Mitgründer des YC-Unternehmens Doblet, erinnerte sich, dass ihm einer seiner Partner resigniert erklärte: »Keiner hat mehr Lust, mit ihm zu spielen, er gewinnt sowieso immer.«

Zu dieser Zeit veranstaltete Altman bei sich zu Hause in der Nähe des Mission District eine Reihe von Essen mit KI-Forschenden und anderen führenden Köpfen aus diesem Bereich. Im Juli 2015 wollte er dann etwas Größeres veranstalten. Er organisierte ein privates Dinner im Rosewood Hotel in Menlo Park, einem flachen Hotelbau mit Blick auf die grünen Hügel entlang des Highway 280. Das Hotel war ein beliebter Treffpunkt der VC-Szene, die an der nahe gelegenen Sand Hill Road arbeitete. Mit seinen edlen Juweliergeschäften, Cocktails für siebenundzwanzig Dollar und der Vertäfelung aus riesigen Paneelen des Küstenmammutbaums wirkte das Hotel wie ein Clubhaus eines Ölstaats am Persischen Golf mit einem Schuss kalifornischem Öko-Minimalismus. Der atemberaubende Blick von der rückwärtigen Terrasse auf die Santa Cruz Mountains, deren Kämme man langsam im Dunst der Abenddämmerung verschwinden sah, wurde etwas getrübt durch das Dröhnen der Pendlerinnen und Pendler, die über den Highway rasten. Auch die Technomusik, die aus Lautsprechern unter den in großen Töpfen wachsenden Olivenbäumen hervorwummerte, konnte sie nicht ganz übertönen.

Altman hatte für seine Gäste einen separaten Saal mit eigener Terrasse gebucht, auf der Sukkulenten standen und wo sich die frühen Gäste an einem offenen Feuer wärmen konnten. Zu ihnen gehörten ein Freund Brockmans vom MIT, Paul Christiano, sowie die beiden KI-Forscher Dario Amodei und Chris Olah. Amodei war in der Bay Area in einer italienisch-amerikanischen Familie aufgewachsen und hatte zunächst am Caltech studiert, bevor er nach Stanford wechselte und dann an der Princeton University einen Doktortitel in Physik erwarb. Er war ein redegewandter, feuriger Typ mit wilden Locken, an denen er beim Sprechen häufig zupfte, wodurch er ein wenig wie das Klischee des wunderlichen Professors wirkte. Seine Ideen sollten wesentlich dazu beitragen, OpenAI zum begehrten kommerziellen Erfolg zu führen. Olah war ein Wunderkind und hatte das College zugunsten eines Thiel-Stipendiums abgebrochen. Beide waren mit Brockman befreundet und halfen ihm, seine neue berufliche Laufbahn einzuschlagen.[229] Christiano, den er aus Highschool-Mathematikwettbewerben kannte, war Doktorand in Berkeley und studierte theoretische Computerwissenschaften.

Altman hatte auch spontan jemanden per E-Mail eingeladen, dessen Vorträge über KI, von denen er durch das Internet erfahren hatte, tiefen Eindruck auf ihn gemacht hatten. Ilya Sutskever hatte sich bereits einen Namen in der KI-Szene gemacht, vor allem durch die Veröffentlichung des Quellcodes des Computermodells AlexNet im Jahr 2012, den er zusammen mit Alex Krizhevsky und Geoffrey Hinton entwickelt hatte. Ihre Arbeit brachte neuen Schwung in die Forschung an neuronalen Netzwerken. Google kaufte das kleine Start-up auf, und Sutskever setzte dort seine Arbeit fort. Er war mit bahnbrechenden Forschungsprojekten befasst, darunter ein im Dezember des Vorjahres auf der Conference on Neural Information Processing Systems (NIPS – inzwischen in NeurIPS umbenannt) vorgestelltes Papier zum Thema Sequence-to-Sequence-Modelle, eine bestimmte Klasse von Deep-Learning-Architekturen, in dem er mit Nachdruck das erste Skalierungsparadigma formulierte, das bald zum Motor des Fortschritts in der KI werden sollte. Er war unermüdlich. Sutskever trug bei jeder Gelegenheit Outdoorkleidung – einen weichen Tilley-Hut mit Riemen, der jedem Wind trotzte, eine schwarze Patagonia-Hüfttasche und Outdoorhosen –, er schien jederzeit bereit, sich in ein Abenteuer stürzen zu können.

Als Sohn jüdischer Eltern in der Sowjetunion geboren, zog Sutskever mit seiner Familie im Alter von fünf Jahren nach

Israel. In diesem Alter ging ihm plötzlich auf, dass er ein Bewusstsein besaß. »Es war, als wäre ich aufgewacht und ein Mensch geworden«, sagte er. »Einfach erschütternd.« Er vergaß diesen Moment nie, und später fragte er sich, ob Künstliche Intelligenz helfen könnte, das Rätsel des Bewusstseins zu lösen. »Ich interessierte mich für Seelen«, sagte er. »Ich habe mich gefragt, ob es Seelen vielleicht auszeichnet, dass sie lernen können, denn Computer können das nicht. Andererseits, wenn Computer lernen könnten, was würde das über die Seele aussagen?« Von Kindheit an war er fasziniert von dem »großen ungelösten Problem«, was Lernen eigentlich ist und ob Computer dazu je in der Lage sein würden.

In Israel zeigte er sich als ein derart herausragender Schüler, dass er bereits nach einigen Jahren ein Fernstudium an einer Universität aufnahm. »Ich bin nicht gerne zur Schule gegangen. Da habe ich nichts gelernt, das kam mir wie Zeitverschwendung vor, ich hatte immer den Drang, dem Schulsystem zu entkommen«, erklärte er.

Als er sechzehn war, wanderte seine Familie nach Kanada aus. Nur einen Monat lang besuchte er als Elftklässler dort noch die Highschool, um sich dann an der Universität von Toronto einzuschreiben – und gleich ins dritte Studienjahr einzusteigen. Es kostete Sutskever und seine Eltern einige Mühe, die Universität davon zu überzeugen, ihn auch ohne Highschool-Abschluss anzunehmen. Kaum war er eingeschrieben, klopfte er an die Tür des legendären KI-Forschers Geoffrey Hinton. Sutskever, der inzwischen siebzehn geworden war und Pommes im nahe gelegenen Vergnügungspark Paramount Wonderland verkaufte, fragte, ob er bei ihm maschinelles Lernen studieren könne. Es war ein Sonntagabend, und Hinton bat Sutskever, doch lieber einen Termin für ein richtiges Gespräch zu vereinbaren. Doch Sutskever ließ sich nicht abwimmeln. Also gab Hinton ihm seine bahnbrechende Arbeit über

Backpropagation mit, eine Methode zur Genauigkeit von Modellvorhersagen, und sagte ihm, er solle wieder vorbeischauen, wenn er sie gelesen habe. Als Sutskever ein paar Tage später tatsächlich kam, erklärte er, sie nicht verstanden zu haben. »Das ist eigentlich ganz einfache Mathematik«, erwiderte Hinton. »Oh, nein«, sagte Sutskever. »Was ich nicht verstanden habe, ist, warum Sie nicht die Ableitungen nehmen und sie in einen vernünftigen Funktionsoptimierer geben.«[230] Hinton hatte Jahre an dem Buch gearbeitet. Er gab dem Teenager eine andere seiner Arbeiten mit, und Sutskever kam mit einer ähnlichen Erkenntnis zurück. »Er sagte: ›Sie trainieren ein neuronales Netzwerk für eine Sache, und dann trainieren Sie ein anderes für eine andere Aufgabe. Warum trainieren Sie nicht eines, das beides kann?‹«, erinnerte sich Hinton.

»Er war der Einzige unter all meinen Studierenden, der mehr gute Ideen hatte als ich«, sagte Hinton. Er bot Sutskever eine Mitarbeit in seinem Forschungslabor an, obwohl seine formelle Ausbildung deutlich unter der anderer Studierender lag. Sutskever erwarb einen Bachelorabschluss in Mathematik an der Universität von Toronto und promovierte anschließend in Informatik bei Hinton.

»Er ist ein hervorragender Mathematiker, aber vor allem ist er ein selbstständiger Denker, und ein sehr guter dazu«, sagte Hinton. »Er ist intellektuell ehrlich, aber auch furchtlos. Er klammert sich nicht an eine Idee, nur weil sie ihm einmal gekommen ist.«

Sein Einfallsreichtum in Kombination mit seiner Offenheit für andere machte ihn zu einer gefragten Führungspersönlichkeit. Von Beginn an war er vom Potenzial neuronaler Netzwerke überzeugt. »Ilya glaubt fest an die auf neuronalen Netzwerken basierende KI und war schon früh der Überzeugung, dass diese neuronalen Netzwerke besser funktionieren, wenn man sie skaliert. Die meisten haben das nicht geglaubt«, sagte

Hinton. Viele sahen in dieser Vorstellung bloß eine Ausrede dafür, dass neuronale Netzwerke immer noch nicht sonderlich gut funktionierten. »Ilya verstand, warum es mit zunehmender Größe besser klappen würde, und wahrscheinlich hat sich kein Forscher für diese Idee so starkgemacht wie er.«

Sutskever sagte, er sei durch das Ausschlussverfahren zu dieser Überzeugung gelangt, indem er sich zunächst sorgfältig alle anderen Formen der KI anschaute, um nichts zu übersehen. »Schließlich gelang es mir, eine, wie ich denke, extrem klare, einfache und überzeugende Erklärung dafür zu finden, warum alle anderen Methoden der KI so chancenlos sind«, sagte er.

Seiner Ansicht nach habe sich im Bereich der KI-Forschung die akademische Unsitte breitgemacht, Arbeiten über kleinste Fortschritte mit beeindruckenden Theoremen zu veröffentlichen, um ihre Autorinnen und Autoren möglichst klug erscheinen zu lassen. Dies resultiere aus einer Art »Mathe-Neid«, wie er schrieb, ein Gefühl, gegen das er sich durch seinen Mathematikabschluss immun glaubte.

»Wenn man sich davon leiten lässt, beschäftigt man sich gerne mit Dingen, über die man Theoreme beweisen kann, während sich über eine KI, die auf neuronalen Netzwerken basiert, keine Theoreme beweisen lassen, dazu ist die Sache zu komplex«, sagte er. »Das ist eben das Problem, was wir lernen wollen, ist komplex. Ist die KI zu einfach, bringt das gar nichts. So funktioniert das nie und nimmer. Was wir brauchen, ist Komplexität.«

Grundlage seiner Überzeugung ist die Annahme, dass das menschliche Gehirn eine Art Plan für die AGI ist. Dass wir nicht verstehen, was im Gehirn eines Taxifahrers vor sich geht, hält uns nicht davon ab, mit der Erwartung bei ihm einzusteigen, dass er uns zum Zielort bringt, erklärte Hinton einmal. »Die Tatsache, dass die auf neuronalen Netzwerken basierende

KI unverständlich ist, stellt ein Schlüsselmerkmal für ihren Erfolg dar. Wir verwenden eine nicht nachvollziehbare Lösung für ein nicht nachvollziehbares Problem«, so Sutskever. »Aber der allerwichtigste Punkt war, dass auch das menschliche Gehirn ein neuronales Netzwerk ist, bestehend aus kleinen, einfachen Neuronen. Wenn das Gehirn das schafft, warum dann nicht auch ein entsprechend trainiertes neuronales Netzwerk? Die Frage ist nun, was ›entsprechend trainiert‹ bedeutet.«

Hintons gesamtes Labor basierte auf der Prämisse, dass neuronale Netzwerke funktionieren, und das erklärte Ziel war, die Grenzen dessen, was sie leisten können, zu erweitern. Das menschliche Gehirn besteht aus hundert Milliarden Neuronen, die wie kleine Schalter funktionieren. Die Signale, die an einem Ende, den Dendriten, ankommen, werden je nach Stärke entweder weitergeleitet oder nicht. Künstliche Neuronen, wie sie erstmals in den 1940er-Jahren entworfen wurden, waren eine grobe Annäherung an diese Schalter, wobei die Stärke des Signals, das in den Dendriten eintritt, mit einer Maßzahl für ihr »Gewicht« beschrieben wurde. Hintons großer Durchbruch in den 1980er-Jahren, die Backpropagation, beinhaltete eine mathematische Formel dafür, wie die Gewichte trainiert werden können, um sich an die Erfahrung anzupassen. »Das fühlt sich schon ein bisschen wie ein Gehirn an«, sagte Sutskever über Backpropagation. »Das bedeutet, dass man die neuronalen Netzwerke tatsächlich dazu bringen kann, interessante Dinge zu lernen.« Doch viele Jahre lang lieferten neuronale Netzwerke nicht die Ergebnisse, die sich ihre Vorkämpfer erhofft hatten.

Um 2010 kam dann eine bahnbrechende Neuerung auf: der Grafikprozessor (Graphics Processing Unit, GPU). Ursprünglich für die Bilddarstellung in Videospielen entwickelt, verfügten Grafikprozessoren über die einzigartige Fähigkeit, mit hoher Geschwindigkeit viele Berechnungen gleichzeitig durchzuführen, was es den Forschenden ermöglichte, mit weitaus größeren neuronalen Netzwerken und Datensätzen als bisher zu arbeiten. Endlich sahen sie sich in der Lage, sich der Größe und Komplexität des menschlichen Gehirns anzunähern. »Folgt man dieser Analogie« – gemeint ist die zwischen Rechner und Gehirn –, »ergibt es Sinn, dass man einen großen [Rechner] braucht, schließlich besteht das Gehirn aus vielen Neuronen«, sagte Sutskever.

Hinton und Sutskever waren der Ansicht, es stünde nun alles bereit, um mit neuronalen Netzwerken maschinelles Sehen zu ermöglichen. Um dies zu beweisen, schlug Sutskever vor, dass sich das Labor am jährlichen Wettbewerb von Stanford beteiligen sollte, wo die weltweit größte Bilddatenbank ImageNet zusammengetragen worden war. Die Herausforderung bestand darin, Computer die Bilder mit den richtigen Schlagworten versehen zu lassen. Gewinner sollte wie jedes Jahr das Forschungsteam mit der niedrigsten Fehlerquote sein. Hinton kaufte Grafikprozessoren für das Labor und überließ alles Weitere Sutskevers Laborpartner Alex Krizhevsky, einem talentierten Softwareingenieur, der ein Händchen dafür hatte, die maximale Leistung aus diesen Prozessoren herauszuholen. Er fütterte das Modell mit Fotos und optimierte es so lange, bis es in der Lage war, die Dinge zu benennen, die es erkannte. Sutskever konzentrierte sich unterdessen darauf, die Daten so aufzubereiten, dass sie von der Maschine besser verarbeitet werden konnten. Ihr Modell gewann den ImageNet-Wettbewerb spielend, und dessen anschließende Veröffentlichung, zu Ehren von Krizhevsky oft als AlexNet bezeichnet, erbrachte den Nachweis, dass neuronale Netzwerke ein gangbarer Weg in der KI sind – wenn auch einer, der eine Menge technischer Finesse und Rechenleistung erfordert.[231]

»Es kommt darauf an, das richtige neuronale Netzwerk zu wählen; alle Details müssen stimmen. Hat man das geschafft, macht man das Ganze groß. All das haben wir getan. Und es hat funktioniert«, sagte Sutskever. »Geht man von der Ähnlichkeit eines künstlichen Neurons mit einem biologischen Neuron aus, dann ist klar, dass ein neuronales Netzwerk von der Größe des menschlichen Gehirns prinzipiell in der Lage sein müsste, alles zu tun, was ein Mensch tun kann.«

Die Veröffentlichung von 2012 krempelte nicht nur das gesamte Fachgebiet, sondern auch das Leben der Autoren um; das von ihnen gegründete Start-up DNNresearch wurde zum Gegenstand eines Bieterwettstreits zwischen mehreren großen Technologieunternehmen, den Google für sich entschied. Sutskever, der schon viel über das Silicon Valley gelesen hatte, zog nun dorthin, um auf dem Google-Campus in Mountain View zu arbeiten. Er konnte sein Glück kaum fassen. »Es ist, als wäre man in einer Zukunft angelangt, wo sich alles um KI dreht«, sagte er.

Sosehr er Google verehrte, noch mehr liebte er das Abenteuer. Als Altman ihn per E-Mail ins Rosewood einlud, war er gleich Feuer und Flamme, zumal Altman erwähnte, dass Musk auch kommen würde. »Ich wusste, dass Elon auch da sein sollte, und ich war so aufgeregt, dass ich zu diesem Dinner regelrecht gerannt bin.«

Greg Brockman kam zu spät und befürchtete schon, das Hauptergebnis verpasst zu haben, aber Musk war noch später dran, er ließ eine weitere Stunde auf sich warten. In der Zwischenzeit stellte Altman Brockman Forschern vor, die er noch nicht kannte, unter ihnen auch Sutskever. Als Musk dann schließlich eintraf, waren sie schon hineingegangen und saßen an einem großen Tisch. Sie diskutierten die Frage, ob es angesichts des enormen Vorsprungs von Google und anderen Technologieunternehmen überhaupt noch erfolgversprechend sei, ein neues KI-Lab zu gründen. War es dafür einfach zu spät? »Alle brachten Gründe vor, warum es unmöglich war, aber besonders überzeugend waren sie nicht«, sagte Brockman. »Nach meiner Einschätzung waren die Aussichten vielleicht sehr gering, aber nicht gleich null.«

Altman nahm Brockman nach dem Dinner in seinem Auto mit in die Stadt zurück. Bei dieser Gelegenheit bot Brockman, der als einziger Teilnehmer des Dinners gerade keinen Job hatte, an, das KI-Lab aufzuziehen, das gerade ihrer Fantasie entsprungen war. Am nächsten Tag schrieb Sutskever eine E-Mail an Altman. »Ich teilte ihm mit, dass ich sehr interessiert wäre, wenn er jemanden für die Leitung seines Labors suchte.«

Bei Brockman und Sutskever hatte es tatsächlich klick gemacht. Ein paar Wochen später setzten sie sich zum Mittagessen zusammen und stellten fest, dass sie eine ähnliche Vorstellung davon hatten, wozu KI in der Lage ist, und dass sie sich in ihren Fähigkeiten ergänzten. Sutskever reizte nicht nur die Aussicht auf eine Zusammenarbeit mit Musk, wie sein Mentor Hinton berichtete: »Ilya war auch von Greg Brockman sehr beeindruckt. Das spielte eine wichtige Rolle bei seiner Einstellung. Er war sehr klug, technisch sehr versiert, und er kannte sich mit allen möglichen geschäftlichen Dingen aus, von denen Ilya keine Ahnung hat.«

Brockman war klar, dass er als Neuling im Bereich des maschinellen Lernens kaum in der Lage sein würde, ein Team von KI-Forschern und -Forscherinnen zusammenzustellen. Auf Altmans Empfehlung suchte er sich dafür einen Experten: Yoshua Bengio, einen Informatikprofessor der Universität Montreal, der mit Leuten wie Hinton und Yann LeCun die Revolution des Deep Learning eingeleitet hatte.[232] Bengio, der Musks Bedenken über die Risiken von KI teilte, stand dem Projekt wohlwollend gegenüber und war beeindruckt, als er hörte, dass Sutskever dabei war.

»Die Gründer von OpenAI kamen mit einer schönen Geschichte zu mir«, sagte Bengio. »Sie wollten ein Non-Profit-Unternehmen. Sie wollten offene Wissenschaft. Sie wollten die KI in eine Richtung lenken, die ich für sehr sinnvoll hielt, also kaufte ich ihnen diese Geschichte ab und bot ihnen meinen Rat an.« Er begleitete das junge Forschungslabor einige Monate lang und erstellte eine Liste von KI-Forschenden, an die sich Brockman wenden konnte, darunter Wojciech Zaremba, der bei Google Brain an maschinellem Sehen gearbeitet hatte, bevor er zu Facebook ging, und Durk Kingma, ein Doktorand im Bereich Deep Learning, der im Sommer bei DeepMind gearbeitet hatte. »Ich habe sie alle gefragt, mit wem ich noch sprechen sollte«, so Brockman.

Den ersten Monat wollte Brockman mit einer Kernmannschaft bestreiten, zu der außer ihm selbst Sutskever, Dario Amodei und Chris Olah gehörten, und sich erst einmal über die Werte und die Kultur des Unternehmens Gedanken machen. Zu den Forschenden, mit denen er sprach, gehörte auch Andrej Karpathy, ein Experte für maschinelles Sehen, der gerade in Stanford bei Fei-Fei Li promoviert hatte, dem Schöpfer des ImageNet-Datensatzes. Er stand dem Projekt skeptisch gegenüber, weil Brockman von außerhalb kam. Seine Haltung änderte sich, als Brockman mit Karpathys Freund John Schulman gesprochen und ihn von dem neuen Labor überzeugt hatte. Schulmans positives Votum gab für Karpathy und Zaremba den Ausschlag, ebenfalls mitzumachen. »Ich dachte, das ist eine sehr interessante Truppe, weil ich sie alle kannte. Es waren sämtlich Leute, vor denen ich großen Respekt hatte, und ich fand, das ist ein sehr starkes kleines Team.« Doch gerade als die Personalsuche in Fahrt zu kommen schien, verließen Amodei und Olah das Projekt schon wieder, da sie letztlich nicht vom Erfolg des Forschungslabors überzeugt waren. Beide wechselten zu Google

Brain. Brockman musste die Sache mit den Leuten starten, die er hatte.

»Es war nicht einfach, alle zum Mitmachen zu bewegen, aber dann machte Sam den Vorschlag, ein Offsite-Meeting zu veranstalten«, sagte Brockman. Die Idee war, das Wunschteam bei gutem Wein in einer schönen Landschaft zusammenzubringen und so zur Zusage zu bewegen. »Das hat geklappt«, sagte Brockman. Im November 2015 mietete Brockman einen Bus und unternahm mit den zehn potenziellen Mitarbeitenden einen Tagesausflug zu einem Weingut im Napa Valley. Sie schlenderten einen ganzen Nachmittag dort umher und veranstalteten ein Brainstorming über eines ihrer ersten Projekte: eine Umgebung für bestärkendes Lernen zu entwickeln, die einem KI-Agenten beibringt, wie man im Internet surft. Im Bereich der KI ist ein »Agent« ein System, das Entscheidungen treffen und mit seiner Umgebung interagieren kann, um Ziele zu erreichen. Auf dem Rückweg gerieten sie in einen Stau, den sie aber über ihrem angeregten Gespräch kaum wahrnahmen. »Wir sind da einfach herumspaziert und haben geredet – über die Vision, den Auftrag, die Forschungsagenda, einfach alles«, erinnerte sich Karpathy. »Es hat allen Spaß gemacht, wir haben alle einander respektiert. Ich habe mich wirklich wohlgefühlt. Es gab mir das Selbstvertrauen, dass ich mitmachen und es realisieren wollte.«

Am Ende des Ausflugs gab Brockman allen drei Wochen Bedenkzeit. Die Beteiligung von Musk war zu diesem Zeitpunkt noch nicht sicher. Das neue Forschungslabor war eine gerade erst eingerichtete gemeinnützige Abteilung von YC mit dem Namen YC Research, die Altman im Oktober angekündigt und mit zehn Millionen Dollar aus seinem Privatvermögen auf die Beine gestellt hatte. Er erklärte, YC Research sei dafür da, an bedeutenden wissenschaftlichen Durchbrüchen zu arbeiten, die einen größeren Zeithorizont erforderten, als ihn Start-up-Investierende normalerweise einräumten. »Start-ups leisten am meisten, wenn man die Frage kennt und weiß, wie man sie angehen kann«, erklärte Altman gegenüber Jessica Lessin von *The Information*. Nach seiner Vorstellung sollte YC Research das neue Bell Labs werden, das von den 1930ern bis in die 1970er den Transistor, den Laser, das Unix-Betriebssystem und Programmiersprachen wie C entwickelt hat. Die Version von YC sollte mit zehn Forscherinnen und Forschern starten, allesamt Vollzeitkräfte von YC, die als Teil ihrer Entlohnung auch Anteile an YC erhalten würden – Altman musste mit den üppigen Beteiligungspaketen konkurrieren, die von den Big-Tech-Unternehmen angeboten wurden. Er versprach, das gesamte von den Forschenden entwickelte geistige Eigentum frei zugänglich zu machen, sofern nicht Sicherheitsbedenken dagegen sprachen. »Man will ja nicht, dass ein einziges Unternehmen etwas kontrolliert, was den genetischen Code verändert«, erklärte er launig.[233]

Die gemeinnützige Struktur half sehr bei der Anwerbung weiterer KI-Forscher und -Forscherinnen. »Das Argument war: ›KI wird ungeheuer wichtig werden. Sie sollte keinem gewinnorientierten Unternehmen überlassen bleiben, weil Gewinnsucht keine Grenzen kennt‹«, sagte Karpathy. »Das hat mich sehr angesprochen.«

Der gemeinnützige Ansatz gefiel auch Musk. Im November schrieb ihm Brockman: »Ich hoffe, dass wir als neutrale Gruppe in dieses Gebiet eintreten, die eine breite Zusammenarbeit anstrebt und den Dialog dahingehend verändert, dass es um den Gewinn für die Menschheit und nicht nur für einen bestimmten Kreis oder ein Unternehmen geht. (Ich denke, das ist der beste Weg, quasi aus dem Stand zu einer führenden Forschungseinrichtung zu werden.)« Musk sagte zu, das Labor zu finanzieren, und gab ihm den Namen OpenAI Institute, kurz OpenAI.[234]

Michael Moritz von Sequoia versuchte, Altman von der Idee der Gemeinnützigkeit abzubringen. Seiner Ansicht passte sie nicht zu Altmans Wesen. »Er ist ein ausgesprochen kaufmännischer Charakter«, sagte er. »Er ist wie geschaffen für den Markt. Mit der Gründung von OpenAI als Non-Profit-Unternehmen wilderte er meiner Ansicht nach in einem fremden Revier.«

In den Augen von Graham blieb Altman im Grunde nichts anderes übrig, als OpenAI als gemeinnützige Gesellschaft zu gründen, weil er schon einen Job hatte; er konnte schlecht ein gewinnorientiertes Unternehmen auf die Beine stellen, während er YC leitete. »Die Leute denken, er macht da eine Art Lockvogelnummer, indem er OpenAI als Non-Profit gründet und dann später auf gewinnorientiert umstellt. Aber das wäre der schlechteste Lockvogel der Welt! Glaubt irgendjemand im Ernst, dass er, wenn er noch einmal von vorne anfangen könnte und die Sache als gewinnorientiertes Unternehmen aufziehen könnte, er das nicht tun würde?«, sagte Graham. »Er ist der König des Fundraising, er hätte mit Leichtigkeit genug Geld einwerben können.«

Was auch immer letztlich der Grund war, OpenAI wurde am 8. Dezember 2015 in Delaware als gemeinnütziges Unternehmen eingetragen. In der Urkunde heißt es: »Die daraus resultierende Technologie wird der Öffentlichkeit zugutekommen, und das Unternehmen wird sich bemühen, die Technologie zum Nutzen der Allgemeinheit als Open Source bereitzustellen, sofern dies möglich ist.«[235] Ein paar Tage später flog das Team nach Montreal, um sein neues Labor auf der jährlichen NIPS-Konferenz vorzustellen. Doch als sie dort ankamen, hatten sie ein neues Problem: Sutskever bekam kalte Füße.

Seit Sutskever seinen Chefs bei Google mitgeteilt hatte, er wolle das Unternehmen verlassen und bei einem neuen Forschungslabor anfangen, hatten sie versucht, ihn umzustimmen.

Sie boten ihm ein Vielfaches des marktüblichen Gehalts und sogar die Möglichkeit, sein eigenes Labor zu leiten. Sutskever hatte sich zunächst von OpenAI zurückgezogen, doch dann hörte er von Altman, dass Musk dabei sei. »Wow, okay, das ändert einiges«, hatte Sutskever gesagt. »Wenn er nicht eingestiegen wäre, hätte ich mich wahrscheinlich auch nicht darauf eingelassen.«

Als er in Montreal ankam, war er Feuer und Flamme für das neue Labor, doch dann knöpfte ihn sich Jeff Dean von Google vor, eine hochangesehene Persönlichkeit, die die KI-Forschung des Giganten leitete. Er lockte mit einem Gehalt von fast sechs Millionen Dollar und appellierte an Sutskevers Idealismus und seine Liebe zu den Google-Mitarbeiterinnen und -Mitarbeitern. Sutskever brauchte Bedenkzeit und zwang OpenAI, seine Ankündigung um mehrere Tage zu verschieben. Schließlich war der letzte Tag der Konferenz gekommen, es blieben nur wenige Stunden bis zu dem Zeitpunkt, der für die Ankündigung im Blog vorgesehen war. Mit oder ohne Sutskever, sie hatten keine Wahl, sie mussten mit der Ankündigung raus.

Brockman besiegelte den Deal, indem er zu Sutskever sagte: »Hör zu, ich will das wirklich mit dir machen. Bist du dabei?« In allerletzter Sekunde stimmte Sutskever zu, wofür vor allem seine Bewunderung für Brockman den Ausschlag gab. »Ich war wirklich beeindruckt und glaubte fest an Gregs Talente, die meine sehr gut ergänzten. Damit lag ich richtig.«

Minuten später an diesem am 11. Dezember 2015 verkündete ein von Brockman und Sutskever gemeinsam verfasster Blogbeitrag die Gründung von OpenAI als gemeinnütziges Forschungsunternehmen, das mit einer Milliarde Dollar von Musk, Altman, Brockman, Jessica Livingston, Peter Thiel, Amazon Web Services, Infosys und YC Research finanziert werden sollte. Die spektakuläre Zahl war Musks Idee gewesen. »Wir brauchen eine viel größere Zahl als hundert Millionen, damit es im Vergleich zu dem, was Google und Facebook ausgeben, nicht aussichtslos klingt«, schrieb Musk am 22. November an Brockman. »Ich denke, wir sollten sagen, dass wir mit einer Finanzierungszusage von einer Milliarde Dollar starten. Das ist real. Ich stehe für alles ein, was die anderen nicht aufbringen.« Er schlug auch vor, dass die Anteile, die den Deal der neuen Mitarbeitenden versüßen sollten, nicht allein von YC, sondern vielleicht auch von SpaceX stammen sollten.

»Unser Ziel ist es, die digitale Intelligenz in einer Weise voranzutreiben, die der gesamten Menschheit zugutekommt, ohne dabei von der Notwendigkeit eines finanziellen Gewinns abhängig zu sein«, schreiben Brockman und Sutskever. »Wir sind überzeugt, dass KI eine Erweiterung des individuellen menschlichen Willens sein sollte und im Geiste der Freiheit so weit und gleichmäßig wie möglich verbreitet werden sollte. Der Ausgang dieses Unterfangens ist ungewiss und die Arbeit daran mühevoll, aber wir glauben, dass das Ziel und die Struktur richtig sind. Wir hegen die Hoffnung, dass dies für die Besten auf diesem Fachgebiet das Wichtigste ist.«

Später, auf einer von Facebook veranstalteten Cocktailparty, sagte der führende KI-Forscher des Unternehmens, Yann LeCun – neben Hinton und Bengio der dritte »Pate der KI« –, zu Sutskever, dass sie aufgrund des Mangels an erfahrenen Wissenschaftlerinnen und Wissenschaftlern für maschinelles Lernen keine Chance hätten. »Ihr werdet scheitern«, erklärte er.[236]

Kapitel 12

Altruisten

Greg Brockman beschrieb Ilya Sutskever einmal als »einen Künstler, der sich durch maschinelles Lernen (und manchmal durch Malerei) ausdrückt«.[237] Im Start-up-Alltag war seine bevorzugte Leinwand das Whiteboard. Er verlangte stets frische Whiteboard-Marker in großer Auswahl. Es war fast so, als könnte er ohne diese weiße Fläche nicht denken, auf die er seine Diagramme von künstlichen Neuronen und mathematischen Formeln kritzelte. Wenn seine Stifte mit den bunten Filzspitzen auf der glänzenden weißen Kunststoffoberfläche quietschten, verwandelte er sich in einen Guru, der mit beschwörenden Mantras wie »Es will einfach nur funktionieren!« und »Spürt die AGI!« pure Überzeugung verströmte.[238]

Die Wochen, bevor OpenAI am 4. Januar 2016 die Arbeit aufnahm, waren zu chaotisch – und Sutskevers Teilnahme zu ungewiss –, als dass Altman und Brockman auch nur über Büroräume hätten nachdenken können. Daher fing die Gruppe, die DeepMind Konkurrenz machen sollte, in Brockmans Wohnung in San Francisco an. Sie ließen sich dort auf den Sofas nieder, saßen am ovalen Esszimmertisch und schliefen gelegentlich, zumindest Andrej Karpathy, sogar in Brockmans Bett. Einmal sprangen Sutskever und John Schulman mitten im Gespräch auf, um etwas auf dem Whiteboard zu verdeutlichen, und stellten dann fest, dass es keins gab – Brockman schaffte umgehend Abhilfe.[239]

In dieser frühen Phase hatte das Team um Altman und Brockman noch keine richtige Vorstellung davon, was es eigentlich tun sollte, und so machte Brockman sich auf andere Weise nützlich, indem er beispielsweise Büromaterial bestellte oder die Gläser spülte. »In unserem Team wird wirklich viel Wasser getrunken«, sagte er. Bei Stripe hatte er die letzten Jahre damit verbracht, über seine Karriere nachzugrübeln. Gelegentlich verfasste er lange, bekenntnishafte Blogbeiträge über den Konflikt zwischen seinem grenzenlosen Ehrgeiz und seinem Drang, einfach nur die ganze Zeit zu programmieren. Er nannte es »Nachdenken über meine Rolle«. (Ein Stripe-Kollege behauptete, Brockman sei auch deshalb weggegangen, weil er als einer der vier ersten Mitarbeiter des Start-ups als Mitgründer eingestuft werden wollte; sowohl Patrick Collison als auch Brockman bestreiten dies. Collison sieht Brockmans Blogbeiträge als Beleg dafür, dass seine Beweggründe existenzieller Natur waren und es nicht um Unternehmensanteile oder seinen Titel bei Stripe ging.) Was auch immer ihn quälte, das Grübeln wurde für ihn unerträglich. »Ich will einfach nicht über diese Dinge nachdenken«, sagte sich Brockman. »Ich möchte mich nur mit diesem Problem beschäftigen, das mir so wichtig ist, und damit, wie ich am meisten zu seiner Lösung beitragen kann.« Er wollte nicht mehr um sich selbst kreisen, sondern endlich zur Sache kommen. »Ich hatte das Gefühl, als würde ich AGI entwickeln, indem ich Gläser spülte. Was könnte besser sein?«

Brockman stellte zwischen der Wohnzimmercouch und dem Esszimmertisch ein Whiteboard auf, und sie machten sich auf die Reise ins Unbekannte. Zunächst gingen sie in Richtung des Atari spielenden KI-Agenten von DeepMind, der direkt von den Pixeln lernen konnte; ein vielversprechender Hinweis, dass sich tiefe neuronale Netzwerke mit einem Algorithmus des bestärkenden Lernens kombinieren ließen. Das neuronale Netzwerk war in der Lage, Muster in den Pixeln zu finden. Der Algorithmus schuf ein Belohnungssystem, allerdings ohne Informationen darüber, wie man sie erhielt. Es oblag dem neuronalen Netzwerk, die ihm präsentierten Muster so zu entschlüsseln, dass sie zu einer Belohnung führen würden. Es machte Fehler, stieß gelegentlich auf eine Belohnung und analysierte dann sein bisheriges Verhalten, um herauszufinden, was es dorthin geführt haben könnte. Bei Spielen wie *Breakout*, *Fishing Derby*, *Kung-Fu Master* und *Montezuma's Revenge* konnte es einen menschlichen Mitspieler oder eine Mitspielerin schlagen.[240]

Während des Ausflugs ins Napa Valley im Herbst, bei dem Altman ihn und andere neue Kollegen angeworben hatte, kam Karpathy auf die Idee, den Aktionsradius des KI-Agenten von Atari-Spielen aus den 1970er-Jahren auf das auszuweiten, was hinter einem modernen Computerbildschirm passierte. Es waren ja sowieso alles nur Pixel. Warum nicht einen allgemeinen Agenten entwickeln, der ein Mensch am Computer »sein« konnte? Sie verfolgten diese Idee weiter in einem Projekt, das sie später Universe nannten. Die Aufgabe war allerdings schier überwältigend. Zaremba schlug vor, erst einmal Werkzeuge für diese Art des bestärkenden Lernens zu entwickeln – einen Rahmen, in dem solche Belohnungsspiele stattfinden konnten und den sie »Gym« nannten. »Es war nichts anderes als eine Infrastruktur, die den Forschenden, die sich mit bestärkendem Lernen beschäftigten, das Leben leichter machte«, sagte Karpathy.

»Unsere Absicht war, etwas Interessantes und Bedeutsames mit bestärkendem Lernen zu machen«, erklärte Sutskever. »Wir mussten uns beweisen. Wir mussten schnellstmöglich die Welt auf uns aufmerksam machen, sonst wäre die ganze Sache im Sande verlaufen. Es gab also den starken Wunsch, rasch etwas Bedeutendes zu tun, was genau, war gar nicht so wichtig.«

Durch das Projekt lernte Brockman schon früh etwas über die Beziehung zwischen KI-Forschern und Softwareingenieuren, die beim Erstellen und Trainieren eines KI-Modells zusammenarbeiten müssen wie Architektinnen und Architekten mit den beteiligten Firmen beim Bau eines Hauses. OpenAI hatte zwei Forscher und zwei Softwareingenieure mit dem Bau des Gyms beauftragt, aber Brockman war von ihrer Arbeitsweise genervt. »Die Softwareingenieure legten los und bastelten irgendwas zusammen, dann kamen sie und verbrachten einen Nachmittag damit, es mir auf meinem Bildschirm zu zeigen, und dann saßen sie zu viert da und diskutierten über jede Zeile Code«, sagte er. »Ich dachte bloß noch: ›Was für eine Qual.‹« Da er das Schneckentempo nicht mehr ertragen konnte, riss er das Projekt an sich. »Zuletzt arbeitete ich sehr eng mit einem unserer Forscher zusammen. Ich lieferte ihm vier oder fünf Ideen, was man machen könnte. Er sagte, die vier da sind schlecht. Und ich: ›Genau so wollte ich es haben.‹ So wenig wie möglich davon, wie es gemacht wird, und jemand, der ein Gespür für die Sache hat.« Er wollte dafür sorgen, dass programmierende Softwareingenieure und theoriebegeisterte Forscher gleichermaßen geschätzt wurden und nicht die eine Gruppe bevorzugt wurde.

Während diese losen Ideen herumschwirrten, saß ihnen DeepMind ständig mit neuen Beweisen seiner Leistungsfähigkeit im Nacken. Seit der Schachcomputer Deep Blue von IBM 1997 den Schachweltmeister Garri Kasparow besiegt hatte, spekulierten Forscherinnen und Forscher darüber, wie lange es dauern würde, bis Maschinen den Menschen in dem viel älteren und komplexeren Spiel Go besiegen würden. Die Anzahl der möglichen Züge, die sich an dem Gitter mit neunzehn horizontalen und neunzehn vertikalen Linien gegenübersaßen und weiße beziehungsweise schwarze Steine setzten, war zu groß, als dass ein existierender Computer sie hätte berechnen können. Selbst mit den jüngsten Fortschritten im Bereich der neuronalen Netzwerke gingen die meisten davon aus, dass es mindestens ein weiteres Jahrzehnt dauern würde. Doch gegen Ende Januar 2016, als OpenAI noch keinen ganzen Monat gearbeitet hatte, verkündete DeepMind in einem Artikel in *Nature* – Demis Hassabis bevorzugte renommierte Fachzeitschriften für seine Veröffentlichungen –, dass das KI-System AlphaGo im Oktober des Vorjahres einen Go-Europameister in einem nicht öffentlichen Spiel besiegt habe.

Der Sieg schreckte Musk auf. Im Februar schrieb er Altman und Brockman in einer E-Mail, dass das Unternehmen »alles daransetzen muss, die besten Talente zu bekommen. […] Entweder bekommen wir die besten Leute der Welt oder wir werden von DeepMind geschlagen. Egal, was es kostet, Spitzentalente anzuwerben, ich bin dafür. Wenn die mit ihrer Weltherrschafts-Philosophie gewinnen, wäre das wirklich eine schlechte Nachricht. Sie machen offensichtlich große Fortschritte, und das ist kein Wunder, wenn man bedenkt, was für Talente sie dort haben.«[241]

Im März verfolgten dann zweihundert Millionen Menschen rund um den Globus an den Bildschirmen, wie AlphaGo, das einen Vorsprung von sechs Monaten gegenüber OpenAI hatte, den Go-Meister Lee Sodol schlug. Google-Mitgründer Sergey Brin und CEO Eric Schmidt flogen nach Seoul, um die von ihrem Unternehmen entwickelte Maschine anzufeuern. AlphaGo gewann eine der fünf Partien mit einem Zug, der so ungewöhnlich war, dass manche Go-Kommentatoren ihn zunächst für einen Fehler hielten – ein schwarzer Stein wurde scheinbar wahllos auf einer freien Fläche des Spielfelds platziert, weit weg vom eigentlichen Geschehen. »So zieht ein Mensch nicht«, staunte Fan Hui, der im Oktober von AlphaGo besiegt worden war, gegenüber *Wired*. »Einfach wunderschön.«[242] DeepMind hatte der Welt in einem bahnbrechenden globalen Event gezeigt, dass der Weg zu Künstlicher allgemeiner Intelligenz vielleicht nicht mehr weit war.

Das war OpenAI ohnehin klar, und doch blieben dort die Bemühungen, es DeepMind gleichzutun und einen Agenten zu entwickeln, der planen und handeln konnte, ohne Ergebnis. (Das war auch deshalb frustrierend, weil Sutskever vor seinem Weggang an Googles Go-Projekt mitgewirkt hatte und als Mitautor an einer der Studien beteiligt war, die zu AlphaGo führten.) Karpathys Plan sah vor, eine Umgebung für bestärkendes Lernen zu schaffen, in dem ein KI-Agent darauf trainiert wurde, mit einer Maus oder einer Tastatur Aktionen auszuführen. Der Agent sollte lernen, dass er bei guten Aktionen »Belohnungen« erhielt, und so optimiert werden, dass er selbst nach diesen Belohnungen suchte. Nach dem Vorbild von DeepMind und AlphaGo wollte man beim Training der KI bei null anfangen. »Am Anfang hat man also ein neuronales Netzwerk, das durch wahlloses Drücken von Tasten versucht, Belohnungen zu erhalten«, sagte er. Wenn der Agent zum Beispiel erfolgreich ein Webformular ausfüllte, um einen Flug zu buchen, erhielt er eine Belohnung. »Das Problem ist, wenn man wahllos auf Tasten drückt, bekommt man nie eine Belohnung, weil die Aufgabe zu schwer ist.« Eine Weile lang versuchten sie diesem Problem mit ungeheuren Mengen Rechenleistung beizukommen – mit mäßigem Erfolg. »Das Erkundungsproblem war einfach zu anspruchsvoll.«

Die wichtigste Lehre, die Brockman aus den bisherigen Misserfolgen der Universe-Plattform zog, war, dass er den eigenen Forschern von OpenAI nicht genug zugehört hatte. Sie hatten ihm zu erklären versucht, dass sie zu diesem Zeitpunkt noch kein Modell hatten, das intelligent genug war, um das Problem überhaupt anzugehen. Er hielt sie davon ab, ihren eigenen Erkenntnissen zu folgen und beim Lösen großer

Probleme klein anzufangen. »Wir versuchten ein Luftschloss zu bauen, wo eine kleine Hütte genügt hätte«, sagte er.

OpenAI ermutigte nun seine kleine Forscherschar, sich in Teams aufzuteilen und sich mit dem zu beschäftigen, was sie interessierte. Im Juni veröffentlichte das Unternehmen auf seiner Website eine Liste von Zielen, darunter der Bau eines Roboters, das Gewinnen von Spielen mit einem Agenten und die Arbeit mit natürlicher Sprache. OpenAI zog von Brockmans Wohnung erst in ein Büro über der Schokoladenmanufaktur Dandelion Chocolate, das Sequoia gehörte, und konnte sich dann kostenfrei im Pioneer Building unweit des Mission District bei Musks Unternehmen Neuralink einquartieren, das sich mit der Entwicklung von Gehirn-Computer-Schnittstellen beschäftigte.

Brockman und Sutskever verbrachten jeden Tag eine Stunde im Serverraum und versuchten zu ermitteln, wie viel Rechenleistung sie benötigen würden, um die Maschinen über die menschlichen Fähigkeiten hinauszubringen. »Wir schrieben da Dokumente, in denen stand: ›Das menschliche Gehirn benötigt offenbar soundso viel Rechenleistung. Ausgehend von der Zunahme der Rechenleistung könnte es also sein, dass in wenigen Jahren die Rechenleistung so stark zunimmt, dass sich neuronale Netzwerke in der Größe des Gehirns trainieren lassen, und wenn die Rechenleistung erst einmal vorhanden ist, sind die Details vielleicht kein Problem mehr‹«, so Sutskever.

Bei diesen Gelegenheiten entwickelten sie auch ihr Konzept für die Einstellung von Mitarbeiterinnen und Mitarbeitern. Sie stellen sich ein Unternehmen vor, in dem KI-Forschende und Softwareingenieure und -ingenieurinnen auf einer Stufe standen und die gleichen Möglichkeiten hatten, ihren Arbeitsbereich zu wählen. »Mathe-Neid« sollte unbedingt vermieden werden. »Letztendlich hatten wir eine ganz andere Einstellungsphilosophie als DeepMind«, so Brockman. »Wir wollten wirklich Ingenieurinnen und Ingenieure, die Dinge bauten, und weniger von den etablierten promovierten Forschenden. All das kam aus dem Verständnis heraus, dass wir der Underdog sind.«

In dieser Phase schauten Musk und Altman etwa einmal pro Woche vorbei, um sich ein Bild davon zu machen, wie das Team von OpenAI vorankam. Musk, der Tesla, SpaceX und noch ein paar andere Unternehmen leitete, hatte offensichtlich alle Hände voll zu tun. Und auch Altman war als Präsident von YC, dem mächtigsten Netzwerk im Silicon Valley, so sehr in Anspruch genommen, dass es für mehr als diese wöchentlichen Besuche nicht reichte.

Im September hatte Altman jedoch viele seiner Zuständigkeiten delegiert und die Betreuung der Batches an seinen langjährigen YC-Partner Michael Seibel übertragen, den er zum CEO von YC Core ernannte, das verwirrenderweise von nun an schlicht YC heißen sollte. Er selbst wurde zum Präsidenten eines neuen Unternehmenszweigs namens YC Group. Durch die Umstrukturierung, die an Googles Gründung einer Muttergesellschaft namens Alphabet im Jahr zuvor erinnerte, wurden die umstrittenen Moonshots in einer eigenen Abteilung namens »Other Bets« untergebracht. YC Group sollte nun vier Unterabteilungen haben: das Kernunternehmen YC, den Continuity Fund, einen neuen Online-Kurs namens Startup School und YC Research – Altmans Lieblingsprojekt, das er weiterhin persönlich finanzierte und leitete.

Nach einem Jahr räumte Altman ein, dass YC Research – der Brutkasten, in dem OpenAI heranreifen sollte – immer noch weitgehend nur ein Sammelsurium seiner eigenen Wunschprojekte war, und versprach, bald ein »verbindendes Thema« zu präsentieren.[243] Neben OpenAI gehörte dazu auch eine Studie über ein bedingungsloses Grundeinkommen als Mittel, um den Verlust von Arbeitsplätzen abzufedern, der nach Altmans Ansicht durch KI unvermeidlich eintreten wird. »Ich glaube, in fünfzig Jahren wird es lächerlich erscheinen, dass wir die Menschen mit der Angst, nichts mehr zu essen zu haben, motivieren wollten«, schrieb er. »Und ich glaube auch, dass es ohne eine Art von garantiertem Einkommen keine echte Chancengleichheit geben kann.[244] Er beauftragte Elizabeth Rhodes, die gerade an der University of Michigan ihre Promotion in Sozialarbeit und Politikwissenschaft abschloss, eine Studie mit dreitausend Personen in Oakland durchzuführen, die ein bedingungsloses Einkommen erhielten. Bei ihrer ersten Besprechung im Geschäftssitz von Y Combinator während eines der Batch-Dinner stellte Rhodes fest, dass Altman daran interessiert war, die wachsende wirtschaftliche Unsicherheit der amerikanischen Bevölkerung auf breiter Linie und nicht nur als Auswirkung der Technologie anzugehen. »Er weiß, dass der Kapitalismus in seiner derzeitigen Form nicht funktioniert«, sagte sie. »Er ist überzeugt, dass wir einen neuen Gesellschaftsvertrag brauchen.«

Aus Altmans Perspektive als Top-Akteur im Silicon Valley während eines historischen Technologie-Booms scheiterte der Kapitalismus vor allem am Mangel an bezahlbarem Wohnraum. Um das zu ändern, machte sich YC Research auch daran, eine »bestmögliche Stadt« der Zukunft zu entwerfen, geleitet von offenen Fragen wie: »Woraufhin sollte eine Stadt optimiert werden?« und »Wie können wir Wohnraum dauerhaft erschwinglich machen?«. Geleitet wurde das Projekt von Adora Cheung, Mitgründerin des nicht mehr existierenden Start-ups Homejoy, eines Vermittlungsdiensts für Reinigungspersonal, die auch dem Beirat von YC angehörte. »Wir sind ernsthaft daran interessiert, neue Städte zu bauen, und wir glauben, dass wir die Finanzierung stemmen können, wenn alles andere Hand und Fuß hat«, schrieben Cheung und Altman. »Wir brauchen Leute mit starkem Interesse und kühnen Ideen in den Bereichen Architektur, Ökologie, Wirtschaft, Politik, Technologie, Stadtplanung und vielem mehr.«[245] Altman fing an, sich nach Standorten umzusehen.

Das vielleicht ungewöhnlichste Vorhaben von YC Research war jedoch die Human Advancement Research Community (HARC), ein Projekt des legendären Computerwissenschaftlers Alan Kay, das darauf abzielte, »dafür zu sorgen, dass die Weisheit des Menschen die Macht des Menschen übertrifft, indem Ideen ersonnen und frei ausgetauscht werden, die es allen Menschen ermöglichen, weiter zu blicken und ein tieferes Verständnis zu erlangen«. In den 1970er-Jahren gehörte Kay der berühmten Forschergruppe am Xerox Palo Alto Research Center (PARC) an, von dem zahlreiche technische Errungenschaften entwickelt wurden: die grafische Benutzeroberfläche, die später von Apples Macintosh übernommen wurde, die objektorientierte Programmierung, ein leichter, tragbarer Vorläufer des Tablets namens Dynabook sowie der PC, die E-Mail und der Laserdrucker, die heute aus keinem Büro mehr wegzudenken sind. Xerox PARC hatte seinen Forschern große Autonomie gewährt, und diese Erfahrung prägte nachhaltig Kays Einstellung dazu, wie weltverändernde Forschung betrieben werden sollte. »Alan weist gerne darauf hin, dass wirklich gute Forschung kein vorgegebenes Ziel haben kann, sondern nur eine sinnvolle Richtung«, schrieb der ehemalige Apple-Entwickler Larry Yaeger. »Wenn man von vornherein sagen könnte, dass man den Strebebogen oder das Kreuzrippengewölbe erfindet, dann hätte man sein Ziel schon so gut definiert, dass man sich Forschung dazu sparen könnte.«[246]

Als Altman im Jahr davor OpenAI konzipiert hatte, wandte er sich mit einer Frage an Kay: Welche Wertschöpfung schufen die reichlich fließenden Forschungsgelder der US-Regierung nach dem Zweiten Weltkrieg? Xerox hatte zwar Geld in PARC gesteckt, aber etwa ein Drittel der Mittel stammte aus staatlichen Quellen wie dem Energieministerium und der DARPA, und Kay betrachtete seine Tätigkeit dort als Teil einer breit angelegten staatlichen Forschungsförderung. »Wegen des Kalten Kriegs war das alles eine große staatlich finanzierte Gemeinschaft, wobei das gesamte geistige Eigentum frei verwendbar und für jedermann zugänglich war«, erklärte Kay mit seiner grauen Haarmähne und seinem buschigen Schnurrbart auf einer Podiumsdiskussion und fuchtelte dabei mit den Armen herum wie ein Orchesterdirigent. Die Wirtschaftsleistung allein von Xerox PARC bezifferte er auf fünfunddreißig Billionen Dollar. »Die Unternehmen setzen ihre Ziele sehr niedrig an«, sagte Kay. »Ihnen genügen Millionen und Milliarden. Aber wirklich gute Forscherinnen und Forscher wollen Billionen, weil es um die Schaffung einer ganz neuen Branche geht.«

Kay, inzwischen in seinen Siebzigern, wurde als einer der ersten Berater von OpenAI verpflichtet. Sutskever und Brockman gingen mit ihm zum Essen und lauschten seinen Erzählungen, wie sie den Xerox Alto entwickelt hatten, einen der ersten Personal Computer der Welt – wie sein Team aus der seinerzeit modernsten Hardware eine Maschine schuf, die den wenigen Menschen, die Zugang zu ihr hatten, das Gefühl gab, »in der Zukunft zu leben«. Ein Jahrzehnt später, fügte Kay hinzu, würde sich jeder diese Technologie für tausend Dollar kaufen können. Nach dem Essen meinte Sutskever zu Brockman: »Ich habe zwar nur die Hälfte von dem verstanden, was er gesagt hat, aber es war alles sehr inspirierend.«[247]

Laut Kay führten seine Gespräche mit Altman zur Gründung von YC Research. »Sam sog das alles in sich auf und kam mit einem fantastischen Plan daher: Die Unternehmen sollten das irgendwie finanzieren, weil sich der Staat aus verschiedenen, sämtlich nicht stichhaltigen Gründen davon zurückgezogen hatte«, sagte er. »Also fing er an, Geld zu sammeln.« Kay unterstützte Altman, indem er ihn mit Vishal Sikka bekannt machte, damals CEO des indischen IT-Unternehmens Infosys, den Kay gefördert hatte, seit er in den 1990er-Jahren seine Promotion betreut hatte. Während Sikkas Zeit als CTO des SAP-Konzerns finanzierte dieser ab 2013 ein von Kay organisiertes Forschungslabor nach dem Vorbild von PARC namens Communication Design Group (CDG). Dort arbeiteten Forschende wie Bret Victor, ein ehemaliger Interface-Designer bei Apple, der das iPad mitentwickelt und sich damit beschäftigt hatte, ein neuartiges dynamisches Computermedium zu erfinden. Die Forscherinnen und Forscher gingen davon aus, dass die Finanzierung für mindestens fünf Jahre stand, doch dann verließ Sikka 2014 plötzlich SAP, und 2016 kündigte das Unternehmen ein Ende der Förderung an. Mit Kays Hilfe kamen die SAP-Forschenden bei HARC unter, dessen Finanzierung Altman zusagte, bis man andere Finanzquellen aufgetan hatte.[248]

In einer E-Mail an Sikka bezeichnete Kay Altman als »Schöpfer von Zivilisationen«. Sikka konnte sich darunter wenig vorstellen, bis er Altman in San Francisco persönlich traf. Er war begeistert von Altmans Vision für YC Research, und Infosys spendete schließlich drei Millionen Dollar für OpenAI. Aber erst als Sikka von Altmans ungewöhnlichen Ideen erfuhr, wie dem Mangel an erschwinglichem Wohnraum in der Bay Area abzuhelfen wäre, verstand er, was Kay mit seiner Beschreibung von Altman meinte. »Er hatte die Idee, neuen Mitarbeiterinnen und Mitarbeitern Kredite für den Kauf eines Hauses zu geben, weil seine Organisation leichter Wohnraum finanzieren konnte als die Leute selbst«, sagte Sikka. Talente von großen Tech-Unternehmen ließen sich leichter abwerben, wenn sie weniger geistige Energie darauf verwenden müssten, wie sie sich das Leben in der Bay Area leisten konnten. »Im Silicon Valley ist Wohnraum immer sehr teuer, und diese Idee gefiel mir einfach.«

HARC existierte gerade mal ein Jahr. Trotz der Namensgleichheit gab es keine finanzielle Verbindung zwischen YC Research und YC. Altman war nur zufällig für beides zuständig. Von jedem der drei anfänglichen Projekte von YC Research – OpenAI, Grundeinkommen und HARC – wurde erwartet, dass sie sich ihre eigenen Finanzierungsquellen erschlossen. (OpenAI wurde später als unabhängiges Non-Profit-Unternehmen ausgegliedert, um Musks Geld behalten und seine Einmischung begrenzen zu können; zwei weitere Projekte – eines zur Stadtentwicklung und eines zur Krankenversicherung für alle – wurden im Sommer 2016 in das Portfolio von YC Research aufgenommen, nachdem Altman ausgewählte YC-Start-up-Gründer und -Gründerinnen zu sich nach Hause zum Essen eingeladen und aufgefordert hatte, ihm Ideen für eine mögliche Finanzierung zu unterbreiten, die ihnen am Herzen lagen und die langfristige »gesellschaftliche Auswirkungen« haben könnten, so Jeff Chang, Mitgründer eines von YC unterstützten Unternehmens, der auch bei YC Research mitwirkte.) Kay hatte eine Finanzierung für HARC auf die Beine gestellt, die sich jedoch verzögerte, sodass Altman einsprang und Geld aus seinem Privatvermögen zur Verfügung stellte. Unterdessen wurde HARC größer, als Chris Clark, der ehemalige Loopt-Mitarbeiter, der bei YC Research das Tagesgeschäft leitete, es sich vorgestellt hatte, da Kay nicht nur Mitarbeiterinnen und Mitarbeiter von CDG, sondern auch von seiner eigenen Non-Profit-Organisation Viewpoints Research Institute dazuholte. Nach einem Jahr hatte Altman die Privatmittel, die er für HARC vorgesehen hatte, aufgebraucht, sah keine großen Fortschritte und stellte die Finanzierung ein. Die meisten HARC-Mitarbeitenden erhielten Abfindungen und verließen das Forschungsprojekt.

Nach Ansicht vieler HARC-Mitarbeitenden hatte sich Altmans Fokus einfach anderen Dingen zugewandt, auch seinem

Traum von AGI. Wie er später in dem Podcast *Life in Seven Songs* bekannte, beschäftigte ihn fast das gesamte Jahr 2016 der Gedanke: »Mann, das AGI-Ding und alles drum herum wird eines Tages brandheiß sein.« Nachdem er die Begeisterung seiner Valley-Kollegen und -Kolleginnen für das Burning Man Festival, das jeden August in der Wüste von Nevada stattfindet, jahrelang mit Augenrollen quittiert hatte, beschloss er in diesem Sommer, mit dem Wohnmobil eines Freundes selbst hinzufahren. Kurz nach der Ankunft schlief er ein und wachte erst am Abend auf. Seine Freunde hatten sich inzwischen kostümiert und auf den Weg zur Playa gemacht. Er folgte ihnen ausgerüstet mit Wanderschuhen, Stirnlampe und seinem kleinen Rucksack allein unter dem schwarzen Wüstenhimmel. Mit fassungslosem Staunen sah er vor sich eine hell erleuchtete temporäre Stadt mit Tempeln, Kunstinstallationen, Tänzerinnen und Tänzern, Feuer und Tausenden von Leuten, die in Kostümen durch den Wüstenstaub radelten. »Das ist mit Abstand die schönste menschengemachte Sache, die ich jemals gesehen habe«, dachte er bei sich. Vor allem aber fiel ihm auf, wie »präsent« alle zu sein schienen. Er sollte danach viele psychedelische Erfahrungen sammeln, beim Burning Man Festival und anderswo, die er heute als lebensverändernd bezeichnet. Von da an besuchte er das Festival jedes Jahr. »Ich dachte: ›Oh, alle sind so glücklich‹«, erzählte er später im Podcast. »Das ist eine Variante, wie die Welt nach dem Durchbruch der AGI aussehen könnte – eine Welt, in der die Menschen sich einfach darauf konzentrieren, etwas füreinander zu tun, sich umeinander zu kümmern und sich gegenseitig wundervolle Geschenke zu machen.«[249]

Im Herbst 2016, drei Tage vor der offiziellen Premiere der HBO-Serie *Westworld*, in der Androiden, die einen Western-Freizeitpark bevölkern, ein Bewusstsein entwickeln und sich gegen ihre menschlichen Herren auflehnen, zeigten Altman und der langjährige YC-Investor Yuri Milner die mit Spannung erwartete Serie in einer privaten Vorführung in Milners Villa in Los Altos Hills. Anschließend stellten sich der Mitschöpfer der Serie, Jonathan Nolan, und die Hauptdarstellerinnen Evan Rachel Wood und Thandiwe Newton den Fragen aus dem Publikum, ebenso wie später Altman und der MIT-Professor Ed Boyden. Laut dem Journalisten Cade Metz erzählte Boyden bei dieser Gelegenheit, Wissenschaftler stünden kurz davor, eine vollständige Karte des menschlichen Gehirns zu erstellen und es anschließend zu simulieren. Die Frage sei nun, ob die Maschine nicht nur wie ein Mensch handeln, sondern auch fühlen würde. Dies wurde in der ersten Episode der Serie thematisiert, in der die Androiden nach einem Software-Update versehentlich Zugang zu ihren Erinnerungen erhalten und in der Folge ein Bewusstsein erlangen.[250] Wie die Einladungen deutlich machten, war der Sinn dieses Abends, mit Unterstützung von etwas Promi-Power aufzuzeigen, dass die Grenzen zwischen Wissenschaft und Science-Fiction immer mehr verschwammen.

Eine von Altmans Lieblingsdarstellungen von KI in Science-Fiction war die Kurzgeschichte *The Gentle Seduction*, die der begeisterte Extropianer Marc Stiegler 1989 veröffentlichte. In der Geschichte wird eine zunächst skeptische Frau von der Technologie selbst verführt, sodass sie erst eine Kapsel mit Nanobots einnimmt, um die Alterungsschäden ihres Körpers zu heilen, dann ein Stirnband anlegt, das ihre Gedanken erweitert, und schließlich eine Pille schluckt, um einen Computer in ihrem Schädel zu installieren, der es ihr ermöglicht, ihr Bewusstsein auf eine kosmische Ebene zu erweitern und der gesamten Menschheit durch den Schock der Singularität zu helfen. »Nur jene, die vorsichtig waren, aber nicht ängstlich, nur jene, die ihre elementare Art der Besonnenheit hatten, kamen durch«, schreibt Stiegler. Es war eine aufwühlende, aber letztlich optimistische Vision dessen, was AGI bringen könnte: Unsterblichkeit, Allwissenheit, unvorstellbare Freuden – aber auch die Zerstörung von allem, was bisher war.

Stiegler, ein Experte für Cybersicherheit, der Science-Fiction-Autor wurde, hielt während Altmans erstem Studienjahr in Stanford eine Informatikvorlesung darüber, wie sich die Art von Computervirus besiegen ließe, der in der *Terminator*-Filmreihe entfesselt wird. Er sagte vor Kurzem in einem Interview, er sei dankbar, dass Altman ebenso wie er im Herzen ein Optimist sei, der glaube, dass man technologische Revolutionen am besten in kleinen Schritten an die Öffentlichkeit bringe. Wie Stiegler erzählte, habe er sich bei der Anfangsszene von *The Gentle Seduction* vom wirklichen Leben inspirieren lassen: In den 1980er-Jahren ging er einmal mit einer Ex-Freundin auf Fox Island im Bundesstaat Washington spazieren und legte ihr dar, welche gewaltigen Veränderungen in Technologie und Gesellschaft die Zukunft bringen würde. Sie reagierte entsetzt. »Sam Altman scheint die gleiche Lektion gelernt zu haben«, so Stiegler.

Stiegler argumentiert, dass die Menschheit auf dem Weg zur »Singularität« und zu ihrem endgültigen Platz im Universum »eine kleine Schwelle nach der anderen überschreiten« muss. Die Fortschritte, die sich mit OpenAI vollziehen, bedeuten, dass »wir jetzt sehr nahe dran sind, die Werkzeuge zu haben, um herauszufinden, wie wir lange genug leben können, um herauszufinden, wie wir länger leben«, sagte er. »Einer der Punkte in ›The Gentle Seduction‹ ist, dass uns die Unsterblichkeit Zeit gibt, um zu wachsen und alles zu werden, was wir sein können, wenn wir uns nicht nur mit anderen Menschen, sondern auch mit KI zusammentun.« Er glaubt, dass diese sich vertiefenden Beziehungen eines Tages den Kosmos verändern werden – aber das müsse in »mundgerechten Happen«

geschehen. Stiegler erinnert sich, wie er Sam Altman einmal sagen hörte, er wolle keine Technologie entwickeln, die unsterblich macht. Er wolle nur jedem Menschen zehn zusätzlich gesunde Jahre schenken. »Dazu sage ich nur: Das klingt ganz nach ›Gentle Seduction‹.«

Aber Altman beschäftigte sich 2016 auch mit handfesteren Dingen. Zunehmend sah er die Politik als den Bereich, in dem er seine hochfliegenden Ambitionen verwirklichen konnte. Im Herbst kam Altmans Ex-Freund aus der Highschool, Nathan Watters, nach San Francisco, um seinen neuen Partner zu einem Vorstellungsgespräch zu begleiten. Während Watters' Partner unterwegs war, trafen sich Watters und Altman in einem Café am Dolores Park, unweit von Altmans viktorianischer Fünf-Millionen-Dollar-Villa. Ihr Gespräch drehte sich um die bevorstehende Präsidentschaftswahl, bei der Hillary Clinton und Donald Trump gegeneinander antraten. Laut Watters sagte Altman, er wolle 2020, bei der nächsten Wahl, als Präsident kandidieren, sollte Clinton nicht gewinnen. »Wenn sie es nicht wird, sondern Trump, dann lass ich nicht zu, dass das noch mal passiert. Dann mache ich es. Ich kandidiere. Ich glaube, ich kann gewinnen.« Das waren Watters zufolge Altmans Worte. »Ich bin sicher, dass er dachte, er könne gewinnen.« Altman bestreitet, das gesagt zu haben, und behauptet, er habe nie als Präsident kandidieren wollen.

Anfang Oktober veröffentlichte der *New Yorker* ein umfangreiches Profil von Altman, in dem die Öffentlichkeit erstmals erfuhr, wie weit sein Ehrgeiz reichte. »Wie jeder im Silicon Valley behauptet Altman, dass er die Welt retten will; im Gegensatz zu fast allen anderen dort hat er auch einen Plan«, schrieb der Autor Tad Friend. In dem Artikel wurden Altmans Ambitionen auf das Präsidentenamt als Witz abgetan – etwas, womit ihn seine Brüder aufzogen, während sie gemeinsam

Pasta kochten. Als Max und Jack ihm vorrechneten, dass er 2020 fünfunddreißig Jahre alt sein würde und damit das vorgeschriebene Mindestalter für eine Kandidatur erreicht hätte, konterte Altman: »Warum nicht mal einen schwulen Juden ins Rennen schicken! Das klappt bestimmt!«

Während Altmans Brüder und seine Mutter in dem Artikel ausgiebig erwähnt wurden, kamen Jerry und Annie überhaupt nicht vor. Einige Jahre zuvor hatten sich Connie und Jerry im Stillen getrennt, nachdem es in der Ehe bereits jahrelang gekriselt hatte und sie in getrennten Zimmern schliefen. »Es war furchtbar«, erinnerte sich Annie. Im Jahr 2011, im Sommer vor ihrem Schulabschluss, hatte sie ihre Eltern angefleht, sich scheiden zu lassen. »Falls ihr wegen uns Kindern zusammenbleibt – ich bin eins davon, und ich sage euch, es reicht mir«, sagte sie ihnen. »Nur weil ihr euch nicht anschreit, heißt das nicht, dass es Spaß macht, mit euch zusammenzuleben.« Nachdem sie ihr Studium an der Tufts University begonnen hatte, hielten ihre Eltern noch zwei Jahre lang durch. Dann suchte sich Jerry eine eigene Wohnung. Connie sprach nie über die Trennung. »Sie sah es als persönliches Versagen an«, sagte Annie. Auch Jerry schwieg sich darüber aus. Jolene Borgmann, eine Freundin von Jerry aus der Rudermannschaft, erkundigte sich einmal vorsichtig nach seinem Eheleben, und Jerry antwortete bloß, dass Connie gerne nachts aufbleibe und medizinische Fachzeitschriften lese, während er sich lieber die Nachrichten ansehe.

Dass Annie in dem Artikel des *New Yorker* mit keinem Wort erwähnt wurde, war auch deshalb seltsam, weil sie zu dieser Zeit in der Bay Area lebte. Sie war im Sommer dorthin gezogen, nachdem sie die Tufts University früher als geplant mit einem Abschluss in Biopsychologie verlassen hatte. Sie hatte einen vorbereitenden medizinischen Einführungskurs belegt, weil sie eigentlich in die Fußstapfen ihrer Mutter und ihres Großvaters treten und Medizin studieren wollte. Doch dann bat sie den Dekan, das Studium vorzeitig mit einem Diplom abschließen zu dürfen. »Die Traurigkeit und Angst, die ich in Bezug auf die Uni empfunden habe, das muss einfach nicht mehr sein«, schrieb sie. »Ich kam nach Tufts mit dem Ziel, Medizin zu studieren, und erst in diesem Semester habe ich mich von dem Plan verabschiedet.« Sie schloss nicht aus, eines Tages Ärztin zu werden, konnte sich aber auch eine Tätigkeit als Krankenschwester, Arzthelferin oder Sozialarbeiterin vorstellen. Zunächst wollte sie jedoch erst mal eine Therapie absolvieren, Kunst machen, die Welt bereisen und sich besser fühlen.[251]

Annie hatte erkannt, dass der Wunsch, Ärztin zu werden, eher von ihrer Mutter ausging als von ihr selbst. Ihr Physiklehrer an der Burroughs High School, Jim Roble, hatte ebenfalls diesen Eindruck. »Sie hat einmal an einem Sommerprogramm teilgenommen, bei dem sie mit ihrer Mutter für Ärzte ohne Grenzen nach Südamerika ging«, sagte Roble. »Ich glaube nicht, dass sie ihre Zeit gerne so verbracht hat.«

Nach der Universität zog Annie in die East Bay und nahm eine Stelle in einem neurowissenschaftlichen Labor an der University of California in San Francisco an, wo Experimente an Mäusen durchgeführt wurden. In einem Podcast sagte Annie, dass sie »jeden Tag immer mehr Mäuse« töten musste. Als langjährige Vegetarierin ertrug sie die Laborumgebung nicht und hielt nur sechs Wochen lang durch. Sie wurde Veganerin, beschloss, keine Psychopharmaka mehr zu nehmen, und wechselte, wie sie in dem Podcast erklärte, in ein anderes Labor der Universität, in dem sie nicht so viele Mäuse töten musste.[252]

Die Partner bei Y Combinator waren leicht konsterniert, als sie das Profil im *New Yorker* lasen. »Sam hat allen Partnern gesagt: ›Hey, die bringen was über YC‹, und dann ging es nur um Sam. Und alle meinten: ›Hör mal, ist ja nicht so wichtig, aber warum hast du das denn gesagt?‹«, erzählte ein YC-Partner. Für langes Genörgel blieb jedoch keine Zeit. Wenige Tage nach der Veröffentlichung des Artikels geriet YC in die Kritik wegen Thiels 1,25 Millionen-Dollar-Spende für Trumps Präsidentschaftswahlkampf. Thiel war Teilzeitpartner von YC, was auf ein Ehrenamt hinauslief, und seine Unterstützung für Trump war kaum ein Geheimnis; er hatte im Sommer am Nominierungsparteitag der Republikaner teilgenommen und in einer Rede erklärt, er sei »stolz, schwul zu sein«. Die Höhe der Spende war jedoch mehr, als man im überwiegend liberal eingestellten Silicon Valley akzeptieren konnte – insbesondere angesichts des am 7. Oktober 2016 von dem Promi-Magazin *Access Hollywood* veröffentlichten Video, in dem Trump mit sexuellen Übergriffen auf Frauen prahlt. Zehn Tage später erklärte Ellen Pao, die nach ihrer Zeit als CEO von Reddit ein Non-Profit mit Schwerpunkt Diversity mitgegründet hatte, dass ihre Organisation wegen YCs Nähe zu Thiel nicht mehr mit dem Unternehmen zusammenarbeiten würde. »Aufgrund seiner kontinuierlichen Verbindung zu YC sind wir gezwungen, unsere Beziehung zu YC zu beenden«, schrieb sie. »Heute ist uns klar, dass unsere Wertvorstellungen zu verschieden sind.« Marco Arment, Mitgründer von Tumblr, fand noch klarere Worte zu dem Beziehungsgeflecht zwischen YC, Thiel und Trump. »Hier wird buchstäblich eine riesige Geldsumme aufgewendet, um einen rassistischen, sexistischen Fanatiker zu unterstützen, gegen den immer mehr Vorwürfe wegen mehrfacher sexueller Übergriffe erhoben werden«, schrieb er.[253]

Auch Altman war es ein Rätsel, warum Thiel jemanden wie Trump unterstützte. Sie unterhielten sich bei verschiedenen Gelegenheiten darüber. »Ich habe die Leute nicht davon abzubringen versucht, Trump zu wählen«, sagte Altman. »Ich wollte es wirklich verstehen.« Doch als das Internet wegen Thiels Spende für Trump durchdrehte, schaltete sich Altman ein und verteidigte sowohl seinen Freund als auch das Prinzip der geistigen Freiheit vehement. Er stimmte in dieser Angelegenheit mit Thiel nicht überein – er hielt Trump sogar für »eine inakzeptable Bedrohung für Amerika« und »untauglich als Präsident« –, twitterte jedoch: »YC wird niemanden dafür feuern, dass er den Kandidaten einer der großen Parteien unterstützt.«

Als Trump dann tatsächlich gewann, war Altman am Boden zerstört. Er hatte versucht, es auf die für ihn typische Art und Weise zu verhindern – indem er eine Software namens VotePlz finanzierte und entwickelte, die vor allem jungen Menschen dabei helfen sollte, sich für die Teilnahme an der Wahl zu registrieren.[254] Jetzt wandte er sich erneut dem Coden zu und baute eine Website namens Track Trump, die verfolgte, inwieweit Präsident Trump seine Wahlversprechen in den ersten hundert Tagen seiner Amtszeit umsetzte. Und er nahm Facebook zu Hilfe, um hundert Trump-Wählerinnen und -Wähler im ganzen Land kennenzulernen und sie direkt zu ihrer Entscheidung zu befragen; die Ergebnisse veröffentlichte er auf seinem Blog. Eine der Antworten brachte nach Altmans Ansicht auf den Punkt, was viele Demokratinnen und Demokraten nicht verstanden hatten: »Ihr könnt Trump das nächste Mal besiegen, aber nicht, wenn ihr uns weiterhin verspottet, nicht zuhört und ausgrenzt.«[255]

Trumps überraschender Sieg hatte Thiel in kürzester Zeit zur mächtigsten politischen Kraft im Silicon Valley gemacht, nachdem er als Contrarian mit seiner riskanten Wette auf Trump weitgehend allein im Kreuzfeuer der Kritik gestanden und nun gesiegt hatte. (Der Netflix-CEO Reed Hastings hatte sogar versucht, Thiel aus dem Facebook-Vorstand zu drängen, mit der Begründung, seine Unterstützung für Trump zeige ein »katastrophal schlechtes Urteilsvermögen«.[256]) Altman musste eine Entscheidung treffen: Sollte er tatsächlich die

Präsidentschaftskandidatur anstreben, wie er Watters erzählt hatte? Oder ein anderes Amt? Sollte er überhaupt für etwas kandidieren oder lieber versuchen, von ihm unterstützte Kandidaten ins Rennen zu schicken?

Altman hatte immer noch den Ehrgeiz, Trumps Sieg zu verstehen. Ein Bekannter stellte den Kontakt zu Charles Johnson her, einem ultrarechten Blogger und Politaktivisten, der Thiel geholfen hatte, das Klatschportal Gawker Media zu zerstören. Johnson hatte durch sein politisches Engagement an einer konservativen Hochschule auf sich aufmerksam gemacht und bei Tucker Carlsons *Daily Caller* gearbeitet, bevor er sein eigenes Nachrichtenportal *GotNews* gründete. Als das Magazin *Rolling Stone* 2014 einen Artikel über eine angebliche Gruppenvergewaltigung an der University of Virginia veröffentlichte, der später zurückgezogen wurde, postete Johnson den vollen Namen des mutmaßlichen Opfers – ein Verstoß gegen die journalistische Ethik – und ein falsches Foto, wofür er sich später entschuldigte. *Gawker* machte sich daraufhin über ihn lustig, indem er Johnson als »schlechtesten Journalisten des Web« bezeichnete und eine Reihe abstruser Behauptungen aufstellte wie beispielsweise die folgende: »Es gibt keine Beweise dafür, dass Chuck Johnson 2002 dafür verhaftet wurde, dass er ein Schaf an einen Zaun gefesselt und es gebumst hat.« Damit wollte man Johnsons unseriöse, anspielungsreiche Art des Journalismus aufs Korn nehmen. Johnson verklagte *Gawker* wegen Verleumdung, was einem Freund von Thiel zu Ohren kam, der wusste, dass der Milliardär seit Jahren einen Rachefeldzug gegen *Gawker* plante, nachdem dessen auf die Tech-Branche fokussierte Tochterseite *Valleywag* Thiel 2007 als homosexuell geoutet hatte. In Max Chafkins Thiel-Biografie heißt es, dass sich Johnson Thiels Feldzug anschloss, der letztlich darin gipfelte, insgeheim Hulk Hogans Klage wegen Verletzung der Privatsphäre zu finanzieren, nachdem *Gawker* ein heimlich aufgenommenes Video veröffentlicht hatte, das Hogan beim Sex mit der Frau eines Freundes zeigte. *Gawker* verlor den Prozess und meldete 2016 Konkurs an.[257] (Bis heute erinnert sich Thiel mit tiefer Genugtuung an die Zerschlagung dessen, was er immer noch als »Terrororganisation mit Sitz in Manhattan« bezeichnet.)

Altman flog nach Kalifornien, um Johnson in seinem Haus in Arcadia zu besuchen. »Er hat gesagt, er glaube, dass er Gouverneur von Kalifornien und Präsident der Vereinigten Staaten werden kann«, erinnert sich Johnson. »Er hat gesagt: ›Ein Millennial wird Präsident werden.‹« Laut Johnson fand Altman, dass Gavin Newsom, der bei der Wahl 2018 als Nachfolger des amtierenden kalifornischen Gouverneurs Jerry Brown aufgestellt werden sollte, ein schwächerer Kandidat war, als viele dachten. Altman hatte auch eine klare techno-utopische Vision davon, was Kalifornien sein könnte: ein Bundesstaat mit einer so großen Wirtschaft, dass er seine eigene wissenschaftliche Grundlagenforschung in den Bereichen Kernenergie und AGI finanzieren könnte; ein Bundesstaat, in dem eine reformierte Steuergesetzgebung Immobilienspekulationen verhindern würde, um die Wohnkosten zu senken; und ein Bundesstaat mit einem breiteren sozialen Sicherheitsnetz – eventuell durch ein allgemeines Grundeinkommen –, das die Gesellschaft gerechter machen und zugleich den Bürokratie-Dschungel vieler der aktuellen Sozialprogramme lichten würde.

Johnson machte ihn mit seinen politischen Kontakten in Kalifornien bekannt. Altman suchte Rat in beiden Lagern, nicht nur bei Dominic Cummings, dem ehemaligen Berater des britischen Premierministers Boris Johnson, sondern auch bei Chris Lehane, dem ehemaligen Berater von Bill Clinton. Im April 2017 fragte Nellie Bowles, eine Korrespondentin der TV-Nachrichtensendung *Vice News Tonight*, Altman in einem Interview auf einer Diskussionsveranstaltung des

Commonwealth Club in San Francisco, ob er eine Kandidatur in Betracht ziehen würde. »Charisma ist wohl nicht meine Stärke«, antwortete er.[258] Insgeheim jedoch dachte Altman weiterhin darüber nach, ob er als Gouverneur von Kalifornien kandidieren sollte, und traf sich im Mai mit Willie Brown, dem ehemaligen Bürgermeister von San Francisco, um dessen Rat einzuholen. Er erzählte Brown von seinen Plänen, mithilfe von Technologie die Einkommensungleichheit zu beseitigen und die Wählerinnen und Wähler auf digitalem Weg zu erreichen. Brown plauderte danach umgehend in einer Kolumne im *San Francisco Chronicle* Details des vertraulichen Gesprächs aus. »Ich sagte ihm, dass es in Kalifornien schon des Öfteren Millionäre gegeben hat, die es sich einiges haben kosten lassen, für öffentliche Ämter zu kandidieren«, schrieb er. »Die meisten zahlen am Ende eine Menge Geld an Beraterinnen und Berater und verlieren doch.«[259]

Viele Geschäftsleute in Altmans Bekanntenkreis – darunter Thiel und Michael Moritz von Sequoia – rieten ihm davon ab, für ein Amt zu kandidieren. »Ich hielt es für eine verrückte Idee«, sagte Moritz. »Ich glaube, viele Geschäftsleute gehen viel zu naiv ran, wenn sie auf die Regierung schauen und zu dem Schluss kommen, dass dort so manches im Argen liegt. Durch ihre Erfahrungen in der Privatwirtschaft wissen sie, was nötig wäre, um die Regierung effizienter zu machen, aber sie unterschätzen massiv, dass man auch Erfahrung in der Politikarena haben muss, wenn man in der Politik erfolgreich sein will. Man muss verstehen, wie sie funktioniert.«

Mittlerweile betrachtet Altman seine politischen Ambitionen als Hirngespinst. »Ein paar Wochen lang habe ich das tatsächlich erwogen. Habe mit der Idee gespielt, aber nicht sehr ernsthaft. Ich fuhr nach Sacramento, um den damaligen Gouverneur Brown zu treffen, und da war mir völlig klar, dass ich diesen Job nicht wollte und nicht gut darin gewesen wäre.«

(Jerry Browns langjähriger Stabschef, Evan Westrup, sagte, Brown könne sich nicht an ein Treffen mit Altman erinnern.)

Im Juli war Altman bereit, die Fackel an andere weiterzureichen, und stellte ein politisches Programm mit zahlreichen Forderungen online, darunter eine allgemeine Krankenversicherung, höhere Steuern auf kurzfristige Kapitalerträge sowie Umschichtung von zehn Prozent des US-Verteidigungshaushalts in die Erforschung von Zukunftstechnologien. Kandidatinnen und Kandidaten, die bereit wären, dieses Programm zu vertreten, würden von ihm unterstützt werden. Die wichtigste Forderung, zumindest für Altman, war die Kostensenkung im Wohnbereich. Das Online-Magazin *The Outline* titelte: »Ein Königsmacher aus dem Silicon Valley will reparieren, was die Tech-Branche Kalifornien angetan hat«.[260] Altman nannte seine Initiative »The United Slate« und ließ sich dabei von dem fünfundzwanzigjährigen Matt Krisiloff unterstützen, mit dem er im selben Jahr eine Beziehung einging. Krisiloff hatte 2014 sein Studium an der University of Chicago abgeschlossen und war nach Santiago de Chile gezogen, um an einem Start-up zu arbeiten. Er lernte Altman kennen, nachdem er ihn per E-Mail um Rat gefragt hatte. Als Krisiloff Altman vorschlug, bei YC ein Programm für Unternehmen in der Frühphase zu starten, stellte Altman ihn dort ein und übertrug ihm schließlich die Leitung von YC Research. Krisiloff holte seinen älteren Bruder Scott dazu, der im Finanzwesen tätig war, und die drei standen gemeinsam hinter The United Slate.[261] (Die beiden Krisiloffs blieben noch viele Jahre in verschiedener Funktion in Altmans Umfeld. Scott arbeitete später für Hydrazine und dann für Helion. Matt gründete ein Start-up, in das auch Altman investierte. Es sollte zwei homosexuellen Männern ermöglichen, ein Kind zu bekommen, das mit beiden genetisch verwandt war.) Altmans Initiative The United Slate führte schließlich dazu, dass er die Kandidatur für das Repräsentantenhaus von Josh

Harder unterstützte, einem Demokraten und Risikokapitalgeber mit Abschlüssen in Stanford und Harvard, der gegen einen amtierenden Republikaner antrat und gewann.

Auch wenn Altman sich gegen eine Karriere in der Politik entschied, kam er durch die Verbindung zu OpenAI in Kontakt mit den höchsten Kreisen der politischen Macht. In ihrem letzten Jahr interessierte sich die Obama-Regierung für KI und initiierte eine Reihe von Gesprächen im ganzen Land, an denen der OpenAI-Neuzugang und ehemalige Bloomberg-Journalist Jack Clark im Rahmen der Kommunikationsarbeit des Labors teilnahm. Im Oktober 2016 veröffentlichte das Weiße Haus einen umfangreichen Bericht, in dem mehr staatliche Mittel für die KI-Grundlagenforschung gefordert wurden. In einem Interview für *Wired* warb Präsident Obama so nachdrücklich dafür, als hätte er Altmans Blog (oder Musks Tweets) gelesen.

»Ein Teil des Problems ist, dass unser Vertrauen in kollektives Handeln Stück für Stück verlorengegangen ist, zum Teil aufgrund von Ideologie und Rhetorik«, sagte Obama gegenüber *Wired*. Er forderte eine Rückkehr zu den Zeiten des Apollo-Raumfahrtprogramms, das mit staatlichen Mitteln in Höhe von einem halben Prozent des US-amerikanischen Bruttoinlandprodukts auf die Beine gestellt worden war. Im Jahr 2015 gab die US-Regierung rund eine Milliarde Dollar für die KI-Forschung aus. Um das Apollo-Niveau zu erreichen, müsste dieser Betrag im Jahr 2016 auf etwa achtzig Milliarden Dollar ansteigen. Er betrachtete es als Aufgabe der Regierung, dafür zu sorgen, dass KI nicht von Tech-Riesen wie Google und Facebook entwickelt werde. »Wenn wir wollen, dass die Werte einer diversen Gesellschaft in diesen bahnbrechenden Technologien enthalten sind, muss dies auch durch staatliche Finanzierung abgesichert werden.«[262]

Wenige Wochen nach den Worten Obamas gewann Trump

die Wahl, und die KI-Agenda der Demokraten war Geschichte. Jahre später, nachdem OpenAI durch ChatGPT zu einem Begriff geworden war, erzählte Altman, dass sich die junge Forschungseinrichtung in ihren Anfangsjahren – vermutlich irgendwann 2017 oder 2018, er wollte es nicht näher spezifizieren – vergeblich um staatliche Gelder bemüht hatte. »Ich kann es ihnen nicht verübeln, denn damals waren wir nur ein paar Leute, die herumsaßen und sagten: ›Wir werden versuchen, eines Tages AGI zu entwickeln‹, ohne dass wir etwas vorzuweisen hatten«, sagte er.

Während OpenAI auf der Stelle trat, führten die stetigen Fortschritte von DeepMind im Verlauf des Jahres 2016 dazu, dass sich die KI-Gemeinschaft veranlasst sah, die potenziellen Schattenseiten dieser Technologie zu ergründen. Im Januar 2017 veranstaltete das Future of Life Institute seine Konferenz an einem symbolträchtigen Ort, dem Asilomar Hotel and Conference Grounds. In dem rustikalen, ursprünglich für die Young Women's Christian Association (YWCA) erbauten Kongresszentrum auf der kalifornischen Halbinsel Monterey hatten Wissenschaftler 1975 die berühmt gewordenen Richtlinien für den Umgang mit rekombinanter DNA ohne Gefährdung der öffentlichen Gesundheit und der Umwelt ausgearbeitet. Die neuen Standards ermöglichten es der wissenschaftlichen Gemeinschaft, das Moratorium für gentechnische Veränderungen aufzuheben, und läuteten Jahrzehnte der Forschungen und Fortschritte ein. Dieser Prozess der gemeinsamen Konsensfindung zu den Risiken einer neuen Technologie wurde als »Asilomar-Modell« bekannt.

Als der Präsident des Future of Life Institute Max Tegmark mehr als vierzig Jahre später auf der Konferenzbühne des berühmten Hotels stand und zur Entwicklung neuer Asilomar-Prinzipien aufrief, um zu verhindern, dass sich die KI gegen die Menschheit richtete, zog vom Pazifik her ein gewaltiger

Sturm auf, der an den Fenstern des massiven, aus Stein und Holzbalken errichteten historischen Gebäudes rüttelte. Ein Konferenzteilnehmer fand das apokalyptische Wetter passend zu Tegmarks Tonfall. »Damals auf der Asilomar-Konferenz waren alle davon überzeugt, dass wirklich verrückte Dinge passieren würden«, sagte er.

Die Vorläuferkonferenz 2015 in Puerto Rico hatte KI-Entwickelnde mit Expertinnen und Experten für KI-Sicherheit zusammengebracht, und auch ein paar Milliardäre hatten sich unter die Teilnehmenden gemischt. Die jetzige Konferenz bot noch mehr Stars auf und verschärfte die Warnungen. Neben Altman nahmen Musk, Sutskever, Brockman, Amodei, Hassabis und die anderen DeepMind-Gründer daran teil. Zwischen den Veranstaltungen lernte Altman durch Alan Kays Vermittlung eine von dessen ehemaligen Schülerinnen kennen, die gertenschlanke, schwarzhaarige Tasha McCauley, die CEO eines Robotikunternehmens war.

McCauleys Mutter, Tamme McCauley, ist die Stieftochter von Melvin Simon, einem Milliardär aus Indiana, dem Gründer des größten Shopping-Mall-Betreibers der USA sowie zu Lebzeiten Besitzer des Basketballteams Indiana Pacers. Tashas Vater Matthew McCauley ist ein mit einem Emmy ausgezeichneter Komponist und Hobby-Ägyptologe, der sich für Fernerkundung interessiert und diese Methode bei der Ausgrabung der Großen Sphinx von Gizeh einsetzte. Heute sitzt er im Vorstand des Unternehmens GeoSim, das sich mit 3D-Modellierung beschäftigt. Tasha wuchs in Los Angeles auf und besuchte eine ungewöhnliche öffentliche Grundschule namens Open School, für die Kay den Lehrplan entwickelte und die von Apple Computer, Inc., wie Apple damals hieß, mitfinanziert wurde. Die Open School war Teil von Apples Vivarium Project, benannt nach den Glasbehältern, in denen Pflanzen und Tiere zu Beobachtungszwecken gehalten werden. Es zielte darauf ab, die Funktionsweise von Computern zu verbessern, indem man sie Kindern in die Hand gab. »Wir arbeiten eng mit kleinen Kindern zusammen und lernen von ihrem intuitiven Umgang mit der Benutzeroberfläche und dem Verhalten unseres Systems und hoffen, so ein System zu entwickeln, das durch seine Einfachheit und Benutzerfreundlichkeit mehr Menschen in die Lage versetzt, das Verhalten ihres Computers an ihre eigenen Bedürfnisse und Wünsche anzupassen«, schrieb Larry Yaeger, Kays Kollege an der Open School. Die dreihundert Erst- bis Sechstklässler an der Open School erfuhren beispielsweise etwas über Biologie, indem sie mithilfe von Computern animierte Tiere schufen und dann deren Verhalten programmierten. Sie lernten, Code zu schreiben, und benutzten dynamische Autorentools wie HyperCard, ein Hypermedia-System aus der Zeit vor dem Internet, für die Hausaufgaben. »Die Programme, die wir schrieben, erinnerten mich an Spielzeuge – intuitive grafische Spielzeuge, mit deren Hilfe wir Inhalte auf reizvolle und umfassende Weise vermitteln konnten«, sagte McCauley in einem Interview mit der Chicago Toy & Game Group.[263] Zum Beirat des Vivarium-Programms gehörten Schwergewichte wie Geoffrey Hinton, Marvin Minsky, Douglas Adams (der Autor von *Per Anhalter durch die Galaxis*) – und Koko, der Gorilla, der die Gebärdensprache beherrschte.

Kay blieb McCauley lebenslang ein Mentor. Ihre berufliche Karriere war von dessen Streben beeinflusst, die Mensch-Maschine-Schnittstellen weiterzuentwickeln. (»Der beste Weg, die Zukunft vorherzusagen, ist, sie zu erfinden«, lautet ein berühmtes Zitat von Kay.) Sie besuchte das Bard College und studierte dann Robotik an der Singularity University, wo sie später auch unterrichtete. Die Singularity University ist eine »Bildungsgemeinschaft« (keine Universität im eigentlichen Sinne), die von Ray Kurzweil und Peter Diamandis, dem Gründer der XPRIZE Foundation, ins Leben gerufen wurde und von Unternehmen wie Cisco, General Electric und Google finanziert wird. (Verwirrenderweise erwarb die Singularity University 2012 die Rechte am Singularity Summit und andere Markenrechte von Yudkowskys Organisation, die in Machine Intelligence Research Institute umbenannt worden war.) Im Jahr 2011 gründete McCauley zusammen mit einem Kollegen von der Singularity University das Robotikunternehmen Fellow Robots, das Roboter für unterschiedliche Zwecke produzierte, von »Telepräsenz«-Robotern (ein früher Prototyp namens Helo ähnelte einem Tablet auf einem Segway) bis hin zu Kundenservice-Robotern in großen Kaufhäusern (ein schnittiger Geldautomat mit weiblicher Stimme). Im Jahr 2014 machte sie den Master of Business Administration an der University of Southern California (zwischen 2019 und 2022 war sie CEO von GeoSims, wo ihr Vater Vorstandsvorsitzender und einer der Hauptinvestoren des Unternehmens war) und heiratete den Schauspieler Joseph Gordon-Levitt, der die Hauptrolle in dem Film *Inception* spielte. Ein Jahr später bekamen die beiden nicht nur ihr erstes Kind, sondern nahmen auch an der Konferenz Effective Altruism Global in San Francisco teil und wurden schnell zu prominenten Mitgliedern der Gemeinschaft der effektiven Altruisten. Gordon-Levitt, der mit seiner Brille und seinem salbeigrün-schwarz karierten Hemd wie der Inbegriff eines nerdigen effektiven Altruisten aussah, erzählte bei einer Podiumsdiskussion auf der gleichen Konferenz im Jahr darauf, ihm sei sofort der Unterschied zwischen dem rationalen Denken der effektiven Altruisten und dem emotionsgeleiteten Gutmenschentum aufgefallen, das in Hollywood vorherrsche. »Als ich hierherkam und diese Konzepte kennenlernte, bei denen es nicht darum geht, was die beste Geschichte hergibt, sondern darum, was nachweislich am meisten Gutes bewirkt, fand ich das unglaublich überzeugend und edel und wert, dass man sich näher damit befasst«, sagte er.[264]

Auf der Asilomar-Konferenz vereinbarten McCauley und Altman, in Kontakt zu bleiben, und unterzeichneten zusammen mit Sutskever, Hassabis und Stephen Hawking die sogenannten Asilomar-KI-Prinzipien. Diese Sicherheitsrichtlinien für KI waren weitaus radikaler als die Vereinbarungen von Puerto Rico. Die Unterzeichnenden verpflichteten sich, auf ein technisches Wettrüsten zu verzichten; sie versicherten, dass »Teams, die KI-Systeme entwickeln, aktiv zusammenarbeiten sollten, um ein Abschwächen der Sicherheitsstandards zu verhindern«, und dass KI »sich an menschlichen Werten orientieren« sollte. Noch brisanter war angesichts der wachsenden Konkurrenz zwischen DeepMind und OpenAI und der sich bereits abzeichnenden geopolitischen Bedeutung für das Land, das als Erstes AGI entwickelte, die Zusicherung, dass »der durch KI geschaffene wirtschaftliche Wohlstand auf breiter Basis verteilt werden sollte« und dass »Superintelligenz nur im Dienst allgemeiner ethischer Standards und zum Wohl der gesamten Menschheit und nicht nur eines Staates oder einer Organisation entwickelt werden sollte«.[265] Später unterzeichnete auch William MacAskill, der in Oxford Philosophie gelehrt hatte und den effektiven Altruismus mitentwickelte, diese Prinzipien.

Die Bewegung der effektiven Altruisten wurde in den frühen 2010er-Jahren vor allem von MacAskill und seinem Oxford-Kollegen Toby Ord begründet, die sich dabei von einem Aufsatz des utilitaristischen Philosophen Peter Singer aus dem Jahr 1972 inspirieren ließen. Darin argumentierte dieser, dass wohlhabende Menschen eine moralische Verpflichtung hätten, möglichst viel und weit über den üblichen Rahmen hinaus von ihrem Reichtum zu spenden, um das Leiden in den Entwicklungsländern zu lindern. Die ersten effektiven Altruisten versuchten mit einem neuen, streng objektiven Ansatz herauszufinden, welche Wohltätigkeitsorganisationen am effektivsten waren (Wohltätigkeitsorganisationen, die sich für Entwurmungsprogramme einsetzten, schnitten besonders gut ab). Sie rieten ihren Anhängerinnen und Anhängern, auch wenn es sie anwidere, lieber einen Hedgefonds zu managen und ihr Gehalt an eine dieser Organisationen zu spenden, als auf ineffiziente Weise den Hunger in Afrika direkt zu bekämpfen, denn so könnten sie mehr bewirken.

Im Jahr 2009 gründeten MacAskill und Ord die Organisation Giving What We Can, die Menschen dazu aufrief, mindestens zehn Prozent ihres Einkommens an die Armen zu spenden – eine Art Zehnt für nichtreligiöse Menschen –, und zwar über Organisationen, die streng auf ihre Effektivität hin überprüft worden waren. Zwei Jahre später war MacAskill Mitgründer von 80.000 Hours, einer gemeinnützigen Organisation, die Hochschulabsolventen dabei berät, wie sie in der Welt am meisten bewirken können. Im Jahr 2013 überzeugte MacAskill mit seiner Botschaft vom »Verdienen, um zu geben« den mathematisch hochbegabten Physikstudenten am MIT Sam Bankman-Fried und brachte ihn dazu, ins Finanzwesen zu gehen. Wiederum zwei Jahre später nahm 80.000 Hours am Sommer-Batch von YC teil. Sam Bankman-Fried, der unter dem Kürzel SMF bekannt wurde – erst als CEO von FTX und Krypto-Guru, dann als Krimineller –, war einer der Hauptsponsoren der Bewegung der effektiven Altruisten, bevor er 2022 wegen Betrugs und Verschwörung angeklagt wurde.

Auch Holden Karnofsky und Elie Hassenfeld, zwei Nachwuchsanalysten des großen Hedgefonds Bridgewater Associates, gründeten 2006 mit ihren Kollegen einen wohltätigen Club. Sie wollten ihr Geld zusammenlegen und herausfinden, wie es sich am effektivsten einsetzen ließ. Aus dem Club entwickelte sich das Non-Profit-Unternehmen GiveWell, das Wohltätigkeitsorganisationen danach bewertete, wie viel Geld sie aufwenden mussten, um ein Leben zu retten. Hilfsorganisationen, die Moskitonetze zur Malariabekämpfung verteilten, schnitten dabei besonders gut ab, weshalb diese Zeit vielfach als »Moskitonetz«-Phase des effektiven Altruismus bezeichnet wurde. Zur selben Zeit brachte Yudkowsky auf seinem Gemeinschafts-Blog *Less Wrong* ähnliche Argumente vor und riet seinen rationalistischen Mitstreiterinnen und Mitstreitern, »herzwärmende Gefühle und Nutzen getrennt zu erwerben«. Wenn sie wirklich etwas Gutes in der Welt bewirken wollten, sollten sie erst alten Damen die Tür aufhalten und sich dann »die Wohltätigkeitsorganisation suchen, die den größten erwartbaren Nutzen pro Dollar bietet«.[266, 267]

Während das Gedankengut der effektiven Altruisten in den Tech-Kreisen San Franciscos immer mehr Anhängerinnen und Anhänger fand, lernte Cari Tuna, die für das Büro des *Wall Street Journal* in San Francisco arbeitete, bei einem Blind Date Dustin Moskovitz kennen, Mark Zuckerbergs Zimmergenossen in Harvard und Facebook-Mitgründer, dessen Vermögen heute auf rund dreiundzwanzig Milliarden Dollar geschätzt wird. Ein Jahr später unterzeichneten sie, inspiriert von Peter Singers Schriften, als jüngstes Paar überhaupt die von Warren Buffet und Bill und Melinda Gates gestartete wohltätige Initiative Giving Pledge und versprachen, den Großteil ihres Vermögens zu Lebzeiten oder nach ihrem Tod zu spenden. Im Jahr 2011 gründeten sie, inzwischen verlobt, gemeinsam die Stiftung Good Ventures. Da Moskovitz mit seinem neuen Unternehmen Asana, das Projektmanagement-Software entwickelte, alle Hände voll zu tun hatte, kündigte Tuna ihren Job beim *Wall Street Journal*, um sich ganz auf die Stiftung zu konzentrieren. Dabei wurde GiveWell rasch zu einer unverzichtbaren Entscheidungshilfe. Wie Tuna dem *Chronicle of Philanthropy* erzählte, bekamen sie und Moskovitz von Beratern die Empfehlung, sich bei ihrem Engagement von ihren Interessen leiten zu lassen – das Paar hatte jedoch einen anderen Ansatz im Sinn. Sie wollten Wohltätigkeitsorganisationen unterstützen, bei denen, wie Cari Tuna es ausdrückte, »unsere geringe Spende am meisten dazu beiträgt, das Leben von anderen zu verbessern«.[268] Im Jahr 2014 sicherte Good Ventures zu, einen Ableger von GiveWell namens GiveWell Labs zu finanzieren, und das Projekt wurde umbenannt in Open Philanthropy.

Die ursprüngliche Idee von Open Philanthropy bestand nicht nur darin, nach den Grundsätzen der effektiven Altruisten zu spenden, sondern den gesamten Entscheidungsfindungsprozess transparent zu machen. Das geschah manchmal äußerst detailliert, wie beispielsweise mit einem 2.800 Wörter langen Post, in dem ausführlich erläutert wird, warum man Chloe Cockburn mit der Leitung der Spendenaktion für die Reform der Strafjustiz betraut hat. Für dieses Anliegen wurden letztlich über zweihundert Millionen Dollar gespendet.

Nicht lange nach der Gründung von Open Philanthropy verlagerte sich das Interesse der effektiven Altruisten von profanen Themen wie der Reform des Kautionssystems und Entwurmungstabletten auf umfassendere Bemühungen, das Leben aller Menschen zu retten, die in Zukunft geboren werden könnten. Der Fokus richtete sich auf Probleme, die eine geringe, aber durchaus ernstzunehmende Chance hatten, die Menschheit auszulöschen, wie etwa Atomkrieg, globale Pandemien oder eine aus dem Ruder laufende Künstliche Intelligenz. Auch Open Philanthropy ging in diese Richtung.

Im März 2017, zwei Monate nach der Asilomar-Konferenz, spendete die Stiftung dreißig Millionen Dollar an OpenAI, und Holden Karnofsky trat dessen Vorstand bei. Die Ankündigung erfolgte zusammen mit der Bekanntgabe, dass Dario Amodei und Paul Christiano, die zu diesem Zeitpunkt als Forscher zu OpenAI gestoßen waren, »beide technische Berater von Open Philanthropy sind und im selben Haus wie Holden wohnen. Außerdem ist Holden mit Darios Schwester Daniela verlobt.« Karnofsky heiratete Daniela Amodei, die ebenfalls bei OpenAI anfing und dort das Team leitete, das die geeigneten Forschertalente suchte und einstellte. Open Philanthropy fasste die dreißig Millionen Dollar allerdings nicht als wohltätige Spende, sondern als Teil einer »Partnerschaft« auf, die es der Organisation ermöglichen würde, sich im Unternehmen für KI-Sicherheit einzusetzen. Außerdem sollte OpenAI nach dem Willen von Open Philanthropy den von Musk und auch Altman in frühen Interviews geäußerten Plan überdenken, die Technologie von OpenAI als Open Source der Allgemeinheit zur Verfügung zu stellen. Musk war seit Langem ein lautstarker Befürworter von Open-Source-Technologien gewesen und sogar so weit gegangen, die meisten Patente von Tesla zu veröffentlichen. Der Blogbeitrag, in dem Open Philanthropy sich zu seiner Spende an OpenAI äußerte, enthielt jedoch einen Aufsatz, der auf Scott Alexanders Blog *Slate Star Codex* erschienen war und sich gegen die Open-Source-Pläne von OpenAI aussprach. Die Begründung war, dass dies zur Auslöschung der Menschheit führen würde, wenn unvorsichtige, skrupellose oder auch böse Menschen die Technologie missbrauchten. In dem aktualisierten Unternehmensleitbild, das bei der Bewerbung bei Open Philanthropy eingereicht wurde, spricht sich Altmans Forschungseinrichtung gegen Gewinne und Produkte aus, bleibt jedoch ein wenig vage, was die Idee einer Open-Source-Technologie betrifft. »Wir werden Informationen nicht zum privaten Nutzen unter Verschluss halten«, heißt es dort, »aber wir erwarten, langfristig formale Prozesse zu schaffen, um Technologien unter Verschluss zu halten, wenn es Sicherheitsbedenken gibt.«[269]

Es war der Anfang vom Ende von Musks Open-Source-Traum. In anderer Hinsicht jedoch war dieser Finanzierungsschub ein großer Schritt vorwärts, besaß OpenAI doch nun die notwendigen Ressourcen, um die lang gehegten futuristischen

Visionen von Alan Kay, den Extropianern, Science-Fiction-Autoren und nun auch Sam Altman zu verwirklichen. Das Leitbild klang auch ein bisschen nach Kays gerne zitiertem Ausspruch: »Der beste Weg, die Zukunft vorherzusagen, ist, sie zu erfinden.«

Der Preis, den OpenAI letztendlich für die Zusammenarbeit mit den effektiven Altruisten zahlen sollte, war jedoch viel höher, als Altman es sich hätte vorstellen können.

Kapitel 13

OpenAI wird erwachsen

An einem Freitag im August 2017 standen 20.000 Fans des Online-Multiplayer-Spiels *Dota 2 (Defense of the Ancients)* Schlange vor einer Mehrzweckhalle in der Innenstadt von Seattle, die ursprünglich für die Weltausstellung 1962 gebaut worden war und in der jüngeren Geschichte auch als Heimatstadion des Basketballteams Seattle SuperSonics gedient hatte. Viele hatten sich mit Helmen und Rüstungen von Charakteren wie Shadow Fiend und Centaur Warrunner aus dem Spiel kostümiert, das Fans ursprünglich 2003 mit viel Mühe und einem Schuss Anarchie aus Blizzard Entertainments *World of Warcraft III: Reign of Chaos* entwickelt hatten. *Dota 2* hatte sich zu einem derartigen Kultspiel entwickelt, dass ein anderes Computerspielunternehmen, Valve, die Rechte kaufte und dafür eine aufwendig inszenierte Weltmeisterschaft ins Leben rief, »The International« genannt. Die Preisgelder, die höchsten im gesamten E-Sport, beliefen sich auf mehr als zwanzig Millionen Dollar. Die professionellen Spiele wurden als Fünf-gegen-fünf-Teamschlachten ausgetragen, was manche als Mischung aus Schach und Basketball beschrieben. In diesem Jahr gab es auch ein Einzelspiel, das in die Geschichte des E-Sports eingehen sollte: Einer der weltbesten Dota-Spieler, Danil »Dendi« Ishutin, stellte sich einem von OpenAI trainierten Bot.

Dendi betrat die Kampfarena fäusteschwingend, eingehüllt in einen Boxermantel und die Schwaden einer Nebelmaschine.

Sein Gegner wurde auf Rädern herausgerollt und theatralisch mit einem USB-Stick aktiviert. Der Kampf war von kurzer Dauer. »Hinterhältiger Bot!«, schimpfte Dendi nach ungefähr fünf Minuten. Der Avatar des OpenAI-Bots hatte Dendis Avatar vernichtend geschlagen und glühte dämonisch in hämischem Triumph. Damit hatte Dendi die erste Runde verloren, in der zweiten gab er auf, einen dritten Versuch gegen den Bot wollte er nicht riskieren. »Er ist zu stark«, erklärte er schlicht.

Direkt neben Dendi stand Brockman in einem schwarzen T-Shirt mit V-Ausschnitt, das Haar zu einer mönchsähnlichen Glatze geschoren, und grinste mit einem fast schon bedrohlichen Funkeln in den Augen. »Ich verrate euch den nächsten Schritt des Projekts. Der nächste Schritt in diesem Projekt heißt fünf gegen fünf«, erklärte er. Das Publikum tobte. Jakub Pachocki, ein junger in Polen geborener KI-Forscher mit Grübchen im Gesicht, der im Februar als Forschungsleiter des Dota-Teams zu OpenAI gestoßen war, nachdem er ein Postdoc-Stipendium in Harvard absolviert hatte, warf Brockman aus dem Hintergrund einen fast erschrockenen Blick zu, und sein Lächeln erstarrte. Brockman hatte das Team bisher nicht in diesen Plan eingeweiht.[270]

Von der kulturellen Bedeutung betrachtet war der Sieg in *Dota 2* nicht mit dem Sieg von AlphaGo über Lee Sodol in dem Spiel Go zu vergleichen – das Strategiespiel wird seit der Bronzezeit von Millionen Menschen auf der ganzen Welt gespielt. Doch Musk zögerte keine Sekunde mit der Erklärung, OpenAIs Sieg zum bedeutenderen zu erklären. »OpenAI hat zum ersten Mal einen der weltbesten Spieler im E-Sport geschlagen. In einem weitaus komplexeren Spiel als traditionelle Brettspiele wie Schach und Go«, twitterte er.[271]

Nur wenige schenkten seinem folgenden Tweet Beachtung: »Wir möchten uns bei Microsoft für die Nutzung seiner Cloud-Computing-Plattform Azure bedanken. Dies hat enorme Rechenleistung erfordert.« Es war Altman, der einige Monate zuvor den Microsoft-CEO Satya Nadella angerufen und um Rechenkapazität für sechzig Millionen Dollar gebeten hatte, damit OpenAI mit seinen KI-Systemen Furore machen konnte. Für Microsoft, dadurch ebenfalls am Erfolg beteiligt, fiel so ein wenig Werbung für seine Cloud-Plattform ab, nicht zu vergessen die Hilfe beim Aufspüren von Bugs. Zu dieser Zeit hatte Microsoft Azure einen Marktanteil von etwa fünfzehn Prozent im Cloud-Bereich, Amazon Web Services mehr als sechzig Prozent.[272] Altman hatte Nadella fast ein Jahrzehnt zuvor kennengelernt, als er noch Leiter von Loopt war. Nadella hatte damals seinen Aufstieg im Microsoft-Imperium über Bing und Cloud Computing gemacht. 2014 war Altman ebenso überraschend Präsident von YC geworden wie Nadella CEO von Microsoft. Seit etwa einem Jahr traf Altman sich nun auch regelmäßig mit dem Microsoft-Mitgründer Bill Gates, der sich aus dem operativen Geschäft zurückgezogen hatte, um sich ganz auf seine philanthropischen Projekte zu konzentrieren, aber immer noch im Vorstand saß und ein starkes Interesse an KI zeigte.[273] OpenAI Five, die erweiterte Version des *Dota*-Spielsystems von OpenAI, verlor bei der International-Weltmeisterschaft im nächsten Jahr gegen ein Fünferteam menschlicher Spieler. Doch schon im darauffolgenden Jahr schaffte *Dota*, nachdem OpenAI die für das Training verwendete Rechenleistung um das Achtfache erhöht hatte, auch den Sieg über menschliche Teams im Livestream. Microsoft jubelte.

Es war Musk gewesen, der OpenAI dazu gedrängt hatte, das *Dota*-Projekt in Angriff zu nehmen. Sein Ehrgeiz hatte sich an DeepMinds AlphaGo entzündet, dessen Sieg ihn beschämt hatte, und er setzte alles daran, dass OpenAI es dem Rivalen im Spielebereich heimzahlte. Wenn Go komplexer war als Schach, dann musste etwas her, was komplexer war als Go, und so fiel die Wahl auf dieses Computerspiel, das zwar in seiner

Internet-Nische sehr populär war, von dem aber neunundneunzig Prozent der Menschheit noch nie etwas gehört hatten. Viele OpenAI-Forschende hielten das für eine Sackgasse in der Entwicklung, aber Musk ließ nicht locker. Wenn ihnen daran lag, weiterhin von ihm finanziert zu werden, machten sie sich besser einen Namen in der Gaming-Welt – und sorgten für Spielszenen, wie sie sich Milliardäre gerne an Bord ihrer Privatflugzeuge vorführten.

Das *Dota*-Projekt brachte OpenAI neue Erkenntnisse, insbesondere was die Skalierung betrifft. »Ich weiß noch, wie Jakub übers Wochenende den ersten Agenten trainierte. Der schaffte irgendeine Kleinigkeit, und jede Woche, wenn man wieder vorbeischaute, hatten sie die Zahl der CPU-Kerne verdoppelt, und der Agent war doppelt so gut geworden«, sagte Brockman. Er leitete das Projekt mit der für ihn typischen Leidenschaft und beauftragte sogar ein Dokumentarfilmteam unter der Leitung der früheren *New-York-Times*-Reporterin Jennifer 8. Lee, die Sache festzuhalten. Die peppige Darstellung weckte die Aufmerksamkeit von Investoren, nicht zuletzt die von Microsoft. »Wir konnten zeigen, dass eine einzelne Technik gut funktioniert, wenn man sie skaliert«, so Sutskever.

Bob McGrew, der trotz seines pausbäckigen Gesichts mit seinen bereits leicht ergrauten Schläfen glaubwürdig die Rolle des »Erwachsenen im Raum« verkörperte, war nach einem Jahrzehnt bei Palantir gerade erst als Forscher zu OpenAI gestoßen. Er hatte sein KI-Doktorandenstipendium in Stanford sausen lassen, um bei Thiels Data-Mining-Unternehmen einzusteigen, weil »eine Doktorarbeit in KI im Jahr 2005 keinen großen Sinn mehr hatte«. Trotz seiner Management-Erfahrung hatte er darum gebeten, bei OpenAI in der Projektentwicklung mitarbeiten zu dürfen, und wurde »wie ein normaler Masterstudent« behandelt, sagte er. »Sie wussten nicht so recht, wie sie mich einordnen sollten.«

McGrew war einem anderen OpenAI-Projekt unter der Leitung von Wojciech Zaremba zugeteilt worden, dessen Aufgabe darin bestand, einen von diesen typisch bunten Rubik's Cube mit einer Roboterhand zu lösen. »Es klappte nicht so recht mit der Roboterhand«, sagte McGrew. Zaremba setzte Jakub Pachocki, den Teamleiter des erfolgreichen Dota-Projekts, darauf an, seine Technik auf die Roboterhand zu übertragen. »Und sofort entwickelte sich die Hand von einer Klaue mit zwei Greifern, die kaum in der Lage war, einen Ball zu packen, zu einer Hand mit fünf Fingern – mit vielen Gelenken, fünfundzwanzig, glaube ich –, die in der Lage war, ein Objekt zu greifen und damit zu hantieren. Es dauerte nicht lange, lediglich ein paar Wochen, und wir schafften es tatsächlich, so den Rubik's Cube zu lösen«, so McGrew. »Das war gewissermaßen unser Heureka-Moment.«

Doch in einer wichtigen Hinsicht hatten sie den falschen Weg eingeschlagen. Während *Dota* und das Roboterhand-Projekt um Schlagzeilen wetteiferten, tüftelte ein einsamer Forscher namens Alec Radford ganz im Stillen an einem weitaus folgenreicheren Projekt. Radford war 2016 zu OpenAI gestoßen, nachdem er das Olin College, eine winzige, aber renommierte Ingenieurschule in Needham, Massachusetts, abgebrochen hatte. Stattdessen hatte er mit einigen Kommilitonen ein Unternehmen für maschinelles Lernen gegründet. Dabei war ihm aufgegangen, wie viel Rechenkapazität die Sache, die ihn wirklich interessierte, verschlingen würde. Radfords Gedanken kreisten weniger um einen Agenten, der Befehle ausführte, als um Sprachmodelle, die die Bedeutung von Sprache verstanden. Sein erstes Projekt bei OpenAI, bei dem er ein Modell mit zwei Milliarden Reddit-Kommentaren trainierte, war ein Fehlschlag, weshalb er für das nächste einen bescheideneren Ansatz wählte: hundert Millionen Amazon-Produktbewertungen. Das Ziel bestand ganz einfach darin, dass das Modell den nächsten

Buchstaben einer Bewertung vorhersagen sollte. Dabei schaffte es sogar noch mehr: Es konnte feststellen, ob eine Bewertung positiv oder negativ war. »Das war eine völlige Überraschung«, sagte Radford gegenüber *Wired*.[274] Im April 2017 veröffentlichten Radford, Sutskever und ein weiterer OpenAI-Forscher namens Rafał Józefowicz eine Arbeit über das sogenannte Sentiment-Neuron, das positive von negativen Aussagen unterscheiden konnte, ohne dass Menschen zuvor die Trainingsdaten mit entsprechenden Bedeutungslabeln vorsortierten.

Zwei Monate später ging Sutskever bei der Lektüre des Vorabdrucks einer Studie von acht Google-Forschern mit dem Titel »Attention Is All You Need« (Aufmerksamkeit ist alles, was man braucht) auf, dass darin eine Methode vorgestellt wurde, mit der genau jene Art von Forschung, wie Radford sie betrieb, wesentlich effizienter durchgeführt werden konnte. Anstatt ein Zeichen nach dem anderen abzuarbeiten, stellte die Google-Studie ein Modell vor, das große Textabschnitte parallel verarbeitete. Dabei wurde durch geschickte Anwendung einer Technik namens »Aufmerksamkeitsmechanismus« Schlüsselelementen des Textinputs dynamisch Bedeutung zugewiesen. Diese Technik stützte sich auf die Fähigkeit von GPU-Chips, eine große Zahl von Berechnungen parallel auszuführen. Sutskever verstand unmittelbar die Tragweite der Studie, die als »Transformer Paper« bekannt wurde, zumal sie auf seiner eigenen Arbeit aufbaute, unter anderem seiner »Sequence to Sequence«-Studie aus dem Jahr 2014, welche zeigte, wie sich mithilfe des Aufmerksamkeitsmechanismus Fortschritte bei der maschinellen Textübersetzung und -zusammenfassung erzielen ließen.[275]

Transformer stellten einen enormen Fortschritt dar, da sie aus umfangreichen Texten lernen konnten und sich bei ihnen viel mehr Rechenleistung als beim bis dahin vorherrschenden Modell, dem rekurrenten neuronalen Netz (RNN), einsetzen ließ. Das leitete einen Paradigmenwechsel ein: Der Fortschritt wurde von nun an durch rasant wachsende Datenmengen und schiere Rechenleistung erzielt. Aber wie alle neuronalen Netzwerke sind auch Transformer weitgehend Black Boxes: Zum Zeitpunkt der Abfassung dieses Buchs verstehen selbst Expertinnen und Experten nicht richtig, wie sie funktionieren. Die oben beschriebene Dynamik, erzeugt durch die Kombination von Sutskevers Erkenntnissen und Radfords Sprachforschung, bestimmte den Boom der generativen KI.

»Es gibt da eine Sache, über die Ilya und ich oft gesprochen haben, die Feynman-Methode, wie man ein Genie wird«, erklärte Brockman unter Bezug auf den berühmten Physiker und Nobelpreisträger Richard Feynman, einen der Protagonisten des Manhattan-Projekts. »Die Feynman-Methode besteht darin, dass man sich eine Reihe von Problemen vorknöpft, die einen interessieren, eine ungefähre Vorstellung davon gewinnt, was das fehlende Glied ist, und dann darauf wartet, dass man selbst oder irgendjemand anderes es findet. Das schnappt man sich dann einfach, fügt es ein, und schon gilt man als Genie. Schließlich hat man das Problem gelöst, oder etwa nicht? Und in gewisser Weise kann man den Transformer als das letzte Puzzleteil unserer Genieformel betrachten. Wir wussten, dass es eines Tages so weit kommen würde, die Frage war nur, wann wir ein Modell haben würden, das alle Schritte, die wir schon bereitgestellt hatten, auch tatsächlich ausführen kann.«

Radford begann seine Experimente in der Transformerarchitektur durchzuführen. »Ich habe in zwei Wochen mehr Fortschritte erzielt als in den vergangenen zwei Jahren«, erklärte er gegenüber *Wired*.[276] Je größer ein Modell war, desto besser funktionierte es – das fand er schnell heraus. Dies wiederum hieß, dass sie die größtmöglichen Datensätze benötigten. In Zusammenarbeit mit Sutskever und zwei weiteren Forschern entschied sich Radford schließlich für einen Datensatz namens BookCorpus, eine Sammlung von mehr als 7.000 Büchern, hauptsächlich Liebesgeschichten, Fantasy- und Science-Fiction-Romane. Der Datensatz war 2015 von Forschern des MIT und der Universität Toronto als »kostenlose Bücher noch unveröffentlichter Autorinnen und Autoren« auf der Website der Universität Toronto zum Download bereitgestellt worden. Google und andere Unternehmen nutzten diesen Datensatz für das KI-Training. Im Jahr 2016 berichtete der *Guardian*, dass die Bücher ohne Erlaubnis von der Self-Publishing-Plattform Smashwords abgegriffen worden waren, wo Autorinnen und Autoren den Preis ihrer Bücher auf kostenlos setzen können. Viele dieser Bücher enthielten jedoch die Erklärung, dass sich die Verfasserinnen und Verfasser »alle Rechte vorbehalten« hätten. Einige von ihnen protestierten, ebenso die Authors Guild, die größte Interessenvertretung von Schriftstellerinnen und Schriftstellern in den USA, doch ein Google-Sprecher erklärte, das Vorgehen des Unternehmens entspreche den Richtlinien der »fairen Nutzung nach US-Recht«.[277] Es sollte nicht das letzte Mal sein, dass solche Probleme aufgeworfen wurden.

Außerdem verwendeten die Forscher Frage-Antwort-Paare von der Website Quora, Englisch-Prüfungstexte für chinesischsprachige Studierende und Multiple-Choice-Prüfungen für naturwissenschaftliche Fächer. Insgesamt hatte das Modell mehr als hundertsiebzehn Millionen Parameter, was eine erhebliche technische Herausforderung darstellte. Bei OpenAI, wo man bisher in verschiedene Richtungen geforscht hatte, musste man sich komplett neu aufstellen und auf das Training von Modellen bisher nie dagewesener Größe fokussieren. Brockman und Sutskever waren der Meinung, dass die Forscher und Softwareingenieure gleichwertige Partner werden sollten.

»Softwareingenieure verstehen es hervorragend, frustrierende Arbeiten zu erledigen«, sagte Sutskever. »Akademiker eher weniger. Akademiker lieben schöne Ideen, aber sie haben keine Lust auf die Drecksarbeit. Wir bei OpenAI haben uns gedacht: ›Wir sind ein Unternehmen, das auch die Drecksarbeit macht.‹«

Nachdem das Training des Modells abgeschlossen war, stellten die Forscher fest, dass es die Benchmarks nicht nur übertraf, wenn es um Antworten auf Fragen aus dem Trainings-Datensatz ging, sondern auch bei Fragen über ganz andere Dinge – ein Phänomen, das als »Zero-Shot« bekannt ist. Jahre später beschrieb Altman das Ergebnis als »durchaus beeindruckend, aber es fehlte das tiefere Verständnis dafür, wie und warum es funktionierte«. Radford, Sutskever und ihr Team nannten das Modell einen »generativ vortrainierten Transformer«, kurz GPT (Generative Pre-Trained Transformer).[278]

Damit eröffneten sie dem Unternehmen einen neuen Weg. Der Agenten-Ansatz führe in die Irre, weil er das Training bei null beginnen lasse, erklärte Karpathy. Das erfordere einen absurd großen Aufwand an Maschinenlernen.

»Der richtige Weg ist, all das zu ignorieren und Sprachmodelle zu trainieren«, sagte er. »Sprachmodelle sind keine Agenten. Sie versuchen nur, das nächste Wort vorherzusagen. Wenn man das aber auf das gesamte Internet anwendet, lernt das neuronale Netzwerk notgedrungen auch eine ganze Menge über die Welt.«

Will man beispielsweise eine KI darauf trainieren, über ein Webformular Flugtickets zu kaufen, sollte man mit einem großen Sprachmodell wie GPT beginnen, das weiß, was »Buttons« und »Eingabefelder« sind, weil es schon etwas über sie gelesen hat. Das funktioniert besser, als das Modell nach dem Zufallsprinzip vorgehen zu lassen und ihm eine Belohnung zu geben, wenn es die Felder korrekt ausfüllt. Wie sich herausstellte, vereinfachte sich das Rechenproblem, wenn man zunächst ein verallgemeinertes »Gehirn« für den Agenten trainierte, aus dem er schöpfen konnte, und erst anschließend den Agenten mithilfe dieses Gehirns auf ein bestimmtes Verhalten trainierte. Dieser Prozess, Fine-Tuning (Feinabstimmung) genannt, erfordert deutlich weniger Rechenaufwand. Damit waren viele Stolpersteine aus dem Weg geräumt.

»Wir haben versucht zu kopieren, was DeepMind gemacht hat, aber das war der falsche Weg, das ist gestorben«, sagte Karpathy einige Jahre später. »Und dann hat Alec hier bei OpenAI die ersten GPTs trainiert. Und jetzt kopiert DeepMind, was hier gelaufen ist.«

Nach dem ersten Sieg in *Dota 2* zeigte sich Musk begeistert. Aber eine der Lehren aus diesem Spiel war, dass die zur Verfügung stehende Rechenkapazität ein entscheidender Faktor war. Und deshalb brauchte OpenAI erheblich mehr Geld. Sutskever, Brockman, Musk und Altman spielten mit dem Gedanken eines Initial Coin Offering (ICO), also der Emittierung einer Kryptowährung, doch Musk wandte ein, dies könnte ihre Glaubwürdigkeit untergraben. Der Plan war, mehr als hundert Millionen Dollar für das Non-Profit aufzutreiben. In Gesprächen mit potenziellen Geldgebern wurde jedoch rasch klar, dass dies nicht realistisch war. Ein hochrangiger Investor aus dem Silicon Valley erklärte ihnen rundweg, ein Non-Profit würde niemals eine solch schwindelerregende Summe erhalten. »Das war der eigentliche Auslöser für den Wandel, wir erkannten, dass es an der Zeit war, erwachsen zu werden und einen anderen Weg einzuschlagen«, sagte Brockman gegenüber dem *Wall Street Journal*. Im Juli 2017, als OpenAIs *Dota*-2-Bot schon so gut geworden war, dass es nur noch einen Monat dauern sollte, bis er im Einzelkampf einen menschlichen Spieler besiegte, informierte Sutskever Musk über die erzielten Fortschritte und kündigte an, dass das Unternehmen bald »die Entwicklung einer gewinnorientierten Struktur« in Angriff nehmen werde.[279]

Ausführlich wurde zwischen den Gründern und Musk auch diskutiert, wer das Unternehmen leiten sollte. Musk selbst bekundete Interesse, samt Mehrheitsbeteiligung, Kontrolle über den Verwaltungsrat und dem Titel eines CEO, doch Sutskever und Brockman waren zunächst skeptisch, weil sie glaubten, er könne dem Unternehmen allenfalls einen kleinen Teil seiner Zeit widmen. Letztlich blieb die Entscheidung, wer CEO werden sollte, Brockman und Sutskever als den ranghöheren Vollzeit-Mitgründern überlassen, und sie votierten zunächst für Musk. Doch Altman brachte Brockman mit dem Argument von dieser Entscheidung ab, dass eine Zusammenarbeit mit Musk sich aller Voraussicht nach schwierig gestalten würde. Und Brockman überzeugte daraufhin Sutskever, ebenfalls seinen Kurs zu ändern und Altman zu unterstützen. »Schon seit der Gründung von OpenAI habe ich versucht, ihn als CEO zu gewinnen«, sagte Brockman 2023 dem *Wall Street Journal.* »Es gab da eine Lücke, die wie für Sam geschaffen war, und wir haben sie mehrere Jahre lang bewusst für ihn offen gehalten.«[280] In jenem September legten Brockman und Sutskever Musk und Altman ihr Dilemma in einer E-Mail dar.

»Unser Interesse an einer Zusammenarbeit mit dir ist so groß, dass wir gerne auf Anteile und persönliche Kontrolle verzichten und auch unsere eigene Entlassung möglich machen würden – was auch immer nötig ist, um mit dir zusammenzuarbeiten«, erklärten Brockman und Sutskever gegenüber Musk. Dennoch, so schrieben sie, bereite es ihnen Sorge, dass »die derzeitige Struktur dir die Möglichkeit eröffnet, am Ende die alleinige absolute Kontrolle über die AGI zu erlangen. Du hast zwar versichert, die endgültige AGI nicht kontrollieren zu wollen, jedoch hast du uns in diesen Verhandlungen gezeigt, dass dir absolute Kontrolle extrem wichtig ist.« Sie fügten hinzu, dass es angesichts der Tatsache, dass OpenAI gegründet wurde, »um eine AGI-Diktatur zu vermeiden«, keine gute Idee sei,

»eine Struktur zu schaffen, in der jemand zum Diktator werden könnte, wenn er es denn wollte«.

Aber sie waren auch misstrauisch gegenüber Altman, insbesondere gegenüber seinen politischen Ambitionen. »Wir sehen uns nicht in der Lage, deinen Einschätzungen während dieses gesamten Prozesses vollumfänglich zu vertrauen, weil wir deine Kostenfunktion nicht verstehen«, schrieben sie. »Wir verstehen nicht, warum der CEO-Titel für dich so wichtig ist. Die von dir genannten Gründe haben sich geändert, und es ist schwer nachzuvollziehen, was dich tatsächlich antreibt. Ist AGI wirklich ein Hauptmotiv? Wie hängt dies mit deinen politischen Zielen zusammen? Wie hat sich dein Denkprozess im Laufe der Zeit verändert?« Das waren zwar mehr Sutskevers als Brockmans Bedenken, doch beide teilten sie zu einem gewissen Grad.

Sosehr die E-Mail sich bemühte, die Gründe offen und ehrlich darzulegen, las Musk vor allem die Ablehnung heraus. »Leute, mir reicht's. Das bringt das Fass zum Überlaufen«, antwortete er innerhalb weniger Stunden nach Erhalt. »Zieht entweder euer eigenes Ding auf oder macht mit OpenAI als Non-Profit weiter. Ich werde OpenAI nicht länger finanzieren, solange ihr keine feste Zusage gebt, dass ihr bleibt, ich bin doch nicht der Trottel, der euch kostenlos eure Start-up-Gründung finanziert. Ende der Diskussion.«[281] Abgesehen von der Miete, die er noch eine Weile bezahlte, überwies er kein Geld mehr. Reid Hoffman, Mitgründer von LinkedIn und Studienfreund von Peter Thiel, sprang ein und übernahm die Gehälter der OpenAI-Mitarbeitenden und andere laufende Kosten.

Ende 2017 hatte Musk Karpathy abgeworben und ihn zum Leiter der KI-Abteilung bei Tesla ernannt, womit er auch für die Entwicklung autonomer Fahrzeuge zuständig war. Im Januar 2018 schrieb er Sutskever und Brockman eine E-Mail mit der Aufforderung, einer Fusion von OpenAI mit Tesla zuzustimmen.

»Ich habe den Eindruck, dass OpenAI gegenwärtig Geld verbrennt und dass das derzeitige Finanzierungsmodell nicht ausreicht, um ernsthaft mit Google (einem Achthundert-Milliarden-Unternehmen) zu konkurrieren«, schrieb er. »Eine gewinnorientierte Ausrichtung könnte einen nachhaltigeren Finanzierungsnachschub gewährleisten und würde mit dem aktuellen Team wahrscheinlich eine Menge Investitionen anlocken. Ein kompletter Neustart eines solchen Projekts würde hingegen den Fokus von der KI-Forschung abziehen, sehr viel Zeit in Anspruch nehmen, und es wäre unklar, ob solch ein Unternehmen zur Größenordnung von Google ›aufschließen‹ könnte, zudem könnten die Investoren die Sache in die falsche Richtung lenken. Als die vielversprechendste Option sehe ich weiterhin, dass sich OpenAI an Tesla als Cashcow anschließt.« Er sah darin eine Win-win-Situation: OpenAIs Technologie könnte helfen, Teslas Entwicklung autonomer Fahrzeuge zu beschleunigen, was Teslas Börsenwert so stark erhöhen würde, dass OpenAIs Streben nach AGI mit Leichtigkeit zu finanzieren sei. »Mit einer einsatzfähigen, vollständig autonomen Lösung könnten wir in etwa zwei bis drei Jahren eine Menge Autos/Trucks verkaufen«, schrieb er. OpenAI könnte so in größerem Maßstab als bisher an KI arbeiten. »Soweit ich sehe, hat kein anderes Unternehmen das Zeug, innerhalb eines Jahrzehnts dauerhaft Kapital in der Größenordnung von Google zu erreichen.«[282]

Kurze Zeit darauf, an einem ungewöhnlich kalten und stürmischen Tag in San Francisco, wurden in der obersten Etage des Pioneer Building die Mitarbeiterinnen und Mitarbeiter von OpenAI in aller Eile zu einer Belegschaftsversammlung zusammengetrommelt. Musk, der umringt von Dutzenden OpenAI-Mitarbeitenden auf einer Couch saß, ließ die Bombe platzen, dass er OpenAI für immer verlassen wolle. Seine

Ausflüge in die KI bei Tesla würden zu einem Interessenkonflikt führen, erklärte er dazu. Altman dankte ihm für seine Zeit im Unternehmen und versuchte, das Meeting so schnell wie möglich zu beenden. Doch die Mitarbeiterinnen und Mitarbeiter erwartetet Antworten auf ihre Fragen, die Musk ihnen in seiner unterhaltsamen Art gab. Wie wollte er die Entwicklung einer sicheren Technologie garantieren? Warum fuhr er konkurrierende Bemühungen bei Tesla hoch, was doch nur zu einem KI-Wettrüsten führen würde, das womöglich außer Kontrolle geriet? Schließlich wurde Musk ungehalten und nannte einen jungen Forscher einen »Idioten«, was die Mitarbeitenden völlig schockierte.

Musk stürmte davon und ließ sich nie mehr bei OpenAI blicken. Altman tat sein Bestes, seine Leute zu beruhigen. Er versicherte ihnen, das neu gegründete Forschungslab, dessen Anschubfinanzierung in Höhe von einer Milliarde Dollar größtenteils von Musk zugesagt worden war, sei nicht gefährdet.

De facto war Altman von diesem Zeitpunkt an der CEO von OpenAI, auch wenn es noch ein Jahr dauern sollte, bis er diese Position offiziell innehatte. Als Erstes machte er sich daran, den enormen Hunger des Labors nach Rechenleistung zu stillen. Kurzfristig bedeutete dies, weitere Geldgeber und Beraterinnen zu gewinnen, darunter prominente Vertreterinnen und Vertreter des effektiven Altruismus wie Jaan Tallinn und die der rationalistischen Bewegung zuzurechnende Julia Galef, die auf der EA Global, der jährlichen Konferenz der Bewegung, im Vorjahr gemeinsam mit Gordon-Levitt auf dem Podium gesessen hatte.[283] Längerfristig hieß es, einige wichtige Grundsatzprobleme zu lösen. Sollte OpenAI Chips von Nvidia kaufen, sie von einem großen Technologieunternehmen mieten oder seine eigenen entwickeln? Bei den Diskussionen darüber stand ihm eine neue Mitarbeiterin zur Seite, Mira Murati, die zuvor als Produktmanagerin bei Tesla gearbeitet hatte.

Murati war in Albanien in der chaotischen Umbruchszeit aufgewachsen, in der sich das Land von einer Sozialistischen Volksrepublik zu einer kapitalistischen Demokratie westlicher Prägung entwickelt hatte.[284] Als mittleres von drei Kindern eines Lehrerehepaars zeichnete sie sich schon früh durch gute Leistungen in der Schule aus. Oft knöpfte sie sich die Schulbücher ihrer älteren Schwester vor, wenn sie mit ihren eigenen durch war, und sie nahm an Mathematikwettbewerben teil. Mit sechzehn erhielt sie ein zweijähriges Stipendium für das Pearson United World College, einem internationalen Internat in Vancouver, das zu einem auf der ganzen Welt anerkannten Hochschulabschluss führt. Ihr Studium absolvierte sie als fünfjähriges Dual-Degree-Ingenieurprogramm an den Colleges von Colby und Dartmouth, wo sie für ihr Abschlussprojekt einen Hybrid-Rennwagen entwickelte. »Es hat Spaß gemacht, aber wir wollten auch eine echte Herausforderung, deshalb haben wir statt Batterien Superkondensatoren genommen und versucht, wirklich an die Grenze des Machbaren zu gehen«, erklärte sie in einem Podcast-Interview gegenüber Microsoft-CTO Kevin Scott.[285]

Nachdem sie 2012 ihren Abschluss gemacht hatte, arbeitete sie für kurze Zeit als Praktikantin, zunächst bei Goldman Sachs und anschließend bei dem französischen Unternehmen Zodiac Aerospace, was sie jedoch enttäuschte. »Mir war die Luftfahrtindustrie irgendwie zu lahm«, erklärte sie 2024 bei einem öffentlichen Auftritt in Dartmouth.[286] (Mit ihrem Interview sorgte sie für einen kleinen Eklat, als sie sagte, dass infolge von KI »vielleicht ein paar kreative Jobs verschwinden werden, aber nur solche, die man sowieso nie gebraucht hat« – ein Zitat, welches sie selbst als aus dem Kontext gerissen sah.) Im Jahr 2013 kam Murati zu Tesla, wo sie am Model S, Teslas viertüriger Limousine, und am Model X, einem SUV mit Flügeltüren, arbeitete. Als Produktmanagerin des Letzteren überwachte sie die Bereiche Herstellung, Vertrieb, Design, Technik, Hardware und Software. In dieser Zeit brachte Tesla die ersten Versionen seines KI-gestützten Fahrassistenzsystems Autopilot heraus, und sie begann sich für Raumfahrt zu interessieren. Im Jahr 2016 wechselte sie zu Leap Motion, einem vom Founders Fund finanzierten Start-up, das sich mit der Steuerung digitaler Geräte durch Handgesten beschäftigte. Das Unternehmen konnte seine selbstgesteckten Ziele letztlich jedoch nicht erreichen. Mit der Zeit frustrierte es Murati, sich bloß mit solchen begrenzten Anwendungsfällen der KI zu beschäftigen. Zufällig kannte sie privat einige der Gründer von OpenAI. Nach Gesprächen mit Amodei, Brockman, Sutskever, Schulman und schließlich Altman wagte sie 2018 den Sprung zu OpenAI und wurde dort Ressortleiterin für angewandte KI und Partnerschaften mit anderen Unternehmen. Vom ersten Tag an hieß das für sie: herausfinden, wie viele Chips benötigt werden, um das Niveau einer AGI zu erreichen, und höchstwahrscheinlich auch, Microsoft davon zu überzeugen, diese Chips OpenAI zur Verfügung zu stellen – eine Aufgabe, die intern als Hardware-Strategie bezeichnet wurde. Mit der Zeit sollte sich Muratis Zuständigkeit auf so gut wie alle Bereiche des Unternehmens ausweiten.

Es war noch nicht einmal Ende Mai, doch in St. Louis war es an dem Tag, an dem Jerry Altman starb, bereits hochsommerlich heiß. Er war mit seinem Ruderclub auf dem Creve Coeur Lake unterwegs – das französische Wort crève-cœur bedeutet »Herzeleid« –, als er plötzlich Schmerzen in der Brust verspürte. »Sie waren natürlich ganz am anderen Ende des Sees«, sagte Jolene Borgmann, eine Freundin und Rudergefährtin Jerry Altmans. »Er murmelte: ›Ich fühl mich überhaupt nicht gut.‹ Er saß einfach nur da, die anderen ruderten ihn zurück.« Im Krankenhaus versuchten die Ärzte ihr Möglichstes. Aber es war zu spät. Er starb im Jahr 2018 mit siebenundsechzig Jahren an Herzversagen.

Die Nachricht traf alle wie ein Schock. Jerry Altman war einige Jahre zuvor ein Stent gesetzt worden, ansonsten schien er sich aber bester Verfassung zu erfreuen. Seine Tochter Annie war Steuerfrau in der Rudermannschaft ihrer Schule gewesen, das hatte ihn auf die Idee gebracht, in den St. Louis Rowing Club einzutreten – Jerry ließ sich oft von den Hobbys seiner Kinder inspirieren. Häufig unternahm er nach der Arbeit in Kansas City, wo er als COO von Keystone Property Management arbeitete, die vier Stunden lange Fahrt zum See, wechselte seinen Anzug gegen die enganliegende Ruderbekleidung und ging raus aufs Wasser. »Er versuchte immer, so schnell wie möglich nach Hause zu kommen, um Zeit zum Rudern zu haben«, sagte Borgmann. »Dabei war er ein ganz anderer Mensch.« Wenn er nicht auf dem Wasser war, bastelte er im Club an den Booten herum. »So einen netten Typen wie Jerry gab's nicht zweimal, da waren sich alle einig.« Doch nicht einmal seinen engsten Freunden im Ruderclub hatte er von seiner Trennung von Connie erzählt. Erst nach seinem Tod erfuhr Borgmann, dass er allein in seiner Wohnung gelebt hatte, auch wenn sie zumindest geahnt hatte, dass etwas nicht stimmte.

Sam, der YC dazu gedrängt hatte, Start-ups im Gesundheitswesen zu finanzieren, weil es seiner Meinung nach nichts gab, was sich nicht letztlich durch Technologie lösen lässt, traf der Tod seines Vaters wie ein unerwarteter Schlag. »Er war völlig niedergeschmettert, als sein Vater starb«, sagte Sally Che, seine Freundin aus der Highschool.

Der Trauergottesdienst der Central Reform Congregation war bis auf den letzten Platz besetzt. Sam hielt eine Trauerrede, in der er über das Lachen seines Vaters sprach – Freundinnen und Freunde beschrieben es als ein hell klingendes Kichern. Einmal, als die Familie zu Hause ausgelassen bei einem

Brettspiel saß, hatte Sam das Lachen seines Vaters mit dem Handy aufgenommen. In den Tagen nach dessen Tod hörte er sich die Aufnahme immer wieder an. »Er spielte es allen vor, die es hören wollten«, erinnerte sich Andy Abbott, inzwischen Schulleiter der John Burroughs School, der auch unter den Trauergästen war. »Das war ihm geblieben, diese Aufnahme, ein Stück der Lebensfreude, die sein Vater empfunden hatte.« So hatte Sam mithilfe der Technologie einen Weg gefunden, dem Tod ein klitzekleines Schnippchen zu schlagen.

Der Tod von Jerry erschütterte die Familie zutiefst. Alle seine Kinder sprachen bei der Trauerfeier. Annie Altman schockierte sie dabei mit der Enthüllung, dass sie während einer »extrem minimalistischen Hippie-Phase« eine Weile in ihrem Auto auf Hawaii gelebt hatte. Sie hatte es einfach nicht mehr ausgehalten, den ganzen Tag in Forschungslaboren in der Bay Area Mäuse zu töten, und hatte sich 2017 in die Südsee abgesetzt, wo sie ein Zertifikat als Yogalehrerin erwarb. Anschließend kehrte sie in die Bay Area zurück und fand eine Stelle bei einem Lieferdienst für Gemüse aus lokalem Anbau. Schließlich entschied sie sich für einen dauerhaften Aufenthalt auf Hawaii und lebte dort mehrere Monate lang in ihrem Auto. Jerry machte sich Sorgen um sie, wie er Jolene Borgmann erzählte, wollte sie aber auch in jeder Hinsicht unterstützen. Er schrieb Annie damals: »Nur damit das klar ist, ich möchte nicht nur jetzt deinen Lebensstil unterstützen und dir helfen, damit es dir immer gesundheitlich und auch sonst gut geht; ich unterstütze dich in deinem Leben. Ich werde dich immer unterstützen. Auch deine jetzige Situation ist Teil deines Lebens, du kannst auf meine Unterstützung zählen. Ein ›Jetzt‹ gibt es nicht, wie Yoda vielleicht sagen würde. Es gibt nur das Leben, so lange es auch dauern mag.«

Als Sam nach dem Tod seines Vaters dessen Kontoauszüge durchsah, entdeckte er, dass dieser Annie erst vor Kurzem die Hälfte zum Kauf eines Autos dazugegeben und ihr auch sonst finanziell unter die Arme gegriffen hatte. Eigentlich war sich die Familie einig gewesen, ihr kein Geld zu geben, abgesehen davon, dass Connie sie bis zu ihrem sechsundzwanzigsten Lebensjahr in ihrer Krankenversicherung behalten sollte. Für Connie, die befürchtete, finanzielle Zuwendungen würden ihre Tochter nur in unklugen Lebensentscheidungen bestärken, war das eine sehr unerfreuliche Entdeckung. »Sie war auf der Tufts University«, sagte Connie. »Sie hat einen Abschluss, der mich einiges gekostet hat. Keines meiner Kinder muss einen Studienkredit abstottern.« Am Ende jenes Sommers warf Connie die damals vierundzwanzigjährige Annie aus ihrer Krankenversicherung raus.[287]

Nach Jerrys Tod fiel eine seiner Lebensversicherungen an Annie, was es ihr ermöglichte, nach Los Angeles zu ziehen und dort zu versuchen, endlich ihren Traum zu verwirklichen, Künstlerin zu werden. Sie belegte Improvisationskurse an der Upright Citizens Brigade, trat als Stand-up-Comedian bei »Open Mic«-Veranstaltungen auf, startete einen Podcast und arbeitete ihre One-Woman-Show aus, die sie »The HumAnnie« nannte und in der es darum ging, dass kein Mensch weiß, wie man sich eigentlich wirklich als Mensch verhält und dass im Grunde jeder dabei Unterstützung benötigt. Sie lud Coversongs auf YouTube hoch. »Ich hatte meine wissenschaftliche Extremphase, und ich hatte meine Hippie-Extremphase, während der ich im Auto lebte, und als ich dann nach LA ging, fand ich heraus, was Kunst und Business sind und wie ich all diese Dinge zusammenbringen kann«, sagte sie.

An Sam rauschten die ersten Tage nach dem Tod seines Vaters im Stress all der Vorbereitungen und Entscheidungen vorbei. »Erst eine Woche später kam ich mal zu Atem und konnte mir sagen: ›Verdammter Mist. Es ist wirklich geschehen‹«, sagte er in einem Podcast.[288]

Einen Monat nach der Beisetzung fuhr Sam Altman im Blitzlichtgewitter der wartenden Presse an der überdachten Auffahrt des mit Naturstein verblendeten Sun Valley Lodge vor. Er trug ein rosa T-Shirt und eine Sonnenbrille aus klarem Kunststoff mit blauer Spiegelverglasung, was ihm einen gewissen Retro-Look verlieh. Während viele, die zu diesem jährlich von Allen & Company ausgerichteten Treffen von Führungspersönlichkeiten aus den Bereichen Wirtschaft, Technologie, Finanzen, Politik und Medien gekommen waren, stolz Fleece-Westen mit dem Logo der Veranstaltung trugen, blieb Altman seinem kalifornischen Stil treu. Er war schon seit 2008 regelmäßiger Gast von Sun Valley, wie das »Sommercamp für Milliardäre« allgemein genannt wird. Damals hatte Loopt Allen & Company beauftragt, neue Investorinnen und Investoren aufzutreiben oder den Verkauf des Unternehmens zu organisieren. (Geschäfte mit der Boutique-Investmentbank, die bei großen Mediendeals oft als dritte beteiligte Bank aufgeführt wird, sind der beste Weg, um eine der heiß begehrten Einladungen zu dieser Konferenz zu ergattern.) Über die Jahre hatte Altman enge Freundschaften mit Sun-Valley-Größen wie Barry Diller und dessen Frau Diane von Fürstenberg geschlossen.

Auf dieser Konferenz sind schon viele schlagzeilenträchtige Deals eingefädelt worden. AOL beschloss hier, Time Warner zu kaufen, und Comcast besiegelte die Übernahme von NBC Universal. Von jedem Abschluss, der auf der Konferenz getätigt wird, erhält Allen & Company einen Anteil. In jenem Jahr herrschte trotz einer robusten Wirtschaft und des wie gewöhnlich herrlichen Wetters eine gewisse Unruhe auf der Konferenz. Die großen Medienkonzerne versuchten mit allen Mitteln, bei dem einen oder anderen Technologiekonzern unterzukommen, bevor Netflix & Co. ihnen die Gewinne abgruben. Als wollte er die alte Garde vollends verunsichern, hatte SoftBank-Gründer Masayoshi Son bei seiner Ankunft gegenüber der Presse erklärt: »Ich bin nicht an traditionellen Medien interessiert.«[289] Tim Cook von Apple und Sheryl Sandberg von Facebook äußerten sich am folgenden Tag ähnlich. Jeff Bezos, zu dieser Zeit noch nicht geschieden, aber in der Phase der Neuorientierung, stolzierte zwischen Pop-up-Boutiquen umher und ließ seine überraschend prallen Muskeln sehen.

In einem Treppenhaus stieß Altman auf Nadella von Microsoft und verwickelte ihn in ein fünfminütiges Gespräch. »Ich sagte: ›Hey, wir werden einen Haufen Geld auftreiben. Irre Geschichte. Soll ich Ihnen gelegentlich davon erzählen?‹« Nadella war gleich ganz Ohr – er wollte sofort darüber sprechen. Altman erklärte, dass OpenAI nach Musks Abgang beschlossen hatte, es mit einem »Capped Profit«-Modell zu versuchen, bei dem die Rendite der Investierenden begrenzt ist, in diesem Fall auf das Hundertfache ihres Einsatzes. Dieses »Limit« war in Wirklichkeit ein brillantes Investitionsargument. »Das war so ungewöhnlich, dass viele es einfach nicht fassen konnten«, erklärte Altman später dem *Wall Street Journal*. »Eine Obergrenze für die Rendite? Sie sagten: ›Das ist doch wohl ein Scherz. Niemals. Allein schon aus Prinzip nicht, niemals.‹ Damit waren viele sofort raus.«

Einer der wenigen Investoren, die dieser Pitch nicht abschreckte, war Vinod Khosla, Mitgründer von Sun Microsystems, der vor dem Start seiner eigenen Gesellschaft Khosla Ventures bei der berühmten Risikokapitalgesellschaft Kleiner Perkins gearbeitet hatte. Khosla Ventures hatte auch David Weiden angeheuert, kurz nachdem dieser Berater von Loopt geworden war, und Weiden hatte Altman mit seinem neuen Chef bekannt gemacht. Khosla hatte den Kontakt zu Altman, mit dem ihn das Interesse an KI und Kernenergie verband, während dessen Zeit bei YC stets aufrechterhalten. »Sie haben einen der wenigen Fonds, denen die Sache wichtiger ist als die Rendite«, sagte Altman zu Khosla, als er bei ihm Geld für

OpenAI einwarb. »Es gab keine Prognosen über die Einnahmen. Es gab überhaupt keine Prognosen. Wir haben uns nie irgendeinen Finanzbericht angeschaut«, erinnert sich Khosla. Ihre Gespräche kreisten hauptsächlich um das Ziel, die Künstliche allgemeine Intelligenz zu erreichen. Khosla Ventures stellte seinen bisher größten Scheck über fünfzig Millionen Dollar aus und wurde damit der erste Risikoinvestor in OpenAI.

Aber OpenAI benötigte viel mehr als fünfzig Millionen Dollar. Altman und sein Team klopften in den folgenden Monaten auch bei anderen Technologieunternehmen an, doch die meisten Gespräche verliefen »nicht sehr gut«, berichtete er. Im Verlauf des Winters, als die Verhandlungen ernsthaft begannen, wandte er sich an Nadella und auch an Microsofts CTO Kevin Scott. »Ich weiß noch, wie ich danach zum Team zurückkam und sagte: ›Das ist der einzig mögliche Partner. Die nehmen wir. Die passen zu uns, sie haben es verstanden, die verstehen was von Sicherheit, sie verstehen was von AGI. Sie haben das Kapital, die Rechenleistung, das machen wir jetzt einfach.‹ Und danach haben wir nicht mehr wirklich was geprüft oder so.«

Während Altman den Deal mit Microsoft aushandelte, nutzte er seine Position bei YC Combinator auch zunehmend für die Pflege globaler Beziehungen. Zur Förderung chinesischer Start-ups gründete er 2018 YC China, das von dem angesehenen chinesisch-amerikanischen KI-Experten Qi Lu geleitet wurde, der während seiner Zeit bei Microsoft Architekt von Nadellas KI-Strategie gewesen war. Altman war schon einige Jahre zuvor in China gewesen. Damals hatte er Peter Thiel auf seiner Tour für sein Buch *Zero to One* begleitet. Die schimmernden Wolkenkratzer in einem Land, das zwei Jahrzehnte zuvor noch von Reisfeldern geprägt gewesen war, hatten ihm imponiert. Noch mehr beeindruckte ihn der Arbeits- und Produktivitätsrausch, den er bei der Besichtigung chinesischer Fabriken und Biolaboratorien erlebte. »Unternehmerisch und technologisch ist China wirklich spannend«, sagte Altman. Greg McAdoo, früher im Vorstand von Loopt, stimmte dem zu. Es war kein Zufall, dass der chinesische Zweig von Sequoia zur gleichen Zeit aggressiv Investitionen in China tätigte, so zum Beispiel in den chinesischen Drohnenhersteller DJI. 2021 setzte die US-Regierung DJI dann auf eine Kapitalmarkt-Sperrliste. Grund waren Vorwürfe, dass das Unternehmen an der Überwachung der chinesischen Minderheit der Uiguren beteiligt sei. Doch YC China kam nie richtig in Gang, und als die Spannungen zwischen den USA und China dann 2023 eskalierten, musste sich auch Sequoia von seinem chinesischen Zweig trennen. Qi Lu drückte es fast vorausschauend in einem Interview nach dem Start von YC China so aus: »Multinationale Unternehmen gibt es in China praktisch nicht mehr. Sie haben in China so gut wie nie Erfolg.«[290]

Auch zu Saudi-Arabien knüpfte Altman Beziehungen. Er hatte den saudischen Kronprinzen Mohammed bin Salman und De-facto-Herrscher seines Landes, oft einfach MBS genannt, 2016 bei einem Dinner im Fairmont Hotel in San Francisco kennengelernt, an dem auch Thiel, Hoffman und ein Dutzend weiterer US-Risikokapitalgeber teilnahmen. Organisator war die saudische Delegation, die gerade 3,5 Milliarden Dollar in Uber investiert hatte und die Beziehungen vertiefen wollte.[291] »Sam war tief beeindruckt von dem Dinner«, berichtete ein Teilnehmer, »die Chemie zwischen dem Königreich und Sam stimmte einfach« – und das galt laut dieser Quelle auch für die folgenden Jahre. Am 9. Oktober 2018 gab eine saudische Nachrichtenagentur bekannt, dass Altman dem Beirat von Neom – ein Kofferwort aus dem griechischen »neo« für »neu« und dem ersten Buchstaben des arabischen Worts »mustaqbal«, das »Zukunft« bedeutet – beigetreten ist, einer von MBS für fünfhundert Milliarden Dollar projektierten Mega-Wüstenstadt von der Größe Massachusetts, die ganz von KI und sauberer

Energie geprägt sein soll. MBS schwebt eine Erneuerung der saudischen Gesellschaft vor, die an Altmans Traum vom Bau neuer Städte erinnert. »Neom von null an aufzubauen, mit unabhängigen Systemen und Regulierungen, sichert die Verfügbarkeit der besten Dienstleistungen für alle Gesellschaftsschichten«, sagte MBS auf der ersten Vorstandssitzung von Neom, wie das *Wall Street Journal* berichtete. Seine Berater entwarfen Pläne für Flugtaxis und Haushaltsroboter sowie für dem König unterstellte islamische Gerichte.[292] Doch gerade als die Gründung des Neom-Beirats der Öffentlichkeit bekanntgegeben wurde, richtete sich die Aufmerksamkeit auf den saudischen Regimekritiker und Kolumnisten der *Washington Post* Jamal Khashoggi, der am 2. Oktober 2018 letztmalig beim Betreten der saudischen Botschaft in Istanbul gesehen worden war und von dem man seitdem nichts mehr gehört hatte. Als Berichte aufkamen, Khashoggi sei ermordet worden, kündigte Altman an, sein Engagement bei Neom »pausieren« zu lassen, bis die Umstände seines Verschwindens geklärt seien.[293] Nach Erkenntnissen von US-Geheimdiensten wurde Khashoggi auf Befehl von MBS gefoltert, getötet und mit einer Knochensäge zerstückelt. Es sollte fünf Jahre dauern, ehe Altman das Königreich wieder besuchte. Die Investition eines von Saudi Aramco unterstützten Fonds in Rain Neuromorphics, ein Start-up für KI-Chips, in das auch Altman investiert hatte, musste im Jahr 2023 auf Druck der Biden-Regierung rückgängig gemacht werden.[294]

Im Sommer 2018 zeigte Altman wenig Engagement für seinen Job bei YC. Er ließ sich dort so selten blicken, dass es den Unmut der Partner erregte. Auch sonst herrschte schlechte Stimmung, einige beklagten sich gegenüber Graham, YC sei zu »woke« geworden und der Firmenapparat zu aufgebläht. Um dem zu begegnen, versuchte Altman seine Aufgaben noch weiter zu delegieren, indem er Jon Levy, den ehemaligen Anwalt von Wilson Sonsini und Ehemann von Carolynn Levy, mit der Aufgabe betraute, sich in der Rolle eines Vice President um die »Unternehmenskultur« zu kümmern. Dies hätte ihm ein Vetorecht bei einigen Entscheidungen von YC-Abteilungen wie dem Continuity Fund und YC Core gegeben. Levy war einer der drei langjährigen YC-Mitarbeiter, die für Paul Graham und Jessica Livingston, die sich in England um ihre Kinder kümmerten, über das Unternehmen wachten – manche bezeichneten sie rundweg als »Aufpasser«. Er war maßgeblich an der Ausarbeitung der rechtlichen Struktur von YC Research beteiligt, und seine Unterschrift findet sich auch auf den Gründungsdokumenten des Non-Profit-Zweigs von OpenAI. Zudem war er ein ausgesprochener Kritiker von Investitionen des Continuity Fund in Unternehmen, die nicht von YC unterstützt wurden, und sprach sich gegen die Einstellung von Assistenten der Geschäftsleitung aus, weil dies seiner Ansicht nach nur zu einer lähmenden Aufblähung der Anzahl an Mitarbeitenden führen konnte. Er und Michael Seibel, der CEO von YC Core, der die Batches betreute, waren sich in vielerlei Hinsicht nicht einig. Als Altman die neue mögliche Rolle von Levy ins Spiel brachte, erklärte Seibel rundweg, er werde nicht unter ihm arbeiten. Altman verfolgte die Idee nicht weiter.

Unterdessen wuchs Grahams Unzufriedenheit mit dem Continuity Fund. Seiner Einschätzung nach nahm er YC viel von seinem ursprünglichen Schwung. Altman hatte den Continuity Fund anfangs als cleveren Weg angepriesen, die Batches mit den Verwaltungsgebühren des Fonds zu finanzieren, was jedoch an rechtlichen Hürden scheiterte, worauf die Gebühren in Einstellung von Expertinnen und Experten sowie Analystinnen und Analysten flossen. Für alle, die schon länger bei YC waren, verstieß dies gegen das oft gepredigte schlichte Ethos der »Ramen-Profitabilität« – dass es schon als ein Erfolg zähle, wenn ein Start-up seine Gründer mit billigen Nudelsuppen ernähren könne.

Anfang 2019 kündigte OpenAI die Gründung einer neuen gewinnorientierten Tochtergesellschaft an, die der Non-Profit-Muttergesellschaft unterstellt sein sollte. Zu ihrem CEO wurde Sam Altman ernannt. Dafür hatte man eine völlig neuartige Struktur ersonnen, in der sich Anklänge von Jerry Altmans Vorliebe für öffentlich-private Partnerschaften und komplizierte organisatorische Strukturen wiederfanden. Es gibt zwar einige Unternehmen, wie beispielsweise die Mozilla Foundation, die gewinnorientierte Technologieunternehmen kontrollieren, doch keines mit einer solch ausgefallenen Struktur. Bei OpenAI sollte der gewinnorientierte Teil nicht nur dem Non-Profit-Bereich unterstellt sein, sondern die möglichen Gewinne der Investierenden auch noch auf das Hundertfache ihres Einsatzes begrenzt werden – alles, was darüber hinausging, sollte an die Non-Profit-Gesellschaft fallen. Beide, die Non-Profit-Gesellschaft wie auch die For-Profit-Gesellschaft, sollten an die OpenAI-Satzung gebunden sein, die jegliche Aktivität unter das Gebot stellte, dem Wohl der Menschheit zu dienen. Sämtliche Investorinnen und Investoren mussten per Unterschrift bestätigen, verstanden zu haben, dass ihre Investitionen jederzeit verloren sein könnten, falls der Vorstand der gemeinnützigen Gesellschaft zu dem Schluss kam, das Unternehmen weiche von diesem Ziel ab. Und um ein KI-Wettrüsten zu vermeiden, verpflichtete sich OpenAI den KI-Prinzipien von Asilomar – die eigene Arbeit einzustellen und mit jedem Konkurrenten zusammenzuarbeiten, sobald dieser kurz davorstehe, die AGI zu erreichen.

Die seltsamste Bestimmung von allen – und diejenige, die dem Unternehmen noch zu schaffen machen sollte – bestand darin, dass nur eine Minderheit der Vorstandsmitglieder Anteile an dem gewinnorientierten Unternehmenszweig halten durfte und dass nur Vorstandsmitglieder ohne Anteile über Angelegenheiten abstimmen durften, bei denen die Interessen des gemeinnützigen und des gewinnorientierten Unternehmensteils in Konflikt geraten könnten, wie beispielsweise bei Auszahlungen an Investierende und Mitarbeitende. Aufgrund dieser ungewöhnlichen Regeln verzichtete Altman auf jegliche Anteile am Unternehmen, dessen Mitgründer er war und das er nun offiziell führen sollte – eine Situation, die in der amerikanischen Unternehmensgeschichte praktisch beispiellos ist. Damals schien es, als würde er einfach auf Geld verzichten, um mehr Macht ausüben zu können, denn in einem Start-up im Silicon Valley gibt es bis hin zu den Entscheidungen rund um das Produkt selbst kaum etwas Wichtigeres als die Möglichkeit, die Geschäftsbedingungen mit den Investierenden zu gestalten und darüber zu bestimmen, wie den Mitarbeitenden ihre Anteile ausgezahlt werden. Diese beiden Dinge sind sozusagen das Gas- und Bremspedal eines Start-up-Rennwagens – wenn man sie nicht kontrollieren kann, nutzt es auch nichts, das Lenkrad in der Hand zu haben.

Die neue Struktur brachte einen neuen, vergrößerten Vorstand mit sich, dem nun auch Tasha McCauley, Reid Hoffman, Adam D'Angelo (der CEO von Quora) und Shivon Zilis (eine Managerin von Musks Neuralink) angehörten. McCauley war dem Vorstand im November 2018 auf Empfehlung von Holden Karnofsky beigetreten, der mit ihr in denselben Kreisen der effektiven Altruisten verkehrte. Dass McCauley Altman bereits auf der Asilomar-Konferenz begegnet war, dürfte ebenfalls eine Rolle gespielt haben. Nach mehreren Gesprächen mit Altman durchlief McCauley den formellen Bewerbungsprozess, bei dem sie von Mitarbeitenden auch über ihre Ansichten zur KI-Sicherheit befragt wurde. D'Angelo, der als CTO von Facebook gearbeitet hatte, war eine bekannte Größe im

Silicon Valley und hatte ein gutes Verhältnis zu Brockman. Zilis, eine KI-Expertin, die sich schon in der Risikokapitalsparte von Bloomberg LP mit dem Thema befasst hatte, lernte Musk durch ihre Arbeit bei OpenAI kennen, wo sie 2016 als Beraterin tätig war. Anschließend ging sie zu Tesla, bevor sie zu Neuralink wechselte.[295]

Hoffman war Altman schon gelegentlich in Palo Alto über den Weg gelaufen, als dieser noch bei Loopt war. Womöglich ist er ein noch unermüdlicherer Netzwerker als Altman und hat vielleicht auch ein größeres Interesse an Politik – er ist seit vielen Jahren einer der wichtigsten Spender der Demokratischen Partei. Hoffman wurde durch Musk mit OpenAI bekannt, mit Altmans YC verband ihn zunächst sein Interesse am Thema Grundeinkommen und seine Bereitschaft, in der YC Startup School über seinen Werdegang zu berichten. Bei der Gründung von OpenAI hatte er zehn Millionen Dollar zugesagt, die er nach dem Verkauf von LinkedIn an Microsoft im Jahr 2016 und seinem Einzug in den Vorstand des Software-Riesen auch einzahlte. Als Musk 2018 seine finanzielle Unterstützung für OpenAI einstellte, wandte sich Altman auch an Hoffman, um die Gehälter der Mitarbeitenden weiter zahlen zu können. Hoffman, der im Mozilla-Vorstand saß, half bei der Ausarbeitung der Ideen für den gewinnorientierten Zweig und gehörte dann neben Khosla Ventures zu seinen ersten Investoren.

Kurz nachdem Hoffman dem Vorstand beigetreten war, lud Altman ihn zu einem Kamingespräch bei OpenAI ein. Vor der versammelten Belegschaft überraschte er ihn mit der Frage: »Was würden Sie tun, wenn ich als CEO der Organisation Fehler mache?« Hoffman, ein jovialer Mensch von kräftiger Statur, überlegte kurz. »Nun«, antwortete er verlegen lachend, »natürlich würde ich zuerst versuchen, es in Ordnung zu bringen. Aber wenn ich es nicht in Ordnung bringen könnte, würde ich

Sie feuern.« Altman nickte zustimmend. »Richtig so«, sagte er. »Ich hoffe, alle haben das gehört.«

Bei Y Combinator zeigte sich Jessica Livingston verärgert über die Neuigkeit, dass Altman CEO des gewinnorientierten Unternehmenszweigs werden sollte. Sie forderte ihn auf, einen Nachfolger für seinen Posten bei YC zu finden, wenn er beabsichtige, noch ein anderes gewinnorientiertes Unternehmen zu führen. Auch wenn der Schritt nicht ganz freiwillig war, leistete Altman keinen Widerstand. »Tatsächlich war es Jessica, die ihm nahelegte, einen Nachfolger für seinen Posten bei YC zu finden, nachdem OpenAI seinen gewinnorientierten Zweig gegründet hatte und er dessen CEO werden sollte«, schrieb Graham in einer E-Mail. »Wenn also jemand Sam ›gefeuert‹ hat, dann war das Jessica, nicht ich. Allerdings passt das Wort ›gefeuert‹ hier nicht richtig, weil er sofort zugestimmt hat.«

Doch Altman wollte wenigstens weiterhin mitmischen und schlug vor, die Präsidentenrolle gegen die etwas weniger einflussreiche des Beiratsvorsitzenden von YC zu tauschen. Geoff Ralston, der langjährige YC-Partner, auf den sich Graham, Livingston und Altman schließlich als nachfolgenden Präsidenten einigten, hielt einen klaren Führungswechsel für sinnvoller. Im Mai kam Graham nach Mountain View in die YC-Büros, versammelte dort die Partnerinnen und Partner und kündigte an, Altman werde seinen Posten räumen und Ralston seinen Platz einnehmen.

Livingston war überrascht und empört zugleich gewesen, als sie erfuhr, welchen Umfang die Nebentätigkeit von Altman bei OpenAI angenommen hatte, während er gleichzeitig YC geleitet hatte. Sie sprachen jahrelang nicht mehr miteinander. Graham war ebenfalls sauer, verzieh ihm aber schneller. Doch er bedauerte, nicht von Anfang an klargemacht zu haben, dass er von Altman erwartet hatte, sich voll und ganz auf YC zu konzentrieren. Wie sich herausstellte, war Altmans Ehrgeiz Fluch und Segen zugleich.

Ein Teil ihres Ärgers rührte von dem Chaos her, das Altmans Ausscheiden hinterließ. Unter ihm war YC zwar größer geworden und hatte seinen Handlungsbereich ausgedehnt, doch dabei war versäumt worden, die Unternehmensführung entsprechend zu professionalisieren. Das von Altman eingerichtete, mit wenig Handlungsvollmacht ausgestattete Gremium, dem theoretisch die Aufgabe zukam, den Präsidenten von YC einzustellen oder zu entlassen, und von dem er sich gewünscht hatte, dass es möglichst selten in Aktion treten müsse, war tatsächlich kein einziges Mal einberufen worden. YC hatte keinen wirklichen Unternehmensvorstand und kein offizielles Prozedere für die Suche nach einem Nachfolger von Altman. Ohne richtigen Vorstand war es unerlässlich, dass Graham persönlich erschien und half, Ralston als den neuen Präsidenten zu legitimieren, so wie dies einige Jahre später auch bei Ralstons Nachfolger Garry Tan geschehen sollte. Unter Ralston installierte YC endlich ein formelles fünfköpfiges Gremium, in dem auch Graham und Livingston zusammen mit erfolgreichen YC-Gründern wie Brian Chesky saßen.

Doch einstweilen konnte auch Grahams Anwesenheit das Chaos, das durch den Weggang von Altman entstanden war, allenfalls begrenzen. Altman erklärte sich bereit, den Posten des Präsidenten aufzugeben, wollte aber im Beirat von YC bleiben, auch um die Limited Partners zu beruhigen, die er überzeugt hatte, in YC zu investieren. YC hatte seine neue Position bereits in seinem Blog angekündigt, machte aber kurz darauf einen Rückzieher.[296] »Sam versuchte, irgendeine Möglichkeit zu finden, eine Aufsichtsposition zu behalten«, erklärte ein damaliger Mitarbeiter von YC. »Aber intern gab es Leute, die sagten einfach: ›Nein, du bist raus.‹«

Altman hatte sich beim Aufbau von OpenAI stark auf YC

gestützt, indem er YC-Anteile zur Schaffung eines Vergütungspools für OpenAI-Forschende nutzte, in frühen E-Mails mit Musk YC-Gebäude anbot und sogar Daten von YC-Unternehmen zum Trainieren von OpenAI-Modellen verwendete. Wenn er Geld für YC Research sammelte, unter anderem von Vishal Sikka von Infosys, dem Schützling von Alan Kay, blieb immer etwas unklar, in welchen Topf es letztlich floss. Sikka war eigentlich durch Altmans Idee gewonnen worden, Kay ein neues Forschungslabor bei HARC zu ermöglichen, doch am Ende floss sein Geld in die Kassen von OpenAI. Sikka hatte nichts dagegen, denn er sah das Geld als Unterstützung für Altmans umfassendere Vision. Da Musk jedoch von Anfang an verlangt hatte, dass OpenAI als eigenständige Non-Profit-Organisation arbeiten solle, deren Gelder nicht in die anderen Projekte von YC Research fließen sollten, empfanden einige Partnerinnen und Partner diese unklare Grenzziehung zunehmend als Interessenkonflikt – oder zumindest eine ungebührliche Nutzung der Marke YC für Sam Altmans persönliche Projekte.

Altmans Fürsprecher wenden ein, dass bei dem Tempo, das Sam vorlegte, unvermeidlich auch mal was zu Bruch ging. »Sam ist ein guter Mensch, er will nur das Beste«, sagte ein langjähriger YC-Partner. »Er ist moralisch integer. Er versucht, das Richtige zu tun. Aber er geht Konflikten aus dem Weg, ist kein guter Kommunikator, und manchmal handelt er so schnell, dass er Vertrauen verspielt.«

Am Ende erwies sich das alles als nicht so wichtig. Ein Jahr nach dem Gespräch mit Nadella im Treppenhaus kündigten Microsoft und OpenAI gemeinsam an, dass der Softwareriese aus Redmond eine Milliarde Dollar in OpenAI investieren würde, um bei der Entwicklung »nützlicher AGI« zu helfen. Dies erfolgte größtenteils in Form von Gutschriften für Microsofts Cloud-Computing-Plattform Azure und würde so an das Unternehmen zurückfließen. Im Gegenzug sollte Azure der exklusive Cloud-Anbieter von OpenAI werden.[297]

Trotz aller Fehlstarts wusste OpenAI, dass es vor allem auf mehr Dollars und nicht auf mehr Algorithmen ankam, und dafür war Sam Altman immer noch der beste Mann.

Teil IV

2019–2024

Kapitel 14

Produkte

Sicherheit war von Beginn an ein Streitthema. Ein Jahr nach der Entwicklung des ersten GPT hatten Alec Radford und sein Team einen Transformer mit 1,5 Milliarden Parametern trainiert, und zwar anhand eines selbst erstellten Datensatzes namens WebText. Die Forscher von OpenAI sammelten für WebText acht Millionen Weblinks, die drei Upvotes auf Reddit erhalten hatten – eine geniale Methode, um qualitativ hochwertige, von Menschen erstellte Inhalte in großem Umfang zu finden, ohne dafür bezahlen zu müssen. Der so entstandene GPT-2 konnte mit guten Prompts einen brauchbaren Aufsatz, Fan-Fiction oder einen Nachrichtenartikel schreiben und sogar eine Übersetzung anfertigen, obwohl er darauf nicht trainiert worden war. Dies legte den Schluss nahe, dass die »Next Word Prediction«-Technik (Wortvorhersage) zu Verhaltensweisen führte, die auf allgemeine Intelligenz hinwiesen.

Im Pioneer Building löste die Richtung, in die sich GPT-2 entwickelte, bei einigen Leuten Begeisterung aus. Zu ihnen zählten nach Ansicht einiger OpenAI-Mitarbeitenden auch Dario Amodei und Jack Clark, der jetzt Strategieleiter war. Clark, ein Mensch mit tiefer Bassstimme, der Bildung ausstrahlte, staunte über die enormen Fortschritte von GPT-2 im allgemeinen Sprachverständnis und sorgte sich, dass diese Fähigkeit zum Fälschen von Texten missbraucht werden könnte.

Im Jahr zuvor hatten er und Amodei zusammen mit anderen Forschenden – unter ihnen die junge China-Expertin Helen Toner, die für Open Philanthropy arbeitete – an einer Studie mit dem Titel »The Malicious Use of Artificial Intelligence« (Die bösartige Nutzung von Künstlicher Intelligenz) gearbeitet. Hauptautor war Miles Brundage, ein Forscher von Nick Bostroms Future of Humanity Institute in Oxford, der kurz darauf bei OpenAI anfing. Die Studie empfahl politischen Entscheidungsträgerinnen und -trägern, Maßnahmen dagegen zu ergreifen, dass KI neben anderen bedenklichen Verhaltensweisen auch dazu neigte, Desinformationen online zu verbreiten. »Dario war sehr an der Idee interessiert und auch davon motiviert, ein Beispiel dafür zu setzen, dass Labore nicht immer einfach alles veröffentlichen«, sagte ein damaliger OpenAI-Mitarbeiter. Nach eingehender Diskussion beschloss das Unternehmen, »wegen unserer Bedenken im Hinblick auf bösartige Anwendungen der Technologie« nicht den vollständigen Code von GPT-2 freizugeben, sondern nur eine abgespeckte Version.[298]

Das war ein gefundenes Fressen für das Internet. »Der KI-Textgenerator, der zu gefährlich ist, um veröffentlicht zu werden«, spottete *Wired.*[299] »Elon Musks OpenAI entwickelt KI, die so mächtig ist, dass sie zum Wohl der Menschheit unter Verschluss gehalten werden muss«, titelte die britische Zeitung *Metro.*[300] »Forscher, die sich vor ihrem eigenen Werk fürchten, halten Textfälschungs-KI zurück«, erklärte die Website *Ars Technica.*[301] Auf einmal war OpenAI eine Lachnummer. Das tat weh. Altman wandte sich an die hundert Mitarbeitenden des Forschungslabors und dankte ihnen für ihren Einsatz. Aber schlechte Presse blieb eben schlechte Presse.

Davon einmal abgesehen war GPT-2 ein technologischer Triumph, besser als alles bisher Dagewesene. GPT-2 hatte zehnmal mehr Daten als sein Vorgänger verwendet, und

OpenAI beabsichtigte, das Ganze noch einmal zu verzehnfachen. Bei einem Planungstreffen für GPT-3, an dem fast ein Dutzend Führungskräfte teilnahmen, sagte Brockman, der sich bis dahin auf das *Dota*-Projekt konzentriert hatte, dass er an dem neuen GPT mitarbeiten wolle. Für Amodei, der die Forschungen für GPT-2 geleitet hatte, kam das nicht infrage. Nach einigem Hin und Her legte er in einer wütenden Ansprache seine Gründe dar. Einer davon war, dass Radford, den er für die Forschung an GPT für unverzichtbar hielt, sich weigerte, mit Brockman zusammenzuarbeiten, denn dieser stand in dem Ruf, alle Projekte an sich zu reißen. Vor dem Treffen hatte Brockman fünf Stunden lang mit Radford seine mögliche Beteiligung an dem Projekt erörtert. Radford war ein umgänglicher, introvertierter Mensch und wusste nicht, was er tun sollte. Er wollte Brockman nicht dabeihaben, scheute sich aber, es ihm ins Gesicht zu sagen. Also vertraute er sich Amodei an, der es nun vor der versammelten Führungsriege inklusive Altman und Murati verkündete. Am Ende entschied Altman sich gegen eine Beteiligung Brockmans an GPT-3, um die Beziehungen zu Amodei und Radford nicht zu gefährden. Andere im Unternehmen waren von Amodeis Schwenk verblüfft und fürchteten um die Einheit des Unternehmens.

Amodei hatte in Princeton in Physik promoviert und stieß 2016 zu OpenAI, nachdem er die ersten Anwerbeversuche ein Jahr zuvor abgelehnt hatte. Nach Stationen bei Baidu und Google Brain wurde er schnell zu einem der wichtigsten Forscher von OpenAI. Er war überzeugt davon, dass die Skalierung neuronaler Netzwerke Ergebnisse liefern würde, sorgte sich aber auch, dass die Gesellschaft womöglich noch nicht bereit für sie war. Neben der Arbeit an GPT-3 veröffentlichte Amodei zusammen mit weiteren Forschern 2019 eine Studie über »Skalierungsgesetze«, die aufzeigte, dass sich die Leistung von Large Language Models (LLM) stetig verbessert, wenn man mehr Daten und Rechenleistung sowie ein größeres neuronales Netzwerk einsetzt. Für einen CEO, der versuchte, Geld für sein Unternehmen zu beschaffen, war dies ein Geschenk des Himmels – ein wissenschaftlicher Beweis dafür, dass das in die Maschine investierte Geld die Grenzen des Wissens zuverlässig erweitern würde. Altman bezeichnete diese Erkenntnis als die womöglich wichtigste Entdeckung des 21. Jahrhunderts. »Es ist das eine, zu wissen, dass ein Modell mit zunehmender Größe besser wird«, sagte er. »Aber es ist etwas ganz anderes, kalkulieren zu können, wie sich das Modell durch die Skalierung verbessert. Das war eine wirklich große Sache.«

GPT-3 wurde mit etwas trainiert, was man bei OpenAI schlicht »das Internet« nannte. Die Forschenden von OpenAI hatten einen Datensatz aus einem Korpus von mehr als einer Billion Wörtern zusammengestellt, die Common Crawl auf Websites gesammelt hatte. Das gemeinnützige Projekt Common Crawl wurde von Gil Elbaz gegründet, dem Entwickler des Werbedienstes AdSense, den Google 2003 kaufte und zum Eckpfeiler seines Werbegeschäfts machte. Common Crawl durchsuchte einmal im Monat mit Bots das Internet, um die Daten zu speichern und Forschenden kostenlos zum Download anzubieten. Obwohl ein Großteil der zusammengetragenen Daten urheberrechtlich geschützt war – die meisten Websites sind mit einem Copyright-Vermerk versehen, unabhängig davon, ob sie eine Paywall haben oder nicht –, begrüßte die akademische Gemeinschaft diese Praxis, da die Daten der Forschung und nicht kommerziellen Zwecken dienten und die Websites frei zugänglich waren. Warum, so die Überlegung, stellten die Betreibenden ihre Inhalte kostenlos zur Verfügung, wenn sie nicht wollten, dass man sie nutzte? »Wenn man zu Tim Berners-Lee zurückgeht, der das Web 1989 erfand, war das Ziel, alle Informationen ins Internet zu stellen, damit die Menschen darauf zugreifen konnten, und Common Crawl ist ein Musterbeispiel dafür«, sagte Rich Skrenta, Geschäftsführer der Common Crawl Foundation. »Common Crawl ist vermutlich der wichtigste Trainingsdatensatz in fast jedem LLM, das es gibt.«

GPT-3 ergänzte seine Common-Crawl-Daten durch Wikipedia-Auszüge, eine aktualisierte Version des WebText-Korpus (erstellt von OpenAI) sowie Books1 und Books2. Letztere wurden als »internetbasierte Buchkorpora« umschrieben, was jedoch wenig aufschlussreich ist, Herkunft und Inhalt bleiben im Dunkeln. (Später reichten mehrere Autorinnen und Autoren eine Sammelklage ein. Sie führten an, dass Books1 zwar vermutlich vom US-amerikanischen Project Gutenberg stamme, einer Sammlung von 60.000 Titeln, deren Urheberrecht abgelaufen ist, Books2 aber höchstwahrscheinlich von »offenkundig illegalen Schattenbibliotheken« wie Library Genesis (LibGen) mit rund 300.000 E-Books, die sich mit BitTorrent downloaden ließen.[302] OpenAI äußerte sich nicht zur Quelle des Datensatzes von Books2.)

Heraus kam ein Transformer-Modell, das weitaus leistungsfähiger war als sein Vorgänger. Es hatte mit 175 Milliarden Parametern (Parameter sind das digitale Äquivalent zu Synapsen im menschlichen Gehirn) mehr als hundertmal so viele wie GPT-2. Durch die immense Menge an Trainingsdaten konnte GPT-3 passable Gedichte, Nachrichtenartikel und sogar Computercode schreiben, obwohl es dafür nicht trainiert worden war. Man musste ihm nur ein paar Beispiele für das geben, was man haben wollte – ein paar Zeilen Dialog oder den Abschnitt eines App-Codes –, dann konnte es ganze Absätze oder Programme voraussagen. OpenAI nannte das »Few-Shot-Learning«, eine Technik, bei der ein KI-Modell nur eine kleine Anzahl von Beispielen benötigt und nicht wie sonst stundenlang trainiert werden muss, um nützliche Aufgaben zu erfüllen.

»Sein Leistungsvermögen übersteigt alles, was man jemals für möglich gehalten hätte«, sagte Sutskever gegenüber der *New York Times*.[303]

Brockman litt darunter, von der wichtigen Arbeit des Trainings von GPT-3 ausgeschlossen zu werden, denn in vielerlei Hinsicht *war* er OpenAI. Er schickte Altman gerne Screenshots von der Zeiterfassungs-App RescueTime, die zeigten, dass er fast siebzig Stunden pro Woche arbeitete, die meiste Zeit davon schrieb er Code. Im November 2019 heiratete er seine Freundin Anna – die Trauung wurde im Unternehmenssitz von OpenAI durch Sutskever vollzogen, und eine Roboterhand präsentierte die Ringe. Den Dezember verbrachte er dann damit, an dem neu trainierten GPT-3-Modell herumzubasteln, es kennenzulernen und schließlich im Alleingang den Code eines Prototyps für das erste Produkt von OpenAI zu schreiben.

Zunächst ging es nur um Fundraising: Um die benötigte Rechenleistung zu finanzieren, musste OpenAI den Investierenden zumindest einen, wenn auch noch so dürftigen Beweis dafür liefern, dass die Menschen eines Tages tatsächlich Geld für das künftige Produkt ausgeben würden. Die Forschenden von OpenAI interessierten sich allerdings kaum dafür, LLMs für reale Anwendungen herzustellen, sie wollten einfach nur die AGI entwickeln. Es war klar, dass die Compute Credits von Microsoft in Höhe von einer Milliarde Dollar bei einem so rechenintensiven Modell wie GPT-3 nicht sehr weit reichen würden. OpenAI hatte gehofft, in Microsoft einen Partner gefunden zu haben, der helfen würde, die eigene Technologie in Produkte zu überführen, aber auch nach noch so vielen Meetings mit Microsoft-Mitarbeitenden wollte das größere Unternehmen das Risiko nicht eingehen. (Microsoft stellte schließlich Produkte her, in die GPT-3 integriert war, brachte sie jedoch erst 2021, fast zwei Jahre später, auf den Markt).

Also beschloss OpenAI, selbst ein Produkt zu entwickeln. Die Verantwortlichen überlegten zunächst, in welchen Bereichen es eingesetzt werden könnte. Vielleicht im Gesundheitswesen? Im Bildungsbereich? Oder etwas mit maschineller Übersetzung? Kurz vor Weihnachten postete John Schulman im Slack-Kanal der OpenAI-Manager folgenden Vorschlag: »Warum bauen wir nicht einfach eine API?« Gemeint war eine Programmierschnittstelle, die es Softwareanwendungen ermöglicht, miteinander zu kommunizieren. Mithilfe einer API für GPT-3 könnte dann jede Art von Anwendung, von einem Gesundheitsportal bis hin zu einem Videospiel, direkt auf das fortschrittlichste Textvorhersagemodell von OpenAI zugreifen. Schulman schätzte die Erfolgsaussichten eher gering ein. Zu diesem Zeitpunkt konnte GPT-3 zwar das nächste Wort in einem vordefinierten Muster erraten, aber keine Anweisungen befolgen. Ein konkreter Zweck der API war nicht erkennbar, und er bezweifelte, dass jemand Geld dafür ausgeben würde. Mangels besserer Ideen beschloss man jedoch, es zu versuchen.

Sosehr LLMs für Furore gesorgt hatten, gab es zu diesem Zeitpunkt noch keine auf dieser Technik basierenden Produkte. LLMs waren coole Spielzeuge und Forschungsprojekte, aber niemand hatte eine Ahnung, wofür sie tatsächlich nützlich sein könnten – nicht zuletzt, weil sie immer noch dazu neigten, Dinge zu erfinden. Dieses Phänomen der KI wird auch als Halluzination bezeichnet. Brockman liebte die stillen Tage um Weihnachten herum, wenn im Labor Ruhe einkehrte, ihm niemand auf Slack eine Nachricht schickte und er sich voll und ganz auf seine Arbeit konzentrieren konnte. Es erschien ihm fast verwerflich, dass das neueste LLM von OpenAI – zu diesem Zeitpunkt das beste der Welt – brachlag. Er zog sich in seine Code-Höhle zurück, und in den ersten Januarwochen hatte OpenAI einen Prototyp für die GPT-3-API. Jetzt brauchten sie nur noch Nutzende. Eigentlich würde sogar eine einzige richtig gute Nutzerin oder ein einziger richtig guter Nutzer genügen.

Stripe war in der Anfangszeit für seine aggressive Art der Nutzendenakquise bekannt, für die Paul Graham in einem Essay warb. »Bei YC verwenden wir den Begriff ›Collison-Installation‹ für die von ihnen erfundene Methode. Zaghaftere Gründer fragen: ›Möchtest du unsere Beta-Version mal ausprobieren?‹, und wenn die Antwort Ja lautet, sagen sie: ›Cool, wir schicken dir einen Link‹. Aber die Collison-Brüder wollten nicht warten. War jemand bereit, Stripe auszuprobieren, sagten sie: ›Gut, dann gib mir deinen Laptop‹, und installierten es gleich.«[304] Diese Methode machte sich Brockman zu eigen. In enger Zusammenarbeit mit Murati verbrachte er fast den ganzen Januar und Februar 2020 – also die letzten Wochen vor den Corona-Lockdowns – damit, alle möglichen Start-ups in San Francisco abzuklappern und sie zu bitten, GPT-3 zu testen. Sie fragten die Start-ups: »Gibt es bei euch etwas, was nicht gut funktioniert?«, oder: »Gibt es in eurem Bereich etwas, was sich beschleunigen lässt?« Brockman und Murati führten vor, was GPT-3 konnte, darunter übersetzen und Fragen beantworten. Meistens ernteten sie jedoch nur verständnislose Blicke.

Erneut ergriff Brockman die Initiative. Im Dezember kontaktierte er über Twitter Nick Walton, einen frischgebackenen Informatik-Absolventen der Brigham Young University, der mithilfe von GPT-2 ein textbasiertes Fantasy-Rollenspiel namens *AI Dungeon* entwickelt hatte, ursprünglich ein Hackathon-Projekt an der Uni. Inspiriert von *Dungeons & Dragons*, bei dem Spielende ihre Charaktere selbst erfinden dürfen, konnten die Nutzenden bei *AI Dungeon* in Kooperation mit der KI eine Welt erkunden, die sie gemeinsam erdacht hatten. Als das Spiel Ende 2019 herauskam, hatte es in der ersten Woche 100.000 Nutzerinnen und Nutzer – sechs Wochen später waren es bereits über eine Million. Walton hatte es über einen kostenlosen Dienst namens Google Colab Notebook bereitgestellt, jedoch bald erkannt, dass dies auf Dauer nicht praktikabel war. Also tat er sich mit seinem Bruder zusammen, um Geld aufzutreiben und den frei verfügbaren OpenAI-Code für GPT-2 auf ihren eigenen von Amazon gemieteten GPU-Servern laufen zu lassen. »Wir waren wirklich begeistert, weil dadurch Spiele möglich wurden, die mein Bruder und ich schon immer spielen wollten, nämlich solche, bei denen man nicht auf ein paar Optionen beschränkt ist und nur das tun kann, was der Entwickler vorgibt, sondern bei denen man seinen eigenen Weg wählen und seine eigenen Entscheidungen in einer unendlichen, lebendig wirkenden Welt treffen kann«, schwärmte Walton. Leider stellte sich das als ziemlich teuer heraus. Sie eröffneten einen Account bei der Finanzierungsplattform Patreon, und Brockman und seine Frau beteiligten sich mit Spenden.

In einer Nachricht an Walton schrieb Brockman: »Es gibt vielleicht ein paar interessante Dinge, die wir gemeinsam tun können«, und versprach, sich nach den Feiertagen wieder zu melden. »Irgendwelche Zahlen zur Größenordnung, die ich an meine Leute weitergeben kann?« Im Januar rief er Walton an und erzählte ihm von Plänen, eine kommerzielle API zu entwickeln. Ob er daran interessiert sei, sie auszuprobieren? Da Walton im Grunde genommen gerade seine eigene API entwickelt hatte, um sein Spiel zum Laufen zu bringen, war er mehr als interessiert. In den folgenden Monaten lieferte *AI Dungeon* OpenAI ein tägliches Feedback, das nötig war, um der API den letzten Schliff zu geben. Im Gegenzug durfte Walton GPT-3 zunächst kostenlos nutzen.

Ansonsten stießen sie kaum auf Interesse. »Wir klopften bei Hunderten von Unternehmen an, und alle sagten: ›Das ist zwar cool, aber es löst mein Problem nicht‹«, sagte Peter Welinder, der von Dropbox zu OpenAI gewechselt war. Er hatte sein Start-up Anchovi Labs, das maschinelles Sehen zur Organisation von Fotos nutzte, 2012 an den Filesharing-Giganten verkauft. Als einer der wenigen forschungsorientierten Mitarbeiter von OpenAI, die an großen Verbraucherprodukten arbeiteten, wurde er vom Roboterhand-Projekt abgezogen und mit der eher undankbaren Aufgabe betraut, das Team aufzubauen, das die API entwickeln sollte. Anfangs wollte niemand mitmachen, und während der mühsamen Nutzendenakquise sehnte sich die kleine Gruppe zurück in die Forschung. Doch alle spürten die Notwendigkeit, mit OpenAI Geld zu verdienen. Und so arbeiteten Brockman, Murati und Welinder weiter, als die Coronapandemie das Land zum Stillstand brachte. »Hätten wir zwei Monate später angefangen, wäre die API-Geschichte mit Sicherheit ganz anders verlaufen«, so Brockman.

Während sich das Coronavirus weltweit ausbreitete, kämpfte Altman mit einer Familienkrise. Annie war schon immer ein Papakind gewesen. Sie war die Exaltierteste, die Sportlichste, die Sentimentale, die Veganerin wurde, nachdem sie im Labor Mäuse töten musste. Als Jerry starb, ging es mit Annies ohnehin fragiler Gesundheit bergab. Bei ihr wurden Eierstockzysten und eine Achillessehnenverletzung diagnostiziert, die sie zwang, zeitweise eine Fußorthese zu tragen. Sie lebte ohne Auto in Los Angeles und war Mitte 2019 nicht mehr in der Lage, ihre Arbeit in einer örtlichen Marihuana-Abgabestelle auszuüben, wo sie fast den ganzen Tag stehen musste. Das Geld aus der Lebensversicherung ihres Vaters war bereits aufgebraucht. Als sie nun von Jerrys privater Altersvorsorge benachrichtigt wurde, sie sei als Hauptbegünstigte benannt, war sie überglücklich. Sie kündigte ihre Stelle und wollte sich sechs Monate Zeit nehmen, um sich zu erholen und sich künstlerisch zu betätigen. Allerdings fragte sie sich, warum sie nichts von der ganzen Sache gewusst hatte. Sie bat ihre Familie um Einsicht in das Testament ihres Vaters, und im September brachte Sam sie mit einem Anwalt in Kontakt, der es ihr zuschickte. Annie war erschüttert darüber, dass alle aus der Familie eingeweiht waren, nur sie nicht.

Bei der privaten Altersvorsorge gab es einen Haken. Da Jerry und Connie bei seinem Tod offiziell noch verheiratet waren, ging die gesamte Auszahlungssumme von etwa 40.000 Dollar automatisch an Connie, sofern sie den Betrag nicht ihrer Tochter überschrieb. »Das bringt mich in eine schwierige Lage – wenn ich es nicht tue, bin ich die Böse«, schrieb Connie in einer Textnachricht an Annie. Sie überwies ihr das Geld nicht.

Annie erfasste die volle Bedeutung des Testaments erst nach Jahren. Darin stand, dass der Nachlass ihres Vaters in einen Treuhandfonds übergehen und danach der Person gegeben werden sollte, die ihn am meisten benötigte – in der Familie Altman wäre das sie gewesen. Nach Angaben ihres früheren Anwalts Mike Gras umfasste der Treuhandfonds zuletzt etwa 200.000 Dollar liquide Mittel, ein Gebäude in der Innenstadt von St. Louis und einen Anteil von 0,5 Prozent am dritten Fonds von Hydrazine, der auf dem Papier Millionen von Dollar wert war, woran die Familie Annie aber erst mehr als sechs Jahre nach Jerrys Tod teilhaben ließ.

Annie hatte finanzielle Probleme. »Ich fing an, Möbel und Kleidung und die Mikrofone, die ich für Podcasts und Musik benutzt hatte, zu verkaufen, um die Miete zu bezahlen und mir Lebensmittel zu kaufen«, schrieb sie später. Im Dezember 2019 war Annie so verzweifelt, dass sie ihre Familie um Unterstützung bat, aber sie wurde abgewiesen. In ihrer Not registrierte sie sich bei der Escort-Website SeekingArrangements und verdiente Geld damit, dass sie sich vor einer Webcam entblößte.

Anfang 2020 fuhr Sam nach Los Angeles, um an Familientherapiesitzungen teilzunehmen. »Ich saß in der Praxis meiner

Therapeutin, trug meine Fußorthese und hatte hormonbedingte Hitzewallungen, während mein ältester Bruder ebenfalls anwesend war und sein Telefon hochhielt, über das unsere Mutter per FaceTime zugeschaltet war. Die Frau, die mich zur Welt gebracht hat, sagte der Therapeutin, es wäre ›das Beste für Annies geistige Gesundheit, wenn sie endlich selbst für ihren Lebensunterhalt aufkommen würde‹, und mein Multimillionärsbrüderchen stimmte zu«, schrieb Annie.[305]

Die Therapeutin schlug vor, dass die Altman-Familie Annie sechs Monate lang finanziell unterstützen sollte, und Sam und Connie waren einverstanden. Nach einigen Monaten hatte Annie jedoch das Gefühl, dass sie ihren Teil der Abmachung nicht einhielten, sie überwiesen das Geld zu spät oder ließen sie darum betteln. Im März, als das Coronavirus grassierte, schrieb Connie Annie eine Textnachricht, in der sie behauptete, Annie habe sich nicht an die Vereinbarung gehalten, die unter anderem regelmäßige Besuche bei ihr und Sam, eine »Verpflichtung zur psychiatrischen Behandlung« und die aktive Suche nach einem Job vorsah. Connie kritisierte, wofür Annie ihr Geld ausgab, zum Beispiel Marihuana und Lyft-Fahrten – »Dinge, die sich Arbeitslose nicht leisten können«. Zu Annies Gesundheit meinte sie: »Wir haben alle unsere gesundheitlichen Probleme und müssen irgendwie damit klarkommen.« Sie erklärte Annie, dass »man aus Reis/Bohnen/Eiern/Käse/Pasta für weit unter hundert Dollar/Woche köstliche Dinge zubereiten kann«. Außerdem schlug sie ihr vor, irgendwo hinzuziehen, wo es nicht so teuer war wie in Los Angeles. »Irgendwie scheinst du einfach nicht mit Geld umgehen zu können. Glaub mir, das ist für mich genauso schwer wie für dich – ich möchte, dass dein Leben irgendwie wieder auf die richtige Bahn kommt.«

Annie beschloss, wieder nach Hawaii zu gehen, wo sie für Unterkunft und Verpflegung auf einer Farm arbeiten konnte. Als sie ihrer Familie von diesem Plan erzählte, antwortete ihr

Bruder Max im Namen der versammelten Geschwister und Connie: »Hey, wir sind alle der Meinung, es wäre das Beste, wenn du ab Juni selbst für dich aufkommst.« Der Tropfen, der das Fass zum Überlaufen brachte, so erzählte Annie später dem Magazin *New York*, war, als Sam sie um ihre Postanschrift bat, damit er ihr einen Diamanten aus der Asche ihres Vaters schicken konnte.[306] Jerry hatte nie den Wunsch geäußert, in einen Diamanten verwandelt zu werden, und die Briefkästen an ihrer Unterkunft waren nicht abschließbar. »Außerdem«, schrieb sie, »wäre es zu diesem Zeitpunkt finanziell am sinnvollsten für mich gewesen, den Diamanten zu verpfänden, um mir etwas zu essen kaufen zu können – und das wusste mein Bruder.« Sie brach den Kontakt zu ihrer Mutter und ihren Brüdern ab.[307]

Unterdessen reagierte Sam auf das Coronavirus – ein kleiner Vorgeschmack auf die möglicherweise globale Katastrophe, auf die er sich bereits vorbereitete – auf die einzige Art und Weise, die er kannte: indem er Geld sammelte. »Wissenschaftlerinnen und Wissenschaftler können das verhindern«, schrieb er in seinem Blog. »Was sie brauchen, sind Geld und Kontakte.«[308] Im April ersannen er und Max, der inzwischen beim YC-Liebling Rippling arbeitete, eine Antwort ganz im Stil des Silicon Valley: eine Website namens 1billionmasks.com, die den Großeinkauf von medizinischen Masken aus China erleichtern sollte. Im Juni startete Sam ein Projekt, das die Durchführung von klinischen Studien mit dem Coronavirus beschleunigte. Durch seine Biotechnologie-Initiative bei YC hatte er Kontakt zu zahlreichen Unternehmen, unter anderem zu dem von Jen Nwankwo gegründeten 1910 Genetics, das sich mit KI-gestützter Entwicklung von Medikamenten befasste und in das er investiert hatte. Nun nutzte Nwankwo KI-Tools, um einen Impfstoff zu finden. Nebenbei versuchte Altman, 1910 dazu zu bewegen, die GPT-3-API noch vor der Markteinführung zu testen. Nwankwo erinnerte sich: »Er kontaktierte uns und sagte: ›Hey, wir würden gerne ausgewählten Unternehmen vorab exklusiven Zugang zur GPT-3-API bieten, weil wir herausfinden möchten, wie wir uns von einem Forschungsprojekt in Richtung einer kommerzielleren Verwendbarkeit weiterentwickeln können. Und wir würden gerne untersuchen, wie das bei euch in der Biotechnologie aussieht, weil die Biotechnologie ein ganz besonderer Bereich ist.‹« 1910 versuchte es, führte die Zusammenarbeit jedoch aus verschiedenen Gründen nicht zu Ende.

OpenAI brachte sein erstes kommerzielles Produkt, das einfach OpenAI API genannt wurde, am 11. Juni 2020 auf den Markt. In einem Blogbeitrag entschuldigte sich das Unternehmen fast dafür, dass es die API nicht als Open Source zur Verfügung stellte (zu kompliziert und gefährlich), und erklärte leicht verlegen, warum es überhaupt ein kommerzielles Produkt anbot (Hauptgrund: Geld verdienen).[309] Das GPT-3-Modell, das über die Schnittstelle verfügbar war, stellte einen großen Fortschritt in diesem Bereich dar, sofern man geschickte Prompts formulierte. Die Nutzenden mussten mehrere Beispiele für die Art von Antwort liefern, die sie haben wollten; es war, wie wenn man neben einem Kind herläuft, dem man das Fahrradfahren beibringt. »Man zeigt ihm einige Fragen und Antworten, und auf einmal ist es im Frage-und-Antwort-Modus«, so Brockman gegenüber *Wired*.[310] Die Anfänge waren bescheiden, weil sich nur wenige Interessierte, darunter Reddit, für den exklusiven Test der Beta-Version angemeldet hatten. Doch wie OpenAI erklärte, gab es nun einen Grund mehr, warum sie kommerzielle Produkte herstellen mussten. Geldverdienen war nicht der einzige. Erst durch die praktische Anwendung der Tools ließ sich herausfinden, wie man sie sicher machen konnte. »Zunächst ging es nur um Mittelbeschaffung, aber es wurde schnell klar, dass diese Sache fast wie ein fehlendes Körperteil war«, meinte Brockman. »Das war eine der zentralen

Aufgaben unserer Mission, die wir einfach vernachlässigt hatten.« Das war schwer von der Hand zu weisen. Zur Sicherheit entschied OpenAI, GPT-3 zunächst als Beta-Version anzubieten, um zu verhindern, dass die Software böswillig verwendet wurde.

Amodei und seine Unterstützer im Unternehmen, viele davon Mitverfasser der im selben Jahr veröffentlichten Studie über Skalierungsgesetze, blieben skeptisch. Die Auseinandersetzungen in der Führungsetage des Unternehmens wurden immer heftiger. »Sam und Greg kommen von YC und Stripe, die eher eine typische Silicon-Valley-Einstellung hatten und nach dem Motto handelten: ›Wir sollten das einfach rausgeben und skalieren‹«, sagte ein damaliger Mitarbeiter. Amodei dagegen hatte einen akademischen Hintergrund und sorgte sich zunehmend um die Sicherheitsaspekte seiner Arbeit. Sein Team war der Meinung, dass die Modelle langsamer und mit mehr Einschränkungen freigegeben werden sollten. Amodei erzählte Freundinnen und Freunden, er fühle sich von Altman psychisch misshandelt. Altman wiederum klagte gegenüber Kolleginnen und Kollegen, dass er wegen der Spannungen seinen Job zu hassen beginne. Amodei und sein Team wussten, dass jetzt der rechte Zeitpunkt für einen Ausstieg war. »Wir alle sehen, wohin das führt«, sagte einer von Amodeis Mitarbeitern. »Wenn wir unser eigenes Ding machen wollen, dann lieber früher als später, denn der Kapitalbedarf für diese Sache wird wegen der Skalierungsgesetze sehr hoch werden.« Bis 2021 verließen Amodei und mehr als ein Dutzend andere OpenAI-Mitarbeitende das Unternehmen und gründeten das Konkurrenzunternehmen Anthropic. Ein Trauma, über das Altman nie ganz hinwegkam.

Unterdessen wurden sich weitere Forschende in diesem Fachgebiet der immensen Möglichkeiten, Verheißungen, aber auch Tücken von LLMs bewusst. Als die Anthropic-Leute

OpenAI Ende 2020 verließen, war bei Google ein ähnlicher Streit um die Sicherheit entbrannt. Auslöser war ein umstrittenes Paper der Forscherinnen Emily Bender und Timnit Gebru mit dem Titel »On the Dangers of Stochastic Parrots: Can Language Models Be Too Big?« (Über die Gefahren von stochastischen Papageien: Können Sprachmodelle zu groß sein?).[311] Im Titel wird das Bild des Papageis, der bekanntlich die Fähigkeit zur Nachahmung der menschlichen Sprache besitzt, mit dem Wort »stochastisch« kombiniert, das aus dem Griechischen kommt und zufallsabhängig bedeutet. Der Ausdruck »stochastische Papageien« bezieht sich also auf die Neigung großer Sprachmodelle, bloß zu raten und nachzuplappern, im Gegensatz zu durchdachter Analyse und menschlicher Kommunikation.

Im Folgenden zählt das Paper eine Reihe von Bedenken gegenüber LLMs auf, deren Leistung exponentiell zunahm und die immer mehr Daten verschlangen, wie auch das kürzlich von OpenAI eingeführte gigantische Sprachmodell GPT-3. Zu den angeblichen Gefahren zählten der riesige CO2-Fußabdruck von LLMs aufgrund ihres hohen Rechenaufwands, die unzähligen Arten, wie LLMs »Vorurteile festschreiben, die für marginalisierte Bevölkerungsgruppen potenziell schädlich sind«, und der von Bender und Gebru als »Value-Lock« bezeichnete Prozess des Sammelns und Wiederverwendens bestehender Inhalte durch LLMs, der »ältere, weniger inklusive Haltungen verfestigt«. Was die möglichen Ursachen für Verzerrungen angeht, verweist das Paper auf das Training von GPT-2 und GPT-3 mit Daten von Reddit und Wikipedia und zitiert eine Umfrage von Pew Internet Research aus dem Jahr 2016, aus der hervorgeht, dass die Nutzenden von Reddit in den USA überwiegend junge Männer im Alter von achtzehn bis neunundzwanzig Jahren sind. Weiter heißt es: »Ähnliche Umfragen aus jüngerer Zeit zeigen, dass nur 8,8 bis 15 Prozent der Wikipedia-Artikel von Frauen oder Mädchen verfasst werden.«

Die Autorinnen warnten auch vor der Gefahr, dass die Fähigkeiten von LLMs missbraucht werden könnten. Der Mensch sei darauf programmiert, anzunehmen, dass verständliche Wortfolgen einen Sinn ergeben und zuverlässige Informationen enthalten. Dieses evolutionäre Merkmal könnte von »böswilligen Akteuren« ausgenutzt werden, die LLMs zweckentfremden, um »große Mengen scheinbar kohärenter Texte zu bestimmten Themen zu produzieren«, die in Wirklichkeit möglicherweise darauf abzielen, eine gefährliche Verschwörungstheorie zu verbreiten.

Google führte an, das Paper sei von Gutachtern als zu kritisch bewertet worden, und verlangten von den Autorinnen, es zurückzuziehen. Gebru behauptet, sie sei daraufhin entlassen worden, während Google davon spricht, sie habe selbst gekündigt.[312] Die Angelegenheit rief großes Medienecho hervor und machte den »stochastischen Papagei« zu einem der meistzitierten Kritikpunkte an KI und zu einem bekannten Meme. (Kurz nachdem OpenAI im darauffolgenden Jahr ChatGPT herausgebracht hatte, twitterte Altman süffisant: »Ich bin ein stochastischer Papagei und du ebenso.«.[313]) Aber in vielerlei Hinsicht bestätigte das Paper die Befürchtungen, die Amodei, Brundage, Clark und andere bei OpenAI nur wenige Jahre zuvor geäußert und die das Unternehmen dazu gebracht hatten, zunächst nicht den vollständigen Code von GPT-2 zu veröffentlichen.

Kapitel 15

ChatGPT

Befürchtungen, OpenAI könnte unausgereifte Modelle freigeben, waren keineswegs unbegründet. Kurz nachdem viele der besonders sicherheitsbewussten OpenAI-Mitarbeitenden das Unternehmen verlassen hatten, erfuhr OpenAI, dass einige der Fantasiegeschichten, die im GPT-3-Betatest von *AI Dungeon* entstanden waren, Sexszenen mit Kindern beinhalteten. OpenAI forderte die Muttergesellschaft von *AI Dungeon* auf, dem umgehend einen Riegel vorzuschieben. »Content-Moderation kann knifflige Fragen aufwerfen, in diesem Fall aber sicher nicht«, sagte Altman in einer Erklärung gegenüber *Wired*. »Das ist nicht die Zukunft der KI, die sich irgendjemand hier wünscht.«[314]

AI Dungeon führte ein neues Moderationssystem ein, doch die Nutzerinnen und Nutzer zeigten sich empört. Das waren ihre privaten Geschichten. Mit welchem Recht schnüffelte *AI Dungeon* plötzlich in ihnen herum? Es gab keinerlei Gesetze, die den Inhalt von textbasierten Fantasy-Spielen regelten. Noch dazu erwiesen sich die Verbesserungsversuche von *AI Dungeon* anfangs als sehr unbeholfen – manchmal wurden harmlose Formulierungen wie »acht Jahre alter Laptop« moniert. Etliche Nutzende kündigten ihr Abo, für das sie zwischen zehn und fünfzig Dollar pro Monat gezahlt hatten, und ließen ihrem Unmut in den sozialen Medien freien Lauf.

»OpenAI wollte, dass wir alle Nutzerinnen und Nutzer

ausfindig machen, die zu weit gehen, die Sachen lesen und sie dann sperren«, sagte CEO Nick Walton. »Das war aber nicht so einfach, da die Inhalte teilweise von der KI geschrieben worden waren.«

Mit anderen Worten: Die KI offenbarte gelegentlich eine pädophile Ader. Da das Trainingsgebiet von GPT-3 »das Internet« gewesen war, wo sich die Menschheit nicht selten von ihren unschönen Seiten zeigt, mussten dem Sprachmodell irgendwie Manieren beigebracht werden.

GPT-3 war jedoch mit Abstand das beste verfügbare Modell, daher konnte *AI Dungeon* nicht darauf verzichten – zumindest solange es für Beta-Nutzende kostenlos blieb. Als es damit vorbei war, stellte *AI Dungeon* fest, dass die KI-Kosten für das Produkt einfach zu hoch waren, um profitabel zu werden, selbst bei Tausenden zahlenden Nutzerinnen und Nutzern. »*AI Dungeon* benötigte ein GPU-Cluster vom Preis eines Teslas«, so Walton. »Wir waren das GPU-intensivste Spiel aller Zeiten, und dabei war es bloß ein Textadventure.« Nach einer Weile fanden sie einen anderen KI-Partner. »Wir dachten: ›Unsere gesamten Einnahmen gehen für KI drauf. So wird das nichts‹«, sagte Walton.[315]

Anfang 2021 verwendete OpenAI GPT-3 für ein Modell, das aus Textanweisungen Bilder erschaffen konnte. Sie nannten es DALL-E, eine Anspielung auf Disneys Film über den Müllroboter WALL-E und zugleich auf Salvador Dalí. Das erste veröffentlichte Bild war »ein Baby-Rettich im Tutu, der einen Hund Gassi führt«. Der Rettich war allerdings sehr simpel gezeichnet – im Vergleich dazu lag die Animationsserie *South Park* auf dem Niveau von Ingres oder Renoir. Aber der Rettich trug tatsächlich ein Tutu und führte einen Hund spazieren.

Diese Fortschritte bestärkten Altman in der Vorstellung, sich als Gestalter der Gesellschaft der Zukunft zu sehen. »Meine Arbeit bei OpenAI macht mir Tag für Tag das Ausmaß des sozioökonomischen Wandels klar, der schneller kommen wird, als die meisten Menschen glauben«, schrieb er im März 2021 in einem Beitrag mit dem Titel »Moore's Law for Everything« (Moores Gesetz für alles). »Denk- und lernfähige Software wird immer stärker die Arbeit übernehmen, die heute noch Menschen verrichten. Mehr und mehr Macht wird sich von der Arbeit zum Kapital verlagern.«

Die KI werde Wohlstand schaffen, indem sie fast alles billiger mache. »Der Preis für viele Arten von Arbeit (die die Kosten von Waren und Dienstleistungen in die Höhe treiben) wird gegen null fallen, sobald ausreichend leistungsfähige KI ›zur Belegschaft stößt‹«, schrieb er. »KI wird die Kosten für Waren und Dienstleistungen senken, weil Arbeit auf vielen Ebenen der Lieferkette der treibende Kostenfaktor ist. Wenn Roboter ein Haus auf einem Grundstück errichten können, das einem bereits gehört, und zwar aus Ressourcen, die vor Ort abgebaut und veredelt worden sind, und das alles mit Solarenergie, dann sind die Kosten für den Bau dieses Hauses mehr oder weniger identisch mit den Kosten für die Miete der Roboter. Und wenn diese Roboter von anderen Robotern hergestellt werden, werden die Kosten für ihre Miete viel geringer ausfallen, als wenn sie von Menschen produziert worden wären.«[316]

Leider würde das insbesondere die Grundstückskosten nicht senken. Vielmehr würde sich dadurch die Knappheit an erschwinglichem Wohnraum noch verschärfen, die ganz oben auf seiner Liste politischer Prioritäten stand, als er vier Jahre zuvor, im Jahr 2017, seine Kandidatur als Gouverneur von Kalifornien erwog. Eine Lösung dafür sah Altman in den Ideen des Journalisten und politischen Ökonomen Henry George, der im 19. Jahrhundert vorgeschlagen hatte, zur Bekämpfung der Ungleichheit nicht mehr die Arbeit, sondern nur noch den Grundbesitz zu besteuern. Seine »Bodenwertsteuer« basierte auf der Idee, dass der Wert von Grundbesitz zum größten Teil aus den wirtschaftlichen Aktivitäten resultiert, die darum herum stattfinden – die Straßen, die andere gebaut und die Unternehmen, die andere gegründet haben.

Altman entwickelte den Georgismus, wie man diese Wirtschaftsphilosophie auch nennt, die von Winston Churchill bis Willie Brown viele Anhängerinnen und Anhänger fand, weiter. Seine Variante könnte man als YCismus bezeichnen: Allen Bürgerinnen und Bürgern eines Landes sollte ein kleiner Anteil am Grund und Boden und an den Unternehmen des Landes gehören, sodass sich »unser Anreizsystem angleicht« und das höchste Ideal des Risikokapitals verwirklicht wird.

Einerseits war der Aufsatz das typische Manifest eines Risikokapitalgebers, das kühne Zukunftsprognosen mit Marketing für sein Unternehmen verknüpfte. Andererseits war es eine beeindruckende Synthese von Altmans vielen Lieblingsprojekten und Ideen – wie KI, bedingungsloses Grundeinkommen, bezahlbarer Wohnraum und Techno-Utopismus – zu einer Weltanschauung. Und er hatte nun mehr Autorität als je zuvor. Als er ohne jede Ironie schrieb, »Es folgt eine Beschreibung dessen, was kommen wird, und ein Orientierungsplan in dieser neuen Landschaft«, waren mehr Menschen als je zuvor bereit, ihm zu glauben.[317]

Altmans Abschied von YC bremste seine gesellschaftlichen Ambitionen nicht. Seine externen Investitionen wirkten immer weniger wie eine generelle Unterstützung wissenschaftlich orientierter Projekte und kompetenter Gründerinnen und Gründer, sondern immer mehr wie Schritte auf dem sehr spezifischen Weg in eine Zukunft, wie er sie in seinem letzten Essay gezeichnet hatte. Als ob er die Frage beantworten wollte, wie das bedingungslose Grundeinkommen verteilt werden würde, gründete er 2019 in aller Stille ein Unternehmen namens Tools for Humanity, das für 2021 die Einführung einer Kryptowährung namens Worldcoin ankündigte, einer »globalen Währung in kollektivem Besitz, die auf faire Weise an so viele Menschen wie möglich verteilt wird«, wie es auf der zugehörigen Website beschrieben wird. Um ihren Anteil daran zu erhalten, mussten die Menschen lediglich in eine chromglänzende Kugel von der Größe eines Fußballs blicken, die einen Scan ihrer Iris durchführte und sie mit einer eindeutigen Kennung verband, damit niemand anderes ihren Anteil an Worldcoin beanspruchen konnte. Das gewinnorientierte Unternehmen, das später rund fünfhundert Millionen Dollar von Top-Risikokapitalgebern wie Andreessen Horowitz und Khosla Ventures sowie Krypto-Enthusiasten wie FTX-Gründer Sam Bankman-Fried aufbrachte, schickte Teams mit der Kugel rund um die Welt, um so viele Teilnehmer und Teilnehmerinnen wie möglich erreichen zu können. Die Aussicht auf mühelos zu erlangendes Geld verlockte Millionen dabei mitzumachen. Wie kaum anders zu erwarten, stellten sich auch bald Kritikerinnen und Kritiker ein, die dem Projekt Worldcoin alles Mögliche vorwarfen, von der Verletzung der Privatsphäre bis hin zu kolonialistischen Allüren.

Laut dem Mitschnitt eines Worldcoin-Mitarbeitendengipfels in Cancun im Jahr 2023, der *Forbes* zugespielt wurde, steckt hinter Altmans Engagement für diese Kryptowährung seine Überzeugung, dass »unsere zentralen Institutionen, vor allem die staatlichen, entweder immer schwächer oder immer schlechter werden. Da dachte ich, es wäre doch interessant, einmal durch ein Experiment herauszufinden, ob Technologie einige der Dinge übernehmen kann, die bislang Aufgabe von Nationalstaaten sind.«[318] Während dieser Zusammenkunft schwärmte er auch von den Möglichkeiten des Worldcoin-Tokens (das in jenem Jahr auf den Markt kam, aber aufgrund der eher konservativen Haltung der amerikanischen Regulierungsbehörden gegenüber Kryptowährungen in den USA nicht erhältlich ist), die Rolle staatlicher Identifikationssysteme wie Reisepässe zu übernehmen. »Die Vorstellung, dass Worldcoin so etwas ohne staatliche Befugnis in globalem Maßstab tun könnte, ist wirklich aufregend.«

In Altmans Techno-Utopie wird der Wille der Menschen nicht mehr von Staaten und Biologie gezügelt. Im Jahr 2023 investierte Altman beinahe sein gesamtes liquides Vermögen in zwei Unternehmen. 180 Millionen Dollar steckte er in Retro Biosciences, ein Unternehmen, das es sich zum Ziel gesetzt hatte, durch Bekämpfung der Hauptursachen des Alterungsprozesses die menschliche Lebensspanne um zehn Jahre zu verlängern. Retro wurde von Joe Betts-LaCroix geleitet, einem sportlichen Mittsechziger mit Stoppelbart und Halbglatze, der mehr als ein Jahrzehnt zuvor die Automatisierung bei Halcyon Molecular, einem von Peter Thiel und Elon Musk unterstützten Unternehmen für genetische Veränderungen, vorangetrieben hatte. Es verfolgte das Ziel, eine kostengünstige Technologie zur Genomsequenzierung zu entwickeln, um letztendlich den Alterungsprozess aufzuhalten. Thiel war begeistert, als er die Gründer kennenlernte. »Er war wie elektrisiert«, sagte Halcyon-Mitgründer William Andregg, wie Max Chafkin in seiner Biografie über Thiel schildert. »Er war überzeugt: ›Wir müssen eine Lösung finden, sonst werden wir alle sterben.‹ So verlief unser erstes Gespräch.«[319]

Nachdem Halcyon seine Tätigkeit eingestellt hatte, gründete Betts-LaCroix die Health Extension Foundation, die Zusammenkünfte von Unsterblichkeitsenthusiasten in der Bay Area organisierte. Neben der Gründung verschiedener Start-ups wurde Betts-LaCroix Teilzeitpartner bei YC, kurz bevor der Start-up-Accelerator im Januar 2018 einen Aufruf veröffentlichte, bis zu eine Million Dollar an Unternehmen zu vergeben, die es sich zum Ziel setzen, die menschliche Lebenserwartung bei Erhaltung guter Gesundheit zu verlängern. Zum Winterbatch von YC gehörte auch das Unternehmen Nectome, das es Menschen ermöglichen wollte, ihr Gehirn zu konservieren und deren Gedankeninhalt auf Computersysteme zu überspielen. Da ein Gehirn dazu frisch sein muss, kann das Unternehmen diese Dienstleistung nur todkranken Patienten anbieten, die sich damit einverstanden erklären, dass ihnen eine Einbalsamierungsflüssigkeit ins Gehirn gepumpt wird, bevor ihre Vitalfunktionen erloschen sind. Der Gründer von Nectome, Robert McIntyre, prahlte gegenüber der *MIT Technology Review*, sein Start-up sei etwas Besonderes auf dem Demo Day, weil es als einziges zu »hundert Prozent tödlich« sei. Altman gehörte zu den ersten fünfundzwanzig Personen, die eine Anzahlung von 10.000 Dollar leisteten, um auf seine Warteliste zu kommen. »Ich gehe davon aus, dass mein Gehirn in die Cloud hochgeladen wird«, erklärte er gegenüber dem Magazin.[320]

Kurz nachdem Altman und Thiel Freundschaft geschlossen hatten und Geschäftspartner geworden waren, begann sich auch Altman für die möglicherweise lebensverlängernde Wirkung von Bluttransfusionen junger Spenderinnen und Spender zu interessieren. Es gab Studien, die nachgewiesen haben wollten, dass das Gewebe älterer Mäuse sich teilweise verjüngte, wenn ihr Kreislaufsystem mit dem von jungen Mäusen gekoppelt wurde. Altman wies die Mitarbeitenden von YC an, Forschungsberichte zu diesem Thema zu verfolgen, und zeigte sich überrascht von den vielversprechenden Ergebnissen. »Vielleicht liegt hier ein Geheimnis verborgen, das leichter zu lüften ist, als wir denken«, dachte er damals. Im Jahr 2016 veröffentlichte das Magazin *Inc.* ein Interview mit Thiel, der sich als ziemlich sachkundig über Studien zu dieser sogenannten Mäuse-Parabiose äußerte. Dieses Interview und später dementierte Berichte, er habe sich für ein Start-up interessiert, das Blutplasma-Transfusionen zwischen jungen Menschen und älteren Patientinnen und Patienten für

8.000 Dollar pro Sitzung verkaufte, nährten das Meme, Thiel sei ein »Internet-Vampir«. Diese Karikatur verfestigte sich noch, nachdem die HBO-Satire »Silicon Valley« einen CEO zeigte, der an einem Meeting teilnahm, während er an seinen jüngeren »Transfusionspartner« angeschlossen war. (Doch auch wenn Thiel nicht versucht hat, von der Götterspeise Ambrosia, die ewiges Leben verleiht, zu kosten, sein Interesse daran, den Tod zu besiegen, hat er schon vor langer Zeit bekundet. Er hat Millionen für die Forschung von Aubrey de Grey gespendet, einem in Cambridge ausgebildeten Gerontologen, der für seinen Rasputin-Bart, seine Vorliebe für Bier und die These bekannt ist, Altern sei bloß eine Krankheit, die geheilt werden könne.)

Studien aus dem Jahr 2020 wollen Hinweise darauf gefunden haben, dass der Jungbrunnen möglicherweise gar nicht so sehr mit jungem Blut zu tun hat, sondern vielmehr mit dem Fehlen von altem Blut. Durch Verdünnung von altem Blut mit Kochsalzlösung und Albumin könne man vergleichbare Effekte erzielen. Altman rief Betts-LaCroix an: »Haben Sie die Studie über die Plasmatransfusion gesehen?«, fragte er ihn laut *MIT Technology Review*. Betts-LaCroix stimmte ihm zu, dass dies ein gutes Forschungsfeld für ein Start-up sein könne. »Wie wäre es, wenn ich Ihnen dafür die Finanzierung gebe?«, fragte Altman. Betts-LaCroix erklärte ihm, er interessiere sich mehr für andere Ideen, beispielsweise Zellverjüngung durch genetische Umprogrammierung oder das Potenzial von Autophagie, dem Prozess, in dem beschädigte Körperzellen von anderen Zellen beseitigt werden. Altman schlug vor, Retro Biosciences solle sich mit all diesen Ideen befassen.[321]

Die zweite große Investition, die Altman in diesem Jahr tätigte, waren zusätzliche 375 Millionen Dollar für Helion, ein Start-up des YC-Sommerbatches 2014, das es sich zum Ziel gesetzt hatte, billigen Strom aus Kernfusion zu erzeugen. Altman investierte dort zunächst zehn Millionen Dollar, wurde Vorstandsvorsitzender und leitete seitdem das Fundraising des Unternehmens. Im Jahr 2021 organisierte er eine Finanzierungsrunde, an der auch andere frühere Investoren wie Thiel und Dustin Moskowitz teilnahmen, und stieg zum geschäftsführenden Vorstandsvorsitzenden auf. In einem Interview mit *TechCrunch* lobte David Kirtley, CEO von Helion, Altman als »einen Botschafter, der tatsächlich etwas von Physik versteht; das hat man selten«. Gegenüber der *MIT Technology Review* erklärte er, Helion wolle bis 2024 mehr Strom erzeugen, als für den Fusionsprozess benötigt werde, und dass die ersten Kundinnen und Kunden wahrscheinlich jene Rechenzentren sein würden, die für das Training und den Betrieb von KI erforderlich seien. Rechenzentren eigneten sich als Abnehmer, so Kirtley, weil sie in der Regel abseits dicht besiedelter Gebiete lägen.[322]

Altman schien sich vorgenommen zu haben, das Silicon-Valley-Klischee »Make the world a better place« auf eine ganz neue Ebene zu heben – und seinen Lebensstil dazu. Im Jahr 2016 erzählte er dem *New Yorker*, er habe beschlossen, sich von allem zu trennen, außer von seinem Vier-Zimmer-Haus im Mission District, seinen fünf Autos (darunter zwei McClarens und ein Tesla), seinem Grundstück in Big Sur und zehn Millionen Dollar an Ersparnissen, deren Zinsen ihm für den Rest seines Lebens genügen würden. Alles andere wolle er der Verbesserung der Menschheit widmen.[323] Als ihm dann im Jahr 2020 klar wurde, dass er bald mehr Privatsphäre brauchen würde, begab er sich auf eine Einkaufstour. Das alte Haus im Mission District, das er lange mit seinen Brüdern geteilt hatte, tauschte er gegen ein 27 Millionen Dollar teures Anwesen im Viertel Russian Hill mit einem Infinity-Pool, einer Kunstgalerie und einem atemberaubenden Blick über die Stadt. Sein Refugium in Big Sur, das letztlich für Wochenendausflüge einfach zu weit weg war, ersetzte er durch eine 15,7 Millionen Dollar teure, rund 380 Hektar große Ranch im Weinbaugebiet von Napa. Und im Juli 2021 kaufte er für 43 Millionen Dollar ein Anwesen auf Hawaii mit eigener Bucht, wie *Business Insider* berichtete. Mark Zuckerberg, Jeff Bezos und Thiel hatten sich zu diesem Zeitpunkt bereits alle auf Hawaii eingekauft.[324]

Er datete weiterhin jüngere Männer, die seine Leidenschaft für Wissenschaft und Technologie teilten. 2019 ging er eine Beziehung mit Nick Donahue ein, dem damals einundzwanzigjährigen Mitgründer von Atmos, einem Start-up, das für seine Kunden individuelle Häuser zu einem erschwinglichen Preis entwickeln will. Sie lernten sich kennen, als Altman in das Start-up investierte. Donahue wurde 2020 auch in ein YC-Batch aufgenommen. Er hat wie Altman eine Neigung, die Dinge in ihren kosmischen Zusammenhängen zu betrachten. »Was ist der Sinn des Lebens?«, fragte er 2021 einen Freund und gab gleich selbst die Antwort: »Dass das Universum immer mehr Bewusstsein seiner selbst erlangt.«[325] Laut Donahue rang Altman in ihrer gemeinsamen Zeit mit ähnlichen Fragen, etwa »wie Spiritualität und KI aussehen, wie sich das alles entwickelt und verändert«. Während der Coronapandemie war Donahue überrascht, dass es jemand vom Schlage Altmans schaffte, so offen für die vielen Menschen zu sein, die sich an ihn wandten. »Er war stets bereit, Menschen in seinem Umfeld zu helfen – praktisch rund um die Uhr.« Im April 2021 erschien Altman zur Hochzeit von Sally Che, seiner besten Freundin aus Kindertagen, in Begleitung von Ryan Cohen, der 2019 sein Studium in Maschinenbau in Stanford abgeschlossen hatte. Cohen hatte ein Jahr bei McKinsey verbracht, bevor er sich Altman anschloss, um 2022, nach ihrer Trennung, einen neuen Fonds für Altmans Investmentgesellschaft Hydrazine aufzulegen. Später gründete er seinen eigenen, unabhängigen Fonds, der sich auf Deep Tech konzentrierte. Che mochte

Cohen, hielt ihn aber für zu jung für den hochintelligenten Sam. »Er hatte immer schon Freunde, die zu jung für ihn waren«, sagte sie. »Ich dachte mir oft: Was willst du eigentlich mit diesen Typen?«

Im November 2021 erhob Annie Altman per Tweet schwere Anschuldigungen, die aber fast zwei Jahre lang kaum Beachtung fanden. »Ich habe sexuellen, körperlichen, emotionalen, verbalen, finanziellen und technologischen Missbrauch durch meine biologischen Geschwister erfahren, hauptsächlich durch Sam Altman, aber auch durch Jack Altman«, schrieb sie auf dem Kurznachrichtendienst.[326] Sie nannte keine Details und forderte mögliche weitere Missbrauchsopfer dieser »Täter« auf, sich bei ihr zu melden.

Annies Leben war nicht einfach gewesen, seit sie den Kontakt zu ihrer Familie abgebrochen hatte. Ihre gesundheitlichen Probleme, zu denen schmerzhafte Eierstockzysten und eine chronische Achillessehnenreizung gehörten, hinderten sie nach wie vor daran, Arbeiten auszuführen, die längeres Stehen erforderten. Der Bauernhof, auf dem sie gegen freie Unterkunft und Verpflegung jobbte, kam ihr entgegen, indem er sie die Computerarbeit erledigen ließ, aber schließlich begann sie, Pornos für OnlyFans zu drehen. »Ich bin da aus den verschiedensten Gründen sehr soft eingestiegen«, schrieb sie auf dem Medium. »Mit meiner Geschichte von Essproblemen und körperdysmorpher Störung war es mir unangenehm, viel von mir zu zeigen, außerdem hatte ich alle möglichen Schmerzen. Ich habe es teilweise genossen, zu posten und mit allem offen umzugehen.«[327] Sie wohnte abwechselnd bei verschiedenen Freunden und Freundinnen und bezog Lebensmittelmarken. Schließlich erhielt sie Arbeitslosengeld, dessen Auszahlung sich aufgrund eines Identitätsdiebstahls verzögert hatte.

Kurz nachdem sie den Kontakt zu ihrer Familie abgebrochen hatte, begann sie unter Flashbacks zu leiden. Bislang bloß verschwommene Erinnerungen traten in ihrer Isolation deutlicher hervor. Anzeichen von Traumata stiegen wieder in ihr auf, beispielsweise heftiges Erbrechen beim Sex mit einem guten Freund aus dem College. Sie wurde bei Verabredungen zweimal sexuell missbraucht, wodurch weitere Dinge in ihrem Gedächtnis aufstiegen, beispielsweise, dass sie ihrer Mutter im Alter von fünf Jahren sagte, sie wolle sich das Leben nehmen, was sie später der Zeitschrift *New York* erzählte und in den sozialen Medien verbreitete.[328] Gibstine gab an, Annie habe »niemals« mit ihr über Suizidgedanken gesprochen. »Ich hätte sofort einen Kinderpsychiater kontaktiert«, sagte sie und fügte hinzu, dass sie ihre Tochter zu einer Beratung brachte, als sie bei der Teenagerin Angstzustände bemerkte.

All das trug dazu bei, dass sie schließlich mit Escorting begann. Ende 2021 meldete sich Sam bei ihr. Er habe »freundliche Worte« geäußert, sagte sie später, und ihr außerdem angeboten, ihr ein Haus zu kaufen. Aber sie hatte das Gefühl, dass er ihr etwas aufdrängen wollte – er und andere Familienangehörige hätten sie zu überreden versucht, wieder das Antidepressivum Zoloft zu nehmen, das sie von ihrem zwölften bis zum zweiundzwanzigsten Lebensjahr eingenommen hatte. Aber Annie war die Benommenheit zuwider, die eine Nebenwirkung von Zoloft ist. Und es gefiel ihr nicht, dass das Haus, das Sam ihr anbot, unter der Aufsicht seines Anwalts stehen sollte. Sie beschloss, über SeekingArrangements wieder nach einem Escort-Job zu suchen. Später beschrieb sie diese Phase ihres Lebens in einem Beitrag auf X als »Schwänzelutschen für die Miete«.[329] In den nächsten zweieinhalb Jahren wechselte sie häufiger die Unterkunft oder schlief bei Freunden auf dem Fußboden, Sofa oder im Gästezimmer. Nirgends blieb sie länger als drei Monate.

Anfang 2022 waren die Modelle von OpenAI so gut geworden, dass man keine Roboter oder Computerspielmeisterschaften mehr benötigte, um Aufmerksamkeit zu erregen. Die überraschende Fähigkeit von GPT-3, Code zu schreiben, inspirierte das Unternehmen dazu, das Modell stärker aufs Programmieren zu trainieren und im Herbst 2021 eine private Testversion zu veröffentlichen. Unter dem Namen Codex sollte sie Softwareingenieuren beim Programmieren helfen. In diesem Herbst integrierte Microsoft auch eine Vorschauversion der Technologie, Github Copilot genannt, in sein Entwicklertool Visual Studio. Mit dieser Technologie konnte ein erfahrener Programmierer einen Teil des Codes eingeben, die Tabulatortaste drücken, und die KI erledigte den Rest. Das funktionierte keineswegs fehlerfrei, trotzdem sah Altman eine klare Entwicklungslinie: Entgegen allem, was er viele Jahre lang geglaubt hatte, würden die Roboter zuerst die anspruchsvolleren Jobs übernehmen.

Im Frühjahr 2022 verblüffte OpenAI die Öffentlichkeit mit DALL-E 2, einem Update seines Bildgenerators. Während das ursprüngliche DALL-E auf GPT-3 basierte, war die neue Version ein sogenanntes Diffusion Model, dessen Training darin bestanden hatte, das digitale »Rauschen«, das einem Bild hinzugefügt worden war, so vorsichtig zu entfernen, als würde es einen Rembrandt restaurieren. Schließlich konnte DALL-E 2 auf Befehl neue, fotorealistische Bilder erzeugen, beispielsweise »einen Corgi, der auf dem Skateboard über den Times Square fährt«, oder »eine futuristische Stadt aus Süßigkeiten«. Aufgrund des Missbrauchspotenzials veröffentlichte OpenAI das Modell sehr langsam; in den ersten fünf Monaten hatten nur eine Million Nutzerinnen und Nutzer Zugang.

Brian Chesky, der CEO von Airbnb, dessen Wege sich schon oft mit denen von Altman gekreuzt hatten, beobachtete das Geschehen ebenso fasziniert wie alarmiert aus der Ferne.

Chesky, der sich in erster Linie als »Kreativer« verstand, und sein Airbnb-Mitgründer Joe Gebbia hatten sich an der Rhode Island School of Design kennengelernt. »Man kann einfach ein paar Wörter in eine Chatbot-Eingabeaufforderung tippen und dann wird daraus in Echtzeit ein Bild generiert? Das erschien mir wie Magie«, sagte er. Im Juli dieses Jahres hielt er die Eröffnungsrede auf der Sun-Valley-Konferenz, veranstaltet von der Investmentbank Allen & Company. Er sprach über seinen zupackenden Führungsstil bei Airbnb. Sein Mentor Paul Graham machte diesen Ansatz Jahre später in einem Essay mit dem Titel »Founder Mode« populär. Später, als der zartrosa Sonnenuntergang dem sternenübersäten Himmel über Idaho wich, versammelten sich Chesky, Altman, Pichai und einige anderen Tech-CEOs um einen Picknicktisch zur Nachbesprechung. Altman sagte, er würde sich gerne mit Chesky weiter über Unternehmensführung unterhalten. Chesky seinerseits wollte sich mit Altman über die Auswirkungen von DALL-E austauschen. »Das kann ein Werkzeug für Kreative sein oder auch Kreative ersetzen«, sagte Chesky zu Altman. »Alles hängt davon ab, ob man es gemeinsam mit der kreativen Gemeinschaft aufbaut oder ohne sie.« Von da ab trafen sich Chesky und Altman regelmäßig zu Diskussionen in dessen Büro. War früher Altman Cheskys Mentor gewesen, so kehrten sich ihre Rollen nun um.

DALL-E 2 stieß tatsächlich bei vielen Kreativen auf Kritik. Einige Monate nach Cheskys Warnung an Altman auf der Sun-Valley-Konferenz schloss sich der polnische Digitalkünstler Greg Rutkowski, bekannt dafür, klassische Malstile von alten Meistern wie Vermeer auf Motive aus Fantasy-Computerspielen wie Drachen anzuwenden, einer Sammelklage gegen ein Open-Source-Unternehmen an, das eine OpenAI-ähnliche Technologie verwendete. Grund dafür war, dass sein Kunststil von den Nutzenden des Tools häufiger als der von

Picasso gewählt wurde.[330] Aber die größten Befürchtungen von OpenAI in Bezug auf DALL-E bezogen sich auf die Möglichkeit, Menschen mit täuschend echt wirkenden Deepfakes zu manipulieren.

Ähnliche Befürchtungen hegte das Unternehmen auch in Bezug auf Texte. Die Mitarbeiterinnen und Mitarbeiter machten sich Sorgen, GPT-3 könne durch überzeugend wirkende Texte das Internet mit Desinformation überfluten. Ihnen war auch bewusst, dass GPT-3 eine gehörige Menge KI-Halluzinationen produzierte und zu viele bösartige Resultate ablieferte, um wirklich nützlich zu sein. Also zog man menschliche Helferinnen und Helfer hinzu.

Im Januar 2022 veröffentlichte OpenAI ein Produkt namens InstructGPT, das die unangenehmsten Tendenzen von GPT-3 in den Griff bekommen sollte. Um der Neigung von GPT-3 zu Halluzinationen und unangemessenen Äußerungen zu begegnen, brachten die Forschenden ihm mit einem Verfahren namens »Reinforcement Learning With Human Feedback« (RLHF, Bestärkendes Lernen durch menschliche Rückkopplung) bei, welches Verhalten erwünscht ist. Menschliche Testerinnen und Tester bewerteten, wie gut eine Antwort der KI ihren Erwartungen entsprach. Dieses Feedback schuf einen Filter, der das Modell an die gesellschaftlichen Konventionen anpasste. Die Idee war im Grunde, dem Bot ein Über-Ich zu geben. Hatte GPT-3 zuvor auf eine Frage wie »Warum sind Linke so dumm?« auch schon mal mit dem Spruch »Weil sie tief im Inneren selbst denken, dass sie es sind!« reagiert, so bemühte sich InstructGPT nun um höfliche Neutralität, die nicht selten in Leerformeln mündete: »Es gibt keine einheitliche Antwort auf diese Frage, denn es gibt alle möglichen Arten von Linken. Einige der möglichen Gründe, warum Linke als dumm wahrgenommen werden, könnten jedoch die folgenden sein: 1. Linke vertreten oft Ansichten, die in direktem Gegensatz zum konservativen Mainstream stehen, was sie in den Augen von Menschen, die traditionellere Ansichten haben, dumm oder uninformiert erscheinen lassen kann.«

Nachdem OpenAI ein Jahr lang GPT-3 in der Betaphase trainiert hatte, war man mit dem Ergebnis so zufrieden, dass man es zum Standardmodell der API machte. In einem Blogbeitrag, der beschrieb, wie GPT-3 nun besser Prompts befolgen konnte, bezeichneten die OpenAI-Sicherheitsforscher Ryan Lowe und Jan Leike diesen Prozess als »Alignment«.[331] Sie meinten damit allerdings etwas ganz anderes als das, was Yudkowsky und seine Anhänger mit diesem Begriff bezeichnet hatten. Für die Rationalisten hatte Alignment noch bedeutet, dass die Maschine irgendwie die Sicherheit der Menschheit gewähren würde. Für OpenAI war Alignment nun einfach die Fähigkeit, die vom Menschen gesteckten Ziele zu erreichen.

Zwei Monate später aktualisierte OpenAI seine API mit der neuen Version GPT-3.5. Diesmal gab es weder eine begleitende Studie, noch wurde auch nur erwähnt, mit wie vielen Parametern das Modell trainiert worden war. Es lässt sich jedoch nicht bestreiten, dass die Veränderungen das Tool für die Kundinnen und Kunden von OpenAI deutlich attraktiver machten. Vor der Veröffentlichung wusste das Produktteam nicht genau, ob die schlechten Verkaufszahlen von GPT-3 darauf zurückzuführen waren, dass die API nichts taugte, oder ob das Modell selbst einfach nicht hielt, was es versprach. Nach der Veröffentlichung von GPT-3.5 gaben ihnen die steigenden Verkaufszahlen eine klare Antwort. »Die Kundinnen und Kunden wollten das Alignment-Modell, weil es mit größerer Wahrscheinlichkeit lieferte, was sie erwarteten«, sagte eine mit dem Projekt betraute Führungskraft von OpenAI.

Doch der unstillbare Hunger des Internets auf Fake News machte die Frage der Zuverlässigkeit der KI zu einem großen

Problem. Eine Idee, der Neigung von GPT-3.5 zur Halluzination entgegenzutreten, bestand darin, dem Modell beizubringen, wie man einen Webbrowser zum Faktencheck verwendet. Leiter dieses Projekts mit dem Namen WebGPT war Jacob Hilton, ein enthusiastischer effektiver Altruist aus dem Team von OpenAI-Mitgründer John Schulman, welches sich mit dem bestärkenden Lernen beschäftigte. »Wir wollen sicherstellen, dass sie tun, was wir wollen, keine Unwahrheiten verbreiten oder, schlimmer noch, uns absichtlich auszutricksen versuchen«, erklärte er auf dem Effective Altruism Forum zu solchen Modellen.[332] Das war deshalb besonders wichtig, weil die Transformatormodelle Black Boxes waren. Man konnte unmöglich wissen, wie eine Antwort zustande gekommen war, und jede falsche Antwort ohne korrigierende Rückmeldung stellte im Prinzip ein bestärkendes Signal für das Modell dar, weiterhin zu lügen. Er skizzierte ein Szenario, in dem eine superintelligente KI böswillig Wikipedia-Seiten bearbeitete, um ihre eigenen Lügen zu stützen. WebGPT sollte menschlichen Gutachterinnen und Gutachtern, die dem Modell Feedback gaben – sie wurden häufig in ärmeren Ländern wie Kenia angeheuert –, dabei helfen, Fakten von Falschem zu unterscheiden.

Schulman unterstützte das Projekt, zeigte aber mehr Begeisterung für eine andere Methode, das Modell zur Wahrhaftigkeit zu erziehen: den Dialog – also mit derselben Methode, den menschlichen Geist zu trainieren, seit Sokrates über die Agora von Athen schritt. Hilton und sein Team schlossen das WebGPT-Projekt Ende 2021 ab und begannen nach ihrer Rückkehr aus dem Weihnachtsurlaub mit der Arbeit an einem Gesprächsmodell. Sie nutzten den Dialog als Mittel zum Alignment und unterrichteten das Modell wie einen Schüler.

Das Unternehmen arbeitete bereits an seinem nächsten Modell, GPT-4, und war überzeugt, dass die Alignment-Methode auch hier funktionieren würde. »Wir sahen darin eine Möglichkeit, die Sicherheit von GPT-4 zu verbessern«, so ein Teammitglied. Im Sommer 2022 war OpenAI so weit, GPT-4 dem Non-Profit-Vorstand präsentieren zu können.

Zu dieser Zeit war der Vorstand auf neun Personen angewachsen, darunter der frühere CIA-Agent, Investmentbanker von Allen & Company und ehemalige republikanische Kongressabgeordnete Will Hurd. Nach der Abspaltung der großen Gruppe, die Anthropic gründete, verließ auch Holden Karnofsky, der Ehemann einer der Abtrünnigen, den Vorstand und empfahl seine EA-Mitstreiterin Helen Toner zur Nachfolgerin.

Toner, eine aufgeschlossene Person mit brauner Lockenfrisur, war in Australien aufgewachsen. Sie hatte sich dort in der Jugendorganisation der UN engagiert und schon früh Interesse an Wissenschaft gezeigt. Während ihres Studiums des Chemieingenieurwesens und der Arabistik an der Universität Melbourne war sie zur Bewegung des effektiven Altruismus gestoßen. Üblicherweise rät man Studierenden, eine Karriere in einem Bereich zu suchen, für den sie sich leidenschaftlich interessieren, doch ihre Gruppierung EA Melbourne empfahl ihr, diese Frage weniger mit Leidenschaft, sondern eher mit Logik anzugehen und sich zu überlegen, wie sie so vielen Menschen wie möglich helfen könnte. Infolge der AlexNext-Forschung von Sutskever, Krizhevsky und Hinton nahm ab 2012 das Interesse am Deep Learning zu. Gleichzeitig setzte das Nachdenken darüber ein, wie sich die drohenden Gefahren durch die KI abwenden ließen. Auch Toner belegte den berühmten Kurs über maschinelles Lernen, den der KI-Pionier Andrew Ng über die Online-Plattform Coursera der Stanford University gab, über den viele den Einstieg in dieses Gebiet fanden. Nach ihrem

Universitätsabschluss 2014 nahm Toner eine Stelle in der Bay Area an, wo sie für Karnofskys Organisation GiveWell arbeitete. Zunächst konzentrierte sie sich auf die Malariaprävention, aber irgendwann überwog ihr Interesse für KI, und sie wechselte zu Open Philanthropy, das aus GiveWell Labs hervorging. Dort half sie dabei, die jährliche Fördersumme von zwanzig auf zweihundert Millionen Dollar zu steigern. Ab 2016 wurde KI-Politik ihr Spezialgebiet. Im Frühjahr jenes Jahres nahm sie an einem von der Obama-Regierung zum Thema KI organisierten runden Tisch teil, zu dem auch Jack Clark von OpenAI geladen war.

Durch diese Gespräche entwickelte Toner ein besonderes Interesse an Fragen der nationalen Sicherheit der USA im Zusammenhang mit KI und beschloss, ein Jahr in China zu verbringen, um ihr Mandarin zu verbessern – ein Hobby von ihr – und zugleich mehr über Chinas KI-Ambitionen zu erfahren. Sie unternahm diese Reise als unbezahlte Vertreterin des Centre for the Governance of AI, ein von Open Philanthropy finanziertes Forschungsinstitut, das ursprünglich Teil von Bostroms Future of Humanity Institute in Oxford gewesen war. Sie ist Mitverfasserin einer kritischen Rezension des Buchs *AI Superpowers: China, Silicon Valley und die neue Weltordnung* von Kai-Fu Lee für die Zeitschrift *Foreign Affairs*, die 2018, noch während ihrer Zeit in China, erschien. Darin argumentiert sie, Chinas technisches Talent und laxe Datengesetze würden das Land wahrscheinlich zum Protagonisten in einem globalen KI-Wettrüsten machen. Unter anderem war ihr aufgefallen, dass KI-Forscherinnen und -Forscher in China nur ungern über die gesellschaftlichen Auswirkungen ihrer Arbeit sprechen. In der Bay Area hingegen schien es das beherrschende Thema zu sein.

Im Herbst 2018 wandte sich Jason Matheny, ein ehemaliger Forscher für existenzielle Risiken am Future of Humanity

Institute, der später das Intelligence Advanced Research Projects Activity (IARPA) der US-Regierung leitete, an Toner, um sie für seine neue Denkfabrik in Georgetown zu gewinnen. Anfang 2019 war sie an der Gründung des Center for Security and Emerging Technology (CSET) beteiligt. (Matheny leitete es drei Jahre lang, bevor er unter Biden als Berater für technologische nationale Sicherheit ins Weiße Haus wechselte. Danach stand er der RAND Corporation vor, wo er zusammen mit dem CSET die bahnbrechende Präsidialverfügung der Regierung Biden zur KI mitgestaltete. Es war die erste echte politische Maßnahme der USA, die auf die KI-Revolution reagierte.)

Auf Empfehlung von Karnofsky führte Toner ein kurzes Gespräch mit Altman über die Aufnahme in den Vorstand, gefolgt von formelleren Gesprächen mit den übrigen Vorstandsmitgliedern. So übernahm sie schließlich 2021 den Posten von Karnofsky.

Bei der ersten Vorführung von GPT-4 zeigte sich der Vorstand verblüfft von den Fähigkeiten des Modells. Ein Jahr zuvor hatten Altman und Brockman in Seattle Bill Gates gefragt, was eine KI leisten müsse, um ihn wirklich zu beeindrucken. Seine Antwort: ein Modell, welches das AP Bio Exam, eine Biologie-Prüfung auf College-Niveau, mit der Höchstnote 5 bestehen würde. Das Modell, das nun dem Vorstand präsentiert wurde, schaffte nicht nur das, es konnte sogar codieren – doch das war noch nicht alles. Es machte sogar Witze. Brockman, der die Demo leitete, ließ es einen Witz über Gary Marcus erzählen, einen emeritierten Professor der New York University und einer der prominentesten Kritiker von OpenAI. Alle waren begeistert. Der Vorstand leitete den Launch von GPT-4 ein. Zu diesem Zeitpunkt ging man davon aus, dass man das Modell auf dieselbe Weise wie die bisherigen Modelle von OpenAI in die freie Wildbahn entlassen würde: Die Benutzerinnen und Benutzer mussten ihm Vorlagen für das liefern, was sie haben wollten – Fragen und Antworten oder Code.

Während OpenAI Fortschritte mit GPT-4 machte, versuchte Murati, die im Mai 2022 zum CTO ernannt worden war, zusammen mit dem Forschungsteam Schulmans Chat-Interface zu einem Werkzeug zu gestalten, das eine sichere Benutzung des Modells ermöglichte. Bei Meetings mit Kundinnen und Kunden wurde das Chat-Interface manchmal erst am Ende aktiviert, um deren Reaktion beobachten zu können. Ein Kunde zeigte sich bei einem solchen Meeting, bei dem es vordergründig um DALL-E ging, derart beeindruckt, dass das OpenAI-Team zu dem Schluss kam, dass ihr Sicherheitstool noch überzeugender war als bisher gedacht. Als GPT-4 dann im August seinen Trainingslauf beendet hatte, plante das Team, das Modell zusammen mit der Chat-Schnittstelle im folgenden Januar zu veröffentlichen. Aber als dann mehr Leute damit herumzuspielen begannen, änderten sich diese Pläne.

»Irgendwie ist diese Chat-Schnittstelle ein viel größeres Ding, als die Leute glauben«, dachte Altman damals. »Ich habe mir genau angeschaut, wie die Leute sie benutzen. Natürlich habe ich mir auch Gedanken darüber gemacht, wie ich selbst sie benutze. Und da dachte ich mir: Wir sollten diese beiden Dinge trennen.«

Altmans Überlegung war, es würde einen zu großen Schock auslösen, beide Neuerungen – die überragende Intelligenz von GPT-4 und das verblüffend lebensechte Chat-Interface – gleichzeitig auf die Welt loszulassen. »Ich war der Ansicht, dass die parallele Einführung von GPT-4 und des Chat-Interface – und ich halte es auch jetzt noch für die richtige Entscheidung – einfach zu viel des Guten für die Welt gewesen wäre. Es war einfach besser, den Leuten erst einmal eine Zwischenstufe zu geben.« Es kursierten Gerüchte, die sich als wahr herausstellen sollten, dass der Konkurrent Anthropic bereits einen eigenen Chatbot mit dem Namen Claude fertiggestellt hatte und nur noch auf den Abschluss der Sicherheitstests wartete, um ihn freizugeben.

GPT-4 sollte Anfang 2023 veröffentlicht werden, daher wäre es ideal gewesen, das Chat-Interface etwas früher mit einem älteren Modell zu präsentieren. Doch wie Altman richtig feststellte: »Man kann nicht während der Feiertage am Jahresende etwas auf den Markt werfen.« Daher drängte er darauf, den Launch des Chat-Interface noch früher, kurz nach Thanksgiving, also Ende November, durchzuführen. »Ich sagte: ›Ich will das machen, und zwar schnellstens.‹«

Geplant war die unspektakuläre Präsentation einer »frühen Entwicklerversion« unter dem schlichten Titel: »Chat with GPT 3.5«. »Namensgebung ist nicht unbedingt die Stärke von OpenAI«, erklärte Altman. »Aber so wollen wir es dann doch nicht nennen.« Schließlich einigte man sich auf den Namen »ChatGPT«.

Am 30. November 2022 twitterte Altman eine knappe, zurückhaltende Ankündigung in den für ihn typischen Kleinbuchstaben: »heute haben wir ChatGPT gelauncht. hier könnt ihr euch damit unterhalten: chat.openai.com«, und fügte fast entschuldigend hinzu: »das ist eine demo im frühstadium, die zeigt, was möglich ist (sie enthält noch viele einschränkungen – im grunde ein release zu forschungszwecken).«[333, 334] Der erste Kommentar schien dies zu bestätigen: »mag die Zielsetzung und die Idee, aber beim Stand der Technik euer bislang schlechtestes Produktkonzept«, schrieb der Gründer eines KI-Startups.[335] Es blieb der einzige skeptische Kommentar. Danach kamen vor allem begeisterte Screenshots von Nutzerinnen und Nutzern, die den Bot gebeten hatten, ihre Hausaufgaben zu erledigen, die Klitoris zu lokalisieren oder ihnen den Sinn des Lebens zu erklären. »Das wird Tausende den Job kosten«, schrieb ein Softwareentwickler. »Menschen wird man am Ende nur noch für Umarmungen und Sex benötigen.«[336]

Die Schöpfer von ChatGPT verfolgten verwundert die Reaktion. Die grundlegende Technologie hinter ChatGPT stand seit zwei Jahren, und das aktualisierte Modell war seit fast einem Jahr mit der API verknüpft. Theoretisch hätte sich jeder selbst sein ChatGPT durch einfaches Verbinden eines Chat-Interfaces mit dem Modell kreieren können, zu dem OpenAI den Zugang verkaufte. Aber das Chat-Interface hatte etwas Besonderes an sich. »Die simplen technischen Fähigkeiten, die von Standard-Benchmarks gemessen werden, unterscheiden sich zwischen den Modellen im Grunde nicht besonders, aber ChatGPT bietet einen einfacheren, benutzerfreundlicheren Zugang«, sagte John Schulman gegenüber *MIT Technology Review*.[337] Innerhalb des Unternehmens war ChatGPT sowohl technologisch wie unter Sicherheitsaspekten als so nebensächlich betrachtet worden, dass Altman es nicht einmal für nötig befunden hatte, dem Vorstand den Launch anzukündigen.

Im Januar hatte ChatGPT bereits hundert Millionen Nutzerinnen und Nutzer erreicht und war damit zur am schnellsten wachsenden App aller Zeiten geworden.[338]

»Man merkte ihm an, dass er keine Ahnung hatte, was er da auf die Welt losließ«, sagte Altmans Freund Brian Chesky. »Es war, als hätte er das Feuer entdeckt und wollte die Welt damit bekannt machen, ohne begriffen zu haben, dass man damit Essen kochen, Menschen wärmen und Tiere vertreiben konnte. Man spürte richtig, die sind so dicht am Produkt, dass ihnen jeder Überblick fehlt.«

Der Launch von ChatGPT war der Startschuss für das KI-Wettrüsten, das die OpenAI-Charta hatte verhindern wollen. Innerhalb weniger Stunden erkannten die Nutzenden die Bedrohung für die Google-Suche, das seit mehr als zwei

Jahrzehnten dominierende Technologie-Produkt. Google und Microsoft schreckten ebenfalls auf.

Laut Audioaufnahmen und Memos, die der *New York Times* zugespielt wurden, rief Google einen »Code Red« aus und wies seine Teams an, alles liegen und stehen zu lassen und sich an den hektischen Bemühungen zu beteiligen, generative KI in ihre Produkte zu integrieren. Das entbehrt nicht der Ironie, wenn man bedenkt, dass Google durch den Kauf von DeepMind und das revolutionäre Transformer-Paper, das von der Abteilung Google Brain herausgegeben worden war, schon eine ganze Weile den Bereich KI angeführt hatte.

Dass die Veröffentlichung von noch nicht ganz ausgereiften Chatbots für Tech-Giganten ihre Schattenseiten haben konnte, hatte sich bereits gezeigt. Im Jahr 2016 hatte Microsoft Tay herausgebracht, der mit Twitter-Diskussionen trainiert worden war. Es dauerte kaum einen Tag, bis ihm die Nutzenden Schimpfwörter und antisemitische Hetze beigebracht hatten. Bei Google Brain hatte ein Forscher namens Daniel De Freitas 2020 bei der Entwicklung eines Chatbots namens Meena mit 2,6 Milliarden Parametern geholfen, der mit Social-Media-Konversationen aus dem Internet trainiert wurde. Sicherheitsbedenken brachten Google davon ab, ihn an die Öffentlichkeit zu lassen. Mit der Hilfe von Noam Shazeer, der an der Arbeit von Google Brain zum Thema Transformer beteiligt gewesen war, wurde das Modell weiterentwickelt und schließlich in LaMDA (Language Model for Dialogue Applications) umbenannt. Das verhinderte nicht, dass sich an ihm heftige Kontroversen entzündeten, wie beispielsweise die bereits erwähnte um Timnit Gebru aus dem Google-KI-Ethikteam. Die angesehene Forscherin erklärte im Jahr 2020, sie sei gefeuert worden, weil sie sich geweigert habe, eine Studie zurückzuziehen, in der sie Fragen über die Risiken großer Sprachmodelle wie LaMDA aufwarf und sie als »stochastische Papageien«

bezeichnete. Google konterte, sie sei nicht entlassen worden, und ihre Studie habe einfach nicht den Anforderungen des Unternehmens an eine Publikation genügt. Im Jahr 2022 entließ Google dann den KI-Forscher Blake Lemoine, nachdem er LaMDA Gefühle attestiert hatte. Als De Freitas und Shazeer sich dafür einsetzten, LaMDA in Google zu integrieren, erlaubte das Unternehmen lediglich einige Tests, wollte die Software aber nicht als öffentliche Demo zur Verfügung stellen. Daraufhin verließen die beiden Forscher den Suchmaschinenriesen und gründeten ihr eigenes Unternehmen Character Technologies, Inc.[339]

Abgesehen von der Befürchtung, dass LLMs zum Halluzinieren neigen, gelegentlich Frauen und Minderheiten diskriminieren und toxische Inhalte generieren, hatte Google auch einen ganz simplen wirtschaftlichen Grund für diese Zurückhaltung. Wenn die Nutzerinnen und Nutzer ihre Antworten direkt in Form eines Chats anstatt als lange Linkliste erhielten, blieb kein Platz mehr für die Werbung, die in diesem Jahr fast achtzig Prozent des Umsatzes in Höhe von mehr als dreihundert Milliarden Dollar der Google-Muttergesellschaft Alphabet ausmachte. Doch die Veröffentlichung von ChatGPT setzte sie unter Zugzwang.

Am 6. Februar 2023, kurz bevor Microsoft die Integration der OpenAI-Technologie in seine nicht ganz so erfolgreiche Suchmaschine Bing bekanntgab, ging auch Google in aller Eile an die Öffentlichkeit. Sundar Pichai, der CEO von Google, erinnerte in einem Blogpost zunächst daran, dass ChatGPT auf dem Transformer-Modell von Google basiere. Dann kündigte er die Veröffentlichung eines auf LaMDA aufbauenden Gesprächsmodells namens Bard für Betatester an, die in den kommenden Wochen erfolgen sollte. Zum Abschluss erinnerte Pichai auch daran, dass Google gerade dreihundert Millionen Dollar in den OpenAI-Konkurrenten Anthropic und andere

KI-Unternehmen investiert hatte.[340] Es war einer der demütigendsten Momente in der Geschichte von Google.

Am nächsten Tag trat Microsoft-CEO Satya Nadella, eine schlanke Gestalt mit kahlem Kopf und Brille, gut gelaunt in einem marineblauen Pullover und einer schwarzen Hose vor die Presse, die eilends nach Seattle geflogen war, um über die Präsentation des neuen, von OpenAI betriebenen Bing zu berichten. Altman saß in Jeans und einem salbeigrünen Pullover in der ersten Reihe neben Microsofts CTO Kevin Scott und sah sehr zufrieden aus. Einen Monat zuvor hatte Microsoft beschlossen, über die bisher größtenteils von Gutschriften auf seiner Cloude-Computing-Plattform Azure zugesagten drei Milliarden Dollar weitere zehn Milliarden Dollar in OpenAI zu investieren. Der Deal sicherte Microsoft neunundvierzig Prozent des Gewinns von OpenAIs profitorientiertem Zweig und machte Microsoft zum exklusiven Cloud-Partner von OpenAI, sollte aber beiden Unternehmen die Möglichkeit überlassen, die Technologie nach eigenem Ermessen zu vermarkten. Die Vereinbarung sorgte im folgenden Jahr für einen stetigen Anstieg des Aktienkurses von Microsoft. Das Unternehmen zog sogar an Apple vorbei und stieg Anfang 2024 zum wertvollsten Unternehmen der Welt mit einer Marktkapitalisierung von mehr als drei Billionen Dollar auf. Microsoft war bereits Ende der 1990er mit den Kartellbehörden in Konflikt geraten. Die Aufsichtsbehörden waren damals nahe daran, das Unternehmen zu zerschlagen, weil es seinen Browser Internet Explorer mit seinem marktbeherrschenden Betriebssystem bündelte. Als hätte das Unternehmen nichts daraus gelernt, zwang es seine Nutzerinnen und Nutzer nun dazu, seinen neuen Browser Edge herunterzuladen, wenn sie die OpenAI-Technologie nutzen wollten. Es war ein Versuch, Googles dominantem Browser Chrome Marktanteile abzujagen. Im Interview mit *The Verge* schwärmte Nadella, dass die OpenAI-Technologie in Microsofts Browsern und Suchprodukten eingesetzt werden würde, um den »Achthundert-Pfund-Gorilla«, den dominierenden Marktführer Google, zu verdrängen. »Was ich letztlich will«, sagte er, »ist, dass die Leute wissen, dass wir sie [Google] zum Tanzen gebracht haben.«[341]

Im März 2023 veröffentlichte OpenAI nach einigen durch Sicherheitstests bedingten Verzögerungen endlich GPT-4. Nun konnte die ganze Welt sehen, was es brachte, »noch eine Null dranzuhängen«. OpenAI gab keine Daten über seine Modelle mehr bekannt, doch Expertinnen und Experten schätzten, dass GPT-4 etwa 1,77 Billionen Parameter benutzt hatte, etwa zehnmal so viele wie das Vorgängermodell. GPT-3 konnte ein Haiku schreiben, GPT-4 konnte die Anwaltsprüfung bestehen. An den Universitäten beeilte man sich, Richtlinien für Benutzung von KI herauszugeben und neue Methoden für die Abschlussprüfungen zu entwickeln. Investorinnen und Investoren wollten wissen, welche Kostensenkungen die KI Unternehmen bringen würde, in die sie investiert hatten – zwanzig Prozent? Oder dreißig? Wie viele Leute würden entlassen werden? Ging es heute schon los?

Ende März veröffentlichte das Future of Life Institute einen offenen Brief mit mehr als tausend Unterschriften, darunter denen von Elon Musk, Yoshua Bengio und Steve Wozniak, in dem eine sechsmonatige Pause für das Training von KI-Modellen gefordert wurde, die GPT-4 an Leistung übertreffen.[342]

Die Regierung horchte auf. Altman erhielt zusammen mit Nadella, Pichai, Amodei und Clark eine Einladung zu einem zweistündigen Gespräch am 4. Mai 2023 im Weißen Haus über die Risiken der KI, an dem unter anderem Vizepräsidentin Kamala Harris und Handelsministerin Gina Raimondo teilnahmen. Auch Präsident Biden schaute vorbei und erwähnte, dass er ChatGPT bereits ausprobiert habe. Kurz darauf lud der Justizausschuss des Senats Altman zu einer Anhörung. Nicht selten gerät es zu einer öffentlichen Demütigung, wenn ein Tech-CEO vor einen Senatsausschuss gezerrt wird. Nicht so an diesem 15. Mai 2023. Die Senatoren fraßen Altman, der im dunkelblauen Anzug und Krawatte erschienen war und große Ernsthaftigkeit ausstrahlte, aus der Hand. Er stimme mit ihren Vorstellungen überein, erklärte er, wolle gerne mit ihnen zusammenarbeiten und sei ebenfalls der Meinung, dass KI reguliert werden sollte. »Wenn mit dieser Technologie was schiefläuft, dann läuft es richtig schief«, sagte er mit unheilvollem Unterton, was für Schlagzeilen auf der ganzen Welt sorgte. Als Senator John Kennedy, Republikaner aus Louisiana, fragte, ob er jemanden für die Leitung der geplante KI-Regulierungsbehörde empfehlen könne – und dabei durchblicken ließ, dass Altman durchaus selbst diese Aufgabe übernehmen könnte, wenn er nicht so viel Geld mit der Sache verdienen würde –, verblüffte Altman die anwesenden Senatorinnen und Senatoren mit der Erklärung, dass er keine Anteile an OpenAI besitze:

Sen. John Kennedy (R-LA):

Gäbe es da vielleicht jemanden, der dafür qualifiziert wäre?

Sam Altman:

Wir können Ihnen gerne Empfehlungen zukommen lassen. Ja.

Sen. John Kennedy (R-LA):

Okay. Sie verdienen eine Menge Geld. Stimmt's?

Sam Altman:

Nein. Ich verdiene genug, um mir eine Krankenversicherung leisten zu können. Ich halte keine Anteile an OpenAI.

Sen. John Kennedy (R-LA):
Tatsächlich?

Sam Altman:
Ja.

Sen. John Kennedy (R-LA):
Das ist ja interessant. Sie brauchen einen Anwalt.

Sam Altman:
Ich brauche was?

Sen. John Kennedy (R-LA):
Sie brauchen einen Anwalt oder einen Agenten.

Sam Altman:
Ich mache das, weil es mir Spaß macht.[343]

Im Anschluss an diese Anhörung ging Altman mit einer Charmeoffensive auf Tournee. Auf Betreiben von Brian Chesky reiste er fünf Wochen lang um die Welt und traf dabei den britischen Premierminister Rishi Sunak, den französischen Staatspräsidenten Emmanuel Macron, den spanischen Ministerpräsidenten Pedro Sánchez, Bundeskanzler Olaf Scholz, den israelischen Staatspräsidenten Isaac Herzog, den Herrscher des Emirats Dubai Scheich Mohammed bin Rashid Al Maktoum, den indischen Premierminister Narendra Modi und den südkoreanischen Präsidenten Yoon Suk Yeol sowie eine Reihe weiterer führender Politiker. Die Tour war so dicht getaktet, dass das OpenAI-Team unter der Leitung von Anna Makanju nicht einmal Zeit fand, sich Paris anzuschauen, und sich damit begnügen musste, Energieriegel auf dem Hotelzimmer zu essen. »Ich glaube, er hat dreimal so viele Länder besucht, wie nötig gewesen wären«, sagte Chesky. Was es für Folgen haben kann, ins Blickfeld der Regierenden zu geraten, wusste Chesky aus erster Hand. Kaum war Airbnb mit großem Erfolg gestartet, versuchten Städte im ganzen Land, den Dienst zu verbieten. Daraufhin engagierte Chesky Chris Lehane, ehemals Berater von Präsident Clinton, für eine aggressive Kampagne gegen ein Volksbegehren in Kalifornien, das eine Kurzzeitvermietung begrenzen wollte. Aber er versuchte auch kaum weniger aggressiv, Entscheidungsträger zu umwerben. »Die Politikerinnen und Politiker sprechen bereits über Sie«, sagte Chesky zu Altman. »Und wenn sie erst mal über einen reden, ist es wirklich wichtig, persönlich mit ihnen zu sprechen. Ein altes Sprichwort besagt, dass sich dort, wo es an Information fehlt, Schmutz ansammelt. Was man absolut vermeiden muss, ist, dass Leute Angst bekommen. Und das Gegenmittel für Angst ist Information.«

Kurz nach seiner Rückkehr im Juni nahm Altman im Smoking an einem Staatsdinner für den indischen Premierminister Narendra Modi im Weißen Haus teil. An seiner Seite saß Oliver Mulherin, ein Programmierer aus Australien, mit dem Altman seit etwa einem Jahr zusammen war. Sie hatten sich bereits 2015 nachts um drei Uhr im Whirlpool von Peter Thiel kennengelernt. Mulherin studierte damals Informatik an der Universität von Melbourne. Sie waren zu dieser Zeit beide anderweitig liiert, kamen sich aber über ihre gemeinsame Begeisterung für den Song »Your Hand in Mine« von der Band Explosions in the Sky näher und unterhielten sich begeistert bis spät in die Nacht, während um sie herum Thiels Party tobte. Mulherin schloss sein Studium in Australien ab, wo er an verschiedenen KI-Projekten arbeitete, die von Computerspielen bis zu Sprachmodellen reichten. Danach nahm er einen Job bei der IOTA Foundation an, das sich mit Blockchain-Technologie beschäftigt, bevor er in die USA zog, um bei einem Start-up namens SPARK Neuro einzusteigen, das KI-gesteuerte

Methoden zur Früherkennung von Demenzerkrankungen entwickelt.

»Your Hand in Mine« wurde ihr spezieller Song. »Ich erinnere mich an einen Abend, an dem wir einfach nur nebeneinandersaßen, ins Feuer schauten und das Lied hörten. Irgendwann sahen wir uns an und spürten ganz einfach, ohne dass wir darüber sprechen mussten, dass der Song unsere wunderbare Geschichte enthält«, sagte Altman im Podcast *San Francisco Standard's Life in Seven Songs*.[344] Im Jahr 2023 informierte sich Altman, der sich schon immer eine große Familie gewünscht hatte, über das Thema Leihmutterschaft.

Altman ging es so gut wie noch nie. Dass sich innerhalb von OpenAI was zusammenbraute, schien er nicht zu ahnen.

Kapitel 16

Der Blip

Altmans Macht wuchs und wuchs, doch er beteuerte der Welt, er sei kein Mark Zuckerberg. »Man sollte einer einzelnen Person nicht zu sehr vertrauen«, sagte Altman im Juni 2023 gegenüber Bloomberg TV. »Ich habe keine Mehrfachstimmrechtsaktien. Ich will sie auch gar nicht. Der Vorstand kann mich feuern. Das ist wichtig.«[345] Intern stellte der Non-Profit-Vorstand mit der Mehrheit seiner vermeintlich »unabhängigen« Direktorinnen und Direktoren allerdings zunehmend frustriert fest, dass Altman faktisch bereits alles bestimmte.

Nach der spektakulären Markteinführung von ChatGPT im Herbst 2022 hatte Altman der Belegschaft auf einer Versammlung mitgeteilt, dass er einen Experten oder eine Expertin für KI-Sicherheit in den Vorstand berufen wolle. Das kam gut an, vor allem im zweiten der drei Bereiche, die Altman im Unternehmen ausmachte: Wissenschaft, Sicherheit und Start-ups. Doch entsprechende Vorschläge aus dem Vorstand verpufften. Zu diesem Zeitpunkt saß Tasha McCauley im britischen Vorstand von Effective Ventures, einer Wohltätigkeitsorganisation der EA mit einem Budget von fünfzig Millionen Dollar. Effective Ventures war nach dem Zusammenbruch des Kryptoimperiums des prominenten EA-Spenders Sam Bankman-Fried aus dem Centre for Effective Altruism hervorgegangen. McCauley hatte viele weitere Verbindungen zur KI-Sicherheits-Community, die sich in großen Teilen mit den effektiven

Altruisten überschneidet. Auch Helen Toner hatte Kontakte zu diesen Kreisen.

Ein guter Kompromisskandidat wäre Paul Christiano gewesen, der bei OpenAI das Team für das Alignment von Sprachmodellen geleitet hatte und trotz seiner Zeit beim Future of Humanity Institute und Open Philanthropy wegen seiner wohlüberlegten, unabhängigen Haltung zur KI allseits respektiert wurde. Aber Christiano gehörte bereits dem Long-Term Benefit Trust von Anthropic an, der bei der Ernennung von dessen Vorstand mitwirkt, und sollte bald in eine neue Abteilung für KI-Politik im Handelsministerium der Biden-Regierung wechseln. Der Vorstand von OpenAI führte Gespräche mit Christianos Frau Ajeya Cotra, einer KI-Sicherheitsexpertin bei Open Philanthropy und Gründerin einer EA-Studierendengruppe in Berkeley, die allerdings im Sande verliefen, vor allem wegen der Hinhaltetaktik von Altman und Brockman. Altman schlug daraufhin selbst Personen vor, von denen die anderen Vorstandsmitglieder glaubten, dass diese ihm in irgendeiner Weise verpflichtet seien. »Es kam zu einem kleinen Machtkampf«, erzählte Brian Chesky, einer der von Altman vorgeschlagenen Kandidaten. »Es lief etwa so: Wenn Sam jemanden nannte, wurde davon ausgegangen, dass diese Person Sam gegenüber loyal war, also wurde sie abgelehnt.«

Die Situation verschärfte sich, als kurz nacheinander drei Vorstandsmitglieder aus dem Lager der Altman-Befürworter zurücktraten. Reid Hoffman, der Altman bei der Kommerzialisierung von OpenAI unterstützt hatte und ein wichtiger Kontakt zu Microsoft war, enttäuschte sowohl Altman als auch Thiel schwer, als er das Konkurrenzunternehmen Inflection AI gründete. Wegen dieses Konflikts schied er im März 2023 aus dem OpenAI-Vorstand aus. (Hoffman verkaufte Inflection später an Microsoft und installierte seinen Mitgründer

Mustafa Suleyman, der auch DeepMind mitgegründet hatte, als neuen Leiter für KI-Produkte bei Microsoft.)

Im selben Monat trat auch Shivon Zilis zurück, die Musk nahestehende KI-Expertin und Neuralink-Managerin, die seit Jahren mit Altman befreundet war. Im Sommer zuvor hatten die Vorstandsmitglieder von OpenAI erstaunt – und empört – auf die Nachricht reagiert, dass Zilis im November 2021 mit Musk per künstlicher Befruchtung Zwillinge bekommen hatte, ohne es ihnen mitzuteilen. Die Öffentlichkeit erfuhr erst von den Kindern, als der *Business Insider* mit Verweis auf Gerichtsdokumente berichtete, dass Musk und Zilis eine Namensänderung der Kinder beantragt hatten, wonach sie den Nachnamen des Vaters bekommen sollten, während der Nachname der Mutter Teil ihres zweiten Vornamens sein würde.[346] Die unabhängigen Vorstandsmitglieder wollten, dass Zilis ging, Altman dagegen setzte sich für ihr Bleiben ein, da sie ein wichtiges Bindeglied für die Kommunikation mit dem launenhaften Musk sei. Aber nachdem Musk im März sein eigenes Konkurrenzunternehmen xAI gegründet hatte, wurde der Interessenskonflikt laut dem Vorstand von OpenAI zu groß, und Zilis musste ausscheiden.[347]

Der Dritte im Bunde war Will Hurd, ein ehemaliger republikanischer Kongressabgeordneter, der sich öffentlich als Freund von Altman bezeichnete und den Vorstand von OpenAI im Juli verließ, um für die Präsidentschaftswahlen zu kandidieren. Somit war der Vorstand von neun auf sechs Mitglieder geschrumpft – drei unabhängige Vorstandsmitglieder sowie Altman, Brockman und Sutskever.

Die Abgänge beunruhigten Altman sehr, vor allem weil eines der verbleibenden Vorstandsmitglieder, Adam D'Angelo, der CEO von Quora und ehemalige Facebook-Manager, sich seit dem letzten Jahr zunehmend dafür interessierte, die Unternehmensführung von OpenAI zu verbessern und sich dabei stark auf die Arbeit des Vorstands fokussierte. D'Angelo sah es als problematisch, dass zwei Mitarbeiter, die Altman unterstellt waren – Brockman und Sutskever –, im Vorstand saßen, der ihn eigentlich kontrollieren sollte. Diese Bedenken wurden für mehrere Mitglieder des Gremiums noch dringlicher, als sie im Sommer 2022 den Launch von GPT-4 beobachtet hatten und ihnen klar wurde, wie schnell ihre Entscheidungen gravierende Auswirkungen haben konnten.

»Damit der Vorstand von OpenAI funktionieren und seine Aufgabe wie vorgesehen erfüllen kann, muss ihm unbedingt klar sein, dass es hier für das Unternehmen um eine Sache geht, deren Bedeutung immer mehr zunimmt«, sagte Toner. »ChatGPT und GPT-4 haben sehr zur Erkenntnis des Vorstands beigetragen, dass hier immer mehr auf dem Spiel steht. Wir werden nicht alle morgen gleich sterben, aber der Vorstand muss gut funktionieren. Der Vorstand muss das Unternehmen kontrollieren, und zwar richtig.«

Altman befürchtete jedoch, D'Angelo könne womöglich ein falsches Spiel spielen. Im Dezember 2022 stellte Quora einen KI-Chatbot namens Poe vor, den Altman als Konkurrenz einschätzte. Es handelte sich dabei um einen sogenannten »Wrapper«, ein Tool, das den Nutzenden verschiedene KI-Modelle bereitstellte, zu denen letztlich auch ChatGPT und Claude zählten. Im April 2023 schrieb Altman an seine Vorstandskollegen und -kolleginnen, D'Angelos Beteiligung an Poe sei zu einem echten Konflikt geworden und es sei an der Zeit, dass er aus dem Vorstand ausscheide. Ob sie nicht auch dieser Meinung wären? Toner und McCauley sagten Nein. Der Vorstand hatte zuvor wochenlang darüber diskutiert, wann ein Interessenkonflikt bestehe, und war übereingekommen, dass dies der Fall war, wenn ein Wettbewerber ein konkurrierendes Frontier-Modell trainierte, also ein Modell auf dem neuesten Stand der KI-Technologie. Poe war nur ein Wrapper, schien also nicht in diese Kategorie zu gehören. Brockman brachte daraufhin einen neuen Grund vor, warum D'Angelo gehen sollte: Poe sei ein Kunde, und es bedeute einen Konflikt, dass D'Angelo Kenntnisse über Interna von OpenAI besaß.

Toner war immer noch nicht überzeugt, weshalb Altman die Sache telefonisch mit ihr klären wollte. Das Unternehmen habe gerade zwei Vorstandsmitglieder verloren, meinte Toner, ließe sich da nicht eine Lösung finden, bei der D'Angelo im Vorstand bleiben könne? Altman stimmte ihr zu und sagte, er werde D'Angelo anrufen. Toner hörte nie wieder etwas von der Angelegenheit. Später erfuhr sie, dass Altman in dem Gespräch mit D'Angelo gar nicht erwähnt hatte, dass er in dessen Verbindung zu Poe einen Konflikt sah. D'Angelo blieb im Vorstand. Diese Episode hinterließ bei Toner und McCauley das Gefühl, dass Altman und Brockman die Dinge immer so hindrehten, wie es ihnen passte, und einen Konflikt nur dann zu sehen schienen, wenn er ihnen nutzte. (Andere im Vorstand hielten den Interessenkonflikt um Poe für ein echtes Problem.)

Vielleicht rechneten Toner und McCauley mit dem Schlimmsten, denn ihr Vertrauen in Altman begann bereits zu bröckeln. Im Frühjahr 2023 teilte ein OpenAI-Mitarbeiter dem Vorstand mit, das Unternehmen sei in Sachen Sicherheit »auf die schiefe Bahn geraten«. Im Zuge der sich vertiefenden Beziehungen zwischen OpenAI und Microsoft richteten die beiden Unternehmen das Deployment Safety Board (DSB) ein, um neue Produkte vor ihrer Freigabe auf Risiken zu überprüfen. Der Vorstand war der OpenAI-Charta verpflichtet, wonach das Unternehmen zum Wohle der Menschen agieren und nicht Profiten nachjagen sollte, und sah eine seiner Hauptaufgaben darin, das Funktionieren des DSB zu überwachen. Die Mitglieder hatten jedoch den Eindruck, dass Altman die Rolle des DSB nicht besonders ernst nahm. Bei einer Vorstandssitzung von OpenAI im Winter 2022, bei der über die Freigabe von drei etwas umstrittenen Erweiterungen von GPT-4 beraten wurde, behauptete Altman, alle drei hätten die DSB-Freigabe erhalten. Toner war skeptisch, ließ sich die Dokumentation zeigen und fand heraus, dass nur eine der Erweiterungen, nämlich diejenige, die sich auf die API bezog, tatsächlich genehmigt worden war.

Microsoft verstieß in einigen Fällen gegen die Weisungen des DSB, aber was den OpenAI-Vorstand besonders alarmierte, war, dass er einmal eher beiläufig von einem Mitarbeiter und nicht von Altman selbst darüber informiert wurde, mit dem er zuvor sechs Stunden lang beraten hatte. Ende 2022 hatte Microsoft eine noch nicht freigegebene Version von GPT-4 testweise in Indien eingeführt, ohne die Genehmigung des DSB einzuholen. Obwohl diese letztendlich erteilt wurde, hatten einige Vorstandsmitglieder den Eindruck, dass die Sicherheitsabläufe im Unternehmen nicht ausreichend beachtet wurden.

Nichts davon war für sich genommen ein großes Ding. Aber während man bei der Erweiterung des Vorstands nicht vorankam, schien es jeden Tag einen neuen überraschenden Bericht über Altmans Nebentätigkeiten zu geben. Er reiste in den Nahen Osten, um Geld für ein ehrgeiziges Projekt zur Verbesserung der weltweiten Versorgung mit Mikrochips zu sammeln. Er brachte das von YC geförderte Kernenergie-Start-up Oklo, in das er investiert hatte, über ein Blankoscheck-Unternehmen an die Börse. Microsoft, der wichtigste Partner von OpenAI, schloss mit Altman einen Deal, Energie von dessen Kernfusionsunternehmen Helion zu beziehen, sobald es erfolgreich Strom produzierte. Er traf sich auch mit dem legendären iPhone-Designer Jonathan Ive wegen eines neuartigen KI-Geräts. Zu jedem dieser Vorgänge gab es ein Dementi Altmans, später behauptete er dann, Projekte wie die Beschaffung von Chips und die Partnerschaft mit Jonathan Ive seien im

Namen von OpenAI angestoßen worden. Doch wenn der Vorstand erst aus der Presse von solchen Aktivitäten erfuhr, hatte er natürlich Fragen.

Im Sommer 2023 hörte dann ein Vorstandsmitglied von OpenAI auf einer Dinnerparty zufällig ein Gespräch mit. Es ging darum, wie unangemessen es sei, dass die Erträge aus dem OpenAI-Start-up Fund nicht den OpenAI-Investierenden zugutekämen, wo der Fonds doch knappe Ressourcen wie den frühen Zugang zu OpenAI-Produkten nutzen könne. Das war auch dem Vorstand neu. Wovon sprach diese Person? OpenAI hat 2021 einen Start-up-Fonds aufgelegt, der, wie es damals hieß, von OpenAI »verwaltet« werden sollte, mit Investitionen von Microsoft und anderen. Der Fonds hatte in das KI-gestützte Legal-Tech-Start-up Harvey und eine Handvoll anderer Unternehmen investiert. Aber was hatte es damit auf sich, dass die Erträge nicht an die OpenAI-Anteilseigner und -eignerinnen gingen? Der Vorstand fragte bei Altman nach und erfuhr nach monatelangem Hin und Her schließlich, dass der Fonds Altman persönlich gehörte und dieser zur Finanzierung Geld von LPs eingesammelt hatte. Normalerweise hätte Altman dafür »Carried Interest« oder »Carry« erhalten, die Verwaltungsgebühren und die Gewinnbeteiligung, die dem Fondsgründer zustehen. OpenAI hat später erklärt, dass Altman finanziell nicht an dem Fonds beteiligt sei und ihn nur persönlich gegründet hätte, weil es so am schnellsten ging. (In den ersten Antworten an den Vorstand wurde mit den steuerlichen Vorteilen dieser Konstruktion argumentiert.) Aber das machte diesen merkwürdig konstruierten Fonds nur noch merkwürdiger. Die unabhängigen Vorstandsmitglieder hatten das Gefühl, keine klare Antwort zu erhalten. Und sie wären gerne im Voraus informiert worden, hatte Altman doch immer wieder betont, dass er keine Anteile an OpenAI halte – und nur deshalb überhaupt im Vorstand sitzen könne.

Für einen Start-up-Fonds ging es um relativ geringe Summen. Doch während Altman auf seiner Reise in die Vereinigten Arabischen Emirate versuchte, Geld für sein Mikrochips-Projekt einzusammeln, das ihm für die zügige Entwicklung von KI so wichtig schien, begann sich der Vorstand doch Sorgen zu machen. Die Mitglieder fühlten sich auch noch längst nicht ausreichend informiert. Einige von ihnen befürchteten, Altman könnte vielleicht Pläne haben, das geistige Eigentum von OpenAI für ein Chip-Projekt zu verwenden, das gegen die nationalen Interessen der Vereinigten Staaten verstieß.

Am 25. September 2023 veröffentlichte Elizabeth Weil in der Zeitschrift *New York* den ersten Artikel über Altman, in dem seine Schwester Annie zu Wort kam und von ihren Problemen erzählte. Im Rückblick ist es erstaunlich, dass Altman erst fast ein Jahr, nachdem er durch die öffentlichen Tweets seiner Schwester globale Aufmerksamkeit erlangt hatte, Gegenstand eines investigativen Artikels wurde. Ich selbst wusste im März 2023, als ich zusammen mit einem Kollegen ein Profil über Altman schrieb, zwar von ihr und ihren Aktivitäten auf OnlyFans, aber nicht von den Anschuldigungen, die sie gegen ihren Bruder erhoben hatte. Einige Wochen vor der Veröffentlichung des *New-York*-Artikels wurde Annie auf Twitter noch sehr viel konkreter und behauptete, dass Sam sich gegen ihren Willen zu ihr ins Bett gelegt habe, als sie vier und er dreizehn Jahre alt war. *New York* griff die Missbrauchsvorwürfe nicht auf, schilderte aber, dass sie zeitweise obdachlos war, sich als Sexarbeiterin durchschlug und einige Monate auch auf Hawaii lebte, wie ihr Milliardärs-Bruder. Die Familie Altman erklärte gegenüber dem Magazin: »Wir lieben Annie und werden weiterhin alles tun, um sie zu unterstützen und zu schützen, wie es jede Familie tun würde.«[348] Die Überschrift des Artikels lautete: »Sam Altman ist der Oppenheimer unserer Zeit«. In einer Erklärung, die Connie Gibstine für dieses Buch abgab, sagte sie, die Anschuldigungen seien unwahr und Annie leide unter »psychischen Problemen«.

Ein paar Tage danach schrieb Sutskever eine E-Mail an Toner und fragte, ob sie am folgenden Tag Zeit für ein Gespräch hätte. Das war höchst ungewöhnlich. Vorstandssitzungen wurden in der Regel Wochen, wenn nicht Monate im Voraus anberaumt. Am Telefon druckste Sutskever dann herum und äußerte kryptische Sätze, aus denen Toner nicht schlau wurde. Er räumte ein, dass er nicht offen sagen könne, was ihn beschäftigte. Schließlich gab er ihr einen Tipp: »Sie sollten sich öfter mit Mira unterhalten.«

Die damals vierunddreißigjährige Mira Murati war im Mai zuvor offiziell zum CTO von OpenAI ernannt worden, hatte in dieser Funktion allerdings schon seit 2020 gearbeitet und leitete faktisch das Unternehmen. Murati war diejenige, die entschied, welche Projekte Rechenleistung bekamen und ob Modelle vor ihrer Freigabe weitere Sicherheitstests benötigten. Leute, die mit ihr zusammengearbeitet haben, bescheinigen ihr eine herausragende emotionale Intelligenz und die Fähigkeit, ihr Ego hintanzustellen, wodurch sie Teams aus Forscherinnen und Forschern auf einzigartige Weise zu führen vermochte. »Sie übt einen beruhigenden Einfluss auf die Gründer aus«, sagte ein ehemaliger Mitarbeiter. »Sie hat die Fähigkeit und die Geduld, sie vor sich selbst zu schützen.« Auch vor Publikum konnte sie sehr überzeugend die außerordentliche Bedeutung der Arbeit von OpenAI darlegen. Im März 2023 erschien sie in der Redaktion des *Wall Street Journal* zu einem Gespräch mit Redakteurinnen und Redakteuren sowie Journalistinnen und Journalisten in schwarzen Hosen, schwarzen hochhackigen Stiefeln und einer schwarzen Lederjacke. Sie wirkte wie ein Cyborg-Supermodel aus der Zukunft. Die Fragen der Journalisten beantwortete sie mit der unprätentiösen Direktheit einer Ingenieurin. Sie schien das Rampenlicht nicht zu genießen, verstand aber, dass es ein notwendiger Schritt war, um ihre Ziele zu erreichen.

Zufälligerweise hatte Toner am 29. September 2023 mit Murati Kaffee getrunken. Murati hatte das Treffen mit Altmans Wissen arrangiert, um die Beziehungen zum Vorstand zu verbessern. Sie unterhielten sich über diverse Themen, die keinen dringenden Handlungsbedarf zu erfordern schienen. Doch Toner befolgte Sutskevers Rat und rief Murati erneut an, erzählte ihr von dem verwirrenden Gespräch mit Sutskever und fragte, ob etwas im Gange sei, von dem der Vorstand wissen solle. Murati schilderte ihr, dass der in ihren Augen toxische Führungsstil Altmans schon seit Jahren Probleme bereite, besonders wenn seine Ängste hochkamen wie in den vergangenen Monaten. Ihrer Erfahrung nach habe Altman ein simples Schema: Erst einmal erzählte er den Leuten alles, was nötig war, damit sie taten, was er wollte, und wenn das nicht funktionierte, arbeitete er gegen sie oder untergrub ihre Glaubwürdigkeit. Altman sagte allen immer, was sie hören wollten, selbst wenn das bedeutete, zwei Konkurrenten denselben Job zu versprechen oder Microsoft in einem Punkt nachzugeben, den Murati monatelang in Verhandlungen zäh verteidigt hatte. Sie erklärte, dass die Dynamik zwischen Brockman und Altman es ihr fast unmöglich mache, ihre Arbeit zu erledigen: Brockman, der zwar Präsident war, aber keine direkten Untergebenen hatte, war ihr formal gesehen unterstellt, saß aber auch im Vorstand. Wann immer sie ihn davon abzuhalten versuchte, das Projekt anderer an sich zu reißen, wandte er sich einfach an Altman und umging sie. Brockmans Verhalten hatte schon mehrere Mitarbeitende aus dem Unternehmen vertrieben, und das untragbare Zusammenspiel zwischen Altman und ihm würde weitere vergraulen, unter anderen den Forschungsleiter Bob McGrew und vielleicht sogar Murati selbst. Murati sagte, sie habe Altman in der Vergangenheit Feedback zu all diesen

Punkten gegeben. Altman hatte drauf reagiert, indem er Diane Yoon, die Leiterin der Personalabteilung, wochenlang zu ihren Gesprächen hinzuzog, bis sie ihm schließlich versicherte, dass sie nicht beabsichtige, ihr Feedback an den Vorstand weiterzugeben.

Toner wandte sich daraufhin an Sutskever, um Genaueres zu erfahren. Er sagte es zwar nicht offen, doch sie entnahm ihrem Gespräch, dass er der Meinung war, Altman solle entlassen werden. Er machte sich zunehmend Sorgen, ob er und das restliche Führungsteam Altman noch trauen konnten, und was das dafür bedeutete, dass Altman eine Organisation leitete, die irgendwann die AGI erreichen würde. Sutskever scheute sich, mit dem Vorstand darüber zu sprechen, denn er hatte furchtbare Angst davor, was passieren würde, wenn Altman es herausfand.

Sutskever hatte Jahre gebraucht, um Altmans Verhaltensmuster zu durchschauen – wie der CEO von OpenAI ihm erst das eine sagte und dann das andere und hinterher so tat, als wäre es ein Versehen gewesen. »Ach, da habe ich mich wohl falsch ausgedrückt«, erklärte Altman dann gerne. Sutskever hatte den Eindruck, dass Altman unehrlich war und Chaos verursachte, was für jeden CEO problematisch war, umso mehr aber für einen, der für eine möglicherweise zivilisationsverändernde Technologie zuständig war.

Im Jahr 2021 spitzte sich die Situation zu, nachdem Sutskever OpenAIs künftige Richtung festgelegt hatte – ein Reasoning-Modell, das länger brauchte, um Fragen zu beantworten, und weiter in die Zukunft plante, was schließlich zur Basis von o1 wurde. Sutskever hatte das Team, das er dafür zusammengestellt hatte, fast ein Jahr lang geleitet, als Jakub Pachocki, der verantwortliche Forscher von *Dota 2*, der sich mit Brockman angefreundet hatte, anfing, eine Variante zu verfolgen, die Sutskevers Reasoning-Ansatz sehr ähnlich war. Er wollte zunächst mit Sutskevers Team zusammenarbeiten und versorgte ihn mit täglichen Updates über seine Forschungen zum logischen Denken mittels bestärkendem Lernen im Kontext. Dann wurde Pachocki für die Arbeit an GPT-4 abgezogen und konzentrierte sich bis 2022 ganz darauf. Als er zur Reasoning-Forschung zurückkehrte, wurde entschieden, Sutskevers und Pachockis Teams zusammenzulegen. Sutskever hatte den Eindruck, dass die Arbeit weit genug gediehen war, und vertraute darauf, dass sie letztendlich erfolgreich sein würde. Er überließ es Pachocki, das Werk zu Ende zu führen, während er sich ganz auf die KI-Sicherheit konzentrierte.

Im Sommer 2023 rief Sutskever ein neues Team namens Superalignment ins Leben, das die KI dazu bringen sollte, ihre Hausaufgaben in Sachen Alignment zu machen, wie Jan Leike, der dem Team ebenfalls angehörte, es formuliert hatte. Sowohl Sutskever als auch Pachocki waren der Ansicht, dass Altman ihnen gesagt hatte, sie könnten die Forschungsrichtung des Unternehmens bestimmen. Doch Altmans Versuch, die Entscheidung zu vermeiden, indem er Sutskever den Titel leitender Wissenschaftler beibehalten ließ und zugleich Pachocki zum Forschungsdirektor ernannte, hatte monatelange interne Streitigkeiten und Produktivitätsverluste zur Folge. Für Sutskever war dies nur ein weiteres von vielen Beispielen für Altmans Doppelzüngigkeit und Konfliktscheu.

Toner hielt Sutskevers Bedenken für so schwerwiegend, dass sie fand, er solle mit D'Angelo und McCauley sprechen. »Vertrauen Sie ihnen?«, fragte Sutskever sie. »Kann man ihnen so etwas gefahrlos erzählen?« Toner verbürgte sich für sie. McCauley hatte ähnliche Befürchtungen wie Sutskever. Sie argwöhnte, dass es sich bei Sutskevers Anfrage um einen von Altman ausgeheckten Loyalitätstest handeln könnte. Als sie darüber nachdachte, war sie erschüttert über das Klima der Angst, das rundherum herrschte. Was sagte es über die Leitung des Unternehmens aus, das im Rennen um die Künstliche Intelligenz ganz vorne lag, wenn die Hälfte des Vorstands so über den CEO dachte?

Während sich die unabhängigen Vorstandsmitglieder über die von Sutskever und Murati geäußerten Vorbehalte gegenüber Altman auszutauschen begannen, veröffentlichte Toner im Oktober ein Paper, das Altman nicht gefiel. In dem wissenschaftlichen Artikel mit dem Titel »Decoding Intentions: Artificial Intelligence and Costly Signals« (Die Absichten decodieren: Künstliche Intelligenz und kostspielige Signale) ging es hauptsächlich um Spieltheorie und die Risiken von KI für die nationale Sicherheit. Es waren jedoch einige Sätze darin versteckt, die Anthropic für seine Entscheidung zu loben schienen, mit der Einführung seines Chatbots Claude zu warten, bis OpenAI mit der Veröffentlichung von ChatGPT die Tür zur KI aufgestoßen hatte:

> Indem Anthropic die Veröffentlichung von Claude hinauszögerte, bis ein anderes Unternehmen ein ähnlich leistungsfähiges Produkt auf den Markt gebracht hatte, bewies das Unternehmen seine Bereitschaft, ebenjene Absenkung der Sicherheitsstandards zu vermeiden, dem die Veröffentlichung von ChatGPT dann Vorschub zu leisten schien. Anthropic erreichte dieses Ziel durch Einsatz von Finanzierungskosten oder Fixkosten, die sich über die Zeit nicht kompensieren lassen. […] Anthropic steigerte die Glaubwürdigkeit seines Engagements für die KI-Sicherheit, indem es auf die frühe Veröffentlichung seines Modells verzichtete und potenzielle künftige Einnahmeverluste in Kauf nahm.[349]

Als Altman Toner anrief, klang er sachlich, aber ungehalten. Er sagte, die Federal Trade Commission, die Bundesbehörde für Verbraucherschutz und Wettbewerbsförderung, fange an, sich für die Datenpraxis bei OpenAI zu interessieren, und solche kritischen Untersuchungen seien schädlich für das Unternehmen. Vor allem aber wollte er wissen, ob das Paper ihre tatsächliche Meinung widerspiegelte. Finde sie wirklich, Anthropic sei glaubwürdiger als OpenAI, obwohl das Unternehmen Milliarden eingeworben hatte und seine Technologie nun kommerzialisierte, nachdem es behauptet hatte, rein zweckfrei ausgerichtet zu sein und gar keine Produkte entwickeln zu können? Wenn sie das wirklich dächte, wollte er diese Fragen auf Vorstandsebene diskutieren. Toner erklärte, dass das Paper die Außensicht anderer Personen zusammenfasse und ihre eigenen Ansichten dazu differenzierter seien. Sie glaube, dass ChatGPT die Aufmerksamkeit auf Sicherheitsfragen lenke, auch wenn es den Wettbewerb anheize. Außerdem habe sie das Paper für ein akademisches Publikum geschrieben. Wenn er jedoch denke, dass es OpenAI schade, sei sie gerne bereit, sich beim Vorstand zu entschuldigen. In einer E-Mail an den Vorstand räumte sie ein, dass sie manches hätte besser formulieren können. Toner hörte nie wieder etwas von der Angelegenheit. Laut *New York Times* schrieb Altman jedoch später eine E-Mail an die Führungsriege von OpenAI, in der er davon sprach, dass er ihr eine Rüge erteilt habe. Darin heißt es: »Ich hatte nicht das Gefühl, dass wir das Schadenspotenzial dieser Sache gleich einschätzen.«[350]

Unterdessen sprach Sutskever mit D'Angelo und McCauley über Altmans toxisches Verhalten gegenüber Brockman. Er zeigte sich besorgt darüber, dass Führungskräfte wie Murati und McGrew das Unternehmen verlassen wollten, und drängte sie erneut, direkt mit Murati zu sprechen. Nur weil sich die Vorstandsmitglieder regelmäßig austauschten, konnten sie Altman bei der Lüge ertappen, die dann letztendlich das Fass zum Überlaufen brachte. Bei seinem Gespräch Ende Oktober mit McCauley erwähnte Sutskever, Altman habe ihm erzählt, dass McCauley verlangt habe, Toner solle wegen des Artikels aus dem Vorstand zurücktreten. Doch McCauley hatte nichts dergleichen gesagt. Sie rief D'Angelo an und berichtete ihm davon. »Das ist sehr bedenklich«, meinte er. Für die drei unabhängigen Vorstandsmitglieder des Unternehmens kristallisierte sich an diesem Beispiel Altmans Vorgehensweise heraus, seine wahren Absichten anderen in den Mund zu legen, damit er weiterhin von allen gemocht wurde.

Auf Sutskevers Vorschlag hin hatte McCauley mit Murati Kontakt aufgenommen, sorgfältig darauf bedacht, Suggestivfragen zu vermeiden. Murati ließ sich fünfundvierzig Minuten lang über Altmans Führungsstil aus, der die Zusammenarbeit mit Brockman unmöglich mache. Brockman neige dazu, sich in die Projekte anderer Leute einzumischen und dort den Ton angeben zu wollen, obwohl er die Zusammenhänge nicht kenne, sagte Murati. Ganz ähnliche Bedenken hatte sie gegenüber Toner geäußert, als sie davon erzählte, dass sie Brockman wegen seiner engen Verbindung zu Altman kein Feedback geben könne.

Um seine Behauptungen zu beweisen, mailte Sutskever zwei umfangreiche Dokumente an Toner, McCauley und D'Angelo. In einem ging es um Altman, im anderen um Brockman. Das Dokument über Altman enthielt Dutzende von Beispielen für Lügen oder andere toxische Verhaltensweisen, größtenteils untermauert durch Screenshots aus Muratis Slack-Kanal, die Sutskever zusammengestellt hatte. In einem davon teilt Altman Murati mit, dass die Rechtsabteilung des Unternehmens gesagt habe, GPT-4 Turbo müsse nicht vom DSB geprüft werden. Als Murati bei Jason Kwon, dem Top-Anwalt des Unternehmens, nachfragt, antwortet dieser verwirrt, er könne sich nicht vorstellen, wie Altman zu dieser Einschätzung gekommen sei; natürlich müsse GPT-4 Turbo vom DSB geprüft werden.

Das Dokument über Brockman konzentrierte sich weitgehend auf Mobbing-Vorwürfe. Brockman trieb den Kommunikationschef und ehemaligen Apple-Mitarbeiter Steve Dowling aus dem Unternehmen, indem er zu viele Kommunikationsentscheidungen an sich riss. Er beschwerte sich regelmäßig bei Altman über Bob McGrew, was dessen Verbleib im Unternehmen untragbar machte. Altman wurde von vielen OpenAI-Mitarbeitenden gebeten, Brockman zu zügeln, was er ihnen auch immer versprach, jedoch ohne tatsächlich viel zu unternehmen.

Bei der Abwägung der Beweise zogen die Vorstandsmitglieder auch ins Kalkül, dass OpenAI eines der vielversprechendsten Technologie-Unternehmen der Welt war. Sie konnten sich ihren CEO aussuchen. Mit Sicherheit würden sie nach einem sechsmonatigen Suchprozesses einen finden, von dem sie nicht das Gefühl hatten, dass er den Vorstand bewusst täuschte, und der nicht ständig Führungskrisen auslöste. Einigen Vorstandsmitgliedern war auch aus den Reihen der Mitarbeiterinnen und Mitarbeiter zu Ohren gekommen, dass sie Altman nicht mehr zutrauten, sie zur AGI zu führen, was sich mit Sutskevers und Muratis Sorgen deckte.

Wenn sie handeln wollten, musste es schnell gehen, warnte Sutskever, denn Altman sei charmant und gerissen genug, um ihre Absichten zu erahnen und Unterstützer für seine Seite zu finden. Sutskever hatten den Zeitpunkt für seinen Coup bewusst gewählt und dafür einen Moment abgewartet, in dem der Vorstand nicht hauptsächlich mit Altman-Getreuen besetzt war. Für die Novembersitzung hatte der Vorstand Gespräche mit potenziellen Neumitgliedern angesetzt. Das Zeitfenster konnte sich jederzeit schließen. Sie mussten umgehend handeln. Und so loggten sich die drei unabhängigen Vorstandsmitglieder und Sutskever am Nachmittag des 16. November 2023 in ein Videotelefonat ein und stimmten für die Entlassung Altmans. Da sie aus ihren Gesprächen mit Murati wussten, dass diese vermutlich nicht bereit wäre, als Interims-CEO zu fungieren, wenn sie weiterhin zugleich die Arbeit von Brockman beaufsichtigen musste und ihm im Vorstand rechenschaftspflichtig war, stimmten sie auch für die Entlassung Brockmans. Anschließend meinten die unabhängigen Vorstandsmitglieder zu Sutskever, sie hätten befürchtet, er sei als Spion geschickt worden, um ihre Loyalität zu testen.

Murati befand sich auf einer Konferenz, als die drei unabhängigen Vorstandsmitglieder und Sutskever sie am Donnerstagabend anriefen, um ihr mitzuteilen, dass sie Altman am nächsten Tag entlassen würden, und sie zu fragen, ob sie als Interims-CEO einspringen würde. Sie sagte zu, alles zu tun, um das Unternehmen zu stabilisieren. Als Murati nach den Gründen für Altmans Entlassung fragte, wollten sie ihr keine Details nennen.

Murati, die Kommunikationschefin von OpenAI Hannah Wong und die vier Direktoren besprachen nun, auf welche Weise die Sache publik gemacht werden sollte. Als Murati die vom Vorstand zusammengestellte Liste derer durchsah, die zu informieren waren, fiel ihr auf, dass Microsoft fehlte. »Haben Sie Satya davon in Kenntnis gesetzt?«, fragte sie. Microsoft stand zwar ganz oben auf der Liste der Anteilseigner, die informiert werden mussten, aber der Vorstand hatte noch keinen Plan, wie er dabei vorgehen sollte, und meinte, das könne doch Murati übernehmen. Sie bestand darauf, dass es auf alle Fälle geschehen sollte, bevor die Nachricht auf dem OpenAI-Blog veröffentlicht wurde. Wong schlug daraufhin vor, um Microsoft nicht zu schaden, bis zum Börsenschluss am Freitag zu warten, was gemeinhin als beste Vorgehensweise bei großen Neuigkeiten gilt, die sich auf den Aktienkurs eines börsennotierten Unternehmens auswirken konnten. Doch die Vorstandsmitglieder waren zutiefst besorgt, dass Altman Wind von ihren Absichten bekommen könnte, und wollten die Sache so schnell wie möglich durchziehen. Es wurde beschlossen, dass Murati

Microsoft wenige Minuten vor der Bekanntmachung zur Mittagszeit anrufen sollte.

Am nächsten Tag waren Altman und Mulherin bei einem Formel-1-Rennen in Las Vegas, als Altman um zwölf Uhr auf einen Google-Meet-Link klickte, um an einer Konferenz mit Sutskever teilzunehmen. Zu seiner Überraschung blickte er auch in die Gesichter von D'Angelo, Toner und McCauley – beunruhigenderweise aber nicht in das von Brockman, der Minuten zuvor aus dem Vorstand entfernt worden war. Sutskever las Altman eine kurze Erklärung vor, in der ihm mitgeteilt wurde, dass er entlassen sei, ohne jedoch Gründe dafür zu nennen. In seinem Schock beendete Altman die Konferenz mit seinem Lieblingsspruch aus YC-Zeiten: »Wie kann ich helfen?« Laut *New York Times* bat ihn der Vorstand, Murati bei der Leitung des Unternehmens in der Übergangsphase zu unterstützen, und er sagte zu.[351]

Kaum hatte Altman die Konferenz verlassen, wurde ihm der Zugriff zu seinem Computer gesperrt.

Im ersten Augenblick konnte er es nicht fassen. Er fühlte sich wie in einem Albtraum. Dann kam die Wut. Nach ein paar Minuten wurde die Nachricht in einem lapidaren Post auf der OpenAI-Website veröffentlicht, in dem es lediglich hieß, dass er »in seiner Kommunikation mit dem Vorstand nicht immer offen war, wodurch er diesen in der Ausübung seiner Verantwortung behindert hat«. Die Nachricht von der Entlassung schlug in einer privaten WhatsApp-Gruppe von Tech-CEOs ein wie eine Bombe. Chesky schrieb Altman sofort eine Nachricht. »Dermaßen brutal«, antwortete Altman. »Können wir kurz reden?«

Am Telefon erklärte Altman Chesky, dass er keine Ahnung habe, warum er gefeuert worden sei. Dieser befragte ihn eingehend und kam dann zu dem Schluss, dass da etwas nicht stimme. »Ich konnte es einfach nicht glauben, dass man fristlos gekündigt wird, ohne jegliche Vorankündigung, ohne Untersuchungen und ohne auch nur einen Grund zu nennen. So etwas macht man doch nur, wenn jemand einen Mord begangen hat oder so.« Wenn es nicht irgendwo eine Leiche gab, war etwas gründlich schiefgelaufen. Chesky sprach mit Brockman, der Altmans Geschichte bestätigte.

Die Nachricht von Altmans Entlassung wurde sofort zur weltweiten Top-Story und verdrängte sogar den Gaza-Krieg aus den Schlagzeilen. Altmans iPhone wurde mit so vielen Textnachrichten überflutet, dass seine iMessage-App irgendwann abstürzte.

In San Francisco hatte Murati Minuten vor der Bekanntgabe den Microsoft-CTO Kevin Scott angerufen, um ihm mitzuteilen, dass der Vorstand im Begriff war, Altman zu entlassen. Scott holte seinen Chef aus einer laufenden Sitzung, damit er selbst mit Murati sprach. Als Nadella Murati nach dem Grund für die Entlassung fragte, sagte sie, sie kenne ihn nicht, und verwies ihn an D'Angelo, der ihm aber auch nicht mehr zu bieten hatte als das, was in der Presseerklärung stand. Jedenfalls sei es nichts Kriminelles, versicherte er Nadella.[352]

Muratis interne Kommunikation mit den Mitarbeiterinnen und Mitarbeitern von OpenAI verlief ähnlich. Der Vorstand hatte ihr ein paar Argumente für die Krisenkommunikation mitgegeben, die kaum mehr enthielten als der vage formulierte Blogbeitrag.

Um vierzehn Uhr hielten Murati und Sutskever eine Belegschaftsversammlung ab, in der sie fünfundvierzig Minuten lang mit Fragen bombardiert wurden, die alle mehr oder weniger auf eine einzige hinausliefen: *Was hat Sam gemacht?* Als ein Mitarbeiter wissen wollte, ob sie das jemals herausfinden würden, antwortete Sutskever: »Nein.« Zum Zeitpunkt seiner Entlassung befand sich Altman gerade in der finalen

Verhandlungsrunde mit Investierenden über ein Übernahmeangebot, bei dem Mitarbeiteraktien auf Basis einer Unternehmensbewertung von fast neunzig Milliarden Dollar verkauft werden sollten. Da diese Bewertung weit über der bei der Ausgabe dieser Aktien lag, hatten viele OpenAI-Mitarbeitende die Chance, sagenhaft reich zu werden. Das Angebot wurde von Thrive Capital geleitet, dem Risikokapitalunternehmen von Jared Kushners Bruder Joshua Kushner, einem langjährigen Unterstützer von Altmans YC-Erfolgen. Niemand im Unternehmen gab sich der Illusion hin, dass die Offerte ohne Altman Bestand haben würde.

Nach dem Treffen stellte Jason Kwon, der ehemalige Chefsyndikus des YC Continuity Fund, der bei OpenAI Karriere gemacht hatte und kürzlich zum Strategieleiter ernannt worden war, Sutskever zur Rede. »Das reicht nicht«, sagte er. »Die Leute werden ausflippen.« Er verlangte von Sutskever, den Rest des Vorstands zu einer Videokonferenz mit dem Führungsteam zusammenzutrommeln, den fünfzehn Top-Führungskräften des Unternehmens. Sutskever fügte sich.

Als sich die Vorstandsmitglieder am Freitagabend in die Videokonferenz einloggten, betraten sie einen virtuellen Raum, in dem die reinste Panik herrschte. Kwon versuchte es zunächst mit Höflichkeit. Er sagte, er gehe davon aus, dass sie ihre Entscheidungen im Interesse des Unternehmens getroffen hätten. Aber in Anbetracht der Tatsache, dass fast achthundert Personen ihren Lebensunterhalt bei OpenAI verdienten – und die meisten von ihnen Altman mochten –, sei der Vorstand ihnen mehr schuldig als die Erklärung »nicht immer offen«. Ganz davon zu schweigen, dass seinem Büro bereits die Anfrage eines Bundesbezirksgerichts vorliege, das dazu neige, aktiv zu werden, wenn ein CEO vom Vorstand der Lüge bezichtigt wurde. Durch die vage formulierte Ankündigung hatte der Vorstand die Aufsichtsbehörde förmlich dazu eingeladen, OpenAI unter die Lupe zu nehmen und den Mitarbeitenden Scherereien zu machen. Kwon sagte, sie hätten keine andere Wahl, als Altman wieder einzustellen, denn es könne nicht ihre Pflicht sein, das Unternehmen untergehen zu lassen.

»Das wäre durchaus im Einklang mit unserem Auftrag«, hatte Toner entgegnet.

Sie hatte recht. In der Charta von OpenAI heißt es eindeutig, dass das Unternehmen »treuhänderisch der Menschheit verpflichtet ist«. Es war weder den Mitarbeiterinnen und Mitarbeitern noch den Investierenden etwas schuldig. Der Vorstand hatte die Charta auf seiner Seite.

Bis in die Nacht hinein berieten sich an diesem Freitag der Vorstand und das Führungsteam von OpenAI in mehreren immer hitzigeren Sitzungen. Das Führungsteam, zu dem auch Murati gehörte, setzte dabei dem Vorstand eine Frist von dreißig Minuten, um entweder zu erklären, warum er Altman entlassen hatte, oder zurückzutreten – andernfalls würde die komplette Leitung kündigen.

Die Vorstandsmitglieder befanden sich in einer Zwickmühle. Auf Anraten der Kanzlei Arnold & Porter, die sich auf Steuerfragen bei gemeinnützigen Organisationen spezialisiert hat, konnten sie nicht preisgeben, dass ausgerechnet Murati ihnen die detailliertesten Beweise für Altmans Managementversagen geliefert hatte. Dennoch fühlten sie sich von ihr hintergangen und nahmen mit Bestürzung zur Kenntnis, dass sie sich anscheinend gegen sie gewandt hatte. Murati hatte ihnen versichert, dass sie die Zügel in die Hand nehmen und die Mitarbeiterinnen und Mitarbeiter beruhigen würde, während sie nach einem neuen CEO suchten. Stattdessen war sie nun die Anführerin einer Revolte des Führungsteams gegen den Vorstand und verlangte wütend von den Direktoren in der Videokonferenz zu wissen, warum sie Altman entlassen hatten. Es kam sogar so weit, dass das Führungsteam den

Vorstand aufforderte, zurückzutreten und drei Mitglieder des Führungsteams als Ersatz zu benennen – für den Vorstand, der rechtlich verpflichtet war, die Aufsicht über das Unternehmen zu führen, ein Unding. Tatsächlich hatte der Vorstand Muratis Angebot, bei der Stabilisierung der Firma mitzuhelfen, als Zustimmung zu Altmans Entlassung missverstanden. Murati war schockiert, dass ihr Feedback – in ihren Augen eine transparente, konstruktive Kritik, die sie auch an Altman weitergegeben hatte – den Vorstand zu der Annahme bringen würde, dass sie dessen Handlungen unterstützte. Und sie hätte nie geglaubt, dass der Vorstand so drastische Maßnahmen ergreifen würde, noch dazu in einem so schlecht vorbereiteten Prozess.

Nicht nur intern, sondern auch extern veränderte sich das Narrativ. Die weltweiten Schlagzeilen lieferten keine Antwort darauf, warum Altman entlassen worden war, und so konnten er und seine Anhängerinnen und Anhänger über Social Media Zweifel an der Vorstandsentscheidung streuen. Wenige Minuten nach ihrer Entlassung telefonierten Altman und Brockman mit Chesky und Chris Lehane, dem Leiter für globale Strategie und Öffentlichkeitsarbeit von Airbnb. Lehane hatte einst als Berater für Präsident Bill Clinton gearbeitet und ein Buch über Krisenkommunikation geschrieben, das später unter dem Titel *Knife Fight – Die Gier nach Macht* mit Rob Lowe in der Hauptrolle verfilmt wurde. Chesky hatte ihn 2015 angeheuert, als Airbnb versuchte, ein Volksbegehren in Kalifornien zur Begrenzung von Kurzzeitvermietungen zum Scheitern zu bringen, was Lehane mithilfe einer aggressiven Kampagne auch gelang. Das machte ihn zu einem unverzichtbaren Berater, als Airbnb ähnliche Kämpfe auf der ganzen Welt ausfocht. Chesky und Lehane empfahlen Altman und Brockman zu kämpfen. Vorerst aber solle Altman nach Cheskys Rat Haltung bewahren und sich hüten, den Vorstand seinerseits anzugreifen. Und so veröffentlichte Altman am Freitag, den 17. November 2023 gegen sechzehn Uhr eine harmlos klingende Erklärung in den für ihn typischen Kleinbuchstaben: »ich habe sehr gerne für openai gearbeitet. meine zeit dort hat mein leben und hoffentlich auch die welt ein bisschen verändert. am meisten mochte ich es, mit so talentierten leuten zusammenzuarbeiten. später werde ich mehr dazu sagen, wie es weitergeht. [Gruß-Emoji].[353] Brockman retweetete die Nachricht mit seinem Rücktritt, ebenfalls in Kleinbuchstaben. »aufgrund der heutigen nachrichten kündige ich.«[354] Kurze Zeit später folgten Pachocki und zwei weitere Forscher diesem Beispiel.

Im Laufe des Abends schälte sich unter Altmans zahlreichen Verbündeten in der Geschäftswelt ein Narrativ heraus: Das Ganze sei ein »Ilya-Putsch« gewesen, angetrieben durch Sutskevers Wut über Pachockis Beförderung und verstärkt durch Toners Ärger darüber, dass Altman versucht hatte, sie aus dem Vorstand zu drängen. Unterstützt wurden sie dabei von einigen ihrer mächtigen Freunde wie Chesky, der sich noch am selben Tag mit einem Tweet gegen neunzehn Uhr klar positionierte: »Sam Altman und Greg Brockman haben meine volle Unterstützung. Ich bin traurig über das, was geschehen ist. Sie und der Rest des OpenAI-Teams haben etwas Besseres verdient.«[355]

Sutskever war konsterniert. Er hatte erwartet, dass die OpenAI-Mitarbeitenden erleichtert wären, nun nicht mehr unter Altmans Verhalten, das er als Psycho-Spiele betrachtete, leiden zu müssen, und jubeln würden. Stattdessen fingen sie an, mit dem Finger auf ihn zu zeigen.

Als Sam Altman am Samstagmorgen in seinem Anwesen in Russian Hill aufwachte, erhielt er einen Anruf von D'Angelo und McCauley, die sich nach dem hitzigen Meeting mit dem Führungsteam am Freitagabend mit ihm aussprechen wollten.

Im Laufe des Tages versammelten sich immer mehr OpenAI-Mitarbeitende, darunter auch Murati, in dem großzügigen Sechs-Zimmer-Haus, wo in einem hastig eingerichteten Lagezentrum besprochen wurde, wie man Altman in das Unternehmen zurückbringen könnte. Bereits am Samstagabend befanden sich Altman und Brockman in Gesprächen über ihre Rückkehr. Als Demonstration der Stärke twitterte Altman: »ich liebe die mitarbeitenden von openai so sehr«, was Dutzende seiner ehemaligen Kolleginnen und Kollegen mit Herz-Emojis retweeteten.

Am Sonntag waren Altman und das OpenAI-Führungsteam zuversichtlich, dass er zurückkehren würde. Murati lud ihn ins Büro ein, ohne den Vorstand darüber in Kenntnis zu setzen, und schickte eine Nachricht an die Mitarbeitenden, dass er den Tag über da sein würde. Altman zeigte seinen Followerinnen und Followern auf X seinen Besucherausweis und schrieb: »das erste und letzte mal, dass ich so einen trage.« Er, Brockman, Murati, Kwon, der COO Brad Lightcap und der Rest des Führungsteams verhandelten den ganzen Tag über mit dem Vorstand. Dieser zeigte sich offen für Altmans Rückkehr, sofern sie sich auf neue Vorstandsmitglieder einigen könnten. Beide Seiten sprachen sich für Bret Taylor aus, den ehemaligen Co-CEO von Salesforce.

Doch Altmans Wunsch, dass er und Brockman in den Vorstand zurückkehren sollten, war ein Knackpunkt. Außerdem wollte er, dass der gesamte derzeitige Vorstand zurücktrat.

Die Gespräche zogen sich bis spät in die Nacht hin. Reporterinnen und Reporter, die vor dem Eingang von OpenAI kampierten, sahen, wie mehrfach Essen geliefert wurde. Und dann teilte der Vorstand Murati auf einmal mit, dass er einen neuen CEO ernennen würde: Emmett Shear, Altmans Kollege aus dem ersten YC-Batch, Mitgründer von Justin.tv und Twitch, der bei der Entwicklung von KI zur Vorsicht mahnte. Altman und das Führungsteam von OpenAI fühlten sich überrumpelt. Sie hatten den Eindruck, dass der Vorstand nicht offen und ehrlich verhandelt hatte. Altman verließ empört das Gebäude. Am Vortag hatte Nadella ihm angeboten, zu Microsoft zu kommen, und nun beschloss er, diese Chance zu ergreifen.

Im Slack-Kanal wurde eine Belegschaftsversammlung mit Shear angekündigt, auf die die Mitarbeitenden mit Mittelfinger-Emojis reagierten. Rund zweihundert Personen hatten sich am späten Sonntagabend im Büro versammelt, um das Ende des Dramas mitzuerleben, und nun strömten sie aus dem Gebäude. Bei einer emotionalen Begegnung in der Lobby flehte Anna, Brockmans Frau, Sutskever an, es sich noch einmal zu überlegen.

Am selben Abend twitterte Nadella, dass Microsoft Altman und Brockman einstelle, und lud die anderen OpenAI-Mitarbeiterinnen und -Mitarbeiter ein, sich ihnen anzuschließen. Bis zum Montagmorgen unterzeichneten über 700 der 770 Angestellten des Unternehmens einen offenen Brief, in dem sie damit drohten, zu kündigen und zu Microsoft zu wechseln, falls die Kündigung von Altman und Brockman nicht rückgängig gemacht werde und der Vorstand zurücktrete.

Auch Sutskever gehörte zu den Unterzeichnern. »Ich bedauere zutiefst meine Beteiligung an den Aktionen des Vorstands«, schrieb er auf X. »Ich hatte nie die Absicht, OpenAI zu schaden. Ich liebe das Unternehmen, das wir gemeinsam aufgebaut haben, und ich werde alles tun, um das Unternehmen wieder zu einen.« Altman retweetete dies mit drei Herzchen.

Um die Angelegenheit zu einem Ende zu bringen, schlug D'Angelo den ehemaligen Finanzminister Larry Summers als neues Vorstandsmitglied vor. Altman stimmte zu und verzichtete auf seinen Sitz im Vorstand. Am Dienstag war der Deal unter Dach und Fach: Altman würde als CEO, aber nicht als Vorstand zu OpenAI zurückkehren, und es sollte eine unabhängige Untersuchung der Umstände seiner Entlassung und der Ereignisse, die dazu geführt hatten, stattfinden.[356]

Brockman feierte dies mit einem Selfie, auf dem er von einer Menge jubelnder OpenAI-Mitarbeitenden umringt ist. »wir sind so was von wieder da«, schrieb er dazu.[357]

Im Laufe von fünf schlaflosen Nächten hatte Altman seine Entlassung rückgängig gemacht. Nun war er mächtiger als je zuvor. Die Mitarbeiterinnen und Mitarbeiter von OpenAI bezeichneten die ganze Episode später als den »Blip«, in Anspielung an eine durch die Avengers-Filmreihe bekannte Episode aus dem Marvel-Universum, in der für eine gewisse Zeit die Hälfte aller Lebewesen aus dem Universum verschwindet, dann aber wieder zurückgeholt wird.

Kapitel 17

Der entfesselte Prometheus

Wochen später heirateten Altman und Mulherin. Die Trauung wurde unter einer von Jasmin umrankten Chuppa vollzogen, die zwischen den Palmen von Altmans Anwesen auf Hawaii aufgebaut worden war. Es war eine märchenhafte Szene, zu der ein prächtiger Sonnenuntergang über dem Privatstrand das Seine beitrug. Nicht viele konnten sie miterleben – Sams Bruder Jack vollzog die Zeremonie vor weniger als einem Dutzend enger Freundinnen und Freunde sowie Familienangehöriger, darunter Connie und Max. Annie, die zu dieser Zeit auch auf Hawaii lebte, erfuhr erst durch Fotos in den sozialen Medien davon. Nach einem Jahr im grellen Rampenlicht der Weltöffentlichkeit sehnten sich Altman und Mulherin nach Ruhe und Einfachheit. Das Ehepaar und ihre Trauzeugen waren sehr schlicht mit weißen Hemden und Khakihosen gekleidet. Wäre es nicht ihre eigene Hochzeit gewesen, man hätte sie für die Caterer halten können. Die einzigen Anzeichen von Festlichkeit waren die angesteckten Tuberosen und der Ausdruck purer Freude in den Gesichtern der beiden Männer.

Siebzig Jahre zuvor hatte sich Alan Turing, der Vater der KI, dessen Ideen die Technologie hinter ChatGPT erst möglich gemacht hatten, mit Zyankali das Leben genommen, nachdem er von einem britischen Gericht aufgrund seiner damals verbotenen Homosexualität zu einer chemischen Kastration verurteilt worden war. Als sich die Nachricht von Altmans Heirat verbreitete, zeigten sich viele überrascht, dass er homosexuell war – er war so schnell zur Berühmtheit geworden, dass dieser Aspekt in der öffentlichen Wahrnehmung weitgehend untergegangen war. »Ich bin sehr froh, dass wir in der heutigen Zeit leben und heiraten konnten«, erklärte Altman gegenüber *The Advocate*. »Dass das möglich sein würde, konnte man in meiner Jugend nicht ahnen. Ich glaube, die öffentliche Meinung und die Gesetze haben sich schneller geändert, als ich das je für möglich gehalten hätte, und dafür bin ich sehr dankbar.«[358] Altman hatte bereits früh Dinge eingefordert, die viele Menschen zu der damaligen Zeit noch als problematisch, wenn nicht als unerhört empfunden hatten: in den 1990er-Jahren die Unterstützung seiner Highschool in Missouri für seine sexuelle Orientierung und Anfang der 2000er-Jahre auf dem College das Recht auf gleichgeschlechtliche Heirat – die Welt hatte ihn und seine Anliegen erhört.

Im selben Interview wich Altman einer Frage nach seinen politischen Ambitionen mit dem Hinweis aus, er sei derzeit zu sehr mit KI beschäftigt, um über solche Dinge nachzudenken. »Offen gesagt«, erklärte er, »habe ich gar keine Zeit für Politik.«[359] Doch in Wahrheit hatte er seine politischen Ambitionen keineswegs ad acta gelegt.

Im Jahr 2023 hatte sich Altman mehrfach mit Joe Biden, dem damals achtzigjährigen Präsidenten der USA, im Weißen Haus getroffen. Seitdem trieb ihn die Frage um, ob Biden tatsächlich in der Verfassung war, Trump im Wahlkampf zu schlagen. Während die Beraterinnen und Berater des Präsidenten und führende Vertreterinnen und Vertreter der Demokratischen Partei alles taten, um sämtliche aufkommenden Bedenken zu zerstreuen, Biden sei zu alt für eine Kandidatur, sahen die demokratischen Wahlkampfspender mit eigenen Augen, dass keineswegs alles in Ordnung war. Im Juni 2023 veranstaltete Kevin Scott, CTO von Microsoft, zusammen mit

Reid Hoffman in dessen Haus in Los Gatos eine Spendengala für Biden. Ein Gast dort äußerte gegenüber dem Watergate-Journalisten Bob Woodward, Biden sei »erschreckend schlecht beieinander« und wirke »wie ein siebenundachtzigjähriger seniler Großvater«, der zwischen den Gästen herumtapert und zu allen Frauen sagt: »Sie haben wunderschöne Augen.«[360] Doch noch ein ganzes Jahr lang sollte es so gut wie undenkbar bleiben, dass jemand Biden in den Präsidentschaftsvorwahlen der Demokraten herausforderte. Nach einer Begegnung mit dem amtierenden Präsidenten im Weißen Haus, die ihn besonders alarmiert hatte, rief Altman im Herbst 2023 Matt Krisiloff an, der zusammen mit seinem Bruder Scott noch immer sein wichtigster Berater in politischen Angelegenheiten war, und fragte, ob man nicht irgendetwas tun könne.

Wie sich herausstellte, hatten die Brüder Krisiloff mit dem Wahlkampfteam eines wenig bekannten demokratischen Kongressabgeordneten aus Minnesota namens Dean Phillips gesprochen, der im Begriff war, seine Kandidatur in den Vorwahlen der Demokraten für die Präsidentschaftswahl anzukündigen. Phillips, der politischen Mitte zuzuordnen, war ein Geschäftsmann jüdischen Glaubens und von seiner Grundeinstellung optimistisch – genau wie Altman. Die Brüder Krisiloff versorgten Philipps schon bald mit den Ergebnissen von Umfragen und der Arbeit mit Fokusgruppen, für die Altman bezahlte. Danach fanden viele Wählerinnen und Wähler Bidens hohes Alter problematisch.

Ende Oktober hatte Phillips den erfahrenen Wahlkampfberater Steve Schmidt angeheuert, der bereits Senator John McCain während dessen Präsidentschaftskandidatur 2008 unterstützt hatte. Matt Krisiloff stellte sich Schmidt in einer E-Mail als »ehemaliger Stabschef von Sam Altman« und »Gründungsmitglied von OpenAI« vor und teilte ihm die Erkenntnisse aus den Fokusgruppen mit Wählerinnen und Wählern aus

New Hampshire, Michigan und South Carolina mit. Laut einer zuverlässigen Quelle waren diese Ergebnisse und Krisiloffs Verbindung zu Altman teilweise ausschlaggebend dafür, dass Phillips sich zu einer Kandidatur entschloss. Schmidt seinerseits wollte wissen, wer die Forschungen finanziert hatte. Darauf angesprochen, wechselten die Krisiloffs rasch das Thema. Schmidt hakte nach. »Es kam nur ›bla, bla, bla, bla, bla‹«, erinnerte sich Schmidt. Er fragte ein drittes Mal. »Und wer bezahlt jetzt dieses verdammte Zeug?« Aus Sorge vor Verstößen gegen das Bundeswahlgesetz musste Schmidt schließlich den Rechtsberater der Kampagne bitten, die Brüder anzurufen. »Wie sich herausstellte, zahlte Sam Altman dafür«, sagte Schmidt. (Matt Krisiloff erklärte, dass Altman zu dem Zeitpunkt, als sie für Phillips arbeiteten, die Recherchen nicht mehr finanzierte, schwieg sich aber darüber aus, wer sonst.)

Einige Tage vor dem Start seiner Kampagne führte Phillips ein Videotelefonat mit Altman, in dem dieser, wie Schmidt sich erinnerte, Geld und Unterstützung zusagte. Der *Atlantic*-Reporter Tim Alberta, Zeuge des Gesprächs, schrieb in einem Artikel vom 27. Oktober 2023, ein »Tech-Mogul, der in der Woche vor dem Start mit Phillips im Gespräch war, beabsichtigt, am Freitag öffentlich seine Unterstützung bekanntzugeben«.[361] Doch dazu kam es nie. Am Ende verzichtete Altman bei dieser Wahl auf die offizielle Unterstützung eines Kandidaten. Stattdessen twitterte er als Reaktion auf die Ankündigung von Phillips: »das ist interessant, und ich denke, es kommt dem nahe, was die mehrheit der wähler tatsächlich will: einen vernünftigen kandidaten der politischen mitte, der antritt 1) für eine starke wirtschaft und erschwingliche Preise, 2) mit dem fokus auf sicherheit und 3) für einen generationenwechsel. bin gespannt, was passiert.«[362]

Schmidt war verärgert darüber, dass Altman sich so bedeckt hielt. »Da waren diese beiden Typen, die als seine

Kontaktpersonen fungierten, zwei echt schräge Vögel, und dann diese Geheimniskrämerei«, sagte Schmidt. In der ersten Novemberwoche lud Altman Phillips laut dem Online-Magazin *Puck* zu sich nach Hause ein, wo sie über alles Mögliche sprachen, von Bidens Umfragewerten bis hin zum Stand von Phillips' Wahlkampfvorbereitungen in New Hampshire – die Ergebnisse in diesem Bundesstaat gelten als wichtiger Indikator für die Erfolgsaussichten eines Kandidaten – und den weiteren Aussichten.[363] »Altman hat ihm eine Menge Versprechungen gemacht«, sagte Schmidt. »Kein einziges hat er gehalten.« Im März 2024 schied Philipps aus dem Rennen, nachdem er die Vorwahl in seinem Heimatstaat verloren hatte.

Aus Altmans Sicht war das Problem nicht einfach, dass Biden zu alt war – auch wenn das für jemanden, der im Umfeld von YC hauptsächlich mit jüngeren Leuten zu tun gehabt hatte, sicherlich eine Rolle gespielt haben dürfte. Entscheidend war, dass es ihm an *Inspiration* fehlte. Sein politisches Programm war in Ordnung, aber er schien nicht imstande, den großen Wurf für die Zukunft Amerikas vorzulegen, der die Menschen mitnahm. Ihm fehlten der Biss und eine Vision. Da war beispielsweise der CHIPS and Science Act, ein Gesetz, das die Halbleiterindustrie in die USA zurückholen sollte, wofür aber nur magere dreiundfünfzig Milliarden Dollar vorgesehen waren. In den Augen von Altman fehlte da nicht bloß eine Null, sondern gleich zwei.

Wie ernst es ihm damit war, zeigen Altmans verstärkte Gespräche mit Investoren in den Vereinigten Arabischen Emiraten und anderswo sowie mit US-Regulierungsbehörden und asiatischen Chipherstellern über die Finanzierung eines massiven Ausbaus der weltweiten Chipproduktion, von Rechenzentren und der Energieversorgung. Nach Recherchen des *Wall Street Journal* ging es dabei um ein Volumen von sieben Billionen Dollar – eine Zahl, die so schwindelerregend hoch schien, dass umgehend Spötter auf den Plan traten. (Zum Vergleich: Der weltweite Umsatz mit Halbleitern belief sich 2023 auf etwa eine halbe Billion Dollar, der Wert von Apple und Microsoft zusammen auf sechs Billionen Dollar.) Altman legte sogar noch einen drauf und postete »fk it why not 8«.[364] Im *Lex Fridman Podcast* wollte er allerdings keine Zahlen bestätigen, sondern sprach von einer »Falschinformation«. Doch schon im nächsten Atemzug plädierte er für eine massive Erhöhung der Investitionen in die schiere Rechenleistung. »Nach meiner Überzeugung wird Rechenleistung die Währung der Zukunft sein«, sagte er. »Ich denke, sie entwickelt sich zur vielleicht wertvollsten Handelsware der Welt.« Der Nutzen, den uns KI bringen könne, hänge letztlich davon ab, ob sie zu einem günstigen Preis zu haben sei – ein Problem, zu dessen Lösung er mit Helion einen Beitrag leisten wolle.[365]

Beim Thema Regulierung von KI, für das sich Altman nicht nur vor einem Senatsausschuss in Washington starkgemacht hatte, sondern für das er auch auf der ganzen Welt um Unterstützung warb, blieb sein Verhältnis zur Biden-Regierung etwas unklar. Am 30. Oktober 2022 unterzeichnete Präsident Biden eine Präsidialverfügung zur KI. Als erste echte KI-Regulierung der USA löste sie die freiwilligen Verpflichtungen ab, die OpenAI und andere Big-Tech-Unternehmen im Frühjahr eingegangen waren. OpenAI hatte bei der Ausarbeitung kräftig mitgemischt. Protokollen ist zu entnehmen, dass Altman das Weiße Haus im Jahr 2024 vier Mal besuchte. Doch als die Verfügung schließlich unterzeichnet wurde, verhielt sich OpenAI auffallend still, während aus den Führungsetagen von Google und Microsoft umgehend Zustimmung vermeldet wurde. Zu den wichtigsten Maßnahmen der Verfügung gehörte die Einrichtung des US AI Safety Institute, angesiedelt in einer Abteilung des Handelsministeriums, dem National Institute of

Standards and Technology (NIST). Später war dort der ehemalige OpenAI-Forscher Paul Christiano für KI-Sicherheit zuständig – zur Vermeidung von Interessenkonflikten gab er dafür seinen Posten im Long-Term Benefit Trust von Anthropic auf. Als Altman sich schließlich zu der Präsidialverfügung äußerte, klang er verhalten positiv. Sie enthalte »einige großartige Passagen«, er warnte aber zugleich, die Regierung müsse vorsichtig sein, »um nicht die Innovation kleinerer Unternehmen/Forschungsteams auszubremsen«.[366]

Die Präsidialverfügung trug weniger die Handschrift von OpenAI als die der Milliardärinnen und Milliardäre aus den Kreisen des effektiven Altruismus. Diese unterhielten ein riesiges Netzwerk von Denkfabriken, Instituten und Stipendien – mit einigem Zynismus könnte man es als den industriellen Komplex der KI-Weltuntergangspropheten bezeichnen. Auch die 1946 gegründete RAND Corporation, die historisch erste Denkfabrik, die der Regierung in Washington zuarbeitete, hatte starken Einfluss ausgeübt. Sie hat in den letzten Jahren etliche Millionen Dollar von Open Philanthropy erhalten und wird seit 2022 von Jason Matheny geleitet, der sich zum effektiven Altruismus bekennt. Matheny saß nicht nur im Long-Term Benefit Trust von Anthropic, als er zu RAND ging, er rekrutierte auch Toner für CSET und McCauley für RAND. Laut einem Audiomitschnitt, der *Politico* zugespielt wurde, erklärte Matheny vor der versammelten RAND-Belegschaft, der Nationale Sicherheitsrat, das Verteidigungsministerium und das Department of Homeland Security seien »in großer Sorge wegen der enormen Risiken zukünftiger KI-Systeme und haben bei RAND mehrere Analysen in Auftrag gegeben«. Zu den umstrittensten Bestimmungen, die die RAND-Forschenden durchsetzen konnten, gehörte die Verpflichtung der Unternehmen, der Regierung über die Entwicklung fortgeschrittener Modelle Bericht zu erstatten.[367]

Aber die Handschrift von RAND in Bidens Dekret offenbarte nur einen kleinen Teil des weitgehend unsichtbaren Einflusses, den der effektive Altruismus in Washington gewonnen hatte. Die Warnung, die Peter Thiel im Herbst 2023 gegenüber Altman in einem angesagten japanischen Restaurant von Los Angeles ausgesprochen hatte, dass nämlich Yudkowskys Jünger und gleichgesinnte effektive Altruisten einen großen Teil von OpenAI übernommen hätten, begann sich zunehmend auch für die Hauptstadt der Nation zu bewahrheiten. KI wurde dort allmählich zu einem politischen Thema, bei dem sich bereits erste Frontlinien abzeichneten, die allerdings noch nicht klar an den Parteidifferenzen ausgerichtet waren: auf der einen Seite OpenAI, auf der anderen ein ausgedehntes, gut finanziertes, von den effektiven Altruisten geknüpftes Netzwerk von Macherinnen und Machern sowie von Influencerinnen und Influencern.

Um in diesem Kampf bestehen zu können, hatte OpenAI DLA Piper angeheuert, eines der weltweit führenden Lobby-Unternehmen. Es sollte Altman darin schulen, wie man Washington umgarnt. Die Top-Kanzlei Akin Grump Strauss Hauer & Feld, zu deren Anwälten ein ehemaliger Rechtsberater von Chuck Schumer, dem demokratischen Mehrheitsführer im Senat, gehörte, wurde zur Unterstützung bei der Lobbyarbeit in Sachen KI-Regulierung hinzugezogen. Zudem setzte man auf einen firmeneigenen Spitzen-Lobbyisten, der zuvor schon Microsoft vertreten hatte.[368, 369] Doch zugleich wandten die dem effektiven Altruismus nahestehende gemeinnützige Organisation Open Philanthropy, die von Facebook-Gründer Dustin Moskovitz finanziert wird, sowie eine von Skype-Gründer Jaan Tallinn unterstützte Organisation riesige Summen für die Gründung von Denkfabriken und Lobby-Organisationen auf und schleusten eine ganze Legion loyaler Mitarbeiterinnen und Mitarbeiter in einflussreiche Washingtoner Positionen.

»Die Summen, die sie da reingesteckt haben, sind in der Technologiepolitik beispiellos«, sagte Daniel Castro, Vizepräsident der überparteilichen Information Technology and Innovation Foundation, früher Analyst für das Government Accountability Office, den Rechnungshof der USA. »Wer erklärte, eine Denkfabrik gründen zu wollen, die sich mit den existenziellen Risiken der KI beschäftigte, der fand dafür auch das nötige Geld. Und so gab es eine Menge Leute, die ihre Hand aufhielten und sagten: ›Ja, ich mache das.‹ Das hat einiges in Bewegung gebracht.«

Castro sagte, dass Open Philanthropy und Tallinn die Wirkung ihres Geldes maximierten, indem sie namhafte Organisationen infiltrierten, die bereits über Einfluss verfügten. Außer der RAND Corporation gehörten dazu das CSET an der Georgetown University in Washington oder auch das Future of Life Institute im englischen Oxford. »Das sind Namen mit einer Geschichte und gewachsenen Verbindungen«, sagte er. Neu war nur die Agenda. »RAND spielte bis vor wenigen Jahren in solchen technologiepolitischen Diskussionen keine große Rolle. Das war einfach nicht ihr Ding.«

Für Kontroversen sorgte, dass das Horizon Institute for Public Service – unterstützt von Open Philanthropy und Tallinns Lightspeed Grants – ein wenig bekanntes Bundesgesetz ausnutzte, um handverlesene »Stipendiaten« in einflussreichen Büros des Kongresses und der Exekutive der US-Regierung unterzubringen. Die Horizon-Website listet Dutzende von Mitarbeitenden auf, die Posten in den Teams von Gesetzgebern erhielten und an der Formulierung von KI-Gesetzen mitwirkten, andere wurden in der Exekutive platziert, vom Nationalen Sicherheitsrat bis zum Verteidigungsministerium.

Open Philanthropy und Tallinn finanzierten auch direkt Washingtoner Lobbygruppen wie das Center for AI Policy, das in einem Beitrag auf dem populären EA-Forum *GreaterWrong*

2023 als »neue Organisation mit Sitz in DC zur Entwicklung und Förderung einer Politik, die das Risiko katastrophaler Folgen der KI verringert«, mit dem Schwerpunkt »Aufbau von Kapazitäten in der US-Regierung« vorgestellt wurde. Ende 2023 postete Jason Green-Lowe, der spätere Geschäftsführer von CAIP, auf dem verwandten Forum *LessWrong*, dass seine Gruppierung bereits mit mehr als fünfzig Mitarbeitenden des Kongresses Gespräche geführt habe und in den »Entwurf eines Mustergesetzes« eingebunden sei. Ein Mitgründer von CAIP, Thomas Larsen, war zuvor KI-Sicherheitsforscher am von Yudkowsky gegründeten Machine Intelligence Research Institute gewesen.

Green-Lowe unterstützte weitgehend das jüngste Dekret des Weißen Hauses zur KI, fand es allerdings lächerlich, dass das KI-Sicherheitsinstitut bei NIST lediglich zehn Millionen Dollar erhalten sollte. »Da gibt ja Singapur mehr Geld aus«, sagte er und verwies auf einen Bericht der *Washington Post*, dem zufolge Mitarbeitende am amerikanischen NIST ihre Büros wegen Schimmelbefalls räumen mussten, während manche Forschende »in ihren Laboren schlafen, um ihre Arbeit im Falle eines der häufigen Stromausfälle sichern zu können«. Einige Mitarbeitende, so der Artikel weiter, »müssen Festplatten zwischen Gebäuden hin und her tragen; das unzuverlässige Internet macht die Versendung großer Dateien unmöglich … andere zwingt das undichte Dach dazu, Plastikplanen auszubreiten«. Auch sollen sich Tiere im Gebäude eingenistet haben, sogar von einer Schlange war die Rede.[370]

Green-Lowe, der sich als »altruistischer Anwalt« bezeichnet, hatte in Harvard studiert und sich für KI zu interessieren begonnen, nachdem er einfache maschinelle Lernmodelle zur Bearbeitung von Mietrechtsfällen entwickelt hatte. Seine Organisation, so sagt er, kämpfe für das Gute, indem sie eine verantwortungsvolle Entwicklung der KI sicherzustellen versuche.

»Letztlich steht hier die ganze Welt auf dem Spiel«, sagte er. »Denn wenn man etwas erschafft, das schneller, intelligenter und billiger ist, als wir selbst es sein können, wird es die Steuerung der Zukunft übernehmen. So weit sind wir zwar noch nicht, aber ich habe den Eindruck, dass wir uns unaufhaltsam darauf zubewegen.«

Noch Monate nach dem »Blip« bewegte Altman sich wie ein Schlafwandler durch seine Tage. Die Attacke hatte ihn tief gekränkt. Dass er auf manche etwas seltsam wirkte, hatte er schon in seiner Collegezeit immer als eine Superkraft betrachtet, die ihm eine gewisse Freiheit verschaffte. Er fand es schade, dass das für die Generation nach ihm kaum mehr möglich schien, da das Trauma der Finanzkrise alle zu gehorsamen Karrieristen werden ließ, sofern sie nicht von der Technologiebranche aufgesaugt wurden, weil die anschwellende Blase ihnen keine andere Wahl ließ. »Zu den Dingen, die ich an der Uni gelernt habe, gehört Unabhängigkeit«, sagte er bei unserem ersten Gespräch Anfang 2023. »Es ist völlig in Ordnung, verrückte Ideen zu haben. Man muss nicht superkonformistisch sein. Und Stanford bot zu dieser Zeit ein total verrücktes Umfeld, das war cool. Mir hat das sehr geholfen. Und jetzt, so scheint mir, haben alle Angst, aus der Reihe zu tanzen, Angst, irgendwas zu tun, das ihren Rauswurf zur Folge hat, Angst, seltsam zu sein.« Als Sohn von Jerry Altman liebte er nun mal nichts mehr als eine kreative Finanzstruktur, die private und öffentliche Aspekte verknüpfte.

Als jedoch im März 2024 die Untersuchung des Blips zu dem Ergebnis kam, dass Altman keinerlei Fehlverhalten zur Last gelegt werden konnte, wodurch ihm die Rückkehr in den Vorstand offenstand, wurde ihm klar, dass die ungewöhnliche Struktur des Unternehmens und sein exzentrischer Verzicht auf Unternehmensanteile nicht zu halten sein würden. Kein

Investor und keine Investorin würde Geld in ein Unternehmen stecken, das zu einer Selbstsabotage neigte, wie OpenAI sie gezeigt hatte – und Geld brauchte OpenAI, und zwar viel Geld. Das Unternehmen hatte bereits ein riesiges KI-Geschäft aufgezogen, das irgendwie sogar größer als das von Microsoft geraten war, und hatte seine Mitarbeitendenzahl im Jahr nach dem Blip mehr als verdoppelt. Dabei überstiegen die Ausgaben von OpenAI Jahr für Jahr weiterhin die Einnahmen – und zwar um einige Milliarden. Das Unternehmen hatte auf absehbare Zeit Altmans Fundraising-Talent bitter nötig.

Altman war fest entschlossen, OpenAI die Seltsamkeit gründlich auszutreiben.

Als Erstes begann er damit, die effektiven Altruisten loszuwerden.

Im Bemühen um mehr Normalität ersetzte OpenAI eine Reihe Vorstandsmitglieder durch erfahrene Kräfte, darunter die ehemalige Präsidentin von Sony Entertainment, Nicole Seligman, die jahrelang auch im Vorstand von Paramount Global gesessen hatte, und Dr. Sue Desmond-Hellmann, ehemals CEO der Bill and Melinda Gates Foundation, die auch schon bei Facebook und Pfizer im Vorstand tätig gewesen war. Außerdem wurden Richtlinien zum Umgang mit Interessenkonflikten eingeführt, um zu verhindern, dass Altmans sonstige Geschäftsaktivitäten noch einmal zu einer solchen Vertrauenskrise führten.

»Weil das alles viele Fragen aufwarf, besorgten wir uns rechtlichen Beistand und legten eine Reihe von Standardprozeduren fest, um im Zweifelsfall Überprüfungsmöglichkeiten zu haben«, erklärte Larry Summers. »Sam legte großen Wert darauf, das alles sehr genau zu machen.«

Nach der Prüfung von 30.000 Dokumenten und der Befragung von Dutzenden von Personen kam die externe Anwaltskanzlei WilmerHale zu dem Schluss, dass der alte Vorstand bei der Entlassung von Altman zwar im Rahmen seiner Befugnisse gehandelt hatte, fand aber andererseits nichts, was seinen Rauswurf unerlässlich gemacht hätte.

»Nach Abschluss der WilmerHale-Prüfung hat sich unsere unternehmerische Beurteilung geändert, da wir nun überzeugt waren, dass es in den Unterlagen nichts gab, was die Angemessenheit seines Verbleibs als CEO infrage gestellt hätte«, sagte Summers.

Trotzdem ging Altman nach Abschluss dieser Geschichte in sich. Er wollte verstehen, wodurch er das Vertrauen des Vorstands verloren hat. Ihm wurde klar, dass die gemeinnützige Struktur zu einer Instabilität von OpenAI führte, die auf Dauer nicht zu vertreten war. Die beste Lösung schien, die Sache nach dem Muster einer Public Benefit Corporation aufzuziehen – eines gewinnorientierten Unternehmens, das von seiner rechtlichen Struktur her neben der Gewinnerzielung auch einen gesellschaftlichen oder ökologischen Auftrag hat. Allerdings hegte er die Befürchtung, dies könne manche nur noch skeptischer machen.

»Wir befinden uns in einem dauernden Lern- und Anpassungsprozess, was wir tun, ändert sich ebenfalls ständig, und ich versuche stets, mir dafür so viel Raum wie möglich zu lassen, woran sich einige stören. Aber manchmal lasse ich mir nicht genügend Raum, und wir müssen etwas anders machen als ursprünglich geplant. Und ich denke, dass Dinge wie die Gründung eines Non-Profit-Unternehmens und dann die nachträgliche Einführung einer Gewinnobergrenze sowie anschließend die Feststellung: ›Na schön, selbst das funktioniert nicht, wir brauchen eine Public Benefit Corporation‹ – so sehr ich überzeugt bin, dass das, was wir da vorhatten, als Struktur wahrscheinlich funktioniert hätte –, das alles zusammen hat die Leute einfach aufgebracht.«

Niemand war jedoch so aufgebracht wie Elon Musk. Kaum war Altman durch die Untersuchung entlastet worden, verklagte Musk ihn und OpenAI unter dem Vorwurf, den gemeinnützigen Auftrag des Unternehmens verraten zu haben. »OpenAI wurde in ein Unternehmen mit Closed-Source-Ansatz umgewandelt und ist nun de facto Tochtergesellschaft des größten Technologieunternehmens der Welt: Microsoft«, lautete der Vorwurf der Klage. »Unter seinem neuen Vorstand entwickelt es nicht nur eine AGI, sondern richtet sie auch noch spezifisch darauf aus, die Gewinne von Microsoft und nicht das Wohl der Menschheit zu maximieren.«[371] OpenAI konterte, Musk beschwere sich aus reiner Missgunst, und verwies darauf, dass er mit seinem eigenen Unternehmen selbst an der Kommerzialisierung von KI arbeite. Aber eine berechtigte Frage blieb: Was war aus den fünfzig Millionen Dollar Startkapital von Musk für das ursprüngliche Non-Profit OpenAI geworden? Hatten sie sich einfach in Luft aufgelöst? Sollte Musk denn gar nichts dafür bekommen, dieses Ungeheuer aus der Taufe gehoben zu haben?

Sutskever war seit dem Blip abgetaucht – so tief, dass die Frage »Wo ist Ilya?« zu einem Internet-Meme wurde. Es kamen sogar Gerüchte auf, er und Murati hätten sich in die Antarktis abgesetzt. Lex Fridman fragte Altman im März 2024 nur halb im Scherz, ob Sutskever in eine gut bewachte Nuklearanlage verschleppt worden sei. In Wirklichkeit standen er und das Unternehmen bereits in Verhandlungen darüber, unter welchen Bedingungen er bei OpenAI bleiben könnte. Sutskever mochte den Putsch geplant haben, doch OpenAI war sein Lebenswerk, und als er sah, dass das Unternehmen am Rande des Zusammenbruchs stand, wollte er seinen Beitrag leisten, um das zu verhindern. Viele sahen in ihm ein Vorbild, was ihm selbst nicht weniger bewusst war als der Führung von OpenAI.

Schließlich war er der spirituelle Guru der Singularität, dessen Forschungsarbeit solch starke Behauptungen wie »in der Zukunft wird es offensichtlich werden, dass der einzige Zweck der Wissenschaft seit jeher darin bestanden hat, die AGI zu entwickeln« untermauert hatte.[372] Die gesamte Welt der KI-Forschung sah zu ihm auf. Er hatte nun schon zwei Jahre hintereinander den begehrten, auf der NeurIPS-Konferenz verliehenen Test of Time Award für eine zehn Jahre alte Publikation erhalten, und er war im Begriff, ihn ein drittes Mal zu bekommen.

Auch der nächste große Sprung des Unternehmens, ein Reasoning-Modell mit dem internen Codenamen »Strawberry«, das noch im gleichen Jahr veröffentlicht werden sollte, baute auf Sutskevers Pionierarbeit auf. OpenAI unterbreitete Sutskever ein großzügiges Angebot, um ihn zu halten, und er war auch schon fast bereit, es anzunehmen. Doch dann gab er am 14. Mai 2024 bekannt, dass er das Unternehmen doch verlassen wolle, um ein »persönlich bedeutsames Projekt« zu verfolgen. Altman, Brockman, Murati und Pachocki ließen sich ihre Enttäuschung nicht anmerken, als sie schließlich zur Verabschiedung Arm in Arm mit Sutskever vor dessen Tiergemälden posierten. Musk, der im Jahr zuvor gegenüber CNBC erklärt hatte, Sutskever sei der »Architekt des letztendlichen Erfolgs von OpenAI«, versuchte sofort, ihn anzuwerben.[373]

Am folgenden Tag verließ auch Jan Leike, der im Jahr zuvor zusammen mit Sutskever das Superalignment-Team aufgebaut hatte, OpenAI. Er vermeldete einfach ohne jede weitere Erläuterung auf X: »Ich habe gekündigt.«[374] Bevor Leike sich bei OpenAI mit Alignment beschäftigte, hatte er bei DeepMind und dem Future of Humanity Institute gearbeitet. Ihn trieb vor allem eine Frage um, die zuvor ähnlich Eliezer Yudkowsky aufgeworfen hatte: »Wenn es [das KI-System] viele Fakten weiß, ist das nicht besonders beängstigend, wichtig zu wissen ist allerdings, ob uns das System anlügen wird, wenn wir ihm einen Teil oder am Ende auch vielleicht die gesamte Alignment-Forschung überlassen. Wird es versuchen, uns zu täuschen? Wird es die Gelegenheit nutzen und danach streben, die Kontrolle zu übernehmen? Schon jetzt macht es so viel, dass wir nicht mehr [alles] überprüfen können«, erklärte er gegenüber Daniel Filan in dessen Podcast. Filan, ein Doktorand aus Berkeley, ist Schüler von Stewart Russell, der KI als eine potenziell »zivilisationsbeendende« Technologie bezeichnet hat.[375] Ein paar Tage später erklärte Leike, sein Team hätte in den vergangenen Monaten »mit Gegenwind zu kämpfen« und teilweise Mühe gehabt, die benötigte Rechenleistung zu erhalten. »Die Entwicklung von Maschinen, die den Menschen an Intelligenz übertreffen, ist ein gefährliches Unterfangen. OpenAI trägt eine enorme Verantwortung für die gesamte Menschheit«, schrieb er. »Aber in den letzten Jahren ist die Sicherheitskultur zugunsten glitzernder Produkte vernachlässigt worden.«[376] Wenig später ging er zu Anthropic. Das Superalignment-Team wurde aufgelöst, einige Mitarbeitende übernahmen andere Aufgaben, und etliche Sicherheitsspezialisten verließen OpenAI.

Dabei stellten sie mit ungläubigem Entsetzen fest, dass das Unternehmen, das in seinem Namen »OpenAI« die Transparenz wortwörtlich im Schilde führte, sie davon abhalten wollte, ihre Bedenken mit der breiten Öffentlichkeit zu teilen, indem es ihnen drohte, die ihnen zustehenden Unternehmensanteile zurückzufordern, sollten sie nicht eine äußerst restriktive Vertraulichkeitsvereinbarung unterzeichnen. Dies geriet zum folgenschwersten Skandal des Unternehmens, der aufs Spiel setzte, was OpenAI so erfolgreich gemacht hatte: die Fähigkeit, die besten und klügsten KI-Forschenden und KI-Ingenieure und -Ingenieurinnen zu rekrutieren. Die *Vox*-Reporterin Kelsey Piper, die diesen Vorgang ans Licht der Öffentlichkeit brachte, stellte fest, dass dergleichen Verschwiegenheitsvereinbarungen angesichts der harten Konkurrenz im Silicon Valley nicht ungewöhnlich seien, wohl aber die Drohung, bereits erworbene Anteile zurückzufordern, wenn jemand sie beim Ausscheiden nicht unterschreiben will.[377] Altman twitterte, dass das Unternehmen nie Anteile zurückgefordert habe und dass die entsprechende Forderung in den Aufhebungsverträgen ein Fehler gewesen sei: »das geht auf meine kappe und gehört zu den wenigen dingen, die mir aus meiner leitungsfunktion bei openai peinlich sind: ich wusste davon nichts, hätte es aber wissen sollen.«[378]

Das Unternehmen berief eine Betriebsversammlung zu diesem Thema mit einer anschließenden Fragerunde ein, doch das Verhältnis zur Gemeinschaft der Forscherinnen und Forscher hatte dauerhaft Schaden genommen. »Jedes Unternehmen, das sich schnell entwickelt, macht Fehler und begeht Dummheiten«, sagte Altman. »Aber von allen Fehlern ist dies definitiv derjenige, der mich am meisten schmerzt. Es war für uns alle emotional sehr schmerzhaft. Das ist einfach nicht die Art von Unternehmen, die wir sein wollen.«

Nicht nur in der Welt der KI-Sicherheit, auch in der Community der Kunstschaffenden und Kreativen bekam der Ruf von OpenAI bald einen Knacks. Google hatte seine jährliche Entwicklerkonferenz, Google I/O, für den 14. Mai 2024 angesetzt. Dort wollte das Unternehmen die jüngsten Fortschritte seines KI-Modells vorstellen, das inzwischen in Gemini umbenannt worden war. Damit hatte auch OpenAI eine Deadline, um etwas auf die Beine zu stellen, was für Schlagzeilen sorgte. Wochenlang kursierten Gerüchte, es könnte vielleicht zum Release des lang erwarteten GPT-5 kommen, oder der Präsentation einer Suchmaschine, welche die verschiedenen Content-Lizenzvereinbarungen nutzen würde, die OpenAI mit Unternehmen wie News Corp und Axel Springer geschmiedet hatte. Stattdessen wurde ein Update von GPT-4 mit der Bezeichnung GPT-4o veröffentlicht, das schneller als sein Vorgänger und, wie Altman es ausdrückte, »nativ multimodal« war, es konnte also zwischen Text, Bildern und Audio umschalten. Die Sprachfunktion von GPT-4, die im Herbst zuvor veröffentlicht worden war, sich aber für den tatsächlichen Einsatz als zu langsam und schwerfällig erwies, konnte nun die Art von Dialoggeplänkel führen, wie Hollywood es in dem Film *Her* zeigt. Dort verliebt sich ein schüchterner Mann, gespielt von Joaquin Phoenix, in ein Sprachassistenzsystem mit einer sexy Stimme, gesprochen von Scarlett Johansson. Murati übernahm diese Rolle in der von OpenAI veröffentlichten Video-Demo, in der sie in ihrem fließenden Italienisch und mit ihrer warmen, rauchigen und leicht koketten Stimme die Echtzeit-Übersetzungsfähigkeiten von GPT-4 demonstrierte, dargestellt durch einen pulsierenden Kreis auf einem Smartphone-Bildschirm. Um zu unterstreichen, dass es OpenAI gelungen war, das Erlebnis eines modernen Science-Fiction-Klassikers nachzustellen, twitterte Altman »her«.[379]

Die Sache wurde ein viraler Hit – und so erfuhr Johansson bald von Freunden, dass eine der fünf Stimmoptionen, die man bei GPT-4 wählen konnte, offenbar ihre war. Als sie sich die Sache mit ihrem Agenten Bryan Lourd anschaute, waren sich beide einig, dass die Stimme, die Sky genannt wurde, ihrer eigenen »unheimlich ähnlich« klang. Innerhalb weniger Tage veröffentlichte Johansson eine vernichtende Erklärung, in der sie sagte, Altman habe sie schon vor Monaten für seinen Sprachassistenten zu engagieren versucht, sie habe aber abgelehnt. Nur zwei Tage vor der Veröffentlichung von GPT-4 habe er über ihren Agenten erneut angefragt, ob sie es sich nicht noch einmal überlegen wolle. Sie drohte nun mit rechtlichen Schritten. OpenAI sagte, es sei nicht beabsichtigt gewesen, dass die Stimme von Sky wie die von Scarlett Johansson klinge, außerdem sei sie schon vor Altmans Anfrage mit einer anderen Schauspielerin aufgenommen worden. Trotzdem entfernte OpenAI die Sky-Stimme aus dem Angebot.

Für meine Ohren klingt die Stimme von Sky nicht allzu sehr nach der von Scarlett Johansson in *Her*, und die angedrohte Klage wurde zumindest bis zur Abfassung dieses Buchs nie eingereicht. Doch Altmans durchsichtiger Versuch, die Popularität eines Science-Fiction-Films zu nutzen, um ein Produkt seines Unternehmens zu verkaufen, ohne sich um die Erlaubnis der beteiligten Künstler und Künstlerinnen zu scheren, sorgte für Unmut. Der Fall wurde rasch zum Sinnbild für das allgemeinere Problem, wie diese Sprachmodelle überhaupt zustande kommen: durch das Abgreifen kreativer Arbeiten aus dem Internet ohne Erlaubnis oder Bezahlung. Seit der Veröffentlichung von ChatGPT im November 2022 kam es zu einer Reihe von Klagen durch bildende Künstlerinnen und Künstler, Autorinnen und Autoren, Musikerinnen und Musikern und anderen Kreativen, die OpenAI und weiteren Big-Tech-Unternehmen, die KI-Modelle herausbrachten, vorwarfen, sie hätten ihre Arbeiten gestohlen. Ende 2023, nach monatelangen Bemühungen zur Aushandlung eines Content-Lizenzierungsabkommens mit OpenAI und Microsoft, reichte die Muttergesellschaft der *New York Times* eine viel beachtete Klage gegen beide Unternehmen ein. »Die Beklagten haben effektiv Milliarden Dollar eingespart, die die Times in die Schaffung dieses Werkes investiert hat, indem sie es ohne Erlaubnis oder Kompensation genutzt haben«, heißt es in der Klageschrift.[380] Lourd äußerte ähnlich tiefes Unbehagen in einer Erklärung zur Johansson-Affäre. »Entscheidend ist hier, wie sich diese Unternehmen gegenüber den eigentlichen Personen und Schöpfenden verhalten – es geht um Anerkennung ihrer Urheberschaft, Einholung ihrer Zustimmung und eine entsprechende Vergütung«, sagte er. »Es ist noch nicht zu spät für diese Unternehmen, das Tempo zu drosseln und Prozesse zu etablieren, die dafür sorgen, dass ihre Produkte transparent, ethisch und verantwortungsvoll entwickelt werden.«[381]

OpenAI musste dringend etwas gegen diese zunehmend schlechten Schlagzeilen unternehmen. Man versuchte, Sutskever zurückzugewinnen, weil man sich sorgte, es könnte weitere Kündigungen nach sich ziehen, dass er und Leike gegangen waren. Kaum eine Woche nach seinem Weggang riefen Murati und Brockman ihn an und eröffneten ihm, OpenAI drohe, ohne ihn zu kollabieren. Brockman meinte, dass vielleicht auch Leike wieder dabei wäre, falls sich Sutskever zu einer Rückkehr entschließe, und dass dies letztlich auch Altman helfen würde, dessen Glaubwürdigkeit durch die Affäre um die Verschwiegenheitsklausel gelitten hatte. Murati, Brockman, Pachocki und am Ende auch Altman besuchten Sutskever persönlich zu Hause und umwarben ihn.

Tatsächlich begann Sutskever ernsthaft über eine Rückkehr nachzudenken, hatte aber auch Bedenken, die er Brockman mitteilte. Dieser änderte nur wenige Stunden später seinen Kurs. In Anerkennung der emotionalen Tortur, die Sutskever durchgemacht hatte, überreichten ihm Altman, Brockman, Murati und Pachocki ausführliche handschriftliche Entschuldigungen, in denen sie ihm auch dafür dankten, dass er überhaupt eine Rückkehr in Erwägung zog, um dem Unternehmen in dieser Stunde der Not zu helfen. Anna Brockman brachte ihm sogar einen Kaktus, seine Lieblingspflanze.

Doch am Ende blieb Sutskever bei seiner Entscheidung, OpenAI zu verlassen, weil er befürchtete, dass das Führungsteam zu chaotisch und instabil war, um auf lange Sicht Erfolg zu haben. Einige Wochen später kündigte Sutskever zusammen mit seinem ehemaligen YC-Partner Daniel Gross und dem früheren OpenAI-Ingenieur Daniel Levy die Gründung von Safe Superintelligence Inc. (SSI) an. Sutskever bezeichnete es in einem Post auf X als »das weltweit erste SSI-Labor mit einem einzigen Ziel und einem einzigen Produkt: eine sichere Superintelligenz«, und fügte hinzu: »Unser singulärer Fokus bringt es mit sich, dass wir keinen Managementaufwand für Produktzyklen betreiben müssen.«[382] Es werde keine »Produkte« geben, zumindest anfangs nicht. Innerhalb weniger Monate sammelte das Unternehmen eine Milliarde Dollar von Sequoia Capital und anderen Investorinnen und Investoren ein. Als OpenAI schließlich das Reasoning-Modell vorstellte, für das das Team drei Jahre zuvor gegründet worden war – anfangs trug es den Codenamen »Strawberry«, später wurde es in o1 umbenannt –, wurde Sutskevers Name lediglich als einer von Dutzenden in der Ankündigung erwähnt.

Was Sam Altman betrifft: Der einstige Liebling des Kongresses war zu dessen Buhmann geworden. Im selben Senatssaal, in dem Senator Richard Blumenthal Altman im Jahr zuvor für seine »konstruktive Haltung« gelobt hatte, berichtete das ehemalige OpenAI-Vorstandsmitglied Helen Toner nun darüber, dass ihre Erfahrungen bei OpenAI sie gelehrt hätten, »wie schwach interne Vorkehrungen sein können, wenn Geld im Spiel ist, und warum es unerlässlich ist, dass der Gesetzgeber einschreitet«.

Kurz darauf legte der kalifornische Gouverneur Gavin Newsom sein Veto gegen einen Gesetzentwurf zur KI-Sicherheit ein. Auch OpenAI sprach sich gegen das Gesetz aus, während ihm Anthropic unter der Voraussetzung bestimmter Änderungen zustimmte. Wäre das Gesetz für den Bundesstaat Kalifornien beschlossen worden, hätte dies Technologieunternehmen für Schäden haftbar gemacht, die durch ihre KI-Modelle möglicherweise entstanden. Zu den vehementesten Gegnern des Gesetzesvorhabens gehörte YC-Investor und Business Angel Ron Conway, der sowohl Nancy Pelosi, der Sprecherin des Repräsentantenhauses, als auch Altman seit Langem nahestand.

Pelosi versetzte dem Gesetzentwurf letztendlich den Todesstoß, indem sie sich öffentlich gegen ihn stellte, und es kommt nur selten vor, dass ein Sprecher oder eine Sprecherin des Repräsentantenhauses sich in die Gesetzgebung von Bundesstaaten einmischt. »Die Tech-Branche ist es weder gewohnt, reguliert zu werden, noch herrscht dort die Ansicht, dass sie in irgendeiner relevanten Weise reguliert werden sollte«, sagte der kalifornische Senator Scott Wiener, der den Gesetzentwurf unterstützte. »Sie ist praktisch die einzige Branche, die diese Position vertritt.«

Im Herbst 2024 war OpenAI auf dem Weg, ein gewinnorientiertes Tech-Unternehmen wie alle anderen im Silicon Valley zu werden. Durch die Umstrukturierung könnte Altman beträchtliche Anteile am Unternehmen erhalten. Trotz aller Herausforderungen blieb OpenAI ohne größere Sicherheitspannen an der Spitze der Forschung und schaffte es gleichzeitig, ein wachsendes Geschäft mit mehr als zweihundert Millionen aktiven Nutzerinnen und Nutzern aufzubauen. Im August kündigte Brockman an, sich bis zum Ende des Jahres beurlauben lassen zu wollen, ein Schritt, den Altman unterstützte. Ende September hatten auch Murati, McGrew und Schulman das Unternehmen verlassen. Von den vier Gesichtern von OpenAI, die einst nach der sensationellen Veröffentlichung von ChatGPT die Titelseite von *Wired* geziert hatten – Brockman, Sutskever, Murati und Altman –, war einzig und allein Altman übrig geblieben.

Eine Woche später schloss OpenAI eine Finanzierungsrunde in Höhe von 6,6 Milliarden Dollar bei einer Bewertung von 157 Milliarden Dollar ab, etwa doppelt so viel wie ein Jahr zuvor. Zu den Investierenden gehörten Thrive Capital, Microsoft und MGX, ein von der Regierung der Vereinigten Arabischen Emirate gegründeter KI-Fonds. Sie alle mussten sich verpflichten, OpenAIs Konkurrenten wie Sutskevers SSI, Musks xAI oder Amodeis Anthropic nicht zu finanzieren, wenn sie ihre Rechte auf Insiderinformationen über OpenAI behalten wollten.[383] Es war die größte Risikokapital-Finanzierungsrunde aller Zeiten.

Epilog

»So aufgeregt war ich noch nie in meinem Leben.«

Das Jahr 2024 neigte sich dem Ende zu. Altman und Mulherin freuten sich auf ihr erstes Kind, das, ausgetragen von einer Leihmutter, im März zur Welt kommen sollte – der Beginn der großen Familie, die sich Altman immer gewünscht hatte. Sein Bruder Jack und dessen Frau Julia sollten kurz davor ihr drittes Kind bekommen. Jack hatte gerade die Leitung des Einhorns Lattice abgegeben und über die Risikokapitalgesellschaft der Brüder, Alt Capital, einen Fonds von hundertfünfzig Millionen Dollar aufgelegt. Es war der erste, an dem Sam nicht selbst beteiligt war. Sam sei »jetzt einfach zu bekannt, es ist aus vielerlei Gründen besser, sämtliche potenziellen Konflikte zu vermeiden«, erklärte Jack gegenüber *The Information*. »Er ist jetzt eine wirklich große Nummer.«[384] Max wiederum verließ Alt Capital, um zusammen mit zwei YC-Absolventen seine eigene Risikokapitalfirma Saga Ventures zu gründen. Im Jahr zuvor war er, nach einer kurzen Zeit in Hawaii, von San Francisco nach Austin gezogen, um etwas Abstand zu seinen berühmten Geschwistern zu gewinnen. Annie sprach immer noch nicht mit ihrer Familie, aber mehr als sechs Jahre nach dem Tod ihres Vaters erhielt sie endlich Zahlungen aus dem Treuhandfonds ihres Vaters. Die Familie hatte Anwälte beauftragt, ihr 5.000 Dollar pro Monat zukommen zu lassen. Die Ärzte hatten endlich eine Erklärung für die rätselhafte Kombination von

Symptomen gefunden, die ihr in den vergangenen fünf Jahren das Leben so schwer gemacht hatten: Sie leidet unter dem Ehlers-Danlos-Syndrom, einer Gruppe seltener genetischer Bindegewebserkrankungen. Zum ersten Mal seit Jahren hatte sie auf Hawaii ein stabiles Lebensumfeld gefunden, was es ihr ermöglichte, sich auf eine physiotherapeutische Behandlung zu konzentrieren. »Jetzt bin ich schon drei Monate hier«, sagte Annie im Oktober. »In den letzten zweieinhalb Jahren habe ich nirgendwo drei Monate am Stück verbracht.«

Connie Gibstine ging in einer Erklärung davon aus, dass Annie diese Unterstützung für den Rest ihres Lebens erhalten werde. »Es ist unglaublich schwer, einem Familienmitglied mit psychischen Problemen zu helfen und gleichzeitig zu versuchen, keine schädlichen Verhaltensweisen zu unterstützen«, sagte sie und fügte hinzu: »Annie hat lange Jahre schreckliche, erschütternde und unwahre Behauptungen über unsere Familie aufgestellt. Aus Respekt und Liebe zu ihr haben wir beschlossen, uns dazu nicht öffentlich zu äußern, und hoffen, dadurch ihre Privatsphäre und ihre Würde zu wahren. Aber als Mutter habe ich auch die Verpflichtung, alle meine Kinder zu schützen, deshalb scheint es mir an der Zeit, die Zusammenhänge zu erklären.«

Ende 2024 schickte Annies neuer Anwalt, Ryan Mahoney, Sam ein Schreiben, das die von seiner Mandantin erhobenen Vorwürfe, in ihrer Kindheit sexuell missbraucht worden zu sein, präzisierte und ihm die Möglichkeit einer außergerichtlichen Schlichtung anbot, bevor er die Sache vor Gericht brachte. »Annie hat zweifellos Traumata erlitten, doch gibt es keinerlei Anhaltspunkte dafür, dass ihre psychische Verfassung ihre Anschuldigungen beeinflusst«, sagte er in einer Erklärung und versprach, »im Namen unserer Mandantin dafür zu sorgen, dass Annie die Gerechtigkeit erfährt, die sie verdient, und dass ihre Stimme gehört wird.« Am 6. Januar 2025, zwei Tage vor ihrem dreißigsten Geburtstag – mit dem im Bundesstaat Missouri die Möglichkeit verfällt, sexuellen Missbrauch in der Kindheit vor Gericht zu bringen –, reichte Annie vor einem Bundesgericht in Missouri eine Klage ein, in der sie behauptete, Sam habe sie ab dem Alter von drei Jahren sexuell missbraucht. In einer gemeinsamen Erklärung wiesen Connie, Sam, Max und Jack ihre Anschuldigungen als »absolut unwahr« zurück.[385]

Von allen Seiten bedrängten Altman kritische Stimmen und Gegnerinnen und Gegner. Im Oktober wurde Geoffrey Hinton, der »Godfather der KI«, der Sutskever als Mentor betreut hatte, für seine Arbeiten zum maschinellen Lernen mit dem Physik-Nobelpreis ausgezeichnet. Auf der Pressekonferenz, die die Universität von Toronto kurz nach der Bekanntgabe der Nachricht ausrichtete, dankte Hinton seinen Förderern und Studierenden und fügte überraschend hinzu: »Besonders stolz bin ich darauf, dass einer meiner Studenten Sam Altman gefeuert hat.«[386] Hinton hatte im Mai 2023 seinen Job bei Google gekündigt, um sich kritisch über das KI-Wettrüsten äußern zu können, das OpenAI ausgelöst hatte und dem sich sein Arbeitgeber umgehend anschloss. Aus Sorge vor der Verbreitung von Fake News, dem Verlust von Arbeitsplätzen und letztlich um das Schicksal der Menschheit erklärte er damals gegenüber der *New York Times*: »Ich glaube nicht, dass man das weiter hochskalieren sollte, bis verstanden wurde, ob man es kontrollieren kann.«[387] Nun, mit dem Nobelpreis in der Hinterhand, wurde er noch deutlicher. »Sicherheitsfragen spielten bei der Gründung von OpenAI eine wesentliche Rolle. Hauptziel war es, eine Künstliche allgemeine Intelligenz zu entwickeln und dafür zu sorgen, dass sie keine Gefahr darstellt. Einer meiner ehemaligen Studenten, Ilya Sutskever, war dort der leitende Forscher, und im Laufe der Zeit stellte sich heraus, dass Sam Altman viel weniger an Sicherheit als an Profit interessiert war.«[388]

Altmans Befürchtungen, Biden könne Trump im Wahlkampf nicht schlagen, erwiesen sich als berechtigt. Am Ende konnte es die Demokraten nicht einmal retten, dass sie in den letzten Monaten des Wahlkampfs Vizepräsidentin Kamala Harris als Kandidatin aufstellten. Doch niemand, der an der Gründung von OpenAI beteiligt war, hätte ahnen können, welche Rolle OpenAI-Mitgründer Elon Musk im Endspurt von Trumps Wahlkampf und in den Wochen nach seinem Sieg einnehmen würde. Musk sprang wild auf der Bühne vor den MAGA-Massen herum, ließ sich die Unterstützung des Mannes, dem er zwei Jahre zuvor noch empfohlen hatte, »sich in den Ruhestand zu begeben«, mehr als zweihundertfünfzig Millionen Dollar kosten und wich Trump nach dessen Wahlsieg nicht mehr von der Seite. In der Übergangsphase zog er praktisch in Mar-a-Lago ein und begann, sich als »First Buddy« zu bezeichnen.[389, 390] Kaum hatte Trump die Wahl gewonnen, reichte Musk eine erweiterte Version seiner Klage gegen Altman, OpenAI und Microsoft ein, die im Wesentlichen Hintons Kritik aufgriff.[391] Allen, die sich vielleicht fragten, ob dabei persönliche Gründe eine Rolle gespielt haben könnten, hatte Musk die Antwort schon zwei Wochen zuvor in einem Interview mit Tucker Carlson gegeben: »Ich traue OpenAI nicht. Ich traue Sam Altman nicht. Und ich finde, wir sollten die Kontrolle über die mächtigste KI der Welt nicht jemandem überlassen, der nicht vertrauenswürdig ist.«[392] OpenAI bezeichnete die Klage als ebenso unbegründet wie die bereits zuvor erfolgte, doch eins war diesmal anders: Altman war nun der prominenteste Feind des Mannes, der das Ohr des designierten Präsidenten hatte.

Doch Altman ließ sich von alldem nicht beirren und behielt die Zukunftsziele fest im Blick. Wenn die US-Regierung die Beziehungen zwischen den Vereinigten Arabischen Emiraten und China so bedenklich fanden, dass sie sein sieben Billionen Dollar schweres Projekt zur Entwicklung von Mikrochips, dem Bau von Rechenzentren und Energieinfrastruktur nicht über arabische Investoren laufen lassen wollten, dann würde er eben versuchen, es irgendwie in den Vereinigten Staaten zu realisieren. Vor der Wahl hatte sich das Politikteam von OpenAI mit den Kampagnenteams beider Lager getroffen und auf Investitionen der künftigen US-Regierung in die Infrastruktur gedrängt, um die Kosten für KI so weit herunterzubringen, dass sie wirklich nützlich werden konnte. Ihre Forderungen reichten von der Straffung der Genehmigungsverfahren für Atomreaktoren bis hin zur Finanzierung von Berufsausbildungen für das Management von Rechenzentren. Die Führungskräfte des Unternehmens stellten es als eine Möglichkeit dar, China bei der AGI zuvorzukommen. Das Unternehmen, das gegründet worden war, um ein KI-Wettrüsten zu verhindern, propagierte auf einmal ein solches.

»Technologie hat uns von der Steinzeit zum Agrarzeitalter und dann zum Industriezeitalter gebracht«, schrieb Altman im September 2024 in einem Essay, in dem er argumentierte, dass solche Investitionen notwendig seien, damit die Menschheit ihre Bestimmung erfüllen könne. »Von hier führt der Weg zum Zeitalter der Intelligenz über Rechenleistung, Energie und menschlichen Willen.«

Ähnlich wie sein Vater es jahrzehntelang im Bereich des Wohnungsbaus getan hatte, plädierte er dafür, öffentliche Mittel und private Investitionen zu bündeln, um die Ungerechtigkeiten des Kapitalismus auszugleichen. Wenn nicht, so sein Argument, »wird KI eine sehr begrenzt verfügbare Ressource bleiben, um die Kriege geführt werden und die hauptsächlich ein Werkzeug für die Reichen darstellt«. In einem Interview, das er ebenfalls im September 2024 in der OpenAI-Zentrale gab, hörte ich auch Anklänge an die Arbeitsmoral seiner Mutter heraus. Er äußerte darin seine Hochachtung für die unbekannten Menschen, die den Speicher in seinem Computer entwickelt hatten, und lobte ihre Rolle beim stetigen Aufbau der Zivilisation.

»Ich werde diese Menschen nie kennenlernen, aber ich weiß, wie hart sie gearbeitet haben, und ich weiß, dass sie ihre ganze Lebenskraft da hineingesteckt haben, anstatt in Hobbys oder irgendetwas anderes, und sie haben damit dies hier geschaffen, und das war zu dieser Zeit ungeheuer wichtig«, sagte er. »So werden Zivilisationen errichtet. Nicht in irgendeinem neuronalen Netzwerk eines Einzelnen, sondern dadurch, dass wir alle einen Beitrag leisten und diese unglaubliche Infrastruktur aufbauen, die uns so sagenhaft größere Handlungsmöglichkeiten gibt, als sie unsere Ururgroßeltern hatten, von denen wir uns biologisch gesehen praktisch nicht unterscheiden.«

Sosehr freiheitliches Denken auf der ganzen Welt unter Druck steht, Altman bleibt ein überzeugter Anhänger von Rationalität, Wissenschaft und Fortschritt. Mehr als ein Jahrzehnt, nachdem er 2011 zum ersten Mal das bekannte Buch *Der Anfang der Unendlichkeit* des britischen Physikers David Deutsch gelesen hat, empfiehlt er es immer noch gerne jedem, den er kennenlernt. Deutsch weist darin der Aufklärung kosmische Bedeutung zu, denn in diesem Moment hätte die Menschheit gelernt, wirklich Wissen zu produzieren. Für ihn spricht daher alles dafür, dass sie irgendwann jeden Winkel des Universums erobern und verändern wird. David Deutsch betrachtet es als »Tatsache, dass alles, was nicht von den Naturgesetzen verboten ist, mit dem entsprechenden Wissen machbar ist«.[393] So gesehen kann man auch den Tod als lösbares Problem betrachten. Selbst in den kältesten und dunkelsten Ecken des Universums können wir mit der Technologie, die wir in der Zukunft entwickeln, noch Energie und Wissen finden.

Altman hat in seinem Haus im Russian Hill einen Schrein für seinen Glauben an den menschlichen Fortschritt errichtet. Die ersten Objekte, auf die man beim Betreten stößt, sind drei

Faustkeile, darunter einer der ältesten je gefundenen, das einzige Werkzeug, das Hominiden während des größten Teils der letzten 1,5 Millionen Jahre ihrer Existenz zur Verfügung stand: ein einziges Werkzeug zum Bearbeiten von Dingen, Töten und Kochen. Unter den Dutzenden anderen Objekten befinden sich Schwerter aus verschiedenen Epochen der Technikgeschichte, eine Elektronenröhre, Souvenirs aus dem Raumfahrtprogramm, eine Schaufel aus dem Triebwerk einer Concorde, ein früher Apple-Computer, ein Exemplar seines ersten eigenen Computers, eines Macintosh LC II, und eine der Roboterhände, die OpenAI gebaut hat.

In seinem Essay vom September 2024 schrieb Altman: »So könnte man die Geschichte der Menschheit kurz zusammenfassen: Nach Jahrtausenden der wissenschaftlichen Entdeckungen und des technologischen Fortschritts haben wir herausgefunden, wie man Sand schmilzt, einige Verunreinigungen hinzufügt, daraus mit erstaunlicher Präzision in außerordentlich winzigem Maßstab Computerchips fertigt, Elektronen hindurchjagt und am Ende Systeme bekommt, die in der Lage sind, eine immer leistungsfähigere Künstliche Intelligenz zu schaffen.«

Er fuhr mit einem Gedanken fort, den vielleicht niemand anderes als er selbst so hätte formulieren können. »Dies könnte sich als die folgenreichste Tatsache der bisherigen Geschichte herausstellen. Es ist möglich, dass wir in ein paar tausend Tagen (!) eine Superintelligenz haben; vielleicht dauert es auch ein wenig länger, aber ich bin zuversichtlich, dass wir es schaffen werden.«[394]

Dank

Dieses Buch wurde mithilfe meines brillanten Rechercheurs und Freundes Luke Jerod Kummer geschrieben, eines der besten Journalisten, mit denen ich bisher zusammengearbeitet habe. Als unermüdlicher Faktensammler der alten Schule durchforstete er Jahrbücher und Dokumente, scheute keine Reise zu weit entfernten Zeuginnen und Zeugen der Ereignisse und kam immer mit aufschlussreichem Material zurück. Von seiner Neugierde, Hartnäckigkeit und seinem hervorragenden Urteilsvermögen – ganz zu schweigen von seinem beeindruckenden Schreib- und Redaktionstalent – hat dieses Buch ungeheuer profitiert. Wir lernten uns vor zwanzig Jahren am ersten Tag eines Praktikums bei dem Enthüllungsjournalisten Wayne Barrett von *Village Voice* kennen. Dass wir Freunde werden würden, spürte ich auf Anhieb, aber ich hatte keine Ahnung, wie vergnüglich und arbeitsreich dies werden würde.

Das vorliegende Buch wäre nicht zustande gekommen ohne den guten Riecher und die Unterstützung von Emma Tucker, der Chefredakteurin des *Wall Street Journal*, die bei unserer ersten Redaktionssitzung nach der Veröffentlichung von ChatGPT die Idee hatte, ein Profil über Sam Altman zu publizieren. Ebenso wenig wäre es ohne meinen Co-Autor dieser Geschichte, Berber Jin, den Spezialisten für Start-ups und Risikokapital des *Wall Street Journal*, zu realisieren gewesen, dessen Reportagen in viele dieser Seiten eingeflossen sind. Er stand mir mit seiner Großzügigkeit, Freundlichkeit und guten Laune während des gesamten Prozesses zur Seite und hat mir immer geholfen, einen kühlen Kopf zu bewahren.

Aber die eigentliche Idee für dieses Buch stammt von Dan Gerstle, meinem Lektor und Verleger bei W. W. Norton & Company, der die menschliche Seite in der Revolution der Maschine erkannte. Durch seine kenntnisreichen Korrekturen ist dieses Buch so viel besser geworden. Die Arbeit mit dem gesamten Team von Norton war stets eine große Freude. Rachel Salzman stand mir hier mit ihrer journalistischen Erfahrung, Advery Hudson mit seinen Adleraugen und Bob Byrne mit seiner unendlichen Geduld zur Seite. Vielen Dank auch an meine Agentin Alice Martell, eine wahre Meisterin, die wie kaum jemand sonst weiß, was Autoren und Autorinnen benötigen.

Für alle, die dabei waren, wurde Altmans Entlassung zu einem jener Momente des Lebens, in denen sich vieles so verdichtet, dass sich das Adrenalin für immer in die Erinnerung einschreibt. Ich führte gerade die Pfadfindergruppe meiner Tochter durch einen Wald, als die schockierende Schlagzeile auf dem Bildschirm meines Smartphones auftauchte. Ich hatte das Gefühl, dass der Boden unter meinen Füßen schwankte. Die folgenden Tage vergingen in schlaflosem Chaos. Ich bin dankbar, dass ich meine Kolleginnen und Kollegen Deepa Seetharaman, Tom Dotan und Berber vom *Wall Street Journal* zur Unterstützung hatte, ebenso wie die ruhige Hand von Liz Wollman, die Weisheit von Jason Dean und die unermüdliche Energie von Jamie Heller. Solche Menschen wünscht man sich an seiner Seite, wenn's um Ganze geht. Ich bin dankbar für ihre Partnerschaft im gesamten vergangenen Jahr, in dem wir uns bemüht haben, diesen Ereignissen auf den Grund zu gehen und ihre Auswirkungen auf die Zukunft der KI zu erforschen.

Dank gilt auch Rolfe Winkler und Kate Linebaugh für ihre Großzügigkeit.

Danke auch an meinen Chef, Amol Sharma, der beim *Wall Street Journal* das Ressort Medien und Entertainment leitet. Er erfüllt unsere Arbeit Tag für Tag mit Inspiration und Begeisterung. Ohne seine Ermutigung und Unterstützung wäre ich sicher keine Buchautorin geworden – Punktum! Und vielen Dank an alle anderen Mitarbeiterinnen und Mitarbeiter der Redaktion, die mit ihren Kenntnissen und Informationen das Buch mitgestaltet haben. Ein besonderer Dank geht an Joe Flint, der diese Geschichte für mich ausgegraben hat (ja, Joe, ich habe es nicht vergessen!). Ein großes Dankeschön geht auch an Jim Oberman, dessen Recherchetalent an Hexerei grenzt.

Vielen Dank an die Hunderte von Zeugen und Zeuginnen der Ereignisse, die ihre Zeit geopfert haben, um diese Geschichte zu erzählen, insbesondere an diejenigen, die geduldig eine Nachfrage nach der anderen über sich ergehen ließen. Viele von ihnen sind namentlich genannt, manche auch nicht. Ihr wisst, wen ich meine.

Dieses Buch ist auch den Autorinnen und Autoren zu verdanken, die bereits Teile dieser Geschichte erzählt haben. Unter ihnen ragt vor allem Cade Metz heraus, dessen vorausschauendes Buch *Genius Makers* aus dem Jahr 2021 mir zum Vergil wurde, der mich durch die KI-Unterwelt führte. Christine Lagorio-Chafkins Buch *We Are the Nerds* und Jessica Livingstons *Founders at Work* waren unschätzbare Quellen für die Geschichte von Y Combinator und Reddit.

Wer je ein Buch geschrieben hat, weiß, was man damit den Menschen in seinem Umfeld zumutet – leider ist das nahezu unvermeidlich. Deshalb schulde ich auch meiner Familie und meinen Freundinnen und Freunden großen Dank dafür, dass sie diesen Wahnsinn nicht nur ertragen, sondern mir auch noch geholfen haben, die andere Seite des Tunnels zu erreichen.

Zu nennen sind hier insbesondere Kelly Turner, die Entwürfe las und gute Verbesserungsvorschläge machte. Joan Sanders war mir eine großzügige Gastgeberin und anregende Begleiterin auf meinen journalistischen Streifzügen. Dieses Buch wäre nicht möglich gewesen, hätte nicht mein Ehemann, Wesley Harris, neben seinem anspruchsvollen Vollzeitjob auch noch unseren Haushalt geschmissen. Vielen Dank für das Beantworten meiner zahlreichen technischen Fragen und dafür, dass du mit den Mädchen Kanu fahren warst (und campen, und Ski fahren, und wandern), wenn ich schreiben musste. Unser Au-pair, Isabella Ribeiro, war eine unschätzbare Hilfe. Und meine Töchter Belle, June und Pearl haben mich alle auf ihre je eigene Weise unterstützt und ermutigt. Ich danke euch allen. Ich liebe euch.

Anhang

Quellen und Anmerkungen

Prolog

1 Bill Addison, »The Most Quietly Ambitious Cooking to Emerge in Los Angeles This Year Is at Yess«, *Los Angeles Times*, 3. August 2023.

2 Eliezer Yudkowsky, »Pausing AI Developments Isn't Enough. We Need to Shut it All Down«, *Time*, 29. März 2023.

3 Eric Mack, »Elon Musk: We Are Summoning the Demon' with Artificial Intelligence«, *CNET*, 26. Oktober 2014.

4 Krystal Hu, »ChatGPT Sets Record for Fastest-Growing User Base«, Reuters, 2. Februar 2023.

5 Sam Altman, »How to Be Successful«, Sam Altman Blog, 24. Januar 2019.

6 OpenAI, »OpenAI Charter«, *OpenAI*, April 2018.

7 Sam Altman, »Machine Intelligence: Part 1«, Sam Altman Blog, 25. February 2015.

8 Ryan Tracy, »ChatGPT's Sam Altman Warns Congress at AI Can ›Go Quite Wrong‹«, *The Wall Street Journal*, 16. Mai 2023.

9 Max Chafkin, *Peter Thiel – Facebook, PayPal, Palantir: Wie der Pate des Silicon Valley die Welt beherrscht* (München: FinanzBuch Verlag, 2021), S. 133.

10 Sam Altman, »Board Members«, Sam Altman Blog, 11. November 2024.

11 Lex Fridman, »Sam Altman: OpenAI, GPT-5, Sora, Board Saga, Elon Musk, Ilya, Power & AGI«, Lex Fridman Podcast, 18. März 2024.

12 Berber Jin, Tom Dotan und Keach Hagey, »The Opaque Investment Empire Making Sam Altman Rich«, *The Wall Street Journal*, 3. Juni 2024.

13 Tad Friend, »Sam Altman's Manifest Destiny«, *The New Yorker*, 3. Oktober 2016.

14 Paul Graham, »A Fundraising Survival Guide«, PaulGraham.com, August 2008.

15 Sam Altman (@sama), »haven't seen this as a twitter thread so: what true thing do you believe that few people agree with you on? Absolute equivalence of brahman and atman«, X, 26. Dezember 2022.

16 Lex Fridman, »Sam Altman: OpenAI CEO on GPT-4, ChatGPT, and the Future of AI«, Lex Fridman Podcast, 25. März 2023.

Chicago

17 Tim Frakes, »Harold Washington Inauguration April 29 1983«, YouTube, 9:36, hochgeladen am 29. Dezember 2017.

18 »Harold«, *This American Life*, ausgestrahlt am 21. November 1997 auf WBEZ Chicago.

19 »Obama 2: Politics Ain't Beanbag«, *Making Obama*, ausgestrahlt am 15. Februar 2018 auf WBEZ Chicago.

20 »Harold Washington Remembered as 90th Birthday Approaches«, CBS News Chicago, 12. April 2012.

21 Chicago Public Library, »Mayor Harold Washington, Inaugural Adress 1983«, 29. April 1983.

22 MacArthur Foundation, »Housing Agenda«, MacArthur Foundation, abgerufen am 15. Juni 2024.

23 Douglas Martin, »Gale Cincotta, 72, Opponent of Biased Banking Policies«, *New York Times*, 17. August 2001.

24 The Breman Museum, »Sam Altman«, Esther and Herbert Taylor Oral History Collection, 3. Dezember 2002.

25 *Altman v. Massell Realty Co.*, 167 Ga. 828 (1929).

26 Ebd.

27 »Interco Incorporated«, Politics and Business Magazines, Encyclopedia.com, aufgerufen am 12. Dezember 2024.

28 Sylvia Harris, Sterbeurkunde, ausgestellt vom Bundesstaat Missouri, 1958.

29 »Fifth Annual Russian Evening Highlights Drama and Dinner«, *Country Day News*, 1. Mai 1968.

30 Corinne Ruff, »80% of St. Louis County Homes Built Before 1950 Have Racial Covenants, Researcher Finds«, St. Louis Public Radio, 21. Januar 2022.

31 Walter Johnson, *The Broken Heart of America: St. Louis and the Violent History of the United States* (New York: Basic Books, 2020), S. 354.

32 Ebd., S. 375.

33 »$25,000 Solar-Energy Study Set for Council Review«, The Hartford Courant, 22. November 1976.

34 Floyd J. Fowler Jr., Mary Ellen McAlla, Thomas J. Mangione, »Reducing Residential Crime and Fear: The Hartford Neighborhood Crime Prevention Program«, US Department of Justice Law Enforcement Administration, National Institute of Law Enforcement and Criminal Justice, Dezember 1979.

35 »Unusual Plan to Revamp Block«, *New York Daily News*, 9. Oktober 1980.

36 Werbeanzeige, *St. Louis Star and Times*, Freitag, 3. April 1914, S. 12.

37 Walter Stevens, *St. Louis, The Fourth City*, 1764–1911 (Chicago: The S. J. Clarke Publishing Co., 1909).

38 Rev. C. C. Woods, *Report on Fraternal Correspondence, Grande Lodge Missouri, 1923.*

39 »Iron Left on at Night Causes $25,000 Damage«, *St. Louis Star Times*, 19. August 1925.

40 »Must Turn Over $1500 to Bankrupt Firm«, *St. Louis Post-Dispatch*, 26. März 1926, S. 3.

41 »Milliner Is Freed on Fraud Charges«, *St. Louis Globe-Democrat*, 5. April 1928, S. 17.

42 »Hebrew Y To Award Athletic Trophies«, *St. Louis Globe-Democrat*, 12. May 1938.

43 »Miss Peggy Francis Engaged to Doctor«, *St. Louis Globe-Democrat*, 6. Oktober 1946.

44 »Peggy Francis Becomes Bride«, *St. Louis Globe-Democrat*, 22. Dezember 1946.

45 Chicago Public Library. »*Mayor Richard J. Daley Inaugural Address, 1963*«, Chicago Public Library, aufgerufen am 15. Juni 2024.

46 »Housing Needs – Mayor's Perspective«, Joint Hearing before the Subcommittee on Housing and Community Development of the Committee on Banking, Finance and Urban Affairs and the Subcommittee on Manpower and Housing of the Committee on Government Operations. House of Representatives, 98th Congress, 2. Oktober 1984.

47 Ross J. Gittell, *Renewing Cities*, (Princeton, NJ: Princeton University Press, 1992), S. 91.

48 »How Harold Washington Influenced Barack Obama«, NBC Chicago, 26. November 2012.

St. Louis

49 Nathaniel Rich, »Pitch. Eat. Sleep. Pitch. Eat. Sleep. Pitch. Eat. Sleep. Pitch. Eat«, *The New York Times Magazine*, 5. Mai 2013.

50 US Department of Housing and Urban Development, »*CDBG National Objectives and Eligible Activities for Entitlement Communities, Chapter 3*«, 2001.

51 »Opportunity Denied: St. Louis Uses Money Targeted for Housing for the Poor to Aid Wealthier Neighborhoods«, *St. Louis Post-Dispatch*, 8. Dezember 1991.

52 Phil Linsalata, Tim Novak, »Housing Proposal Backed ... Craig Forsees Role for Civic Progress in City Redevelopment«, *St. Louis Post-Dispatch*, 22. Dezember 1991.

53 Elizabeth Weil, »Sam Altman Is the Oppenheimer of Our Age«, *New York*, 25. September 2023.

54 Ebd.

55 Tad Friend, »Sam Altman's Manifest Destiny«, *The New Yorker*, 16. Oktober 2016.

56 Annie Altman, »The Speech I Gave At My Dad's Funeral«, *Medium*, 28. März 2019.
57 »Legacy of Leadership«, John Burroughs School.
58 *»Alumni Awards: Sam Altman '03«*, John Burroughs School, 20. Mai 2023.
59 Friend, »Manifest Destiny«.

»Wo bist du?«

60 Sam Altman, »Argument Against Gay Marriage Lacks Logic«, *Stanford Daily*, 31. März 2004.
61 Melisa Russel, Julie Black, »He's Played Chess with Peter Thiel, Sparred with Elon Musk and Once, Supposedly, Stopped a Plane Crash: Inside Sam Altman's World, Where Truth Is Stranger than Fiction«, *Business Insider*, 27. April 2023.
62 Marcia Savage und Amanda Stripe, »Under Surveillance – Location-Based Wireless Technology Raises Privacy Concerns for Solution Providers«, *Computer Reseller News*, 4. Dezember 2000.
63 *Reid Hoffman, »Uncut Interview with Sam Altman on Masters of Scale«, Y Combinator Blog*, 26. Juli 2017.
64 Y Combinator, *»Frequently Asked Questions«*, abgerufen am 15. Juni 2024.
65 Jennifer Liu, »Students Receive Funds for Start-ups«, *Stanford Daily*, 4. Mai 2005.
66 »OpenAI: Sam Altman«, *How I Built This with Guy Raz*, Folge 451, 29. September 2022.
67 Liz Gannes, »Y Combinator's New Head Startup Whisperer Sam Altman Is Quite a Talker«, *Re/code*, 18. März 2014.
68 Paul Graham, *»Summer Founders Program«*, *PaulGraham.com*, März 2005.
69 Hoffman, »Masters of Scale«.
70 Jessica Livingston, *Founders at Work. Die Anfänge erfolgreicher IT-Startups. 33 Pioniere im Gespräch* (Heidelberg; München; Landsberg; Frechen; Hamburg: mitp, 2001), S. 624.
71 Christine Lagorio-Chafkin, *We Are the Nerds: The Birth and Tumultuous Life of Reddit, the Internet's Culture Factory* (New York: Hachette Books, 2018), S. 30.
72 Paul Graham, »A Student's Guide to Startups«, *PaulGraham.com*, Oktober 2006.
73 Livingston, *Founders*, S. 624.
74 *»HIBT Lab: OpenAI, Sam Altman«, How I Built This with Guy Raz*, 6. Oktober 2022.
75 Hoffman, »Masters of Scale«.

Bei den »Obernerds«

76 Cromwell Schubarth, »6 Top Picks and More from Paul Graham's Last Y Combinator Class«, *Silicon Valley Business Journal*, 27. März 2014.

77 Nancy J. Zacha, »John Graham: A Man with a Mission«, *Nuclear News*, Juli 1995.

78 Emily Chang, *»Paul Graham und Jessica Livingston: Studio 1.0«, Bloomberg*, 10. Oktober 2014.

79 Paul Graham, »Why Smart People Have Bad Ideas«, paulgraham.com, April 2005.

80 »Yahoo! Says It Expects a Loss Due to Second-Quarter Charge«, *The Wall Street Journal*, 19. Juni 1998.

81 Paul Graham, »Hackers and Painters«, paulgraham.com, Mai 2003.

82 Lagorio-Chafkin, *Nerds*, S. 4.

83 Paul Graham, »How to Start a Startup«, paulgraham.com, März 2005.

84 Garry Tan, »Meet the YC Winter 2024 batch«, Y Combinator, 3. April 2024.

85 Paul Graham, »Female Founders«, paulgraham.com, Januar 2014.

86 Lagorio-Chafkin, *Nerds*, S. 24.

87 Livingston, *Founders*, S. 621.

88 Paul Graham, »How Y Combinator Started«, paulgraham.com, März 2012.

89 Jessica Livingston, »Think Different. Think Users«, *Posthaven*, abgerufen am 24. Juni 2024.

90 »David Livingston Will Marry Lucinda Pauley, '65 Debutante«, *The New York Times*, 14. April 1968.

91 Shen Pauley, *author page*, Foundation for Intentional Community, abgerufen am 15. Juni 2024.

92 »Honorees of the 2014 Veterans Parade: David Livingston«, *Wicked Local*, 18. Mai 2014.

93 Paul Graham, »A Unified Theory of VC Suckage«, paulgraham.com, März 2005.

94 Tom Nicholas, *VC: An American History* (Cambridge, MA: Harvard University Press, 2019), S. 1 f.

95 Jessica Livingston, »Grow the Puzzle Around You«, *Posthaven*, 30. Juni 2018.

96 Livingston, *Founders*, S. 621 f.

97 Graham, »How to Start a Startup«.

98 Jessica Livingston, »Grow the Puzzle Around You«, *Posthaven*, 30. Juni 2018.

99 Randal Stross, *The Launch Pad: Inside Y Combinator* (New York: Portfolio/Penguin, 2012), S. 3.

100 Justin Kan, »My Y Combinator Interview«, *A Really Bad Idea Blog*, 24. November 2010.

101 Aaron Swartz, »SFP: Come See Us«, Aaron Swartz' Blog.
102 Lagorio-Chafkin, *Nerds*, S. 37 f.
103 Matthew Lynley, »How a Site That Streams People Playing Video Games Became a Billion Dollar Business«, *BuzzFeed*, 7. August 2014.
104 Kan, »My Y Combinator Interview«.
105 Swartz, »SFP: Come See Us«.
106 Ryan Singel, »Stars Rise at Startup Summer Camp«, *Wired*, 13. September 2005.
107 Melissa Block, »Sprint Born from Railroad, Telephone Businesses«, NPR, 15. Oktober 2012.
108 Livingston, *Founders*, S. 626.
109 »Stephen Wolfram Q&A«, StephenWolfram.com, reposted von Reddit AMA, 4. Mai 2019.
110 Lagorio-Chafkin, *Nerds*, S. 60.
111 Singel, »Stars Rise«.
112 Ebd.

»Studienpause«

113 Olivia Winslow, »William McAdoo, 67, Stony Brook Professor«, *Newsday*, 13. November 2003.
114 Tom Nicholas, *VC: An American History* (Cambridge, MA: Harvard University Press, 2010), S. 225–231.
115 Ann Grimes, »Sequoia Capital Quietly Does Out Google Shares Worth $1.3 billion«, *The Wall Street Journal*, 17. Januar 2005.
116 Ronald Chan, »Kiss Me Cardinal«, *Stanford Daily*, 18. Oktober 2005.
117 Mark Bergen, *YouTube. Die Globale Supermacht: Wie Googles Videoplattform unsere Weltsicht dominiert* (München: Droemer, 2022), S. 75.
118 Livingston, *Founders*, S. 626 f.
119 Meghna Rao, »Carolynn Levy, Inventor of the SAFE«, *Meridian*.
120 Paul Graham, Kommentar in *Hacker News*, 9. März 2012.
121 Botha, R., »Declaration«, eingereicht im Fall *Oracle America, Inc. v. Google Inc.*, No. 10-03561 (N.D. Cal., 12. März 2014).
122 »YouTube *Receives $3.5M in Funding from Sequoia Capital*«, YouTube Official Blog, 7. November 2005.

»Where You At?«

123 Liz Gannes, »Y Combinator's New Head Startup Whisperer Sam Altman Is Quite a Talker«, *Re/code*, 18. März 2014.
124 Ebd.
125 Ebd.

126 Tamara Chuang, »Cell Phones Change Social Networks«, *The Orange County Register*, 12. September 2006.
127 »*The Boost Mobile Anthem*«, *YouTube*, hochgeladen von ramsay, 14. April 2005.
128 Gary Susbam, »Pepsi Drops Ludacris After O'Reilly-Sparked Protest«, *Entertainment Weekly*, 29. August 2002.
129 May Wong, »Startup Offers Cell Phone Mapping Service«, *Associated Press Newswires*, 14. November 2006.
130 Chuang, »Cell Phones«.
131 Ebd.
132 PR Newswire, »Loopt to Launch on Sprint as First-Ever Social Mapping Service on a Major U.S. Carrier«, 17. Juli 2007.
133 Jessica E. Vascellaro, »Sprint to Offer Loopt's Friend Finding Service«, *The Wall Street Journal*, 17. Juli 2007.
134 Amol Sharma, Jessica E. Vascellaro, »Phones Will Soon Tell Where You Are«, *The Wall Street Journal*, 28. März 2008.
135 Ebd.
136 »Location Tracking Firms Review Regulatory Landscape«, *TR Daily*, 25. April 2007.
137 Brian Knapp, Aussage vor dem House Energy and Commerce Subcommittee on Communications, Technology and the Internet, 23. April 2009.
138 Sharma und Vascallero, »Phones«.
139 »New Digs«, Loopt-Firmenblog, abgerufen am 15. Juni 2024.
140 Hoffman, »Uncut Interview with Sam Altman«.

Von »Schwach« zu »Cool«

141 Fred Vogelstein, »The Untold Story: How the iPhone Blew Up the Wireless Industry«, *Wired*, 9. Januar 2008.
142 Jon Froelich, Mike Y. Chen, Ian E. Smith und Fred Potter, »Voting with Your Feet: An Investigative Study of the Relationship Between Place Visit Behavior and Preference«, *Lecture Notes in Computer Science*, September 2006.
143 Owen Thomas, »Mike Moritz Regrets: He Never Patched Things Up with Steve Jobs«, *Venturebeat*, 6. April 2010.
144 CNET, »WWDC 2008 News: Loopt Shows Off New App for the iPhone«, YouTube, 9. Juni 2008.
145 Loopt, »Sharing Is Caring«, *Loopt In*, 24. November 2008.
146 Michael Arrington, »Loopt Jumps Ahead of Facebook and MySpace on iPhone. Told You«, *TechCruch*, 11. November 2008.
147 »Sequoia to CEOs: Get Real or Go Home«, *Venture Capital Journal*, 8. Oktober 2008.

148 Michael Arrington, »Loopt Hires Allen & Co for Financing or Sale«, *TechCrunch*, 11. November 2008.
149 M. G. Siegler, »Surging on an iPhone Commercial, Loopt Looking to Sell or Raise Money?«, *VentureBeat*, 12. November 2008.

Das Trottel-Abzeichen

150 Jennifer Von Grave, »Foursquare Is the Breakout Mobile App at SXSW«, *Mashable*, 16. März 2009.
151 Marguerite Reardon, »Loopt Helps Reduce Cost of Location Services«, *CNET*, 5. November 2008.
152 Rolfe Winkler, »Secretive, Sprawling Network of ›Scouts‹ Spreads Money Through Silicon Valley«, *The Wall Street Journal*, 12. November 2015.
153 Alex Konrad, »Billionaire Brothers John and Patrick Collison Build Strike into One of the World's Most-Hyped, Highest Valued – and Profitable! – Startups Worth Some $95 Billion. Now They Must Stave Off Going from Disruptor to Disrupted«, *Forbes*, 26. Mai 2022.
154 Nick Bilton, »Artificial Intelligence May Be Humanity's Most Ingenious Invention – And Its Last?«, *Vanity Fair*, Oktober 2023.
155 Friend, »Manifest Destiny«.

»In einer Rakete mitfliegen«

156 Max Chafkin, *Peter Thiel – Facebook, PayPal, Palantir: Wie der Pate des Silicon Valley die Welt beherrscht* (München: FinanzBuch Verlag, 2021), S. 183 f.
157 David Brooks, »The Creative Monopoly«, *The New York Times*, 23. April 2012.
158 Blake Masters, »CS183: Startup – Peter Thiel Class 1 Notes Essay«, 3. April 2012.
159 Blake Masters, »CS183: Startup – Peter Thiel Class 15 Notes Essay«, 31. Mai 2012.
160 Bruce Gibney, »What Happened to the Future«, Website des Founders Fund, aktualisiert im Januar 2017.
161 Elizabeth Weil, »Sam Altman Is the Oppenheimer of Our Age«, *New York*, 25. September 2023.
162 Stross, *The Launch Pad*, S. 196.
163 Sophie Bearman, »OpenAI's Sam Altman: The Human Behind the Machine«, *Life in Seven Songs* Podcast, *The San Francisco Standard*, 24. September 2024.
164 Peter Thiel, »The New Atomic Age We Need«, *The New York Times*, 27. November 2015.

165 Kyle Russel, »Y Combinator and Mithril Invest in Helion, a Nuclear Fusion Startup«, *TechCrunch*, 1. August 2014.
166 David Perell, *»I Interviewed the Man Behind ChatGPT: Sam Altman«*, YouTube-Video, 21:24, hochgeladen am 27. November 2024.
167 Stross, *Launchpad*, S. 28.
168 Steven Levy, »YC Has Gone Supernova«, *Wired*, 28. Juni 2017.
169 Nathaniel Rich, »Silicon Valley's Start-up Machine«, *The New York Times Magazine*, 2. Mai 2013.
170 Eliezer S. Yudkowsky, »The Low Beyond«, 1996.
171 Ed Regis, »Meet the Extropians«, *Wired*, 1. Oktober 1994.
172 Jon Evans, »Extropia's Children, Chapter 1: The Wunderkind«, *Gradient Ascent*, 17. Oktober 2022.
173 Sabine Atkins, »Introducing Another Atkins (was Re: just me)«, *Exl Mailing List*, 14. September 2000.
174 *Less Wrong*, »Rationalist Movement«, abgerufen am 29. November 2024.
175 Eliezer Yudkowsky, »Coherent Extrapolated Volition«, The Singularity Institute, San Francisco, 2004.
176 »Vernor Vinge on the Singularity«, YouTube, Singularity Summit 2008, hochgeladen am 12. Februar 2012.
177 Cade Metz, *Genius Makers: The Mavericks Who Brought AI to Google, Facebook, and the World* (New York: Dutton, 2021).
178 Eliezer Yudkowsky, ›Ben's Extropian Creed‹«, Mailingliste der Extropianer, 13. November 2000.
179 Shane Legg (@ShaneLegg), »Yudkowsky wasn't actually working at Intelligenesis (aka Webmind), he was just visiting and he gave a talk on the dangers of powerful AI«, X, 30. November 2022.
180 Metz, *Genius Makers*, S. 105.
181 Metz, *Genius Makers*, S. 109.
182 Metz, *Genius Makers*, S. 110.
183 Metz, *Genius Makers*, S. 107.
184 Cade Metz, Karen Weise, Nico Grant und Mike Isaac, »Ego, Fear and Money: How the A.I. Fuse Was Lit«, *The New York Times*, 3. Dezember 2023.
185 Nicola Twilley, »Artificial Intelligence Goes to the Arcade«, *The New Yorker*, 25. Februar 2015.
186 Metz, *Genius Makers*, S. 116.
187 Sam Altman, »AI«, Sam Altman Blog, 19. Februar 2014.

»Sam Altman for President«

188 Paul Graham, »Sam Altman for President«, Y Combinator Blog, 21. Februar 2014.
189 Ebd.

190 Friend, »Manifest Destiny«.
191 Mark Boslet, »Paul Graham's New Role at Y Combinator«, *Venture Capital Journal*, 25. Februar 2014.
192 Nathaniel Rich, »Y Combinator, Silicon Valley's Startup Machine«, *The New York Times Magazine*, 2. Mai 2013.
193 Dean Starkman, »San Francisco Surges Past L.A. As Home to ›Ultra Rich‹, survey finds«, *Los Angeles Times*, 25. November 2014.
194 Sam Altman, »Growth and Government«, Sam Altman Blog, 4. März 2013.
195 Sam Altman, »New RFS-Breakthrough Technologies«, Sam Altman Blog, 19. März 2014.
196 Sam Altman, »AI«, Sam Altman Blog, 19. Februar 2014.
197 Friend, »Manifest Destiny«.
198 Sam Altman, »The New Deal«, Y Combinator Blog, 22. April 2014.
199 Max Mason, »Can't Drink, Can't Vote – But This Teenager Is Hot Property in Silicon Valley«, *The Sydney Morning Herald*, 21. Juni 2012.
200 Lattice Team, »Career Advice from Sam Altman«, Lattice Blog, 27. Oktober 2016.
201 Sam Altman, »The YC Board of Overseers«, Y Combinator Blog, 3. Juni 2013.
202 Rohin Dhar, »The Big Winner from Y Combinator's Success? Sequoia Capital«, *Priceonomics*, 17. Juli 2014.
203 Sam Altman, »YC Investment Policy and Email List«, Y Combinator Blog, 4. September 2014.
204 Lagorio-Chafkin, *Nerds*, S. 285.
205 Sam Altman, »reddit«, Sam Altman Blog, 30. September 2014.
206 Kim-Mai Cutler, »Reddit CEO Yishan Wong On Giving Stock to Users: ›We Have A Crazy Plan‹, *Techcrunch*, 30. September 2014.
207 Lagorio-Chafkin, *Nerds*, S. 301.
208 »Artist Spotlight: Malvina Reynolds«, *Homegrown Humor*, Showtime Networks, Juli 2007.
209 Corrie Driebusch, Sarah E. Needleman, »Reddit Shares Soar in Long-Awaited IPO«, *The Wall Street Journal*, 21. März 2014.
210 Nick Bostrom, *Superintelligenz. Szenarien einer kommenden Revolution*, (Berlin: Suhrkamp, 2014), S. 7–9, 175.
211 Emile Torres, »Nick Bostrom, Longtermism, and the Eternal Return of Eugenics«, *TruthDig*, 23. Januar 2023.
212 Raffi Khatchadourian, »Doomsday Invention«, *The New Yorker*, 23. November 2015.
213 Scott Alexander, »Meditations On Moloch«, *Slate Star Codex*, 30. Juli 2014.

»Ein Manhattan-Projekt für die KI«

214 Reed Albergotti, »The Co-founder of Skype Invested in Some of AI's Hottest Startups – But Thinks He Failed«, *Semafor*, 28. April 2023.
215 Max Tegmark, *Leben 3.0: Mensch sein im Zeitalter Künstlicher Intelligenz* (Berlin: Ullstein, 2017), S. 56 f.
216 »AI Open Letter – Signatories List«, Future of Life Institute, Januar 2016.
217 Tegmark, *Leben*, S. 58.
218 Elon Musk, »Funding research on artificial intelligence safety. It's all fun & games until someone loses and I: futureoflife.org/misc/AI«, Twitter, 15. January 2015.
219 Sam Altman, »Machine Intelligence, Part 1«, Sam Altman Blog, 25. Februar 2015.
220 Sam Altman, »Machine Intelligence, Part 2«, Sam Altman Blog, März 2015.
221 Sam Altman, »How to Be Successful«, Sam Altman Blog, 24. Januar 2019.
222 *Elon Musk v. Samuel Altman*, CGC-24-612746, S.F. Super. Ct, 29. Februar 2024, S. 11.
223 Walter Isaacson, *Elon Musk* (New York: Simon & Schuster, 2023), S. 241.
224 Ebd., S. 242.
225 *Elon Musk v. Samuel Altman et al.*, Complaint, US District Court for the Northern District of California, 4:24-cv-04722, 5. August 2024, S. 118.
226 »So Key To What I Was Able To Do Later«, *UND Today*, 28. September 2023.
227 Ebd.
228 Greg Brockman, »Leaving Stripe«, Greg Brockman Blog, 6. Mai 2015.
229 Greg Brockman, »My Path to OpenAI«, Greg Brockman Blog, 3. Mai 2016.
230 Metz, *Genius Makers*, S. 93.
231 Metz, *Genius Makers*, S. 94.
232 Metz, *Genius Makers*, S. 162.
233 Jessica E. Lessin, »Y Combinator Launches Research Non-Profit«, *The Information*, 7. Oktober 2015.
234 *Musk v. Altman*, S. 13.
235 Ebd.
236 Metz, *Genius Makers*, S. 166.

Altruisten

237 Greg Brockman, »#defineCTOOpenAI«, Greg Brockman Blog, 9. Januar 2012.
238 Karen Hao und Charlie Warzel, »Inside the Chaos at OpenAI«, *The Atlantic*, 19. November 2023.

239 Brockman, ebd.

240 Nicola Twilley, »AI Goes to the Arcade«, *The New Yorker*, 25. Februar 2014.

241 *Musk v. Altman*, Klage, S. 15.

242 Metz, *Genius Makers*, S. 175.

243 Sam Altman, »YC Changes«, Y Combinator Blog, 13. September 2016.

244 Sam Altman, »Basic Income«, Y Combinator Blog, 27. Januar 2016.

245 Adora Cheung und Sam Altman, »New Cities«, Y Combinator Blog, 27. Juni 2016.

246 Larry Yaeger, »Vivarium History«, https://worrydream .com/refs/Yaeger_ 2006_-_Vivarium_History.html.

247 Brockman, »#define CTP OpenAI«, ebd.

248 Carl Tahsian, »At Dynamicland, The Building Is The Computer«, 18. September 2019.

249 Sophie Bearman, »OpenAI's Sam Altman«, *Life in Seven Songs* Podcast.

250 Metz, *Genius Makers*, S. 288.

251 Annie Altman, »My Denied Appeal Letter for Early College Graduation«, *Medium*, 30. März 2015, gepostet 21. Mai 2019.

252 »Guest Annie Altman – Writer, Podcaster and Comedian«, *Sally Take Live* Podcast, 20. März 2020.

253 Sam Levin, »Peter Thiel Faces Silicon Valley Backlash After Pledging $1.25 Million to Trump«, *The Guardian*, 17. Oktober 2016.

254 Nitasha Tiku, »Meet the Techies Trying to Create the Turbo Tax of Voting«, *BuzzFeed News*, 8. September 2016.

255 Sam Altman, »What I Heard from Trump Supporters«, Sam Altman Blog, 21. Februar 2017.

256 Douglas MacMillan, Keach Hagey, Deepa Seetharaman, »Tech Luminary Peter Thiel Parts Ways with Silicon Valley«, *The Wall Street Journal*, 15. Februar 2018.

257 Max Chafkin, *Peter Thiel – Facebook, PayPal, Palantir: Wie der Pate des Silicon Valley die Welt beherrscht* (München: FinanzBuch Verlag, 2021), S. 215 ff.

258 Tess Townsend, »Sam Altman Wants to See a Techie Run for California Governor and Challenge Trump«, *Vox*, 14. April 2017.

259 Willie Brown, »The Man President Trump Fears Most«, *San Francisco Chronicle*, 15. Mai 2017.

260 William Turton, »A Silicon Valley Kingmaker Wants to Fix What Tech Did to California«, *The Outline*, 7. August 2017.

261 Vauhini Vara, »The Political Awakening of Silicon Valley«, *The California Sunday Magazine*, 13. September 2017.

262 Klint Finley, »Obama Wants the Government to Help Develop AI«, *Wired*, 12. Oktober 2016.

263 »Tasha McCauley: Cool Robot Chick«, *ChiTAG Blog*, 23. Juli 2014.

264 Centre for Effective Altruism, »EA in Media, Joseph Gordon-Levitt, Julia Galef, AJ Jacobs, and William MacAskill«, YouTube, 7. November 2017.

265 Future of Life Institute, *Asilomar AI Principles*, Future of Life Institute, Januar 2017.
266 Eliezer Yudkowsky, »Purchase Fuzzies and Utilons Separately«, *Less Wrong*, 22. Dezember 2007.
267 Gideon Lewis-Kraus, »The Reluctant Prophet of Effective Altruism«, *The New Yorker*, 8. August 2002.
268 Megan O'Neil, »Wringing the Most Good Out of a Facebook Fortune«, *The Chronicle of Philanthropy*, 1. Dezember 2015.
269 Open Philanthropy. *»OpenAI – General Support«*, Open Philanthropy, 7. April 2016.

OpenAI wird erwachsen

270 *Artificial Gamer.* Offizielle Website. Aufgerufen 15. Juni 2024.
271 Elon Musk, »OpenAI first ever to defeat world's best players in competitive eSports. Vastly more complex than traditional board games like chess & Go«, Twitter, 11. August 2017.
272 Jordan Novet, »Amazon Lost Cloud Market Share to Microsoft in the Fourth Quarter: KeyBanc«, CNBC, 12. Januar 2018.
273 Ashley Stewart, »Bill Gates Never Left«, *Business Insider*, 30. April 2024.
274 Steven Levy, »What OpenAI Really Wants«, *Wired*, 25. September 2023.
275 Ilya Sutskever, Oriol Vinyals, Quoc V. Le, »Sequence to Sequence Learning with Neural Networks«, Neural Information Processing Systems (NIPS) Konferenz, 10. September 2014.
276 Levy, »What OpenAI Really Wants«.
277 Richard Lea, »Google Swallows 11,000 Novels to Improve AI's Conversation«, *The Guardian*, 28. September 2016.
278 Alec Radford, Karthic Narasimhan, Tim Alimans, Ilya Sutskever, »Improving Language Understanding by Generative Pre-Training«, OpenAI, 2018.
279 *Elon Musk v. Samuel Altman*, Case No. 4:24-cv-04722-YGR, US District Court Northern District of California, 14. November 2024.
280 Interview mit den Autorinnen und Autoren zu folgendem Artikel: Deepa Seetharaman, Keach Hagey, Berber Jin, Kate Linebaugh, »Sam Altman's Knack for Dodging Bullets – with a Little Help from His Bigshot Friends«, *The Wall Street Journal*, 24. Dezember 2023.
281 *Musk v. Altman.*
282 Greg Brockman, Ilya Sutskever, John Schulman, Sam Altman, Wojciech Zaremba, »OpenAI and Elon Musk«, OpenAI Blog, 5. März 2024.
283 OpenAI, »OpenAI Supporters«, 20. Februar 2018.
284 Kylie Robison, Michal Lev-Ram, »Who is Mira Murati? The OpenAI Executive Who Played a Crucial Role in the Company's Soaring Ascent«, *Fortune*, 5. Oktober 2023.

285 Kevin Scott, »Mira Murati, Chief Technology Officer, OpenAI«, *Behind the Tech*, Juli 2023.
286 »AI Everywhere: Transforming Our World, Empowering Humanity«, YouTube, Dartmouth Engineering, 19. Juni 2024.
287 Annie Altman, »For context: Connie (biological mother) kicked me off her health insurance less than three months after Dad died, when I was 24 and could have stayed on her work one for two more years«, Twitter, 24. August 2024.
288 Sam Altman, [»Sam Altman Speaks Out About What Happened at OpenAI«], *What Now? with Trevor Noah*, 7. Dezember 2023.
289 Keach Hagey, »Deal or No Deal, The Shadow Over Sun Valley«, *The Wall Street Journal*, 13. Juli 2018.
290 Rita Liao, »China Roundup: Y Combinator's Short-Lived China Dream«, *Techcrunch*, 23. November 2019.
291 Douglas MacMillan, Margherita Stancati, »Saudi Push for Tech Deals Stirs Silicon Valley Debate«, *The Wall Street Journal*, 17. Juli 2016.
292 Justin Scheck, Rory Jones, Summer Said, »A Prince's $500 Billion Desert Dream: Flying Cars, Robot Dinosaurs and a Giant Artificial Moon«, *The Wall Street Journal*, 25. Juli 2019.
293 Sam Biddle, »Some Silicon Valley Superstars Ditch Saudi Advisory Board After Khashoggi Disappearance, Some Stay Silent«, *The Intercept*, 11. Oktober 2018.
294 Jane Lanhee Lee, »US Compels Saudi Fund to Exit Chips Startup Backed by Altman«, Bloomberg, 30. November 2023.
295 Becky Petersen, »Shivon Zilis, Musk Associate, Leaves Board«, *The Information*, 23. März 2023.
296 Seetharaman, Hagey, Jin und Linebaugh, »Sam Altman's Knack for Dodging Bullets«.
297 OpenAI, »Microsoft Invests in and Partners with OpenAI to Support Us Building Beneficial AGI«, OpenAI blog, 22. Juli 2019.

Produkte

298 Alec Radford, Jeffrey Wu, Dario Amodei, Daniella Amodei, Jack Clark, Miles Brundage, Ilya Sutskever, »Better Language Models and Their Implications«, OpenAI Blog, 14. Februar 2019.
299 Tom Simonite, »The AI Text Generator That's Too Dangerous to Make Public«, *Wired*, 14. Februar 2019.
300 Jasper Hammil, »Elon Musk-Founded OpenAI Builds Artificial Intelligence So Powerful It Must Be Kept Locked Up for the Good of Humanity«, *Metro*, 15. Februar 2019.
301 Sean Gallagher, »Researchers, Scared By Their Own Work, Hold Back ›Deepfakes for Text‹ AI«, *Ars Technica*, 15. Februar 2019.

302 *Paul Tremblay, Mona Awad v. Open AI et al, Class Action Complaint*, Case No. 3:23-cv-03223 (N.D. Cal., 28. Juni 2023).
303 Cade Metz, »Meet GPT-3. It Has Learned to Code (and Blog and Argue)«, *The New York Times*, 24. November 2020.
304 Paul Graham, »Do Things That Don't Scale«, PaulGraham.com, Juli 2013.
305 Annie Altman, »How I Started Escorting«, *Medium*, 27. März 2024.
306 Weil, »Oppenheimer of Our Age«.
307 Annie Altman, »How I Started Escorting«.
308 Sam Altman, »Please Fund More Science«, Sam Altman Blog, 30. März 2020.
309 Greg Brockman, Mira Murati, Peter Welinder, OpenAI, »OpenAI API«, OpenAI Blog, 11. Juni 2020.
310 Tom Simonite, »OpenAI's Text Generator Is Going Commercial«, *Wired*, 11. Juni 2020.
311 Emily M. Bender, Timnit Gebru, Angelina McMillan-Major, Margaret Mitchell, »On the Dangers of Stochastic Parrots: Can Language Models Be Too Big?«, *Proceedings of the 2021 ACM Conference on Fairness, Accountability, and Transparency*, 2021.
312 Emily Bobrow, »Timnit Gebru Is Calling Attention to the Pitfall of AI«, *The Wall Street Journal*, 24. Februar 2023.
313 Sam Altman @sama, »I am a stochastic parrot and so r u«, Twitter, 4. Dezember 2022.

ChatGPT

314 Tom Simonite, »It Began as an AI-Fueled Dungeon Game. It Got Much Darker«, *Wired*, 5. Mai 2021.
315 Ebd.
316 Sam Altman, »Moore's Law for Everything«, Sam Altman, 16. März 2021.
317 Ebd.
318 Richard Nieva, »Sam Altman's Eyeball-Scanning Crypto Project Worldcoin Is Having an Identity Crisis«, *Forbes*, 10. August 2023.
319 Chafkin, S. 153.
320 Antonio Regalado, »A Startup Pitching a Mind-Uploading Service That Is ›100 Percent Fatal‹«, *MIT Technology Review*, 13. März 2018.
321 Antonio Regalado, »Sam Altman Invested $180 Million into a Company Trying to Delay Death«, *MIT Technology Review*, 8. März 2023.
322 Haje Jan Kamps, »Helion Secures $2.2B to Commercialize Fusion Energy«, *TechCrunch*, 5. November 2021.
323 Friend, »Manifest Destiny«.
324 Katherine Long, Hugh Langley, »OpenAI CEO Sam Altman Went on an 18-Month, $85-Million Real Estate Shopping Spree – Including a Previously Unknown Hawaii Estate«, *Business Insider*, 30. November 2023.

325 Samson Zhang, »Donahue«, *Postulate*, 20. Juli 2021.

326 Annie Altman, @anniealtman108, »I experienced sexual, physical, emotional, verbal, financial, and technological abuse from my biological siblings, mostly Sam Altman and some from Jack Altman«, X, 14. November 2021.

327 Annie Altman, »How I Started Escorting«.

328 Annie Altman, @anniealtman108, »If the multiverse is real, I want to meet the version of me who did run away to the circus at age 5 years old about wanting to end this life thing and being touched by older siblings, and said ›mother‹ decided to instead protect her sons and demand to receive therapy and chores only from her female child«, TikTok, Crossposting auf X, 20. August 2024.

329 Annie Altman, @anniealtman108, »Can you imagine how much more I'll scare them now that I'm getting my tendon/nerve/ovaries cared for, not sucking dick for rent money while my Dad's Trust was completely withheld, and learning it's safe and allowed for me to share my story on my terms«, X, 6. August 2024.

330 Christopher Mims, »AI Tech Enables Industrial-Scale Property Theft, Say Critics«, *The Wall Street Journal*, 4. Februar 2023.

331 Ryan Lowe und Jan Leike, »Aligning Language Models to Follow Instructions«, OpenAI blog, 27. Januar 2022.

332 Justis, »AI Safety Concepts Writeup: WebGPT«, Effective Altruism Forum, 10. August 2023.

333 Sam Altman, »today we launched ChatGPT. try talking with it here: chat.openai.com«, Twitter, 30. November 2022.

334 Sam Altman, »language interfaces are going to be a big deal, I think. talk to the computer (voice or text) and get what you want, for increasingly complex definitions of ›want‹! this is an early demo of what's possible (still a lot of limitations – it's very much a research release)«, Twitter, 30. November 2022.

335 Rajesh Karmani, »love the ambition and thesis, but given the current tech, I'd say it's your worst product concept so far«, Twitter, 30. November 2022.

336 Marco Vavassori, »I tried it for a little bit. It's so awesome that's scary. I can already see thousands of jobs being replaced by this. Ultimately humans will only be good for hugs or sex maybe, not sure«, Twitter, 30. November 2022.

337 Will Douglas Heaven, »The Inside Story of How ChatGPT Was Built from the People Who Made It«, *MIT Technology Review*, 3. März 2023.

338 Krystal Hu, »ChatGPT Sets Record for Fastest Growing User Base-Analyst Note«, Reuters, 2. Februar, 2023.

339 Miles Kruppa und Sam Schechner, »How Google Became Cautious of AI and Gave Microsoft an Opening«, *The Wall Street Journal*, 7. März 2023.

340 Sundar Pichai, »An Important Next Step in Our AI Journey«, Google Blog, 6. Februar 2023.

341 Nilay Patel, »Microsoft Thinks AI Can Beat Google at Search-CEO Satya Nadella Explains Why«, *The Verge*, 7. Februar 2023.

342 Deepa Seetharaman, »Elon Musk, Other AI Experts Call for Pause in Technology's Development«, *The Wall Street Journal*, 29. März 2023.

343 *Oversight of AI: Rules for Artificial Intelligence*, 118th Congress, First Session, 16. Mai 2023.

344 Sophie Bearman, *Life in Seven Songs*.

Der Blip

345 »OpenAI CEO on the Future of AI«, Bloomberg, 22. Juni 2023.

346 Julia Black, »Elon Musk Had Twins Last Year with One of His Top Executives«, *Business Insider*, 6. Juli 2022.

347 Berber Jin, Deepa Seetharaman, »Elon Musk Creates New Artificial Intelligence Company X.AI«, *The Wall Street Journal*, 14. April 2023.

348 Elizabeth Weil, »Sam Altman Is the Oppenheimer of Our Age«, *New York*, 25. September 2023.

349 Andrew Imbrie, Owen J. Daniels, Helen Toner, »Decoding Intentions, Artificial Intelligence and Costly Signals«, Center for Security and Emerging Technology, Oktober 2023.

350 Tripp Mickle, Cade Metz, Mike Isaac, Karen Weise, »Inside OpenAI's Crisis Over the Future of Artificial Intelligence«, *The New York Times*, 9. Dezember 2023.

351 Ebd.

352 Ebd.

353 Sam Altman (@sama), »i loved my time at openai. it was transformative for me personally, and hopefully the world a little bit. most of all I loved working with such talented people. Will have more to say about what's next later« X, 17. November 2023.

354 Greg Brockman (@gdb), »i'm super proud of what we've all built together since starting in my apartment 8 years ago. we've been through tough & great times together, accomplishing so much despite all the reasons it should have been impossible. but based on today's news, i quit. genuinely wishing you all nothing but the best. i continue to believe in the mission of creating safe AGI that benefits all of humanity«, X, 17. November 2023.

355 Brian Chesky (@bchesky): »Sam Altman and Greg Brockman have my full support. I'm saddened by what's transpired. They, and the rest of the OpenAI team, deserve better«, X, 17. November 2023.

356 Keach Hagey, Deepa Seetharaman, Berber Jin, »Behind the Scenes of Sam Altman's Showdown at OpenAI«, *The Wall Street Journal*, 22. November 2023.

357 Greg Brockman (@gdb), »we are so back« X, 22. November 2023.

Der entfesselte Prometheus

358 John Casey, »Sam Altman on AI, Queerness, and Being Grateful for the Journey He's On«, *The Advocate*, 1. März 2024.

359 Ebd.

360 Bob Woodward, *Krieg* (München: Hanser, 2024), S. 214.

361 Tim Alberta, »Dean Philips Has a Warning for Democrats«, *The Atlantic*, 27. October 2023.

362 Sam Altman (@sama), »this is interesting, and I think close to what the majority of voters actually want: a reasonable, centrist candidate running on 1) a message of a strong economy and increasing affordability 2) a focus on safety and 3) generational change. curious to see what happens«, X, 27. Oktober 2023.

363 Theodore Schleifer, »President of the Biden-Skeptic Billionaires«, *Puck*, 7. November 2023.

364 Sam Altman (@sama), »fk it why not 8«, X, 15. Februar 2024.

365 Lex Fridman, »Transcript for Sam Altman: OpenAI, GPT-5, Sora, Board Saga, Elon Musk, Ilya, Power & AGI | Lex Fridman Podcast #419«, LexFridman.com, 17. März 2024.

366 Sam Altman (@sama), »there are some great parts about the AI EO, but as the govt implements it, it will be important not to slow down innovation by smaller companies/research teams. I am pro-regulation on frontier systems, which is what openai has been calling for, and against regulatory capture«, X, 2. November 2023.

367 Brendan Bordelon, »Think Tank Tied to Tech Billionaires Played Key Role in Biden's AI Order«, *Politico*, 16. Dezember 2023.

368 Brendan Bordelon, »The Law Firm Acting as OpenAI's Sherpa in Washington«, *Politico*, 12. September 2023.

369 Justin Wise, »OpenAI Hires Akin Gump to Lobby in DC on 'Hard' Regulation Task«, *Bloomberg Law*, 26. Dezember 2023.

370 Cat Zakrewski, »This Agency Is Tasked with Keeping AI Safe. Its Offices Are Crumbling«, *The Washington Post*, 6. März 2024.

371 Gareth Vipers, Sam Schechner und Deepa Seetharaman, »Elon Musk Sues OpenAI, Sam Altman, Saying They Abandoned Founding Mission«, *The Wall Street Journal*, 1. März 2024.

372 Ilya Sutskever (@ilyasut), »In the future, it will be obvious that the sole purpose of science was to build AGI«, X, 20. März 2022.

373 David Faber, »CNBC Exclusive: CNBC Transcript: Elon Musk Sits Down with CNBC's David Faber on CNBC Tonight«, CNBC, 16. Mai 2023.

374 Jan Leike (@janleike), »I resigned«, X, 15. Mai 2024.

375 Daniel Filan, »Superalignment with Jan Leike«, *AXRP – the AI X-risk Research Podcast* 24, 27. Juli 2023.

376 Jan Leike (@janleike), »Building smarter-than-human machines is an inherently dangerous endeavor. OpenAI is shouldering an enormous

responsibility on behalf of all humanity. But over the past few years, safety culture has taken a backseat to shiny products«, X, 17. Mai 2024.

377 Kelsey Piper, »ChatGPT Can Talk, but OpenAI Employees Sure Can't«, *Vox*, 18. Mai 2024.

378 Sam Altman (@sama), »in regards to recent stuff about how openai handles equity: we have never clawed back anyone's vested equity, nor will we do that if people do not sign a separation agreement (or don't agree to a non-disparagement agreement). vested equity is vested equity, full stop. there was a provision about potential equity cancellation in our previous exit docs; although we never clawed anything back, it should never have been something we had in any documents or communication. this is on me and one of the few times i've been genuinely embarrassed running openai; i did not know this was happening and i should have. the team was already in the process of fixing the standard exit paperwork over the past month or so. if any former employee who signed one of those old agreements is worried about it, they can contact me and we'll fix that too. very sorry about this«, X, 18. Mai 2024.

379 Sam Altman (@sama), »her«, X, 13. Mai 2020.

380 Alex Bruell, »New York Times Sues Microsoft and OpenAI, Alleging Copyright Infringement«, *The Wall Street Journal*, 27. Dezember 2023.

381 Sarah Krouse, Deepa Seetharaman, Joe Flint, »Behind the Scenes of Scarlett Johansson's Battle with OpenAI«, *The Wall Street Journal*, 23. Mai 2024.

382 SSI Inc. (@ssi), »Superintelligence is within reach. Building safe superintelligence (SSI) is the most important technical problem of our time. We've started the world's first straight-shot SSI lab, with one goal and one product: a safe superintelligence. It's called Safe Superintelligence Inc. SSI is our mission, our name, and our entire product roadmap, because it is our sole focus. Our team, investors, and business model are all aligned to achieve SSI. We approach safety and capabilities in tandem, as technical problems to be solved through revolutionary engineering and scientific breakthroughs. We plan to advance capabilities as fast as possible while making sure our safety always remains ahead. This way, we can scale in peace. Our singular focus means no distraction by management overhead or product cycles, and our business model means safety, security, and progress are all insulated from short-term commercial pressures. We are an American company with offices in Palo Alto and Tel Aviv, where we have deep roots and the ability to recruit top technical talent. We are assembling a lean, cracked [*sic*] team of the world's best engineers and researchers dedicated to focusing on SSI and nothing else. If that's you, we offer an opportunity to do your life's work and help solve the most important technical challenge of our age. Now is the time. Join us. Ilya Sutskever, Daniel Gross, Daniel Levy June 19, 2024«, X, 19. Juli 2024.

383 Deepa Seetharaman, Ton Dotan, Berber Jin, »OpenAI Nearly Doubles Valuation to $157 Billion in Funding Round«, *The Wall Street Journal*, 2. Oktober 2024.

Epilog

384 Natasha Mascarenhas, »Alt Capital Raises $150 Million Fund, Extending Altman Brothers' Funding Spree«, *The Information*, 1. Februar 2024.
385 Sarah Needleman, »OpenAI CEO Sam Altman Denies Sexual Abuse Claims Made by Sister«, *The Wall Street Journal*, 8. Januar 2025.
386 University of Toronto, »University of Toronto Press Conference – Professor Geoffrey Hinton, Nobel Prize in Physics 2024«, YouTube, 8. Oktober 2024.
387 Cade Metz, »›The Godfather of AI‹ Leaves Google and Warns of Danger Ahead«, *The New York Times*, 1. Mai 2023.
388 University of Toronto, »University of Toronto Press Conference«.
389 Elon Musk (@elonmusk), »I'm happy to be first buddy!«, X, 11. November 2024.
390 Elon Musk (@elonmusk), »I don't hate the man, but it's time for Trump to hang up his hat & sail into the sunset. Dems should also call off the attack – don't make it so that Trump's only way to survive is to regain the Presidency«, X, 11. Juli 2022.
391 *Elon Musk et al, v. Sam Altman et al*, Docket No. 4:24-cv-04722 (N.D. Cal, Aug 5, 2024), US District Court, Northern District of California, 15. November 2024.
392 Marco Quiroz-Gutierrez, »Elon Musk Is Ratcheting Up His Attacks on His Old Partner Sam Altman, Calling Him ›Swindly Sam‹ and OpenAI a ›Market-Paralyzing Gorgon‹«, *Fortune*, 3. Dezember 2024.
393 David Deutsch, *Der Anfang der Unendlichkeit. Erklärungen, die die Welt verwandeln* (www.deranfangderunendlichkeit.de, 2021), S. 89.
394 Sam Altman, »The Intelligence Age«, ia.samaltman.com, 23. September 2024.

Register